出土文獻譯注研析叢刊

殷墟花園莊東地甲骨讀本

朱歧祥　著

目次

序言——論花東卜辭的理解方法

　　1991 年 10 月，河南安陽殷墟靠南不到 500 米的花園莊東地（簡稱花東）出土一坑儲藏的甲骨，屬非王卜辭一類，主人是子，一般學界稱作花東子。花東甲骨經初步整理有字甲骨順序號 561 版，至 2003 年 12 月正式出版。這是目前所知最早的一坑完整甲骨坑，也是繼 YH127 坑、小屯南地甲骨以後最重要的一批殷墟出土甲骨。我苦等了這批材料整整十年，其間曾多次遠赴安陽考古工作隊查詢問候，並先後為它們撰寫了〈殷墟花園莊東地甲骨釋文正補〉、《殷墟花園莊東地甲骨校釋》、《殷墟花園莊東地甲骨論稿》和系列考字釋詞、討論語法和分析歷史文化的文章。去年 2017 年我在完成《亦古亦今之學》（臺灣：萬卷樓圖書公司出版）一書稿的同時，又一次重新審核了這五百多版甲骨的釋文，再增加大量按語，強調說明系聯辭與辭之間的關係和每版內容的釋義通讀，完成了這份《讀本》的文稿。整體而言，它提供目前研讀花東甲骨一份接近可靠的釋文，亦應是一本較周延的花東卜辭導讀的入門書籍。這是本人第三次全面逐字逐句核對花東甲骨的著作，內心一直是沉重嚴肅的。我知道文稿仍存有不少問題，許多遲疑的地方我毅然做出了判斷或擬測，這是面對無窮學海的一種負責態度，聊供熱愛甲骨學和想進入花東的朋友參考。以下，我嘗試站在幾個研讀的角度來消化這批珍貴的甲骨，也幫助讀者盡可能靠近它們。

一‧花東甲骨文字釋讀的困難

（一）隸定的困難

　　殷商甲骨文距今三千三百多年，是研治中國上古民族、文化、語言文字源頭最重要的一手資料。甲骨文字詞的正確解讀，更是一門科學的學問，需要建構客觀周密的推理步驟。由一開始的隸定、部件分析、斷句、通讀上下文，以至反覆印證古文獻和考古資料，每一個環節在在影響釋讀的正確性。為了確保待考字形的精確，技術上儘可能先逐字對比放大的照本、拓本和描本三合一的筆畫，查核出可靠無訛、

最接近原形的描本。然後，第一個需要解決的困難，就是進行合理而正確的隸定。

隸定是進行文字考釋的第一步工作。將古文字形變成楷書，往往會隨著考釋者的水平和學習師承，加上個人對字形結構分析的主觀差異和預設立場，隸定從寬從嚴的參差標準，讓隸定字變得五花八門，這直接影響整體文句的解讀，往往使讀者無所適從。以手邊近人齊航福《殷墟花園莊甲骨刻辭類纂》（簡稱《類纂》）、姚萱《殷墟花園莊東地甲骨卜辭的初步研究》（簡稱《姚釋》），對應朱歧祥《殷墟花園莊東地甲骨校釋》（簡稱《校釋》）三套花東甲骨釋文的隸定字為例，其間就出現了許多的差異。如：

	《類纂》	《校釋》
	盜（按：原釋文隸作監）	飲
	賈	宁（貯）
	匈	腹
	坒	長
	宜	俎
	侃	永
	視	見
	璭	戚
	圭	仐（戈頭）
	炅（金）	炅（鑄）
	羍（禱）	羍（祓）
	戠（待）	戠（戡）

	《姚釋》	《校釋》
(字形)	蚩	虫
(字形)	憂	囚（禍）
(字形)	引	弘
(字形)	發	彈
(字形)	樕（虞）	樕（慮）
(字形)	口（肩）	骨
(字形)	卟（孚）	卟（肯）
(字形)（實為(字形)）	勞	合
(字形)（實為(字形)）	又	又
(字形)	(字形)	子

近人引用這些甲骨釋文，又多將這些隸定字與後來的已釋字混在一起，而已釋字又各有立場；有誤解原字形結構，亦有用照描的方式呈現。學界採用隸定的方法明顯非常不嚴謹，也不科學。許多學術論文甚至將權宜的隸定字直接就等同於隸楷字來加以理解，在在影響到根據隸定之後進行釋讀的客觀流程，最終誤導了字意的理解，從而辜負了一批又一批珍貴的地下材料。如何能客觀而正確的建構大家認可的隸定方法，將隸定字盡可能統合於一，無疑是今後考釋甲骨文以至各類古文字形先要克服的第一關口。

（二）斷句的困難

古文字並沒有標點，精準的斷句是解讀古文字中最困難的一個檢驗。斷句不清，代表著對句子原意理解出現問題。文字是表達語言的載體，研究文字不能只限於一形一義的逐字分析，必須先就語言來看，由句而詞，由詞而字的掌握待考字的上下文意。大包圍剝洋蔥式的由外而內逐層理解，幫助我們佔有愈多客觀的訊息，先明

白整體句、詞的意思和字詞前後之間的詞性、詞序關連，如此才能避免釋字過程中的主觀誤導或假借音讀過寬過多而無所適從的困境。換言之，學習甲骨文，應由標點句讀訓練始。花東甲骨文的解讀，就存有許多斷句不清的問題，從而導致上下文意理解紛紜的失誤。例：

（a）〈29〉（1）（指《花東》第29版第1辭；下同）「叀一伐一羊一鬯晋夢」

　　　《類纂》作「叀一伐、一羊、一鬯，晋夢？」

　　　《校釋》作「叀一伐、一羊、一鬯晋，夢？」

　　對比常態「晋」字的用法，如〈32〉（1）的「晋百牛又五」、〈56〉的「晋羌一人、二牢」、〈176〉（2）的「晋牛一、鬯一」等句例，可知〈29〉（1）是屬於非常態的移位句，稱冊的祭品因強調而前置，句首則由一前置語詞「叀」字帶出。句意是指冊書中記錄所用貢品有一砍首伐牲、一羊和一鬯香酒，卜問的是（子）夢的吉否。《類纂》釋文斷作前後句，而其中的前句缺動詞，後句「冊夢」連讀，語意更不可解。斷句應以《校釋》為是。

（b）〈7〉（7）「新馬其于貯見又用」

　　　《類纂》作「新馬其于賈視，又（右）用？」

　　　《校釋》作「新馬其于貯見（獻）又（有）？用。」

　　本辭是「其有新馬于貯見」的移位句，意即將有新地的馬進獻於貯。相類的文句，如〈168〉的「其又（有）貯馬于新」、〈81〉的「其又（有）鴉于宁見」。對比得知〈7〉（7）的前句動詞應是「又」（有）。《類纂》釋文直接將前句理解作「視新馬」，上下文意不可解，後句讀為「右用」，亦缺乏文例的佐證。甲文的「用」字並無左右的區別，在此仍應獨立理解為單純的「用辭」，表示鬼神認同是次的占卜。斷句以《校釋》為是。

（c）〈259〉（2）「辛巳卜子叀宁見用逐用獲一鹿」

　　　《類纂》作「辛巳卜：子叀（惠）宁（賈）視用逐？用。隻（獲）一鹿。」

　　　《校釋》作「辛巳卜：子叀宁見（獻）？用；逐？用。隻（獲）一鹿。」

本辭屬一辭二卜事例，分別針對同日詢問花東子進獻於宁地和追獵動物二事提出吉凶的看法。二「用」字是神靈就二卜問內容所展現對卜兆之決定，都是接受的。末句「獲一鹿」是就第二卜事「逐」否所追記的驗辭結果。《類纂》的標點，「子惠賈視用逐」成句，文意無解。斷句以《校釋》為是。

（d）〈4〉（3）「乙卯歲祖乙白狂一皀自西祭祖甲征」

　　　　《原釋文》作「乙卯：歲祖乙白狂一，皀，自西祭，祖甲征？」

　　　　《校釋》作「乙卯：歲祖乙：白狂一、皀（簋）自西祭；祖甲征？」

中國社會科學院考古所編《殷墟花園莊東北甲骨》釋文（簡稱《原釋文》）的理解，「狂一」和「皀」是祭品，「自西祭」則獨立成句，泛指祭自西方的意思。《校釋》將「皀自西祭」連讀，是指所獻的是由西方始祭的簋。核對：

　　　　〈48〉癸亥：歲子癸：狙一、皀（簋）自丁粿（黍）？一二三

　　　　〈171〉（21）乙巳：歲祖乙：三狂，子祝，皀（簋）粿（黍）？在𤖭。

　　　　〈363〉（3）辛卜：歲祖□：狙，登自丁黍，在罕；祖甲征？─

可見〈4〉版（3）辭的「狂」和「皀」同屬並行的歲祭貢品，前面宜置一冒號帶出，二者中間應用一頓號作區隔。而「皀自西祭」成句，應是「皀（簋）黍自西祭」之省，亦即專用祭於西方的一簋黍來進獻。

　　〈4〉（3）末一分句「祖甲征」，是指祖甲承上歲祭的祖乙而延續祭祀的意思。對比同版〈4〉（1）的「甲寅：歲祖甲：白狂一、权曽一、皀自西祭？」句，可見當時是在甲日祭祖甲（此指陽甲）、在乙日祭祖乙（此指小乙），而〈4〉版（3）辭指在乙日祭祀時仍持續的獻祭上一日所主祭的祖甲，可知（3）辭句中的「歲祖乙」和「征（歲）祖甲」是並行句，詢問祭祀二祖先的宜否。前後句中間應置一對稱的分號。斷句以《校釋》為是。

（e）〈490〉（12）「壬子卜其將妣庚示宮于東官用」

《原釋文》作「壬子卜：其將妣庚示宮，于東官？用。」

《校釋》作「壬子卜：其將妣庚示，宮于東官（館）？用。」

對比相類文例的〈496〉版、〈304〉版：

〈496〉（1）丙卜：其將妣庚示，歲祳？一

（2）丙卜：其將妣庚示？二

（3）丙卜：其將妣庚示？三

〈304〉（8）戊卜：將妣己示眔妣丁，若？

「示」的本意為神主，花東卜辭有「某先妣示」獨立成辭使用，可知《原釋文》的「示宮」連讀有誤。且殷卜辭中並無「示宮」之例。「宮」在此用為動詞。斷句以《校釋》為是。

判別標點句讀的誤差，嚴重的可以影響卜辭辭意正確理解如上。

（三） 上下文意理解的困難

甲骨文字的釋讀，除了針對文字字形作正確部件分析外，還要考慮上下文意的通讀。一般甲文都是順著刻寫行款一字一詞的順讀下去，但有若干特殊的狀況，按自然順讀卻無法正確的理解文意。過去我曾撰文強調，要了解花東卜辭，必須明白「句意重於行款」這一概念的重要性。花東卜辭有大量移位、省略的變異句型，都不能按著常態單純順讀的方式了解。譬如花東習見的殺牲法「改」字，其後一般只接祭牲和具體的殺牲數，因此「改」字後直接因承的祭牲和數目字都是指用牲的記錄，而鮮少接問卜的對象，如：〈88〉（15）的「弜改羊一」、〈123〉（3）的「子其改黑牝」、〈181〉（24）的「改一牛妣庚」、〈286〉（20）的「改三牛妣庚」等陳述句是。因此，當我們觀察下列二版特例時，我們平常的順讀習慣就必須有所調整。例：

（a）〈228〉（3）「甲申卜叀小歲改于祖甲用一羊」

《原釋文》讀作「甲申卜：叀小歲改于祖甲？用一羊。」

《校釋》理解作「甲申卜：叀小歲改一羊于祖甲？用。」

本辭對應〈228〉（2）為選貞的關係，〈228〉（2）：「甲申：重大歲又于祖甲？不用。」，明確見「用」字只單純作為「用辭」。（2）辭句末的「不用」，是指命辭的內容不為鬼神所接受；相對看（3）辭的「用」，意當指此辭所問的內容為鬼神所接受。「用」字在此不可能作為殺牲動詞。互較對貞二辭，知（3）辭句末的「一羊」不應與「用」字連讀，而應該是命辭中「攷」擊殺的對象，刻手跳接書於句末。〈校釋〉的理解合理。

（b）〈173〉（4）「丙申卜子其往 攷妣庚用羊」

　　《原釋文》作「丙庚卜：子其往 ，攷妣庚用羊？」

　　《校釋》理解作「丙申卜：子其往 ，攷妣庚：羊？用。」

對比同組〈173〉（5）的「丙申卜：子往 ，歲妣庚：羊一？在 。」一句，可知「用羊」二字不可能連讀。〈校釋〉的移位理解是合理的。

　　面對花東這種特殊的變異句例，宜先對應常態文例，掌握整體正確的文意，再據文意檢視，重新組合順讀合理的字詞。如此，才能正確解讀卜辭真正要表達的內容。

二 · 花東卜辭的書寫行款

　　一般殷王直系的王卜辭都是靠在卜兆坼文外旁垂直書寫，而花東卜辭卻有先橫書圍兆再直行書寫的習慣。這批屬於非王卜辭的發生形式，往往是先占卜某事，由灸龜問神而產生一批相鄰或對應的卜兆，其後應用某些判斷方式選取了其中的特定若干兆，並在坼兆爆裂的豎橫紋夾間刻上數目字，記錄是次用兆的先後次序，是為兆序。卜辭文字的刻寫，通常是在兆序（一）的兆橫紋上方開始，朝直紋方向跨越直紋，再垂直貼著直紋的外圍書寫。文字至直紋底端後或繞向兆的橫紋下方回筆橫書，或對稱的在直紋之外朝外作第二三行的直書。

　　這種自兆（一）圍兆書寫的形式也有例外。如〈481〉版（2）辭：「乙亥：歲祖乙：黑牡一又牝一，重子祝？用。又皀（簋）。（一）（二）」一句，文字刻寫卻是

先在兆序（二）的上方開始，由中間千里路左面向外橫書，直至「牡」字的一半時轉向直行下方，再繞向左下兆（一）的上邊橫書。這種特例明顯是占卜者刻字，是在先選定了兆序（二）之後，以兆序（二）所卜問的內容為優先而進行書寫的。這與常態的根據兆序（一）依順序刻寫不同。而〈481〉（2）中的「牡」字是先書左邊的「士」，再下垂接著寫右邊的「牛」旁，二部件中間有兆的直紋加以區隔。字的刻意分書，無疑是由於殷商已有避兆，不讓文字壓兆書寫的習俗有關。

又如〈463〉版（3）辭的「甲辰：歲祖甲：牡一、牝一？在麗。（一）（二）」一句，本辭是連續貞問的成套卜辭。兆序見（一）（二）向外橫排，在兆序（一）和兆序（二）之間另見一獨立卜兆，但沒有兆序記錄。二兆序有明顯的距離。而卜辭是由中間千里路向右橫書，先在兆序（一）的上方書寫，至「牡一」二字後卻無故的中斷，卜辭句末的「牝一？在麗」四字則跳接橫寫在兆序（二）的上方，並至兆的直紋外旁才繼續直書。這種一辭分書於二兆上的特別現象，足見花東卜辭的寫字習慣，是跟著有兆序的卜兆外圍書寫的。

總括而言，花東甲骨是先經修治、占卜灸龜，就既有鑽鑿的爆裂而呈現甲面卜兆若干，卜人在其中選取部分的卜兆，刻上兆序，成為是次卜問的特定選項。兆序有單一排數字的順序，也有成組對應數字的順序。接著是在具兆序的卜兆中決定其中的一條或多條卜辭內容可以為鬼神接受或不接受。刻工或史官在選定的相關卜兆旁刻上卜辭，文字書寫習慣與王卜辭有明顯不同。一般是先在兆上方圍兆書寫，先橫而後直。再在卜辭命辭之後會書上「用」或「不用」，做為用辭的標記。用辭復會獨立書寫於兆下。而驗辭（占卜後所見的結果）則有記錄在用辭之後。

卜辭文字的刻寫並不全然是史官所為，另有全職刻工。刻工有老手，也有些是初學者。有關問卜的具體內容，目前懷疑是有先另寫在簡冊之上。在甲骨占卜之後，卜人或刻工會將部分問卜的內容按一定形式謄錄在相關兆序的位置上。但這種轉錄過程，會隨著刻工的書寫能力和敬業水平出現差錯。如〈430〉版（1）辭，字刻在右背甲朝外的邊沿位置，屬於特例，三個兆序由下而上但居然是不順序的（一）（三）（二）。（1）辭刻於兆序（一）直紋的右邊，垂直書寫「旬貞亡多子囚」，其中的「亡」「囚」字復倒書，文意又完全不能通讀。根據習見文例，卜辭應是「貞：旬多子亡

囗（禍）？」的移位。此辭刻寫位置獨特，文字書寫不成文意，無疑更是刻工的粗疏，隨意「搬字過紙」的誤書。

　　　花東卜辭呈現殷武丁初期非王一類的獨特風格，占卜和書寫一般已精確成熟，但偶亦有上述行文粗心大意的情況，宜分別觀之。

三・花東卜辭貞問的形式與內容

　　　花東甲骨文多見卜兆、兆序和卜辭三合一成組出現。花東卜辭的刻寫一般是跟著兆序走的，只有少數卜辭所依附的卜兆不見有兆序，這可能是單卜的辭例，不需要書寫兆序，亦可能由於省略或殘漏的原故。

　　　花東卜辭有以單一句式貞問，亦有用成套或對貞詢問吉凶，或用選貞詢問事情的取捨。占卜較重要的個案，會先以一單句卜問事件的大致方向可行否，再用對貞或成套的方式作細部的詢問鬼神。例：

（a）〈181〉（8）己卜：重多臣卲（禦）往于妣庚？一

　　　　　　（9）己卜：重白豕于妣庚又鬯？一

　　　　　　（10）己卜：重牝于妣庚？一

本版（8）（9）（10）三辭同組，（8）辭在左甲下先單獨卜問多臣禦祭妣庚一事宜否，接著的（9）（10）二辭在左右甲上對應刻寫，屬選貞卜辭，進一步卜問祭妣庚時的祭品是用「白豕又鬯」抑或是「牝又鬯」。

（b）〈236〉（3）丁卜：酓伐兄丁，卯宰又鬯？一二

　　　　　　（4）酓伐兄丁，告妣庚，又福？一

　　　　　　（5）酓伐兄丁，告妣庚，又歲？一

　　　　　　（6）酓伐兄丁，告飮一牛妣庚？一

　　　　　　（7）酓伐兄丁，告妣庚，又伐妣庚？一

本版（3）辭在右甲上單獨成套，連續兩次先詢問酒祭兄丁用殺牲和用鬯酒宜否。接著的是（4）（5）、（6）（7）對應的在左甲上各自為一組選貞，卜問酒祭兄丁用伐牲

的同時，告祭妣庚，適合用什麼祭儀（福或歲）和祭牲（牛或伐）。

（c）〈241〉（1）壬寅卜：子又（有）罕（擒）？子占曰：其又（有）罕（擒）。一

　　　　（2）其又？一

　　　　（3）亡？一

　　　　（4）其又？二

　　　　（5）亡？二

本版（1）辭獨立的在右甲下端，先卜問花東子的狩獵有擒獸否，子親自判斷的占辭是肯定是次狩獵將會有收穫的。接著的是在甲中位置左右對稱的（2）（3）辭和（4）（5）辭，連續兩組正反對貞，進一步再三冀求鬼神能確認是次狩獵的結果。

（d）〈267〉（3）甲辰卜：又（有）祭祖甲，叀子祝？一

　　　　（4）甲辰：又（有）祭祖甲：友（又）牝一？一

　　　　（5）甲辰：又（有）祭祖甲：友（又）牝一？二

本版（3）（4）（5）辭屬同組占卜，（3）辭在左甲下方，首先交代用祭的方式和祭祀對象是祖甲，接著卜問主禱人由花東子親自擔任宜否。（4）（5）辭在右甲上下對應，屬成套關係，緊接著兩次卜問是次的祭祖甲用母羊一頭可否。

　　花東卜辭的成套關係，有單獨見於一條卜辭。如：

（a）〈150〉（2）己酉夕：昭召妣庚：黑牡一？一二三四五

本辭單獨見於龜版的右前甲邊靠甲橋處。兆序由下而上，連問了五次。五次合為一套。卜辭特別的是在諸兆之上，由兆序（五）反向繞兆書寫，文字依序刻在（五）（四）（三）兆的外圍。

（b）〈86〉（1）丙辰卜：征奉商，若？用。一二三四五

本辭單獨見於右甲。兆序由上而下，連問了五次。五次成套。卜辭由兆序（一）外圍順向橫書，再繞兆下行書寫。

　　成套關係有分見於二辭。如：

（a）〈132〉（2）辛亥：歲妣庚：鹿、牝一，齒卟，歸？一

　　　　　（3）辛亥：歲妣庚：鹿、牝一，齒卟，歸？二

本版（2）（3）二辭見於左龜版的下上方，各自獨立。卜辭分別由中間的千里線向外圍兆書寫。

（b）〈338〉（2）甲辰：歲祖甲：覓一友（又）饒？一

　　　　　（3）甲辰：歲祖甲：覓一友（又）饒？二三

本版（2）（3）辭成套，連續卜問三次，分見於龜版中間的左右方。左後甲（一）兆位置稍偏下，見當日問卜的順序習慣是先下而後上。

（c）〈493〉（7）甲午：歲祖甲：豝一，隹（唯）收？一

　　　　　（8）甲午：歲祖甲：豝一，隹（唯）收？二三四

本版（7）（8）二辭成套，卜問至少四次，分別見於龜版上方左右相對。

　　成套關係甚至有分見於三辭。如：

〈181〉（11）歲：牝于妣庚又鬯？一

　　　（12）歲：牝于妣庚又鬯？二

　　　（13）歲：牝于妣庚又鬯？三

本版三辭集中在龜版的右甲中下方，分書圍繞在三條卜兆的外面，各自由橫而直刻寫。

　　花東的成套卜辭又常見與對貞混用。如：

（a）〈146〉（4）庚戌卜：其巳穪宁？一

　　　　　（5）庚戌卜：弜巳穪？一

　　　　　（6）庚戌卜：其巳穪宁？二

「穪宁」即「宁穪」的移位，意指宁地的穪。本版（4）（5）（6）三辭同組，其中的（4）（5）在龜版的左方上下對應，屬正反對貞，而（4）（6）辭同文作斜角上下相對，是成套的關係。

（b）〈493〉（3）庚寅：歲妣庚：羜一？一

（4）庚寅：歲妣庚：牝一？在狀。一

（5）庚寅：歲妣庚：羜一？三

本版（3）（4）（5）辭位於龜版的右下方，觀察四周卜兆，相關的卜問至少超過十次，但只見刻有此三辭。其中的（3）（4）為選貞，卜問歲祭妣庚的祭牲用公羊一頭抑母牛一頭。而（3）（5）辭則似屬於成套關係。

（c）〈249〉（8）重牛歲妣庚？一

（9）妣庚：宰？在臺。二

（10）歲妣庚：宰？在臺。三

本版（8）（9）（10）三辭兆序相承，三辭都靠在右甲邊上由下而上分別刻寫，自成一類，是屬於成套關係，而（8）與（9）（10）又可理解為選貞卜辭。

而正反對貞和選擇對貞亦見有混用的特例。如：

（a）〈264〉（4）己未卜，在𧘇：子其呼射告罘我南征，唯戼若？一二

（5）弜呼罘南，于〔之〕若？一二

本版（4）（5）辭在龜版中間的左右相對，二辭命辭的前句「其呼」與「弜呼」是正反對貞，後句「戼」時與「于此」則屬選擇對貞的關係。

（b）〈293〉（3）辛未卜：子其告舞？用。一

（4）辛未卜：子弜告𡙉？不用。一

本版二辭在甲尾左右相對。命辭既屬正反句，亦兼作祭儀的選擇性對貞。

花東卜辭原則上是一辭卜問一事，但偶亦見一辭二卜例。如：

〈259〉（2）辛巳卜：子重宁見（獻）？用；逐？用。隻（獲）一鹿。一

本辭分別貞問花東子進獻於宁地宜否和子追逐獵物順利否。進貢和田狩二事共卜。句末的驗辭只針對後一卜問記錄結果。

花東復見單一條卜辭有分開以三辭作三段落方式書寫的特例。如：

〈419〉（1）戊卜：子𡿺？

（3）其乍（作）宮東？

（5）一牛？

本版（1）辭見於右甲中間卜兆上，（3）辭見於右前甲頂端卜兆上，（5）辭見於左甲橋邊的卜兆外。三辭應為單一條卜辭辭意的分書。全辭完整句應讀作：

戊卜：子𡿺其乍宮東：一牛？

以上三辭的三個卜兆，應為同套的關係。同版（4）辭的「用。（一）」獨立的刻在右甲尾一卜兆旁，與（1）（3）（5）辭亦應有關連。花東「乍」字有與祭祖用牲意相關，如「乍賓」〈236〉、「乍祝」〈286〉是。本版言戊日卜問子𡿺將在宮以東用一牛祭奠宜否。卜辭的用辭是肯定此一活動的。

對比花東甲骨中刻寫卜辭內容的類別，有在同一塊龜版中卜問單一的事類，如〈226〉版全十條卜辭都屬祭祀類、〈367〉版全六條卜辭都在卜問獻馬和用馬事、〈5〉版16辭，其中多達13辭都與「配史婦好」一事相關。花東甲骨亦見在同一龜版中分別卜問不同性質的事例，如〈237〉版15辭，其中的（1）至（5）、（7）至（13）辭是祭祀卜辭，（6）辭為征伐卜辭，（14）（15）辭屬納貢卜辭。後二類卜辭基本上混雜在祭祀卜辭之間。

花東甲骨對於不同貞問的內容，亦有嘗試作版面的區隔。如：

〈63〉版上下版面區隔，分為祭祀（5）（6）（7）和進貢（2）（3）（4）二類卜辭。

〈264〉版上中下三分，區隔祭祀類（1）、問疾類（2）（3）和征伐類（4）（5）三類卜辭。

〈60〉版上下區隔，分別卜問武丁來訪（2）和宰殺馬牲（3）（4）（5）（6）（7）二類卜辭。

花東甲骨有在同一條卜辭中，敘述和卜問不同性質內容的特例。如：

（a）〈176〉（1）丁丑卜：子钔于妣甲，晋牛一又鬯一，亡災？入商，酻？在麗。一

二三四五六七八九十

本版見花東子出巡在外，親自禦祭妣甲，詢問在此地無災禍否，並接著追問入商地

後舉行酒祭宜否。此屬一辭二卜例，連續問卜了十次，可想見當日花東子對此卜事內容的重視。

（b）〈125〉（1）丁卜：子令庚又（侑）：又（有）女；乎（呼）希（祟）西鄰子人？

　　　　　子曰：不于戊，其于壬；人。一

本辭命辭詢問二事，一是花東子出令在庚日侑祭，卜問用女牲宜否，二是子呼令祈求降災西鄰子的群眾。由占辭見分別對上述二事作出判斷。

（c）〈16〉（1）丙卜：子其往呂，攸；乃飲，于作呼簋，廼來？一

　　　　　（2）丙卜：子往呂？曰：有祟。曰：往呂。一

本版（1）辭見命辭卜問花東子將出發至呂地此一行動時應攸殺祭牲否，接著詢問進行連串的祭儀後才返回適合否。由對貞的（2）辭占辭又見一辭二占的特例，「曰」是「子占曰」之省，分別就前一問卜「子往呂」否判斷出二個可能的結果，一是有禍害，另一是會前往呂地。

（d）〈366〉（1）乙丑卜：⿱宀⿰宗，丁采，乙亥不出狩？一二三

　　　　　（2）乙丑卜：丁弗采，乙亥其出？子占曰：庚、辛出。一二三

本版（1）辭命辭作三分句，一屬祭祀，一屬農耕，一屬田獵，而（1）（2）辭是正反對貞，（2）辭針對的是（1）辭的第二、三分句相對貞問。而武丁此時的務農，與花東子出狩與否顯然有對應的利害關係。

　　而在同一個卜問事例中，亦偶見有不同的判斷語。如：

〈384〉（1）壬卜：子有祟？曰：往呼⿱宀（簋）。一

　　　　（2）壬卜：子有祟？曰：見（獻）丁官（館）。一

　　　　（3）壬卜：子有祟？曰：呼入人。一

本版（1）（2）（3）辭同日占卜花東子有災害否，分別在占辭中判斷花東子有三個不同的反應行動。一般王卜辭的占辭是由殷王親自判斷卜兆而得出的結果，習見文例是用「王占曰」帶出判斷語；花東卜辭的占辭則是由花東甲骨的主人花東子來親占，常態用作「子占曰」。但本版單稱「曰」，而要判斷的是花東子本人的吉凶。因此，

這裡「曰」的主語很可能是另由花東的史官代言。對比〈294〉（1）的「子曾告曰」、〈475〉（9）的「丁令子曰」，「曰」字亦有作為上位者的誥命用法。

以上用例，足見花東卜辭貞問形式的多元和混雜，亦反映殷商初期非王一類貴族的占卜實況，大致仍處於一測試、不固定的階段。

四‧花東甲骨的用兆習慣

花東甲骨的卜兆，已帶有神化通靈，作為人神溝通橋樑的迷信色彩。一般文字書寫儘可能不壓兆紋。例：

〈29〉版（2）辭在左後甲上方由中間的千里線向左橫跨二兆書寫，至句末的「祝」字，一方面要避開字下右旁的兆序（二），同時又要避開左旁這條卜兆的直紋，故刻意將「示」和「兄」二部件拉開書寫，讓卜兆直紋恰好在字的中間位置穿過。

〈37〉版（2）辭在龜版左首甲上方逆時針繞兆橫書，至刻寫到「牡」字時為了要避開原已刻上的兆序（二），故將字其中的「士」旁托高，而「牛」部件則往外拉開書寫，讓字形的組合格式顯得特別怪異。刻手復考慮卜辭行文習慣是貼著卜兆外圍繞書，所以從「牛」部件刻意的往下壓低，獨自順著卜兆直紋向下書寫，形成左右兩部件一高一低的奇怪組合現象。

由以上二句例的呈現，明白花東甲骨問卜方式是先灸龜出現爆裂的卜兆，接著刻上兆序，最後才補上卜辭。有關卜兆、兆序和卜辭三者形成的實錄，又可參考〈32〉版。〈32〉版在後甲位置出現四條卜辭，其中右甲靠中間千里線的（1）辭先卜，連續問卜了三橫排共六次。（1）辭「庚卜，在龒：歲妣庚：三牞又鬯二，至卯，酉百牛又五？一」，與〈27〉版唯一的一條卜辭：「庚卜，在龒：歲妣庚：三牞又鬯二，至卯，酉百牛又五？二三四」文字相同，二者屬同時成套而分書兩版甲骨卜問的關係。（1）辭問神內容在六個卜兆中只挑選了靠中間千里線上方的一兆，在兆坼中間先刻上兆序（一），而相對的在〈27〉版的右甲中下方由下而上出現的三兆刻上兆序（二）（三）（四）（原釋文漏列（二））。接著（1）辭的卜辭作冂形圍兆，由橫紋而

直紋圍著兆序（一）的兆書寫。而〈27〉版成套的另一辭則只見大包圍的繞著兆序（三）（四）的兆外圍書寫，文字由橫而直至兆的直紋底部再兜回直書三行，但單獨擱置偏遠在右甲尾的兆序（二）的兆。這種用兆的刻寫模式，既有規則，亦具彈性，應是當日花東卜人和刻工完成卜辭的慣用流程。

相對的〈55〉版是一塊背甲殘片，只剩右下方部分。其中的（3）（4）辭的書寫，應是花東卜辭刻法的特例。

〈55〉（3）往溝，卲？一

（4）己丑：歲妣庚：牝一，子往溝，卲？四

（3）（4）辭為成套的關係。按常理卜辭是由兆序（一）開始順序刻寫，而卜辭的記錄往往是先詳而後略。但本版的（3）（4）辭卻屬例外，（4）辭兆序（四）所配的卜辭文字詳盡，反而（3）辭兆序（一）的卜辭內容十分簡省。推測原因，是卜辭文字似在龜版卜兆和兆序刻寫後隔了若干時間才補刻上去的。而補刻的時候，寫手主觀的判斷兆序（四）的一兆才是鬼神屬意選取的，因此才在兆序（四）的兆旁首先刻上占問的詳細內容。如此，才會出現卜辭在兆序（四）的兆全面圍繞書寫的情況，反而在兆序（一）的兆序旁刻字卻簡略從權，甚至兆序（二）（三）都不作任何刻寫動作（或已殘缺）的現象。

以上，是花東甲骨據兆而刻辭的基本狀況。

五・花東甲骨「用辭」的理解

花東甲骨的「用」字，一般在命辭中作為祭祀動詞，有使用意，如用卜、用牲。例：

〈113〉（25）夕用五羊，辛迺用五豕？

〈124〉（11）子夢疾首，用牡，告，又彗妣庚？

〈183〉（2）丙卜：用二卜，冊五宰妣庚？

常態用字句後所接的祭品，有時會前移至句首。如：

〈7〉（2）叀一羊于二祖用，入自麗？一

〈37〉（16）叀丙弓用射？一

　　　　（17）叀丙弓用？不用

移位句一般在前面增一移位語詞「叀」作標誌。〈37〉版（17）辭命辭的「用」是「用射」之省，指用丙弓進行射儀。「用」字處命辭之中，作為祭祀動詞的功能。句末的「不用」，作為用辭，則是針對整條命辭內容的總結判斷，並非對應命辭中的動詞而言。

　　花東甲骨的「用辭」，是卜人觀察占卜的卜兆而代鬼神選取同意與否的決定語，應該獨立理解。「用辭」在王卜辭中有「茲用」、「不用」的對稱用法，如〈合集34240〉；花東卜辭一般只交代「用」或「不用」，往往單獨成詞書寫於特定的卜兆旁，亦有緊接著卜辭命辭之後書寫。而占辭有先書於用辭之前，例：

〈50〉（4）乙未卜：子其往田，叀豕求，菁？子占曰：菁。不用。一

〈103〉（4）乙巳卜：雨其征？子占曰：其征終日。用。一

如卜辭中有驗辭，則會將驗辭置於「用辭」之後。例：

〈35〉（1）壬申卜：子往于田，从昔斷？用。羋（擒）四鹿

〈76〉（2）乙卯卜：其祁（禦）大于癸子，酉犾一又邑？用。又（有）疾。

〈297〉己未卜：子其尋組，叀往于日？用。往𠕋。

花東卜辭「在某地」句用法多變，一般見於前辭，或作為補語接於命辭之後。但如有用辭，則會改排在用辭的後面。例：

〈240〉（5）戊辰：俎妣庚羌？用。在入。一二

〈276〉（4）乙夕卜：歲十牛妣庚，祝邑五？用。在呂。

　　由於近人解讀甲骨的參差，對於若干「用辭」的理解亦有不同的意見。如：

〈7〉（6）丁未卜新馬其于宁見又用（一）

　　　（7）丁未卜新馬其于宁見又不用（一）

《類纂》作「丁未卜：新馬其于賈視，又（右）用？一」

「丁未卜：新馬其于賈視，又（右）不用？一」

《校釋》作「丁未卜：新馬其于宁見（獻）又（有）？用。（一）」

「丁未卜：新馬其于宁見（獻）又（有）？不用。（一）」

按：卜辭從未見「又用」「又不用」例，更不存在「右用」「左用」的用法。對比〈168〉版的「其又（有）貯馬于新」、〈81〉版的「其又（有）鷸于宁見」等句例，〈7〉版（6）（7）辭命辭是卜問「新馬，其又（有）于宁見（獻）」的意思。句末的「用」「不用」當分別獨立成詞，作為「用辭」。《校釋》的斷句為是。

〈23〉（2）己巳卜子燕田扣用

《類纂》作「己巳卜：子燕上甲，叉用？一」

《校釋》作「己巳卜：子燕（宴），田扣？用。（一）」

按：卜辭燕（宴）的對象不會是祖先，句應分讀。花東卜辭「燕」字後一般亦都斷句，如〈34〉（14）的「子呼多臣燕」、〈255〉（3）的「弜呼彈燕」、〈372〉（9）的「子寢，燕？」等是。而「田」字後一般接地名，如〈474〉（6）的「子田狀」是。況且，《類纂》斷讀的「叉用」，亦不成文意。因此，「用」字宜獨立在句末，作為「用辭」。《校釋》的理解恐是。

以上，是花東卜辭「用辭」的基本用例介紹。

六・花東歲字句前辭有省「卜」的習慣

花東卜辭習見省略、移位等變異句型，而花東常進行的歲祭活動，在占卜的前辭中一般不用「卜」。這種歲字句前辭不出現「卜」字的記錄，並不代表命辭沒有占卜的性質。透過大量對比有省有不省的句例，判斷這種省略「卜」字，或只是當時花東甲骨刻手的一種書寫習慣，目前並沒有明確的實證可以區隔省與不省二者的差別。例：

（一）同版歲字句的前辭有用「卜」有不用「卜」例

（a）〈34〉（3）甲辰：歲祖甲：牢、𢏧一牡？一二

　　　　（13）戊申卜：歲祖甲：豕一、牝一？一

（b）〈37〉（2）癸酉卜：叀勹牡歲祖甲？用。

　　　　（8）丁酉：歲祖甲：牝一、𢏧牡一？

（c）〈132〉（1）庚戌卜：辛亥歲妣庚：鷹、牡一，妣庚永？用。一

　　　　（2）辛亥：歲妣庚：鷹、牡一，齒禦，歸？一

（d）〈314〉（1）甲戌卜：暮飮祖乙歲？用。一

　　　　（4）丙子：歲妣牡庚，告夢？一

（e）〈426〉（1）癸巳卜：翌甲歲祖甲：牡一、𢏧牡一，于日出？用。

　　　　（2）甲午：歲祖甲：牡一，𢏧牡一？一

（f）〈451〉（1）己巳卜：翌庚歲妣庚：黑牡又羊，暮飮？用。

　　　　（2）庚午：歲妣庚：黑牡又羊，子祝？

（g）〈459〉（8）癸酉卜：歲子癸：豕？用。

　　　　（10）己卯：歲妣己：彘一？

（二）異版歲字句的前辭有用「卜」有不用「卜」例

（a）〈179〉（2）甲辰卜：歲莧友祖甲彘，叀子祝？用。

　　〈76〉（1）乙卯：歲祖乙豝，叀子祝？用。

（b）〈284〉（1）戊卜：歲十豕妣庚？在呂。一

　　〈81〉（3）壬申：歲妣庚：牝一？在狀。一

（c）〈214〉（5）戊寅卜：歲祖甲：小宰，祖乙：小宰，登自西祭，子祝？

　　〈392〉（1）辛未：歲祖乙：黑牡、𢏧牡一，子祝？

花東進行其他祭典一般都用「卜」而在歲祭前卻習慣不用「卜」，目前仍無法明確的

全面解釋這種差別現象。只是透過以上兩類句例的對比觀察，就單純的句型結構言，歲字句前辭的省「卜」與不省「卜」實無別。至於當日占卜者的心理狀態是否已有利用「卜」字的有無作為占卜與記錄性質的區隔，抑或帶「卜」是強調詢問明天以後發生的事而不帶「卜」只表示當天的事例，就不得而知了。

〈446〉（20）己卜：歲卜亡吉，亡囚（禍）？

本辭「歲卜」連用，明確點出花東子進行歲祭時確是帶有「卜」的活動。命辭前句敘述歲祭占卜沒有吉兆，遂詢問這現象無禍否。囚，象占卜的牛胛骨形，作為禍字初文，此亦見吉、禍語意相對的用例。

七・花東甲骨祭祀的流程與內涵

殷墟花園莊東地出土 560 多版有字甲骨，主要是屬於祭祀卜辭。這足以反映殷武丁中期以前貴族宗室的祭祀形式。

花東子習慣用歲祭祭祀祖先。相對於王卜辭，花東子的祭祀較重視祭牲的顏色和性別。祭牲中除牛羊外，復多見用豕、馬和鹿，這與王卜辭祭祀內容主要用牛和羊亦稍有不同。花東子主祭的流程，一般是先洗臉淨身，進行舞祭迎神，再用貢品祭拜。如：

〈53〉（7）戊卜：子其洫，娈舞，酓二牛妣庚？

花東卜辭中祭祀的先人是以男性為重。殷商初期社會形態已進入以男性為主導的農耕時期，應是沒有問題的。如：

〈115〉（2）乙巳：歲祖乙：牢、牝，盥于妣庚：小宰？

（3）甲寅：歲祖甲：牝，歲祖乙：宰、白豕，歲妣庚：宰，祖甲盥収卯？

二

本版乙日祭祖乙（小乙），而以小乙的配偶妣庚陪祭，二者用牲一多一寡。甲日祭祖甲（陽甲），陪祭的祖乙（小乙）和妣庚，亦見祭牲男多而女少。

殷人已有大宗和直系親疏的觀念。如：

〈449〉（3）貞：子戔爵祖乙、庚，亡莫（艱）？一

（4）癸酉卜，貞：子利爵祖乙、辛，亡莫（艱）？一

（5）癸酉卜：祖甲永子？

（8）乙亥：歲祖乙，雨禦，台彡（肜）牢、牝一？一

本版見花東子與同族輩的子戔、子利用爵儀祭拜祖乙（小乙）、祖庚（盤庚）、祖辛（小辛）和祖甲（陽甲）四兄弟，其中對直系和親祖小乙的祭祀最為看重，其次是同輩中的老大陽甲。

花東祭祀的男性多與祭日天干相同，用牲差異已具遠疏近親的觀念。如：

〈296〉（6）甲辰：歲祖甲：羊一？

（7）乙巳：歲祖乙：白彘又簋？

（8）丁未：歲妣庚：豕一、簋？

本版花東子祭祀伯祖父陽甲用羊一頭，祭祀親祖父小乙用稀有的白色野豬和盛黍的食具，祭祀親祖母妣庚則用母豬一頭和食具。

〈313〉（2）己亥卜：于妣庚馭，亡豕？用。

（3）己亥：歲妣己：羊？用。

本版花東子祭祀親祖母妣庚，是用較稀有的鳥祭，並卜問宜否用一特別的祭牲：豬祭拜，而同時祭祀妣己則只用一般的羊牲一頭。

有關祭拜同一祖妣，花東一般是一日祭一祖妣，亦有連續兩天占卜用祭於同一祖妣的特例。如：

〈451〉（1）己巳卜：翌庚歲妣庚：黑牡又羊，暮皂？

（2）庚午：歲妣庚：黑牡又羊，子祝？

以上（1）（2）辭用相同的祭牲，可見是在己日和庚日連續的占卜庚日歲祭妣庚一事。

〈426〉（1）癸巳卜：翌甲歲祖甲：牡一、扐豐一，于日出？用。

（2）甲午：歲祖甲：牡一、扐豐一？

（3）甲午卜：歲祖乙：牝一，于日出皂？用。一二

（4）甲午卜：歲祖乙：牝一，于日出啟：用。三

（5）乙未：歲祖乙：牝一、汉曾一？一二

以上見（1）（2）辭連續在癸日和甲日兩天卜問甲日祭祖甲，（3）至（5）辭又連續在甲日和乙日兩天卜問乙日祭祖乙。

花東在同一條卜辭中一般只祭拜單一祖妣，但偶有同時兼祭二祖的。如：

〈274〉乙日召祭祖乙（小乙），歲祭妣庚。

〈196〉（4）己日歲祭祖甲（陽甲），歲祭祖乙（小乙）。

〈214〉（5）戊日歲祭祖甲（陽甲）、祖乙（小乙）。

〈311〉庚日歲祭妣庚，祖乙（小乙）祉。

〈321〉（4）庚日歲祭妣庚，祖乙（小乙）祉。

〈428〉（4）丙日歲祭祖甲（陽甲），歲祭祖乙（小乙）。

〈446〉（9）乙日歲祭母丙、祖丙。

〈449〉（3）子彗祖乙（小乙）、庚（祖庚，即盤庚）。

　　　　（4）子利爵祖乙（小乙）、辛（祖辛，即小辛）。

亦有在同一條卜辭中連祭三位以上祖妣的。如：

〈115〉（3）甲日歲祭祖甲（陽甲）、歲祭祖乙（小乙）、歲祭妣庚（小乙配偶）。

〈480〉（6）丙日歲祭祖甲（陽甲）、歲祭祖乙（小乙）、歲祭妣庚。

〈487〉（4）甲日酯上甲，歲祖甲（陽甲）、歲祖乙（小乙）、歲妣庚。

由〈487〉版的祭祀內容，見花東子不但擁有祭祀直系大宗帝王的權力，並可以直接祭祀殷商始祖上甲。這無疑清楚說明花東子和丁（武丁）具緊密的血親關係。

花東子興建獨立的宗廟祭祀祖先，宗廟中的神位安置有左中右之別，始祖置於正中位置。花東子主導祭儀，並有對成群神主一起祭祀的祭拜儀式。例：

〈290〉（2）壬申卜：呼長禦于右示？

花東卜辭亦見有抬某特定神主離開宗廟，出巡示眾的風習。例：

〈304〉（8）戊卜：將妣己示眔妣丁，若？

本版命辭中將扶的神位是妣己和妣丁，這活動與同版（1）（2）辭卜問「子疾首」一事有關，宜有驅趕災異不祥的想法。

　　花東祭祀的物品，一般是先用動物，再接著會供奉盛食器或酒器。如：

　　〈21〉（3）乙巳：歲祖乙：白豕又簋？

　　〈26〉（7）丙：歲妣庚：牡、䟱鬯，告夢？

　　〈278〉（14）叀一白豕又鬯？

　　〈320〉（6）庚卜，在龖：歲妣庚：三牡又鬯二？

這些經花東祭祀宗廟後的牲肉，亦有轉呈貢於上位者共享的記錄。這明顯見花東子與武丁緊密的親屬關係。如：

　　〈401〉（15）戊卜：其先戠，歲妣庚？　一

　　　　　（17）戊卜：其戠豕，肉入于丁？　一

　　花東卜辭多見花東子有夢，一般介定夢為凶兆，殷人往往奉兵器來祭祀以辟邪。例：

　　〈5〉（16）癸巳卜：子夢，㞷告，非艱？

如夢的是鬼，殷人會用舉火杖照明以驅趕的行祭儀式，此見殷人已有光明黑暗、生死的區別觀念。如：

　　〈113〉（11）丁又（侑）鬼夢，炬在田？

殷人復認為鬼與疾病、死亡有關聯，因此，花東子曾舉行歲祭驅鬼，剔除內心中的惡靈。殷人的生活、祭祀和迷信（或信仰）觀念，無疑已經混為一談。例：

　　〈114〉（1）丙卜：子其魃于歲，卲事？

　　〈102〉（3）乙卜，貞：今有心魃，亡𡆥？

　　〈156〉卲（禦）魃。

以上，扼要的呈現花東子日常祭祀的實況。

八‧花東子的政治實錄

殷墟花東甲骨的主人花東子，理論上是殷王武丁的子輩。假如殷王這一角色，是當日人權（王）和神權（巫）的綜合體，花東子的權力高度，無疑已是殷王室宗族的代言人，甚至可以說是殷王的代言人。就政治而言，他是輔助殷王武丁的重要臣子；在宗族血親而言，他獨立的掌管花東區域中王室貴族的神人事件。他位極人臣，作為武丁與臣民之間的橋樑。對外代王征戰，對內有祭奠商王直系先祖、代王問神、判別神意與管理藩屬附庸、驅使官員等權責。例：

〈92〉（1）甲卜：叀飲具丁？用。—

　　　　（2）甲卜：呼多臣見（獻）眣丁？用。—

本版（1）（2）辭同日占卜，見花東子一方面親自奉呈「飲」器與武丁，另一方面又號令「多臣」於次日上貢武丁。可見花東子對上位者和對下屬關係的緊密。這種呼令多臣作某事的例子，並不是孤證。如：

〈454〉（1）庚戌卜：子呼多臣燕（宴），見（獻）丁？用。不率。

〈183〉（14）翌甲，其呼多臣舟？—

　　　　（17）癸卜：我人其舟，吝？

由上版見花東子命令多臣行舟，復卜問「我人」從事「舟」的活動的吉祥否。這反映花東子不但掌控和役使職官，可能已有直接指揮特定群眾的實權。「我人」如作為實質的殷民或奴僕單位，花東子明顯已能支配固定的人力。花東卜辭是以花東子為核心的占卜材料，他擁有占卜問神的神權代言，獨立祭祀王室祖妣的祭祀權，加上指揮官員集團、貞卜集團，大量進貢、出巡、田狩、征伐、用牲等記錄，應是花東子位居極品、有土有民的佐證。例：

〈182〉（8）王卜：丁㠯（慮），征？

　　　　（9）王卜：丁不㠯（慮）？

丁是殷王武丁的生稱。本版因武丁的憂患，花東子代王卜問宜出外否。武丁憂與不憂，純是個人的心理狀態，況且殷王自有占卜集團，如果花東子與武丁沒有極親近

的關係，如何需要由花東子來代問殷王憂與不憂的吉否。由此可證，花東子作為武丁的子輩，二人關係確非比尋常。

〈420〉（1）甲辰卜：丁各，戾于我？用一

　　　　（2）甲辰：俎丁牝一，丁各，戾于我，卲于大甲？一二

本版見武丁來訪花東子，無疑花東子本身已擁有獨立的領土。同日花東子主動求祖先降佑於武丁，二人擁有共同的直系先世，自然是肯定的。

〈236〉（8）丁卜：改二牛，卲（禦）伐，乍（作）賓妣庚？一

　　　　（16）己卜：家其又魚，其芻丁，永？一

　　　　（25）庚卜：丁饗鼄？一二

本版主要是祭祀小乙配偶妣庚的卜辭。在丁日花東子先進行賓迎先妣妣庚（武丁的母親、花東子的祖母）的祭儀；己日花東子迎接人君武丁；庚日花東子與武丁一起饗祭妣庚。祭拜妣庚，對於武丁和花東子，有屬於家祭的一種共通行為。祭祀儀式將殷商君臣的關係更凝聚在一起。花東子復能代王詢問武丁舉行祭儀迎神的宜否，亦可概見當日殷商上層社會的政治、宗教不分的實況。例：

〈480〉（2）癸酉卜，在𠭯：丁弗賓祖乙彡？子占曰：弗其賓。用。一二

花東子所稱的「祖乙」，應理解為武丁之父：小乙。花東子不但有權代王詢問祭祀，亦有代王決定安排平日內外活動的順序。如：

〈154〉（1）辛酉卜：丁先狩，迺有伐？─二

　　　　（2）辛酉卜：丁其先有伐，迺出狩？─二

由此可見花東子曾一度兼具至高無上的王權與巫權。卜辭又見花東子號令宗族叔伯祭神，這自然也是代王行使的權力。如：

〈247〉（8）乙丑卜：呼叔卯，若？─

　　　　（9）乙丑卜：呼叔卯，若？二

　　　　（10）乙丑卜：呼妻告，子弗艱？

對比同版（3）辭命辭的「大叙弜钋（禦）子口疾于妣庚」、（6）辭命辭的「弜钋（禦）子口疾，告妣庚」等句的語意，可知「大^叙」即（7）辭的「^叙叔」，而（8）～（10）辭是花東子為了個人的口疾，分別呼令叔^加、妻等親屬告祭妣庚的經過。

花東子復有代王管轄外族附庸的權力。如〈255〉版（3）辭的「呼彈宴」、（4）辭的「呼長宴」、（6）辭的「呼多宁獻」、（7）辭的「子往溝」等句例，花東子有能力指揮附庸部族和出巡外地。他甚至一度能掌握軍權，受王命出征外邦。如：

〈275〉（3）辛未卜：丁唯子令从伯或伐卲？

〈237〉（6）辛未卜：丁唯好令从伯或伐卲？

花東子個人能同時擁有殷內政、外交的實權，當時他的威望應與武丁寵幸的配偶婦好是相等的。

花東卜辭又見花東子對婦好的再三進貢，這動機不但是在間接的討好武丁，對比卜辭中大量祭奠妣庚句例，花東子似乎十分需求母系宗族的好感和支持。花東子多次親自進貢於婦好，如：

〈26〉（5）甲申卜：子其見（獻）婦好？

（6）甲申卜：子重豕殳罘魚見（獻）丁？

亦有號令官員附庸代為入貢。如：

〈37〉（22）王子卜：子以婦好入于狀，子呼多禦正見（獻）于婦好，啟紒十，往鑿？

〈195〉（2）辛亥卜：呼垕洦見（獻）于婦好？在狀。用。

花東子對於婦好的懇懃熱誠，其心態與侍候武丁的戒慎小心是一致的。

〈349〉（19）子夢丁，亡囚（禍）？

（20）子又（有）鬼夢，亡囚（禍）？

本版鬼字从女，應為女鬼。花東子在夢境中看到自己的父親武丁，居然會卜問無禍害否，可見花東子平日對武丁的心存畏懼，這與夢見女鬼的恐怖心態是等同的。花東子位高權重，但對武丁卻如此害怕。他在政途上如履薄冰的實況，三千多年後的

我們在閱讀花東甲骨時亦能深切體會。花東子的短命早逝，和大量甲骨卜辭遭人為刮削，其原因恐怕也與當日的政權傾軋和位高震主有不可告人的關連。

　　以上，透過討論通讀花東甲骨文字的困難，和分析花東卜辭刻寫的形式、占卜的方法、用兆的狀況、用辭的解讀、歲字句省卜的習慣、花東祭祀的流程和花東子本人的政治實錄，由多角度來理解這一批具代表性的非王卜辭，從而落實研治甲骨文字的方法和嘗試建構出以花東子為核心的殷商文化史料實況。

殷墟花園莊東地甲骨卜辭釋文

釋文凡例

一　本釋文是根據 2003 年 12 月中國社會科學院考古研究所出版的《殷墟花園莊東地甲骨》中著錄的 561 版甲骨，並參校 2006 年 7 月朱歧祥著的《殷墟花園莊東地甲骨校釋》釋文，依版序逐片逐辭重新審訂。每版釋文下附按語，提供解讀釋文字形、字意的資訊，和卜辭導讀的參考。

二　本釋文一般採取嚴式的隸定。

三　凡一版甲骨超過一條以上卜辭，本釋文按照占卜順序，標明（1）（2）（3）等序號。兆序附於相關卜辭之後。

四　卜辭釋文屬命辭者，句末悉以問號作結，其他如屬前辭、占辭、驗辭、用辭、兆語、兆序、記事刻辭等，則以句號作結。

五　本釋文引用符號：

　　☒：表示缺字字數不詳。

　　□：表示缺漏一字。

　　[ ]：表示據殘筆或互較擬補的字。

　　（ ）：表示注釋的字。

版次（原編號）　序號　刻辭內容

1（H3：1）　　　　（1）　王卜：☑？

　　　　　　　　　（2）　癸卜：☑又？一

　　　　　　　　　（3）　癸卜：☑？一

　　　　　　　　　（4）　癸卜：☑？二

　　　　　　　　　（5）　甲卜：丁令？一

　　　　　　　　　（6）　甲卜：其☑妣庚？一

　　　　　　　　　（7）　一

　　　　　　　　　（8）　一

　　　　　　　　　（9）　一

按：

　　甲骨文字遭大量刮削，原因不詳。其中的（5）辭原釋文的「甲」、「卜」、「丁」三字並不清楚，僅供參考。拓本見「令」字。2006年朱歧祥《殷墟花園莊東地甲骨校釋》（簡稱《校釋》）958頁〈正補〉：「第一版中（3）（5）（9）（10）（12）（13）諸序號卜辭的內容，多不見於摹本圖版，亦無法在拓本中窺見。」

2（H3：2）　　　　（1）　戊子卜，才（在）麗：子其射，若？一

　　　　　　　　　（2）　戊子卜，才（在）麗：子弜射于之（此），若？一

　　　　　　　　　（3）　友貞：子炅？一

　　　　　　　　　（4）　友貞：子炅？一

按：

　　（4）辭末的兆序（一），在照本、拓本中均未見，僅供參考。（1）（2）辭前辭的干支「戊子」二字屬同版異形，「戊」字下從橫筆、斜筆並見，照相圖版「子」字有從三豎頭毛作複筆狀。二辭前辭都省「貞」字。花東甲骨前辭的「卜」字形基本上都與卜兆同向。

　　（1）（2）辭正反對貞，二辭各見三個卜兆，但記錄兆序的各只有一次。殷人

問卜的次數與刻寫的序數並不相等。(1)(2)辭分別包圍著兆序（一）外圍反向書寫，此屬花東刻手的習慣。(2)辭命辭「于之」，即「于此」，指麗地。麗字有省鹿身，見〈176〉版。姚萱《殷墟花園莊東地甲骨卜辭的初步研究》（簡稱《姚釋》）釋文「于之若」連讀，誤。若，象人跪坐雙手順髮形，引申有順的意思，這裡獨立用為詢問句。射，從二手奉弓矢，為花東甲骨的特別字形，用為禮儀一種。王卜辭「射」字只從單手。(3)(4)辭正正對貞，卜問內容簡省不詳。友，貞人名。「子炅（鑄）」，用為花東子的私名。

3（H3：7＋34＋94＋　　（1）　丙卜：𦥑又㠯（以）女，子其告于帚（婦）好，若？
　　269＋1559）　　　　　　　　一

　　　　　　　　　　　　（2）　[丙]卜：丁不征，㥩（慮）？一

　　　　　　　　　　　　（3）　丁征，㥩（慮）？一

　　　　　　　　　　　　（4）　丁不征，㥩（慮）？二

　　　　　　　　　　　　（5）　歲妣庚：牡？一

　　　　　　　　　　　　（6）　己卜：叀豕于妣庚？二

　　　　　　　　　　　　（7）　己卜：叀牝于妣庚？三

　　　　　　　　　　　　（8）　庚卜：五日子而𣥜？一

　　　　　　　　　　　　（9）　庚卜：弜卸（禦）子而𣥜？一

　　　　　　　　　　　　（10）　辛卜，貞：往鳶，疾，不死？一

　　　　　　　　　　　　（11）　辛卜：子弗艱？一

　　　　　　　　　　　　（12）　壬卜：于乙征休丁？一

　　　　　　　　　　　　（13）　壬卜：子其征休？二

　　　　　　　　　　　　（14）　壬卜：子其往田，丁不㥩（慮）？一

　　　　　　　　　　　　（15）　壬卜：于既乎（呼）弖（簋），迺▨？一

　　　　　　　　　　　　（16）　壬卜：子令？

　　　　　　　　　　　　（17）　其宅北室，亡蔩（疾）？一

按：

（1）辭「以女」的「以」字增口符作繁體，是花東獨特字例。以字由携帶引申獻進意。「女」字人首增斜筆示从髮簪，表示進貢的是成年的女子。（1）辭中殷王武丁后妃「婦好」的「好」字，从子部件縮小移於女旁的左斜上，呈女抱子的狀態，字形與王卜辭从女从子二部件左右對稱的常態寫法相異。這也是花東獨特的字例。（1）辭單獨出現，但卜辭所圍的卜兆上有兆序（一），按理此辭是成套的卜問，相關的其他卜兆甚至卜辭，可能是在本甲左下殘缺的甲尾部分或刻於其他甲骨上。外族或附庸𦥑來貢女性，花東子將此事稟告於婦好，此辭卜問宜順否。由此可見花東子有權責掌握殷商外交事誼，與上位者的關係密切亦非比尋常。

（4）辭原釋文「丁不征樓？一」末的兆序（一）應為（二）之誤。句亦應分讀為前後二分句。樓，讀為焦慮的慮。此代殷王武丁卜問出巡或不出巡是否有憂患。同組句意的（2）辭單獨先刻，屬完整句。（2）（3）二辭為正反對貞。（3）（4）辭省略前辭，二辭既為正反關係，卜辭左右對稱，又為成套關係，兆序（一）（二）相承；明顯見早期甲骨成套與對貞混用。

（5）（6）（7）三辭兆序相承，卜問歲祭用牲是用牡抑豕或牝，復見成套與選貞卜辭混用。（5）辭省前辭，（6）（7）辭則是省動詞「歲」而增介詞「于」的移位句。

（5）辭的「牡」字，从牛的牛角作畢直的豎畫書寫；（7）辭的「牝」字，从牛的牛角卻呈彎曲外張形。這種差異在花東卜辭不是孤證，可能如實的呈現兩種不同的牛種。

（9）辭的「卬（禦）」字、（16）辭的「令」字，二字从卪部件象人跪坐，其中手作拋物線的寫法下垂，此屬花東獨特的寫法，但這裡都不與人膝處相接，原拓本稍誤。

（8）（9）辭正反對貞，其中的（8）辭省句中動詞「禦」，（9）辭省句首時間詞。𦥑，象雙手將辮髮糾結形，為糾字初文。字由糾結引申有亂意。（8）（9）辭求佑子而其人去亂得安。（10）（11）辭為同日問卜的一組，花東子外出有患疾而問不死否。卜辭言「艱」一般指外來的災難。

（12）（13）二辭屬成套關係，卜問子「祉休」於丁。句例與〈409〉版（29）辭同。〈409〉版（29）辭：「壬卜：于乙祉休丁？一」，與本版（12）辭同文，屬同時所卜的異版正正對貞。（12）（13）成套，一省主語，一省句首介詞、時間詞和賓語。花東的成套卜辭，關鍵是在兆序的順序紀錄，刻寫形式最初是由一事一辭具順序的兆序始，接著是一事二辭同文分別繞兆書寫，呈現正正對貞、反反對貞的結構，復見一事二辭選擇對貞的分別繞兆書寫。嚴格而言，這是成套與對貞混用的綜合問卜方式。依兆序言是成套，依二辭對應的關係言是對貞。

（14）辭的虛字「其」，描本上从一橫筆，誤；對比照相本，上只从二短橫分書，旁二豎筆不穿頭。（13）辭「其」字二豎筆穿過二短橫。二者屬同版異形。「其」字具備「將然」的語氣，修飾其後的動詞。這裡言花東子將往田獵，而卜問殷王武丁的擔心否，句意亦呈現二人的親近關係。

（15）辭「既」字描本从卩，誤；字从人跪坐，上則从回首張口形。字與〈286〉版（28）辭的「于既乎（呼）食，迺俎」一辭的「既」字同。「既……迺……」二副詞構成先後語句的句式。花東甲骨卜問先用簋而後用俎，可能是安排祭祀中用牲儀式的順序。（17）辭省前辭和命辭的主語「子」。此辭於本版單獨出現，但只是成套卜辭的第一辭，餘辭可能見於他版。殷人居住宮室的「室」已分方位的用法。殷人決定宅居某地卜問安宅，最早恐是見於此辭。《校釋》960 頁〈正補〉：「（17）辭原釋文的蓐从人臥牀上，四周有草覆蓋，宜為疾字異體。」

4（H3：9）

（1）甲寅：歲祖甲：白豭一、衩鬯一，皀（簋）自西祭？一

（2）甲寅：歲祖甲：白豼一？一二

（3）乙卯：歲祖乙：白豭一，皀（簋）自西祭；祖甲祉？一

（4）乙卯：歲祖乙：白豭一，皀（簋）自西祭；祖甲祉？二

按：

（1）（2）二辭對應刻寫，似屬選擇對貞，而（2）辭單獨連續成套的卜問二次。二辭可理解為對貞與成套的混用。但由左甲首的人為界畫勾列看，右甲首的（1）辭有相對的另一卜兆在左甲首靠千里線旁，但無刻寫兆序和文字，二者自應為一組。而（2）辭與獨立的兆序（二）又勾開為一組。因此，（1）（2）辭又可能是各自獨立占卜的。（1）辭見歲祭祖甲，「白犾一」、「犭豈一」、「𥁴」並列為祭品，由詞位見「犭」字並非動詞，只能理解為形容詞，修飾「豈」，字示以手灑奠祖先的香酒。殷人祭祖，一般只祭一天，但亦有連祭二日。（3）（4）二辭在左右甲上下相對，成套的在乙日歲祭祖乙（小乙），並繼續祭祀上一天的祖甲（陽甲），二分句之間宜置一分號。「𠇴（𥁴）自西祭」，應即「祭𠇴（𥁴）自西」的移位句。本版（1）（3）（4）辭的西字字形各異，字中間有從二橫、三橫和交叉狀，屬同版異形。

5（H3：11＋283＋468　　（1）　乙亥卜：戠于之（此），若？一二

＋ 1519 ＋ 1521 ＋　　（2）　乙亥卜：叀子配史（事）于帚（婦）好？一二

1522＋1531＋1537　　（3）　乙亥卜：叀☐？一

＋1543）　　　　　　　（4）　叀配史（事），曰：帚（婦）☐？

　　　　　　　　　　　（5）　叀配史（事），☐？一

　　　　　　　　　　　（6）　乙亥卜：永？一

　　　　　　　　　　　（7）　乙亥卜：帚（婦）永？一

　　　　　　　　　　　（8）　乙亥：永？

　　　　　　　　　　　（9）　乙亥卜：至旬☐？一

　　　　　　　　　　　（10）　乙亥卜：帚（婦）好又（有）史（事），子隹（唯）妖，于丁曰：帚（婦）好？一二

　　　　　　　　　　　（11）　☐今日曰：帚（婦）好？二

　　　　　　　　　　　（12）　☐子曰：帚（婦）好？

　　　　　　　　　　　（13）　叀子曰：帚（婦）？一

　　　　　　　　　　　（14）　叀子曰：帚（婦）？一

（15）　丙子卜，才（在）刜曰：其奉☐？一

（16）　癸巳卜：子夢，异告，非艱？一

按：

　　（1）辭在左甲尾單句獨立成組，命辭的「戠」嚴格言應隸作戠，字由藏兵意引申為暫停、不行動的意見。（2）至（5）辭一組，卜問子「配史」於婦好和子「曰」婦好一事。其中的（2）（3）對貞，（3）辭後的兆序應有殘掉的（二）；（4）（5）對貞。本版見「婦好」省作「婦」。「异」是獻弓的祭儀，與獻酒的「禚」〈314〉字同類。配，從人跪於酉前，相對於卲（禦）字象人垂手跪於璧琮以迎神意，配字亦有置酒用祭，引申迎接、授與的意思。本版言子「配史」於婦好→婦好「有史」→曰：婦好，句意似與花東子舉奏某職權或官員授與婦好，經同意並進行代上位宣告有關。（15）辭復在外地代宣告進行祓祭。（16）辭單獨言「子夢」，必非好夢；持弓或獻弓祭告祖上，以示威武，並防災害。此見殷商有因夢而獻兵拜神祈福之習。「异告」，即「告异」的移位句。「非艱」是詢問句，卜問沒有外來的災禍。

　　（6）（7）（8）辭成組，（6）（8）辭的「永」都是「婦永」之省。「婦永」似有歌頌婦好吉祥的正面語意。（9）至（11）辭為一組，命辭的「至旬」「于丁」和「今日」語意相關，似是卜問選擇花東子發佈的時間。

6（H3：19）　　　（1）　甲辰夕：歲祖乙：黑牡一，叀子祝，若，祖乙永？用。昍召。一

　　　　　　　　　（2）　乙丑卜：又（有）吉夸，子具出，其以入，若，永，又鬙值？用。一二三四

　　　　　　　　　（3）　乙丑卜：☐？

　　　　　　　　　（4）　乙丑卜。用。五

　　　　　　　　　（5）　子贝貞。一

按：

　　（1）辭「叀」字照相本見中從二橫筆，描本稍誤。「昍」字即翌，二部件上下排列。從日，照本仍見日中一橫畫，拓本和描本均漏。原釋文誤釋作丁。

（2）辭「具」字象雙手持鼎耳處，有奉獻意，花東子奉獻的內容為斧戉形的屮。

（2）辭與〈333〉版屬成套關係，同辭又見〈342〉、〈481〉二版。

花東命辭習見紀錄歲祭祖先，多在前辭省略「卜」字，原因待考。

（5）辭「子炅貞」，花東卜辭一般只見「子貞」，「子炅（鑄）」或即花東子的私名。

（1）辭甲日傍晚進行占問，「次日」用黑色公牛一頭歲祭祖乙，由花東子親自禱告問神。「祖乙永」的「永」，字由水長的本義引申為長頌的咏，此言祖乙降永，意即祖乙降佑。此辭連續的詢問是次歲祭順利嗎？祖先會保佑嗎？「用」字獨立成詞，作為用辭，是鬼神同意這一占卜。句末的「翌召」是記錄次日進行另一召祭。

7（H3：22＋1515＋ 1575）	（1）	丁酉：歲祖甲：羝一、䍩一，子祝？才（在）麗。一 二
	（2）	叀一羊于二祖用，入自麗？一
	（3）	牝？二
	（4）	己亥卜，才（在）呂：子☒？二
	（5）	弜射于之（此），若？二
	（6）	庚子卜，才（在）我：[祖]☒？一
	（7）	丁未卜：新馬其于貯見（獻）又？用。一
	（8）	丁未卜：新馬于宁見（獻）又？不用。一
	（9）	乙卯夕卜：子弜往田？用。一
	（10）	乙卯夕卜：子弜龠（飲）？用。一二

按：

（1）辭「䍩」字，照本見中間交叉處具四點，描本稍誤。

（4）辭殘缺，應與左甲對應的（5）辭正反對貞。

原（6）（7）辭，即（7）（8）辭，地名「宁」字有中增從貝作貯，二者屬同版異形。一般從李學勤隸為賈，恐非。

原（6）（7）辭的「馬」字見束後腿形，或隸作壽，宜與一般的馬字區隔。「見」

字從人立形，仍讀為獻。從人立或跪坐形不分。一般從裘錫圭釋作視，恐非。《校釋》962 頁：「（7）辭『新』，地名。『又』，細審拓本，見『又』字明顯連上刻寫，與旁邊的『不用』有距離。卜辭亦不見『又用』『又不用』例。因此，『用』與『不用』應該獨立成詞，作為用詞。〈168〉版有『其又貯馬于新？』、〈81〉版有『其又羈于宁見？』，可證（6）（7）辭的動詞確為『又』，讀為有。」

（7）（8）辭前辭干支「丁未」直書，獨立成一格書寫；同版的（1）辭「玭一」、「弖一」，（2）辭「一羊」亦同。此屬花東的獨特行款，書寫有以成詞為一完整的單位。（7）（8）辭命辭為正正對貞，言有由宁族送來在新地的束馬嗎？句中的主要動詞是「又（有）」，「其于宁見」是「其見（獻）于宁」句移位，「新馬」又是附庸所獻的對象，因強調而置於句首。

（9）辭的「往田」，或有理解為「往上甲」，備一說。（9）辭言往祭上甲，與（10）辭的飲宴，語意勉強亦相承。

原（9）辭兆序（二）在右前甲上，應合併於（1）辭之後，作（一）（二）並排連讀，都是屬於（1）辭的兆序。今正。

原（8）辭「牝？　二」應置於（2）辭下，順讀改為（3）辭，與（2）辭「叀一羊于二祖用，入自麗？一」屬選貞兼成套的關係，卜問祭祀二祖是用一頭羊抑一頭母牛。由句意通讀（2）辭應是「叀一羊于二祖，入自麗？用。一」。鬼神在這組選貞中同意（2）辭的內容。「用」字理解為卜辭後的用辭。

原（11）辭，即（10）辭，句末漏兆序（一）（二），據照本和拓本補。

8（H3：23）　　　　　　□[子]祝？

按：

據照本靠左甲橋上邊的殘字補「子」。「子祝」亦為花東卜辭的習見用例。

9（H3：24＋50）　　（1）　丙寅夕：叀才（在）新：束牝一？一二三四

　　　　　　　　　　（2）　丙寅夕：叀才（在）新：束牝一？一二三

　　　　　　　　　　（3）　丙寅夕卜：旮（以）□□，樓（慮）于子？一

　（4）　丙寅夕卜：永，不樓（慮）于子？一

　（5）　辛未卜：从坐往田？用。一

　（6）　辛未卜：从坐往田？用。二

　（7）　辛未卜：隼（擒）？用。一

　（8）　辛未卜：隼（擒）☒？二三

　（9）　辛未卜：坐往☒？

按：

　　（1）辭的「俎」，从二半肉置於几上，示切肉以祭，字中的二肉朝下，與一般王卜辭「肉」形固定的朝左或右方不同。「牝」，从牛从匕分書，中間有一明顯距離，可能先寫匕再寫牛，而且「牝一」垂直書寫，形成一獨立的詞組。這是花東甲骨書寫的特殊風格。

　　本版卜辭一右一左成組對應占卜。（1）至（4）辭屬祭祀卜辭，（5）至（9）辭為田狩卜辭。（1）（2）辭同文相對，屬正正對貞，二辭又各自獨立成套，（1）辭有兆序四個，（2）辭有兆序三個。對比《合集9445》的「乞自新束卅。」一辭例，（1）（2）辭的「新束」似又應連讀成詞，作地名。（3）（4）辭又是另一組對貞。《校釋》962頁：「互較〈28〉版的：『丙卜：丁樓于子，由从中？』，本版（3）辭完整句是：『丙寅夕卜：由从中，丁樓于子？一』。」

　　（5）（6）辭成套，（7）（8）辭成套，都分見用二條卜辭。（9）辭辭殘，按句意應置於（6）辭之後。

　　（7）辭的「隼」，以畢網擒捕佳鳥，用為動詞「擒」的泛稱。

10（H3：30）　　（1）　乙未卜：子宿才（在）刏，冬（終）夕☐☐自☐？子占曰：不[隼]。一

　　　　　　　　（2）　乙未卜，才（在）刏：丙[不雨]？子占曰：不其雨。帀。

　　　　　　　　（3）　其雨？不用。

按：

　　「雨」字所从雨點零散書寫，與王卜辭固定的垂直豎點不同。

卬，從人跪坐，從弧筆強調人首，或為「肯」字初文。字有認同意，作為「用辭」。裘錫圭有釋厄釋果釋乎，備參。本版同日問卜田狩和氣象，二者語意似有因承的關係。（2）（3）辭反正對貞卜問雨否。占辭、用辭見於（2）辭句後。（2）辭否定句屬完整句，（3）辭省略句首時間詞。占卜者心理上似認同（2）辭，丙日不希望下雨。

11（H3：54）　　　（1）　　□乃弜往？

　　　　　　　　　（2）　　椿壴彭？一

　　　　　　　　　（3）　　戰（狩），叀新止？用。二

按：

　「乃」，對比〈377〉，用為人名；對比〈473〉，前缺一「狄」字。「新」，地名。《校釋》963頁：「（2）辭四字連用，無法通讀。或是作為連續的圖形示意，表達製鼓的過程。第一字上從木表示木架，下象鼓形皮革，中間小點示實心平面。第二字示椿木的動作，動詞。第三字示將木架於鼓上。第四字示豎鼓的製成品，鼓聲彭彭。然而全辭的性質為何？在全版中的關係又是甚麼？存疑待考。」（3）辭「叀新止」，即「止（于）新」的移位句，卜言是次狩獵至新地為止宜否。

12（H3：42）　　　　　　　　子貞。一

按：

　「子貞」二字位於右後甲卜兆的外側，字都刻意拉長書寫，原因不詳。「子」字上首呈扁長方形，為花東字形的特色。全版只刻前辭「子貞」二字，是花東子專用卜甲，不書命辭占問內容，例又見〈224〉、〈232〉等版；原因亦不詳。

13（H3：47＋984）　（1）　　甲午：歲祖甲：狱一，子祝？才（在）。一

　　　　　　　　　　（2）　　乙未：歲祖乙：狱一，子祝？才（在）。一二

　　　　　　　　　　（3）　　叀子祝，歲祖乙：狱？用。一二

　　　　　　　　　　（4）　　弜巳祝，叀之用于祖乙？用。一二

(5)　　丁酉：歲妣丁：牝一？才（在）𪊽。一

(6)　　乙巳：歲祖乙：牝一，子祝？才（在）𪊽。一二

(7)　　乙巳：歲祖乙：牝一，子祝？才（在）𪊽。三

(8)　　☐歲☐？

按：

（1）辭為單一卜辭，獨立的刻在右後甲甲橋旁，卜辭左上有一曲折界畫強調區隔。原（2）（3）（4）辭為一組，其中的（2）辭先作單辭的成套卜問，（3）（4）辭為承接的正反對貞，但應該是右前甲肯定句（4）先讀，左後甲否定句（3）後讀。因此，原（4）（3）辭順序應互易，即這裡的（3）（4）辭。

原（4）辭「叀子祝，歲祖乙：牝？用。一二」為移位句，對比（2）辭命辭的常態句，應理解作：「歲祖乙：牝，子祝？」的「A，B」句，在此移位作變異的「叀B，A」句。

原（3）辭「弜巳祝，叀之用于祖乙？用。一二」，前句否定詞「弜」前置句首，其後的「巳祝」，可讀為「祀祝」，用為複合動詞；亦可理解為「子祝」之誤。目前看，「巳」字判定為「子」字的誤書，可能比較可靠。後句句意本應理解為「（歲）祖乙：牝」之省動詞例，其後受句末「用辭」的影響，移位改為「用牝于祖乙」，再變為「用之于祖乙」，祭祀的公豕為代詞「之」所取替，最後代詞又前置，句首增加語氣詞，遂變為「叀之用于祖乙」句。

原（4）辭描本中漏書兆序（二），應補上。

（6）辭「牝」字後，照本稍殘，仍依稀見一短橫，宜讀為「牝一」。原描本和原釋文均漏。

本版全屬歲祭卜辭，甲日祭祖甲（陽甲）、乙日祭祖乙（小乙）、丁日祭妣丁，占卜日與祭祀對象的天干名同，這是花東甲骨的通習。花東卜辭多用豕祭祀，復強調祭牲的性別，與王卜辭習用牛羊不同。全版卜辭都在前辭省略「卜」字，這是單純的省略動詞例，抑與刻辭的詢問性質或歲祭此一活動有關？宜進一步分析。

14（H3：52）　　　（1）　乙酉卜：既乎（呼）皀（簋），往戠，菁豕？一二

　　　　　　　　　　（2）　弜戠？一二

　　　　　　　　　　（3）　菁阤鹿？子占曰：其菁。一二

　　　　　　　　　　（4）　乙酉卜：子于翌丙求阤南丘豕，菁？一二三四

　　　　　　　　　　（5）　以人菁豕？一二

　　　　　　　　　　（6）　一二

　　　　　　　　　　（7）　一二

　　　　　　　　　　（8）　乙酉卜：子又之阤南小丘，其罘，隻（獲）？一二三
　　　　　　　　　　　　　四五

　　　　　　　　　　（9）　乙酉卜：弗其隻（獲）？一二三四五

按：

　　整版卜辭閱讀順序是由下而上，原辭編號正確讀法應是：（5）（6）（7）（3）（4）（8）（9）（1）（2）；調整為這裡的順序。主要關鍵是，占卜內容是由往→求→遘→之（至）→罘→獲。透過上下文意內容得以理解占卜的客觀流程。本版「阤」字從橫阜從倒心，「獲」字從手在隹前，諸「酉」字象酒瓶都呈尖底狀，「罘」字、「戠」字新出，以上都是花東的特殊字例。

　　本版為乙酉日占卜捕豕、捕鹿卜辭。（1）（2）辭正反對貞，作$\{^{A,B,C}_{-B}\}$句；（4）（5）辭正正對貞，作$\{^{A,B}_{B}\}$句；（8）（9）辭正反對貞，作$\{^{A,B,C}_{-C}\}$句。（1）辭見先舉行「呼簋」的祭儀，再進行狩獵。戠，動詞，字從攴，有持杖驅趕意。字從虎的本義已淡化。罘，網豕。字從豕的本義於此仍繼續保留。（8）辭「又之」，讀作「有至」。「阤南小丘」，又作「阤南丘」，可見「丘」字已有小山丘意。丘地產豕。（5）辭「以人菁豕」，菁即遘，遇也；意即率領眾人狩獵遇豬。「人」已用為提供驅策的勞動力單位。

15（H3：53）　　　（1）　☐丁？一

　　　　　　　　　　（2）　庚卜：☐？

　　　　　　　　　　（3）　☐才（在）入。

（4） 子炅▨？

（5） ▨子炅？一

（6） 用。一

（7） 用。一

（8） 用。一

（9） 用。二

按：

　　本版文字多遭刮削，原因不詳。卜辭內容只剩天干、地名、用辭、丁和花東子的私名「子炅」。

16（H3：55）　　（1） 丙卜：子其往呂，攺；乃酓（飲），于乍（作）乎（呼）弖（簋），迺來？一

　　　　　　　　（2） 丙卜：子往呂？曰：又（有）希（祟）。曰：往呂。一

按：

　　（1）（2）辭在首甲左右兩邊，命辭成組相向圍兆對應，屬正正對貞。（1）辭命辭見罕有的「一辭二卜」，分別卜問花東子將要出發去呂地一事有禍害否，和乃族在酓祭及進行呼簋祭儀後才回來這一經過的吉凶。相對的，（2）辭命辭記錄只針對（1）辭的前句，並省略詢問句的「攺」否，其後則見特別的「一辭二占」，二占辭的「曰」似都是「子占曰」之省。其中一是子判斷有祟，一是子判斷要去呂地。（2）辭與〈53〉版（1）辭屬同辭。

　　相對於（1）辭的卜問「攺」否，（2）辭占辭判斷的「又希」，理應讀為傳統的「有祟」，意即有災害。原釋文讀為「有求」，在上下文意言是比較勉強的。

　　（1）（2）辭的「子」字，形體都特別的拉長；而前者「子」的雙手成彎曲狀，後者「子」的雙手則作直筆書寫，二者形體稍異，屬同版異形。（1）辭「攺」字形從手持棒由上而下擊蛇，寫法與王卜辭左右對稱位置並不相同。「乍」字下從倒鉤狀，字與「衣」字下擺形相當。過去我釋「乍」的本義為「半衣」之形，強調是一

件正在完成當中的衣服，引申為正在進行的意思，因此形的出現亦多得一佐證。（1）
（2）辭命辭見虛字「其」的可有可無，「其」字強調「將然」的語氣。（1）辭又見
「往」與「來」二字已用為相反詞。

17（H3：60）　　　　（1）　甲辰：歲祖甲：一牢，子祝？一

　　　　　　　　　　（2）　乙巳：歲祖乙：一牢，&（子）祝？一

按：

　　（1）（2）辭在後甲左右向外對應圍兆刻寫。卜兆的形成，是先右下而後左上
側。（1）（2）辭二「子祝」同辭，二「子」字屬同版異形。《校釋》964 頁：「（2）
辭『子』字為『子』的異體。上圓形為子的頭，下交錯處強調嬰兒的囟門。字與籀
文有相類似的地方。花東甲骨習見『子祝』例，如〈67〉、〈123〉、〈175〉版是。〈17〉、
〈280〉、〈291〉三版更見『子祝』『&祝』同用。〈29〉版復見『&祝』『子祝』對
貞。」（1）（2）辭的「歲」字從戈，豎筆下有穿短橫有不穿，屬同版異形。

　　本版甲骨只見後甲靠兩邊甲橋下側的二辭，其餘地方都空白，可想見當日花東
子擁有甲骨量的充裕無缺。本版純用為歲祭卜辭，甲日祭祖甲（陽甲）、乙日祭祖
乙（小乙），均同用一牢，由花東子親自禱告祭拜王室的直系先祖。前辭不見用「卜」。

18（H3：61）　　　　（1）　東。

　　　　　　　　　　（2）　西。

　　　　　　　　　　（3）　南。

　　　　　　　　　　（4）　嵞。一

按：

　　本版文字有遭刮削，原因不詳。（4）辭卜兆中間有兆序（一），原釋文漏。

　　（4）辭位置靠右甲尾上側，卜兆明顯與前三辭不在同一相對平面上。無論在
龜版中的對應位置與具兆序而言，（4）辭都與（1）（2）（3）辭有一定的區隔，字
不見得是「北」字。《校釋》964 頁：「全甲經刮削，現僅存後甲下面『東、南、西、
嵞』四字。《廣雅·釋詁》三：『北，伏也。』《白虎通·五行》：『北方者，伏方也。

萬物伏藏也。』（4）辭从虫从止从巳，或具萬物蟄藏之意，勉強可通。」殷人固然已有四方的觀念，但戰國時期才習見的四方與四時、四季的對應想法是否早已在殷商形成，恐怕是不見得的。況且，花東甲骨已有用「北」字，如「北室」〈3〉，另又見「南」「北」相對的用法，參〈502〉版。因此，齔字恐非北字。

19（H3：63正）　　　（1）　☐不☐？一

　　　　　　　　　　（2）　用。

　　　　　　　　　　（3）　用。

　　　　　　　　　　（4）　☐妣庚☐？

按：

　（1）辭在左甲橋下，卜辭經刮削，只剩下一否定詞和兆序（一）。原因不詳。（4）辭殘辭隸作「妣庚」，亦僅供參考。

20（H3：63）　　　　　　屰入六。

按：

　甲橋刻辭「屰入六」三字書於左甲橋的中間位置，與一般王卜辭刻在甲橋下方稍有出入。此記錄屰進貢共六隻活龜，這是其中的一隻，龜形偏小。「六」字上二斜筆推出，寫作同於過去認定的晚期卜辭字形，此疑是非王一類早期新創的測試字形，只短暫見於花東甲骨。

21（H3：67）　　　（1）　乙亥卜，貞：子雍友救，又（有）复（復），弗死？

　　　　　　　　　　　　　　一

　　　　　　　　　　（2）　丁丑卜：其卲（禦），子往田，于小示？用。一

　　　　　　　　　　（3）　乙巳：歲祖乙：白[豕]又㠱（簋）？一二

按：

　本版三辭各自獨立占卜。（1）辭在甲右上，（2）（3）辭在甲左上。三辭先橫書而圍下兆，其中（3）辭的「祖乙」合文、「白豕」直行成詞書寫。（3）辭歲祭，前

辭不用「卜」字，原因不詳，這似乎與當日刻手的書寫習慣有關。「豕」字下殘，也可能是「豙」「犾」字。一般祭品的排列順序，是先動物，後容器。這應是殷人用祭的習慣。花東用「豕」祭祀，似乎比牛羊還要珍貴。本辭更強調用「白」色的豕。

（1）辭命辭作三分句，主語都是「子雍」。前二分句為陳述句，言子雍友於救族，並進行往返的活動。末一句為詢問句，卜問子雍此行「弗死」否。「死」字從歺朝外。

（2）辭命辭分讀「其卲，子往田，于小示？」，應是「子往田，其卲于小示？」二分句的移位，全辭因強調「其卲」此一泛祭儀式而移於句首。相類句例，參見〈29〉版（1）辭的「其卲，隹宁見馬，于癸子」。

22（H3：68）　　　　　　利貞。一

按：

利，貞人。字並不見用為王卜辭的貞人名。

23（H3：71）　　　　（1）　卯。

　　　　　　　　　　　（2）　己巳卜：子燕（宴），田扣？用。

按：

左甲橋上方刻一獨特的「卯」字。功能不詳，或為管理甲骨簽署的人名。卯，即卬，有對剖意。又可能與用作宰殺牲口而問卜的龜版有關。（2）辭單獨見於右後甲靠千里線處，見「宴」與「田」二活動有前後相對應的關聯。扣，從手持「以」形包狀物，借為地名。

24（H3：73）　　　　（1）　用。一

　　　　　　　　　　　（2）　用。一

　　　　　　　　　　　（3）　☐？用。二

　　　　　　　　　　　（4）　☐告☐？

按：

本版「用」字三見，字形都不相同，屬同版異形。（4）辭拓本模糊，「告」字中間隱約似有橫畫。

25（H3：81）　　（1）　癸卜：□令☑見丁，☑子□？

　　　　　　　　（2）　☑妣己☑？

　　　　　　　　（3）　☑[歲]祖乙：小宰、豽又鼉（簋）？一二

按：

原（1）（2）辭應連讀，合為（1）辭，圍二兆書寫，作「癸卜：□令☑見丁☑，子□？」。照本「令」字不清，其後仍見「見丁」二字，即「獻丁」。

原（4）辭即（3）辭，歲祭祖乙，連用三祭品並列，作「A、B又C」的句式。前二動物帶出一容器。小字作三短豎平齊，宰字從羊中增一小橫畫，都是花東的獨特字例。豽字獸腹下從生殖器明顯分書下垂，後獨立成「士」形，即公豕。

26（H3：86）　　（1）　自宁□。

　　　　　　　　（2）　子其出俎？不用。一

　　　　　　　　（3）　甲戌卜：子其出俎？不用。二

　　　　　　　　（4）　戠，弜出俎？用。二

　　　　　　　　（5）　甲申卜：子其見（獻）帚（婦）好☑？一

　　　　　　　　（6）　甲申卜：子叀豕殁罘魚見（獻）丁？用。一

　　　　　　　　（7）　丙：歲妣庚：豽、䢔邕，告夢？一

　　　　　　　　（8）　丙：歲妣庚：豽、䢔邕，[告]夢？二

　　　　　　　　（9）　戊子卜：子隣俎一于之（此），若？一

　　　　　　　　（10）　戊子卜：子隣俎二于之（此），若？一

　　　　　　　　（11）　☑？一

按：

本版成套、正反對貞和選擇對貞都混在一起。（2）（3）上下對應，為成套卜辭，

（3）（4）右左並列，為正反對貞。（5）（6）下上斜出，為選擇對貞。（7）（8）右左對應，是成套卜辭。（9）（10）右左對應，則為選擇對貞。（6）辭句末原釋文漏兆序（一），今補。由此可見（5）（6）二辭為選擇對貞。

本版的「出」字從止，下從坎穴底部平直，寫法與王卜辭一般作尖底形狀不同。其他如「俎」從二肉朝下，「陴」不從雙手，「婦」中間增一橫劃，「邑」下從十字形，都是花東甲文特殊的寫法。

（2）辭「其出俎」，言將在外進行俎祭。（3）（4）辭正反對貞，其中的「戠，弜出俎」是言暫停而不出外俎祭。（6）辭命辭「子叀豕殁眾魚見丁」，是「子見（獻）丁：殁豕眾魚」的移位句。「殁豕」，是擊殺的死豬。眾，即遝，即逮，及也，用為連詞。花東子獻武丁魚，應是自洹水之濱所捕獲。卜辭獻魚，辭例罕見。「見」讀貢獻的獻。（9）辭「陴俎」一，指酒肉一份。用「陴俎」合祭，王卜辭並不見。〈合集 15856〉有「奠俎」一詞，但屬殘片。一般王卜辭只用「酚俎」成詞，作為酒肉相連的用法。（7）（8）辭「告夢」，是「告妣庚子夢」之省。

27（H3：89）　　　　　　　　庚卜，才（在）龑：歲妣庚：三牝又邑二，至卂（禦），晢百牛又五？二三四

按：

由拓本清楚見右甲尾下邊有兆序（二），但照本反而不清，宜補。甲文僅一辭在右後甲中，圍兆序（三）（四）書寫。本版與〈32〉版（1）辭作〔兆序（一）〕屬成套卜辭，而又與〈320〉版（6）辭同文。本版歲祭，但前辭仍保留常遭省略的「卜」字。屬花東子在外占卜例。祭品是公羊接香酒。數詞見於名詞的前和後，見花東卜辭數詞詞序的不穩定。本版的庚字中從二橫畫、妣字作匕而筆順首筆與斜筆先相接、牝字從羊中增一短橫、邑字上多二橫畫、卂字從人手作拋物線下垂、百字上增一橫而中作倒三角形，都是花東特殊字例。

《校釋》965頁：「卂，即禦，作為祭祀的泛稱，並非專祭，與歲祭性質不同。至卂，即『至某禦祖妣』之省。不省例如〈合集 22226〉的『至婦卂母庚』、〈合集 22046〉的『至子卂父丁』、〈合集 22049〉的『至妻卂父戊』。晢，于省吾說讀如冊，

俗作砍；可商。曡字後除接祭牲外，復有接鬯酒若干卣。……書冊記錄獻祭內容，包括祭牲、酒食、人首、武器和農作物，曡字無法單以砍意通釋，字仍宜以稱冊、奉冊一記錄祭祀內容，燒以獻神的祭儀理解為是。」

28（H3：101＋168＋　（1）　丙卜：隹（唯）亞奠乍（作）子齒？一
　　　1549）　　　　（2）　丙卜：隹（唯）小臣乍（作）子齒？一
　　　　　　　　　　（3）　丙卜：隹（唯）帚（婦）好乍（作）子齒？一
　　　　　　　　　　（4）　丙卜：丁梪（處）于子，隹（唯）羍齒？一
　　　　　　　　　　（5）　丙卜：丁梪（處）于子，吕（以）从中？一
　　　　　　　　　　（6）　戊卜：六其酌子興妣庚，告于丁？用。
　　　　　　　　　　（7）　戊卜：戠，弜酌子興妣庚？一
　　　　　　　　　　（8）　戊卜：子其告于☒？一
　　　　　　　　　　（9）　戊卜：☒？一
　　　　　　　　　　（10）　辛卜：丁不涉？一
　　　　　　　　　　（11）　辛卜：丁涉，从東洀獸（狩）？一

按：

　　（1）（10）二辭均有兆序（一），原釋文漏；今補正。（1）（2）（3）三辭為選擇對貞，（6）（7）二辭為正反對貞，（10）（11）二辭為正反對貞。

　　（8）辭「告」字作「屮」，从中；與〈20〉版作「屮」字增橫畫不同。

　　（10）（11）辭「涉」字形整體橫書，與王卜辭都作直書的寫法不同。（11）辭「从」字从二人一上一下，與王卜辭从二人並排的寫法也不相同。

　　（1）（2）（3）辭是卜求「乍子齒」吉否的卜辭，居腹甲正中央，呈倒三角組合；（4）（5）辭是「丁梪于子」卜辭，位於前甲上方左右對稱；（6）至（9）辭是祭祀妣庚卜辭，見於後甲的下方；（10）（11）辭是武丁田狩卜辭，在甲中的兩側。同一版甲骨兼具四類占卜，而刻寫位置佈局整齊有系統。此足見花東甲骨的占卜和刻工記錄手法的熟練。《校釋》966頁：「（6）辭『六』，人名。『子興』，酌祭求降福的對象，是活人。〈113〉版有『子興有疾』，可供參證；『妣庚』，酌祭祭祀的對象。

本句應是『六其酭子興于妣庚』的省介詞例。（7）辭是對貞的否定句，戠字應隸作戡，字由藏兵、止戈引申，意指暫停。」

29（H3：105）　（1）　丙寅卜：其钔（禦），隹（唯）宁見（獻）馬于癸子，
　　　　　　　　　　　　　　　　叀一伐、一牛、一邕冊，夢？用。一二
　　　　　　　　（2）　庚寅：歲祖[庚]：牝一，𨒋（子）祝？一二
　　　　　　　　（3）　庚寅卜：叀子祝？不用。一二
　　　　　　　　（4）　己亥卜：于宮冓戉（鉞）、𠂤？用。二
　　　　　　　　（5）　乙巳：歲祖乙：白豕一又𠧟（簋），祖乙永？一

按：

　　本版卜辭由下而上逐辭刻寫，其中的（1）（4）（5）辭為單辭占問，各自分開圍兆書寫；（2）（3）辭對貞，由後甲上中間的千里線左右向外對應跨兆橫書。花東卜辭已有一定的書寫習慣。

　　（1）辭钔祭的「癸子」，為「子癸」的倒文，死人名。子癸是花東子的平輩，與武丁亦有密切關係，〈48〉版見「歲子癸」。本辭見用宁族進貢來的稀有馬牲獻祭給子癸，禦祭卜問子夢的吉否。

　　（2）辭庚日歲祭的對象是「祖庚」（般庚）。「庚」字上方仍隱約可見，今補。

　　（2）辭「子祝」的「祝」字，從示從兄，二部件明顯分隔書寫，是要避開字中間的卜兆兆紋。殷人刻寫甲骨無疑已有避兆的風俗。

　　（2）（3）辭左右對稱，屬正正對貞。（3）辭同時省前辭的「卜」和命辭的前句「歲祖庚」若干牲。二辭見「子」字屬同版異形。

　　對比（1）（4）辭，本版見「冓」、「冊」分用。「冓」屬具體行禮的動作，舉實物以獻，「冊」僅是記錄獻品名目於竹簡，以候神享用。

　　（1）辭冊獻祭品「一伐、一牛、一邕」三種並列，順序是先人後動物再接容器；（5）辭歲祭祭品「白豕一又簋」兩種，中間用連詞「又」相接。二辭數詞的用法一在名詞之前，一在名詞之後。「祖乙永」，指祖乙永久保佑的意思。

30（H3：109＋1511）　　　☑[妣]己：犾一？才（在）刞。二

按：

　　祭祀妣己的祭牲為公豕一頭，照相本仍清晰可見「豕」下體取象生殖器的短直豎筆。原描本和原釋文誤作母豕。

31（H3：111）　　　（1）　☑午卜：☑？

　　　　　　　　　　（2）　☑歲☑牝一☑？

　　　　　　　　　　（3）　☑卯☑妣庚☑？

按：

　　本版卜辭都遭刮削，人名只剩一「妣庚」。（2）辭祭牲母羊字從匕朝向羊，寫法特別。此字形又與（3）辭「妣庚」的妣字筆序各不相同。

32（H3：113＋1518）（1）　庚卜，才（在）龗：歲妣庚：三牡又豊二，至卟（禦），䡊百牛又五？一

　　　　　　　　　　（2）　庚卜，才（在）龗：叀五牡又豊二用，至卟（禦）妣庚？一二三

　　　　　　　　　　（3）　庚卜，才（在）龗：叀七牡☑，☑[卟]（禦）妣庚？一二三

　　　　　　　　　　（4）　庚卜，才（在）龗：叀五牡用，至卟（禦）妣庚？一二

按：

　　（1）辭與〈27〉版屬成套卜辭。（2）（3）（4）辭為選擇對貞，卜問是次用祭的祭品數。選貞的祭品數因強調而移前。（3）辭在右甲下側骨殘，缺「用」、「至」二字。對比（1）辭的常態句，（2）（3）（4）辭屬省略前句的變異句型。（2）（3）（4）辭「叀」字的用法，具強調動詞後賓語前置的功能。

　　（1）辭見「又」字同時作為連詞，和用為數目字中帶出個位數的功能。

　　（1）辭見卜兆有六，在右甲中下成二直排，刻寫兆序只有（一），卜辭就只圍

著兆序（一）書寫；（4）辭見卜兆亦有六，在左甲中下成二橫列，刻寫兆序有（一）和（二），卜辭是順著兆序（一）（二）外圍書寫。因此，殷人問卜的卜兆、有記錄的卜序和書寫的卜辭並非完全對應的。（2）（3）辭各卜問三次，分別見兆序（一）至（三），而卜辭一橫一直，都是在兆的外圍繞兆書寫。

33（H3：114） 　　　　　　　子陞貞。一

按：

　　本版貞人的私名與〈205〉版的「陞」字可能屬同字，同用為貞人名，本版字形圖畫意味較濃。字從人圓首，不應隸從夭；從阜從人登山貌，或即「陟」字初文。

34（H3：115＋241＋　（1）　辛卯卜：子障俎，叀幽鷹？用。一

　　246）　　　　　（2）　辛卯卜：子障俎，叀[幽]□？不用。一

　　　　　　　　　　（3）　甲辰：歲祖甲：牢、馭一鬯？一二

　　　　　　　　　　（4）　甲辰：俎丁牝一，丁各，仄（昃）于我，眔于大甲？用。一二

　　　　　　　　　　（5）　甲辰卜：于麥（來）乙，又于祖乙：宰？用。一二

　　　　　　　　　　（6）　乙巳卜：歲祖乙：牢、馭鬯一，祖甲[永]，丁各？一二

　　　　　　　　　　（7）　乙巳卜：子大冓？不用。一

　　　　　　　　　　（8）　乙巳卜：丁各，子冓小？用。一

　　　　　　　　　　（9）　乙巳卜：丁各，子冓？用一二

　　　　　　　　　　（10）　乙巳卜：丁[各]，子勞巳（祀），冓？不用。一二

　　　　　　　　　　（11）　乙巳卜：丁各，子□[宮]（廳）冓？用。一

　　　　　　　　　　（12）　乙巳卜：子于[帚]（寢）冓？不用。一

　　　　　　　　　　（13）　戊申卜：歲祖甲：豕一、牝一？一

　　　　　　　　　　（14）　己酉卜：眔庚，子乎（呼）多臣燕（宴），見（獻）丁？用。不率。一

按 ：

（1）（2）辭在右左甲尾兩邊相對，屬正正對貞，由用辭見當日占卜者選取的是（1）辭。（7）（8）辭在右左甲中靠甲橋邊相對，作為選貞，由用辭見鬼神認同的是（8）辭，指武丁來臨，花東子宜進行「小禹」的儀式而不是「大禹」。（9）（10）二辭似為正反對貞兼各自成套關係。（11）（12）辭屬選貞，承（9）（10）辭卜問「禹」的場所是在廳抑或是在寢。

（2）辭「叀」字後隱約見「丝」的上半，應是「幽」字之殘。（5）辭「麥」字從倒止，借為未來的來。（6）辭「祖甲」後一殘字為「永」。（5）辭「祖乙」的「祖」字倒書。「睪」字，（3）辭字在底部呈十字形，（6）辭字在底部則作平底座；二字屬同版異形。（3）辭「祝一睪」，其中的「一睪」自成一格書寫，（6）辭則作「祝睪一」，詞組語序各異。（7）辭「大禹」一詞，（8）辭則作「禹小」，詞位亦各不相同。本版見花東甲骨的字、詞、用語仍處於早期文字不穩定的測試狀態。

（4）辭「俎丁牝一」，《校釋》967頁：「『俎丁』，可能是『丁俎』的移位句，意即武丁主持俎祭。『丁各』，言武丁來臨。『我』，用為族名和地名。」「俎丁」，亦可理解子進行俎祭，獻肉於武丁的意思。

（6）辭見花東子主祭祖乙（小乙），並祭祖甲（陽甲），祈求武丁的來臨。（7）至（9）辭見上位者來訪，花東子進行「禹」（稱）的進貢儀式，而「禹」有「大禹」與「小禹」之別。（14）辭復見先設宴後進獻的儀禮流程。

（14）辭句末用辭言「用。不率。」金祥恆師早年在《中國文字》有〈釋率〉一文，釋作「皆也，悉也。」（14）辭用辭的意思，是指鬼神同意此占卜詢問的內容，但並不是全面的。言下之意，鬼神對此占卜有所保留，兆象不好不壞。

35（H3：119）　　（1）　王申卜：子往于田，從昔斬？用。禽（擒）四鹿。一

　　　　　　　　　（2）　王申卜：既乎（呼）食，子其往田？用。一二

按 ：

本版殘甲只見二田獵卜辭。（1）辭的「昔」，象洪水掩蓋旭日貌，此由往日的難忘事例借為專用的時間詞，泛指過去。字形圖畫意味濃厚。「斬」，象以斧斤鑿刻

牛胛甲骨形，或示鑽鑿甲骨問卜的意思。「从昔斬」，與〈295 版〉(3) 辭的「从曰昔斬」用例同，似可理解為：「根據舊有的卜骨問卜記錄」的意思。〈395 版〉(5) 辭：「壬申卜：子其往于田，从昔斬？用。二」，與本版 (1) 辭內容相同，二辭屬成套關係。驗辭「毕（擒）四鹿」句書於用辭之後。《校釋》967 頁：「對比〈295〉版作『从曰昔斬，毕（擒）？』，(1) 辭省詢問句『毕』字。全句不省例是：『王申卜：子往于田，从昔斬，毕？用。毕四鹿。一』」。

(2) 辭「既……，……」句，應是「既……，迺……」句型之省，指卜問二事的先後順序宜否。「乎（呼）食」上下合書，言子呼某進行獻食的儀式。

(2) 辭描本圖版漏書兆序（二）的卜兆形，宜補。

36 (H3：126＋1547) (1)　丁卜，才（在）□：其東獸（狩）？一

(2)　不其獸（狩），入商？才（在）□。一

(3)　丁卜：其？一二

(4)　丁卜：其涉河，獸（狩）？一二

(5)　丁卜：不獸（狩）？一二

(6)　其涿河，獸（狩），至于□？一

(7)　不其獸（狩）？一

按：

本版殘甲全屬田獵卜辭。原 (1)(3) 辭為正反對貞，應調整為 (1)(2)。(2) 辭「商」字，拓本不清，據照片似仍从口。

原 (2) 辭「丁卜：其二？一」，不可解；「二」或仍為兆序，讀作「丁卜：其？一二」，調整為第 (3) 辭，「其」字後的內容原刻手漏書。

(1) 辭「丁卜，在□」為前辭，省「貞」字，卜辭常見「干支卜，在某地貞」。(2) 辭「在□」則置命辭之後，作為補語，並不屬於命辭，應為前辭記錄地名的移後。

(4)(5) 二辭屬正反對貞，作$\{^{A，B}_{-B}\}$，否定句省前句；(6)(7) 二辭為正反對貞，作$\{^{A，B，C}_{-B}\}$，否定句三分句省前、後句。前一組卜問「涉河」狩獵順利否，「涉」

字从二止橫書，有強調追逐意；後一組卜問「涿河」狩獵順利否。兩兩對應，新創字「涿」字从豕涉水，或亦可理解為「涉」字的異體。

　　本版地名位置見 ⚇ 在商之東，二地在黃河的同一岸，而其地則在黃河的另一邊。

37（H3：123＋373）　（1）　癸酉卜：叀勾（鬻）牡歲甲祖？用。一

　　　　　　　　　　（2）　癸酉卜：叀勾（鬻）牡歲甲祖？用。二

　　　　　　　　　　（3）　己卯卜：子見（獻）㫃以戉丁？用。一

　　　　　　　　　　（4）　以一毌見（獻）丁？用。一

　　　　　　　　　　（5）　癸巳卜：子糒（倲），叀白璧改丁？用。

　　　　　　　　　　（6）　甲午卜，才（在）麗：子其射，若？一

　　　　　　　　　　（7）　甲午：弜射于之（此），若？一

　　　　　　　　　　（8）　丁酉：歲祖甲：牝一、叔毌一？才（在）麗。一

　　　　　　　　　　（9）　丁酉：歲祖甲：牝一、叔毌一？才（在）麗。二

　　　　　　　　　（10）　己亥卜，才（在）呂：子其射，若？不用。

　　　　　　　　　（11）　叀牝又毌祖甲？一

　　　　　　　　　（12）　甲辰：歲妣庚：牝一、叔毌？才（在）麗。二

　　　　　　　　　（13）　甲辰：歲祖甲：牡一、牝一？才（在）麗。三

　　　　　　　　　（14）　乙巳卜，才（在）麗：子其射，若？不用。

　　　　　　　　　（15）　乙巳卜，才（在）麗：子弜徲彝弓，出日？一

　　　　　　　　　（16）　叀丙弓用射？一

　　　　　　　　　（17）　叀丙弓用？不用。一

　　　　　　　　　（18）　丙午卜：子其射疾弓于之（此），若？一

　　　　　　　　　（19）　戊申卜：叀疾弓用射萑？用。

　　　　　　　　　（20）　壬子卜：子以帚（婦）好入于狀，改玦三，往鼝？一
　　　　　　　　　　　　　二

　　　　　　　　　（21）　壬子卜：子以帚（婦）好入于狀，子乎（呼）多宁見（獻）于帚（婦）好，改紤八？一

（22） 壬子卜：子以帚（婦）好入于狄，子乎（呼）多钌（禦）
正見（獻）于帚（婦）好，改紤十，往爨？一二三四
五

（23） 癸丑卜：歲：食、牝于祖甲？用。二

（24） 乙卯卜：叀白豕祖乙？不用。一

（25） 乙卯：歲祖乙：牡、权甾一？一

（26） 叀三人？一

按：

（1）（2）辭歲祭的「祖甲」移位作「甲祖」。花東甲骨書寫祖先的名字，可以倒書，可以移位。這種隨意性似是花東刻工的書寫習慣，與後人敬祖用字的尊重與否無關。

（2）辭的「牝」字因避卜兆而分書。

（3）辭「子見啙以戉丁」一句。戉，即鉞，字或可理解為琮，禮器；備參。啙，為卤字繁體。此言花東子進獻卤聯同戉給與武丁。（3）（4）辭屬選貞，（3）辭是「子見（獻）A以B丁」一完整句，（4）辭是「以C見（獻）丁」。因此，（4）辭當是「A以C見（獻）丁」句之省。「卤」是盛酒水器，（4）辭卜問用盛酒水的卤聯同一杯香酒獻給丁，在語意上自然沒有問題。近人以「啙」為人名，恐非。

對比（3）辭「子見卤以戉丁」和（5）辭「子䬤，叀白璧攺丁」二句。動詞「見」和「攺」用意相近。見，借為獻，從人具目跪坐形，字強調下位者跪獻於上位者的過程，帶出貢獻的對象；近人都從裘錫圭轉讀為視字，但於此上下文意無法通讀，恐非。攺，從手持杖擊戶，應釋為戒，即肈字。肈，字讀如兆，兆由龜坼文的從八形，故有分意。字強調分送意，帶出具體致送的物品。（5）辭言花東子進行䬤祭，然後將祭品中的白璧分呈與武丁。

（6）（7）辭正反對貞。（6）辭前辭應是「甲午卜，在麗貞」一句組的省「貞」字。（7）辭「之」即「此」；「于之」，意即「於此地」，強調花東子舉行的射儀在麗地。此句置於命辭，似乎是隨占卜者的口語書寫。（18）辭「子其射疾弓于之（此）」，用例與此同。

（8）（9）為成套兼正正對貞、（12）（13）為成套或兼選貞關係。以上諸辭將前辭的「干支卜，在某（貞）」的「在某」分書，移於命辭句末之後作補語。這種移位現象，在花東卜辭中多見。

（11）（12）（13）辭為成套關係。（11）辭的兆序是（一），但卻屬省略句，反而（12）辭兆序（二）、（13）辭兆序（三）的卜辭是完整句。三辭中的（11）（13）辭又似是選貞關係，卜問歲祭祖甲的貢品是「牡和邕」抑或是「牡和牝」。

（16）（17）二辭同文正正對貞，見（17）辭命辭的「用」字為「用射」之省。二辭屬移位句，卜問用丙地的弓進行射儀宜否。（17）辭原釋文漏刻兆序（一）。

（19）辭「叀疾弓用射萑」。「射」的對象下從鳥，但上不從艸中類偏旁。據照相本觀察，字在鳥形上從口形，上豎具分叉狀，或即從告，可隸作鵠。殷墟卜辭中的先祖「王亥」的亥字從隹鳥，鳥首有從特別的火冠；鳴字從鳥，鳥首亦有從火形，與此字可類比來看。

（20）（21）（22）三辭同日各自成套占卜。對比（21）（22）花東子呼令多宁和多禦正獻於婦好，（20）辭應是花東子親自進貢給婦好的意思。三辭似乎具選貞的關係。（21）（22）辭「見」（獻）、「改」同辭連用，前者帶出進貢的對象，後者帶出貢品內容。

（23）辭與〈63〉版（5）辭「癸丑卜：歲食、牝于祖甲？用。一」為成套關係，分別見於二版。

（24）（25）（26）三辭屬同一組，選擇對貞。卜問歲祭祖乙的祭品是用白豕抑牝和邕抑三人牲。

本版大量祭祀卜辭和進貢類卜辭混在一起，顯見「祭」與「貢」對於花東子平日生活中的重要意義。

38（H3：127）　　（1）　乙卜：其舲（禦）[子]□骨妣庚，曹三十□？一

　　　　　　　　　（2）　王卜：其舲（禦）子[疾]骨妣庚，曹三[牝]？

　　　　　　　　　（3）　王卜：其舲（禦）子疾骨妣庚，曹三[牝]？一

　　　　　　　　　（4）　王卜：子其入麀、牛于丁？一

（5）　王卜：丁聞，子乎（呼）[見]（獻）戎，弗乍（作）樓
　　　　（慮）？一

（6）　南弗死？二三

（7）　死？一二三四

按：

（2）（3）辭在前甲靠千里線左右對應，本應屬對貞或成套關係，但（2）辭卜
兆不見兆序，仍無法判斷。花東子因骨疾而求祭於小乙的配偶妣庚。（2）（3）辭句
末祭牲「豕」字，左旁都見「士」的殘豎筆，似即狅字，指公豕。（5）辭「乍」字，
從半衣形，象仍未完成而正在完成當中的衣服，字下面作回勾形，與衣字的下半形
同；描本字形稍誤。

（4）辭「子其入麂、牛于丁」。花東子納貢武丁的牛種有二：麂，指長體的野
牛；牛，相對的可理解為一般直角的牛。

（5）辭「子呼見戎」。花東子呼令某獻貢兵戎，見字從人立形，亦讀作獻，與
〈37〉版「子見（獻）丁」、「子呼多䠊正見（獻）于婦好」的見字從人跪坐形相對。
可知，殷卜辭中見（獻）字的用法，從人從卩本無別。（5）辭末句詢問句「弗作慮」
省略的主語是「丁」。

（6）（7）辭分別在右左甲橋上側，屬正反對貞，（7）辭是詢問南此人會死嗎。
（6）辭不見兆序（一）和（四）。

39（H3：130+1123）（1）　叀犯于妣己？一

（2）　登妣己友夦？一

（3）　登妣己友夦？二

（4）　乙：歲妣庚：牡又鬯？一

（5）　乙：歲妣庚：牡？一

（6）　叀兆妣庚？一

（7）　叀宰？一

（8）　叀牛？一

（9）　卯宰？一

（10）　乙☐一

（11）　乙☐一

（12）　乙：歲妣庚：牡又嚣？二

（13）　丙卜：叀豕妣庚？一

（14）　歲妣庚？一

（15）　叀犾于妣丁？一

（16）　丙卜：叀犾于妣丁？二

（17）　戊卜：子其取吳于羠，丁弗乍（作）？一

（18）　己卜：其酌子興妣庚？一

（19）　夕：歲小宰翌妣庚？一

（20）　叀尨妣庚？二

（21）　庚卜：弜羍，子耳鳴，亡小艱？一

按：

　　本版「妣」字一般作「匕」，（5）辭有作「人」形寫法。宰字一般從羊，（19）辭有省羊耳的二斜筆。這均屬同版異形。（12）（19）辭「歲」字從戈一曲首、一直書，也屬同版異形。（2）（3）辭均作「登妣己友豕」，屬成套卜辭，二辭的卜兆左右甲相向，但兆上文字書寫卻都呈由左而右同向橫書，並不對稱，應是特例的行款。「登妣己友豕」，應是「妣己：登友（又）豕」的移位句，言卜問祭祀妣己的祭品，是一碗米和一頭獵獲的豕宜否。其中的連詞作繁體書寫，祭品中的「登」因強調而移前句首。

　　（13）辭的「叀豕妣庚」，是「妣庚：豕？」一句的移位句，祭牲前置句首。這裡的「豕」，字形強調有毛的豬，似可隸作豪，與一般的豕形相區隔。相對於（15）（16）辭的「叀犾于妣丁」句，介賓語句中的介詞，可省可不省。

　　（17）辭的夙字，似月部件作倒口形，寫法奇特，與王卜辭字作側月形不同。這和花東的俎字從二肉作倒口形朝下寫法相近。

　　（19）（20）辭都在左下甲作下上橫列相對，由內容看亦似為一組，但前者由

左而右順兆橫書，後者書寫卻是相反，逆兆朝外側橫寫；二辭關係仍待觀察。（19）辭的「夕」，應是「己夕卜」之省，用為前辭。命辭的時間詞「翌」移於句中。

（21）辭單獨見於右前甲上，其中的㸚字，象手持火把，眾人圍觀之狀，字為炬字初文，用為照明的祭儀。殷人有燃火驅鬼祛不祥之習。（21）辭「子耳鳴」而卜問「亡小艱」否。「耳鳴」無疑是一種疾病。鳴字從鳥，上增從火狀的鳥冠，字形特別。

本版的牡、牝字形，就行款結構而言，都是先寫士、匕，再接著寫牛、羊。書寫筆序怪異。

40（H3：131）　　　　　疾入？一

41（H3：143+392）　（1）　乙卜：[東]☐，[子][歲][裋]于或配☐[妣]☐？
　　　　　　　　　　（2）　一
　　　　　　　　　　（3）　庚卜：☐？
　　　　　　　　　　（4）　☐于☐？
　　　　　　　　　　（5）　☐告☐？三
　　　　　　　　　　（6）　☐？二
　　　　　　　　　　（7）　☐子☐？
　　　　　　　　　　（8）　一二
　　　　　　　　　　（9）　一

按：

本版卜辭大量遭刮削。（1）辭原釋文作「衣」，從卜；姚萱認為從匕，讀庇；都有可商。字外圍從衣，但中間的筆畫不清。對比〈496〉版有「歲裋」例，這裡從衣的字可能也是「裋」字。字之前有一殘字，似是「歲」字。

（1）辭前辭「乙卜」二字直書，自成一格。原釋文的「庚」字，據照本放大看，似是「東」字之殘。

42（H3：
150+440+1513）

（1）　己卜：子☐？

（2）　☒卜☒？二

（3）　☒[庚]☒？一

（4）　☒女？

（5）　☒子☒？

（6）　己卜：子出自☐？

（7）　☐卜：☐亞[見][告][取]，[告]子？一

43（H3：146）　　　　庚卜：子艱，及☒？一

44（H3：151）

（1）　子不征，又🅐？一

（2）　妹又？一

按：

（1）（2）辭正反對貞。「妹」字用為否定詞，从未部件下象樹根，與花東地支「未」字下增从木形不同。又，讀如有。（1）辭末一字象兩手糾結髮辮形，右上从司省聲，是糾字初文。「有糾」，指有混亂的意思。

45（H3：161+322）

（1）　丙☒羊？

（2）　庚☐歲☒？

（3）　歲：十小宰又呂？三

（4）　用。三

（5）　用。四

（6）　一

按：

（3）辭「呂」字在照相本中仍見中間的交叉和二虛點；描本稍誤。「歲」下一字似作「丁」形，備參。本版大量卜辭遭刮削，原因不詳。

46（H3：163）　　　　　　　乎（呼）□用昌？一

按：

　　本辭「呼」字上少了一豎點，但據放大的照本，隱約處仍在字二短豎之間的上
方有一模糊小豎筆。呼字後空一格，可能都是被人為削去。「用馬」的馬字，後腿
見作束腿形，而馬缺頭毛和鬃尾，似非指一般的馬匹，可改隸作昌字。〈428〉版似
亦見「昌」字。

47（H3：166+167）　　（1）　南。

　　　　　　　　　　　（2）　癸亥：俎牝一？才（在）▨。一

按：

　　本版骨殘，只餘下右前甲一塊。在兆旁單獨留下方位詞的，另見〈18〉版，但
「南」字寫法互有出入。（2）辭兆上橫書，唯「牝一」一詞合文直寫。殺牲法用切
肉的俎，前辭省「卜」。牝字從牛的牛角向外明顯拓張，與一般牛字牛角畢直寫法
不同。

48（H3：179）　　　　　　　癸亥：歲子癸：牝一、皀（簋）自丁秫（黍）？一二
　　　　　　　　　　　　　　三

按：

　　本版文字刻寫一辭繞三兆，形式與〈50〉版相約。對比〈171〉版的「皀秫」
用法，本版的「皀自丁秫」，應是「皀秫自丁」的移位，指由武丁送來一簋的黍，
用作祭品。秫，字作上下位置經營。本版歲祭，前辭亦常態的省「卜」字。癸日祭
「子癸」，祭品也是先動物後器物。

　　本版兆序（三），見三橫筆的中間一橫稍長，原描本誤。

49（H3：182）　　　（1）　丁[丑]：歲妣庚：牝一、卯豚？一二三

　　　　　　　　　　（2）　丁丑：歲妣庚：牝一、卯豚一？一二三

　　　　　　　　　　（3）　丁丑：歲祖乙：黑牝一、卯豚？二

　　　　　　　（4）　　丁丑：歲祖乙：黑牝一、卯豚二于祖□？一二

按：

　　本版歲祭前辭都不見用「卜」。（1）辭在左甲橋下，原釋祭牲「犰」似為「牝」字之誤，據照相本改。諸辭「豚」字从豕倒書，（2）辭「豚」字後有「一」字，描本漏。（1）（2）辭各自成套，似兼選貞關係。本版祭先妣用豬，祭先公用牛，而二者均剖小豕以祭。這可能是花東用牲習慣之一。妣庚與祖乙（小乙）在丁日同時歲祭，可旁證二人屬配偶關係。（4）辭句末不清，似無「丁」字，作「祖丁」於上下文亦不可解。（4）辭獨立成套，與（3）辭右左對應，似亦屬選貞關係。本版數詞「一」可省可不省。（3）（4）辭用「黑牝一」，強調祭牲的顏色和性別，這是花東卜辭的特色。

50（H3：　　　　（1）　　丁亥卜：子立于右？一二
　189+217+284+1　（2）　　丁亥卜：子立于左？一二
　529+1542）　　（3）　　乙未卜：子其田，从坔，求豕，菁？用。不豕。一二
　　　　　　　　　　　　　　三
　　　　　　　　　（4）　　乙未卜：子其往田，若？用。一
　　　　　　　　　（5）　　乙未卜：子其往田，叀麤求，菁？用。一
　　　　　　　　　（6）　　乙未卜：子其[往]田，叀豕求，菁？子占曰：其菁。
　　　　　　　　　　　　　　不用。一

按：

　　本版是刻於半個右背甲的卜辭，甲面見卜兆和兆序。卜辭由下往上占卜。（1）（2）辭橫書繞兆刻寫，屬選貞關係，內容似是祭祀卜辭，卜的是花東子站立的位置。（3）至（6）辭為一組田狩卜辭，「求」字寫法獨特，上从未形，字首三豎直筆書寫，與一般「祟」字不同。《校釋》971頁：「（3）辭驗辭的『不豕』，應是『不菁（遘）豕』的省動詞例。」（5）辭「叀鹿求」，即「求鹿」的移位句。鹿，描本漏摹鹿首，然觀察照本，字鹿首確無角，似可視為「麤」字。（3）辭單獨成套，連問三次，呈一辭先橫而直繞三兆之例。（4）辭接（3）辭占問，由泛指語氣的「其田」

而具體的「其往田」，卜問此行往田經過的安否。「往田」，可理解為複合動詞。（5）（6）辭選貞，卜問往田會遇到幼鹿抑豕。用辭見鬼神贊同前者，與占辭判斷傾向後者不同。

51（H3：190）　　　　　　　霉。一

按：

原描本卜兆橫紋過長，誤。霉字與兆相向，位置可怪。字上的冂形似為骨版裂紋，並非字的筆畫。

52（H3：192）　　（1）　□卜☑？

　　　　　　　　　（2）　甲☑？

　　　　　　　　　（3）　乙卜：☑？

　　　　　　　　　（4）　☑？

按：

本版四辭對應，均遭刮削，只剩天干和卜字。

53（H3：　　　　（1）　丙卜：子其往呂？曰：又（有）希（祟）。曰：往呂。
196+197+871）　　　　　一

　　　　　　　　　（2）　戊卜：曹妣庚，湏于权？一

　　　　　　　　　（3）　戊卜：曹妣庚，湏于权？二

　　　　　　　　　（4）　戊卜：曹妣庚，才（在）弘自权？一

　　　　　　　　　（5）　戊卜：曹妣庚，才（在）弘自权？二

　　　　　　　　　（6）　戊卜：子其洫，𣥩[舞]，曹☑？一

　　　　　　　　　（7）　戊卜：子其洫，𣥩舞，曹二牛妣庚？一

　　　　　　　　　（8）　戊卜：于翌己征休于丁？一

　　　　　　　　　（9）　戊卜：以酒橺神？一

　　　　　　　　　（10）　戊卜：其橺神？一

（11） 戊卜：毌妣庚，才（在）並？一

（12） 己卜：叀豕于妣庚？一

（13） 己卜：叀㲋妣庚？一

（14） 己卜：叀牝于妣庚？一

（15） 己卜：叀牝于妣庚？二

（16） 己卜：叀宰于妣庚？一

（17） 己卜：其酌，钔（禦）妣庚？

（18） 己卜：叀丁乍（作），子興尋丁？一

（19） 己卜：叀子興往妣庚？一

（20） 己卜：于官攸？一

（21） 己卜：叀多臣钔（禦）往妣庚？一

（22） 己卜：吉，又妣庚？一

（23） 歲妣庚：白㲋？一

（24） 癸□：子夢，子于吉[爰]？一

（25） 癸卜貞：子耳鳴，亡巷？一

（26） 癸卜貞：子耳鳴，亡巷？一

按：

本版妣字有作匕，有作人形書寫，二形屬同版異形。

〈53〉版與〈409〉版為同時使用的龜甲。對比〈409〉版（20）辭「己卜：叀〔丁〕乍，子興尋丁？一」,〈53〉版（18）辭「己卜：叀丁，子興尋丁？一」的「叀丁」後應補一「乍」字。細審〈53〉版照相本,「丁」的右方確有「乍」字，摹本漏，應補。這二辭是異版同卜的正正對貞。〈53〉版（19）辭「己卜：叀子興往妣庚？一」與〈409〉版（24）辭「己卜：叀子興往妣庚？二」又為成套卜辭。「往」屬祭祀類動詞，應是「钔往」之省。〈53〉版（22）辭「己卜：吉，又妣庚？一」與〈409〉版（26）辭「己卜：吉，又妣庚？二」亦為成套卜辭。〈53〉版（21）辭「己卜：叀多臣钔往妣庚？一」與〈409〉版（27）辭「己卜：叀奴、臣又妾钔子而妣庚？一」為選擇對貞。以上，見本版與其他甲骨具同時共用的關係。

（1）辭「丙卜：子其往呂？曰：又希。曰：往呂。一」與〈16〉版（2）辭「丙卜：子往呂？曰：又希。曰：往呂。一」，也應是同時占卜的龜甲。二辭屬一辭二占。命辭後分別有二占辭。其中的二「曰」字，是「子占曰」之省。

（7）辭的「曶二牛妣庚」，應理解為常態的「曶妣庚：二牛」的賓語移位句。（20）辭的「于官攺」，也是「攺于官（館）」的介賓語前置。

（2）至（7）辭為一組，花東子先進行湏（洗臉）、㳄（或隸作益，淨身）的動作，接著是舞祭儀式，最後才曶祭先妣。這應是殷人祭祀的流程。（12）（13）（14）（16）又為一組選貞，卜問祭妣庚的用牲是用豕抑羱抑牝抑宰。其中對牝似有堅持，因此在（15）辭再為此卜問一次。（14）（15）二辭遂以成套的方式呈現。這種對某事因冀求鬼神認可而堅持再卜的句例，可參〈39〉版的（15）（16）辭。

（8）辭的「征休于丁」，〈409〉版（29）辭省作「征休丁」。丁，即武丁的生稱。

（21）辭見花東子擁有或能驅使「多臣」的殷官員，並有祭祀殷王直系祖妣的權力。

（23）辭歲祭妣庚以白色的野豬，句前獨省略前辭。

（25）（26）辭在右甲的前甲上和後甲外側作反反對貞，因花東子「耳鳴」之疾困而詢問「亡壱」否。「耳鳴」似與（24）辭「子夢」的凶兆有關。此二辭在前辭獨強調用「卜貞」。

本版可作為花東卜辭不用卜、用卜、用卜貞三種句例同版並見的對比龜版。

54（H3：198）　　（1）　辛☐？用。一
　　　　　　　　　（2）　☐？三。
　　　　　　　　　（3）　已卜：☐？
　　　　　　　　　（4）　☐？用。
　　　　　　　　　（5）　五。

按：

照相本見右上甲卜兆之下另有一卜兆，兆坼上方靠內處有五橫畫，應是一兆序（五）。原描本漏，今補。本版卜辭皆遭刮削，剩下兆序、用辭和天干。

55（H3：   （1）   丁亥卜：子炅（鑄）？一

199+201+1614） （2）   丁亥卜：子炅（鑄）？一

              （3）   往溝，钔（禦）？一

              （4）   己丑：歲妣庚：牝一，子往溝，钔（禦）？四

按：

本版屬背甲右下殘甲。（1）（2）辭是卜問花東子（亡禍）否。二辭上下相對，似屬對貞關係。對比（3）辭「往溝，钔？一」和（4）辭「己丑：歲妣庚：牝一，子往溝，钔？四」，是屬於成套卜辭。一般成套卜辭，文字刻寫都是先由卜兆（一）開始，或以卜兆（一）為主為詳，餘兆序所附的文字則往往刻寫趨於省略。但本版（3）（4）的辭的文字主要見於兆序（四），兆序（一）反而省前辭和命辭，應是特例。特例原因是本版的占卜，卜兆先刻，過了若干時間才補刻各兆問卜的內容，但刻手在刻字時主觀以卜問結果所選取的一條卜兆為核心，並先刻上全辭的內容。因此，才會見在兆序（四）上刻有占卜全文，而兆序（一）則從簡只刻後句，而兆序（二）（三）都不作任何刻寫的動作（或殘缺了）。

（4）辭「歲先祖，往某地，钔（禦）」這一完整句的結構，可對比了解花東卜辭多見省略的用語：「至钔某祖」、「钔往某祖」的具體不省意思。

56（H3：200）   辛丑卜：钔（禦）丁于祖庚，至[牝]一，曶羌一人、

                    二牢；至牝一，祖辛钔（禦）丁，曶羌一人、二牢？

按：

「祖辛」的「辛」字下從木形，與前辭干支「辛丑」的「辛」字，屬同版異形。兩「钔」字，前一的「午」旁處於骨紋之中，並不清晰，後一的「午」旁上只見一小圈形和一直豎；原描本稍誤。本版右甲橋上下、右甲尾的左上方似都有殘字。

本版在同一卜辭中，花東子為冀求武丁無恙，祭拜武丁的父輩祖庚（般庚）、祖辛（小辛）二人。辛日祭祖辛為主，祭祖庚為輔。祭祀的過程是先陪祭而後主祭。後一部分見祭牲移前，主句「祖辛钔丁」，應為「钔（禦）丁于祖辛」的移位。「至牝一」，可能是「至钔牝一」句之省。這種同時前後分祭的句型，可與王卜辭中祭

祀的「某爽某」連用句例對比來看。

57（H3：202）　　　　　　　夫貞。一

58（H3：203）　　　　（1）　用。一
　　　　　　　　　　　　（2）　用。二
　　　　　　　　　　　　（3）　用。二

按：

　　本版由上而下三個「用」字。前二個字形相向相對，且都位於兆坼之間，互為一組成套。第三個「用」字則刻於卜兆之外，獨立為一辭。

59（H3：207）　　　　（1）　辛未卜：子其亦彔（求），往田，若？用。一
　　　　　　　　　　　　（2）　壬申卜：目喪火，言曰：其水？允其水。一
　　　　　　　　　　　　（3）　壬申卜：不允水？子占曰：不其水。

按：

　　（1）辭「亦」字為一正常的寫法，从大，但字腋下並沒有多出的二斜筆；原描本稍誤。「亦」下一字从倒止从希，或為希（祟）字異體，或強調遭降災禍意的新創字。（3）辭「不允水」的「水」字，左四點右二點，與其他水字形左右皆作二點，屬同版異形。

　　（1）辭為田狩卜辭，（2）辭在次日持續問卜田狩狀況，「目」理解為田狩地名，與（1）辭語意相承。《姚釋》將（2）辭解釋為「目喪[明]，火（人名）言曰」，強調句中漏刻了一「明」字，理解為子眼有疾。如此增字解經的解讀，恐不恰當。卜辭已有「有火」、「去火」的本義用例，本版的「火」又與「水」相對而言。（2）辭命辭言「目喪火」，喪，亡也，有滅意。《方言》十三：「芒，滅也。」《戰國策・秦策》：「始吾不知水之可亡人之國也。」注：「滅也。」「目喪火」，即目地滅火，意指目地火災遭撲滅。（2）（3）二辭正反對貞，二辭完整的前辭和命辭應是：

　　壬申卜：目喪火，言曰：其水？

　　壬申卜：目喪火，言曰：不允水？

對貞意即目地火災的消滅，有預測是用水或果然不用水來平熄？二辭的占辭是「子占曰：不其水。」意即花東子親自判斷將不用水，火會自然平熄。二辭的驗辭卻是「允其水。」意即結果是目地火災的熄滅，仍然是要用水來灌救。

60（H3：208）　　　（1）　卯。

　　　　　　　　　　（2）　甲子：丁足（各），宿？一

　　　　　　　　　　（3）　乙丑：自貯馬又（有）刻？一

　　　　　　　　　　（4）　亡其刻貯馬？一

　　　　　　　　　　（5）　隹（唯）左馬其又（有）刻？一

　　　　　　　　　　（6）　右馬其又（有）刻？一

　　　　　　　　　　（7）　自貯馬其又（有）死？子曰：其又（有）死。一

按：

　　（3）辭貯字从貝在宁外，省豎筆，與〈7〉版（6）辭字从貝在宁內屬異體。（7）辭二死字，从歺骨朝人與背人無別，屬同辭異形。貯地產馬。

　　（2）辭言武丁到來，卜問留宿否。由句意見花東子擁有個人的封地或勢力範圍。足，是各字的異體倒書。（3）（4）辭正反對貞，卜問屠殺貯地馬宜否。（5）（6）辭選貞，進一步卜問用左馬抑右馬來屠殺。（7）辭直接詢問自貯地貢來的馬會死嗎。本版卜辭由下往上刻寫，由（3）至（7）辭一連串的卜問，是次殺牲無疑都與殷王武丁的格致來訪有關。貯馬為殷王停留時期的殺牲，作為祭祀或進食之用。（1）辭單言的「卯」，讀如剄，殺也，字的刻寫可能與整塊龜版主要是用來問卜屠殺馬匹一事有關。

　　（2）辭「各」字倒書，屬花東甲骨的獨特字例。本版的「刻」字，从手持刀剖豕，用為宰殺意，屬花東甲骨的新創字。

61（H3：212正）　　（1）　癸卯卜，亞奠貞。子占曰：臥（前）。用。一

　　　　　　　　　　　（2）　癸卯卜，亞奠貞。子占曰：冬（終）卜。用。一

　　　　　　　　　　　（3）　甲辰：歲妣庚：家一？一

按：

　　（2）辭前辭「癸卯卜」三字作上二下一的合書，壓縮在一格位置書寫，與（1）辭三字橫書分寫不同。（1）辭原描本漏書兆序（一）。（1）辭的「臥」、「子」和（3）辭的「家」字形，原描本稍誤。「臥」字照本從凡不從口，或即「前」字異體；字與〈62〉版同。「前卜」與「終卜」用意相對，指（1）（2）二辭的卜問。「家」字照本隱約見豕下有一短橫，或當從宀從犳，強調家居飼養的公豕，用為祭牲；備參。

　　（1）（2）辭成對，或為正正對貞。只記錄占卜過程，並沒有交代占卜的內容，此屬花東刻辭的特例。

62（H3：212反）　　　　　臥（前）。

按：

　　右甲橋中間一字從凡從人，原描本誤從口。此字或理解為〈61〉版（1）（2）辭的驗辭。本版屬〈61〉版的背面，鑽鑿基本是對稱排列，左右各 32 套，且是先鑿而後鑽。

63（H3：215）　　（1）　自宁三。

　　　　　　　　　（2）　辛亥卜：子其以帚（婦）好入于狀，子乎（呼）多卭（禦）正見（獻）于帚（婦）好，改紒十，往鑾？一

　　　　　　　　　（3）　辛亥卜：彈改帚（婦）好紒三，聂改帚（婦）好紒二，往鑾？用。一

　　　　　　　　　（4）　辛亥卜：叀彈見（獻）于帚（婦）好？不用。一

　　　　　　　　　（5）　癸丑卜：歲：食、牝于祖甲？用。一

　　　　　　　　　（6）　乙卯卜：叀白豕祖甲？不用。一二

　　　　　　　　　（7）　乙卯：歲祖乙：犳一、权豳一？一二

按：

（1）辭見於右甲橋上方，屬記事刻辭，知花東龜甲有自宁地來獻。（2）（3）辭中的攺字，从攴增、省斜筆互見，屬同版異形。字亦隸作戍，見〈37〉版。（6）（7）二辭各自獨立成辭，分別歲祭祖甲和祖乙，祭牲各異。由（7）辭前辭的天干「乙」字不反書朝向龜甲中間的千里線，亦可參證二辭並不屬於對貞的關係。

龜版中橫線區隔上下二類占卜內容，下方的（2）（3）（4）辭為一堆，屬進貢類；上方的（5）（6）（7）辭為一堆，屬祭祀類。

（2）～（4）辭「婦好」的「好」字，象女抱小子之形，寫法與王卜辭一般作左右二部件對稱並書不同。

（5）辭在「歲」字下見兆序（一），描本漏。本辭與〈37〉版（23）辭為成套關係。本辭先刻，〈37〉版（23）辭後刻。因此，本版（7）辭與〈37〉版（25）辭「乙卯：歲祖乙：犾、权彑一？（一）」應該是正正對貞的同文關係。

（6）辭橫書，獨其中的「白豕」一詞直書，自成一格位置書寫，見花東卜辭行文有以獨立詞組為書寫單位的觀念。

（2）辭由「入犾」而「往鑒」，因此，「鑒」此一懸首形地名應在「犾」地之中。（2）（3）（4）辭句意相連。花東子邀請婦好進入犾地，並在同一天問卜獻禮於婦好宜否。子命令多禦正、彈、聂三官員送禮，由分別呈送物品量的多寡，見子所號令的官員官階高低順序是：多卸正→彈→聂。而「多卸正」應是「多禦」官職集團的首長，彈和聂則應分別屬「多卸」一職。「多卸正」行見（獻）禮，餘二從屬官員分別用戍禮。卜辭見殷禮是先「見」而後「戍」。「見」為貢獻的泛稱，是一總的獻儀；「戍」為分別持送具體物品呈送的動作，逐一帶出細部的進獻物品內容和數量。

（2）辭中的「乎」（呼）字，似是漏刻而事後補刻的字，字在整行的左下靠邊位置補書。

（5）（6）辭歲祭用「豕」、「食」、「牝」祭祖甲，相對於〈4〉版（1）辭歲祭用「豕」、「彑」、「簋」祭祖甲，其中的「食」和「簋」用意相約，可能屬於同字異構。

（7）辭歲祭，前辭省略「卜」字。但對比（5）（7）二辭同屬歲祭某祖的句意，一作「歲某祭品于某祖」，一作「歲某祖某祭品」，可見花東甲骨的前辭用卜不用卜，數詞用一不用一，介詞用于不用于，祭品置前或移後，都是比較隨意和不固定的。

64（H3：219）　　　（1）　☒其☒？一
　　　　　　　　　　（2）　☒子☒？
　　　　　　　　　　（3）　王卜：☒壴☒？
　　　　　　　　　　（4）　癸卜：☒？

按：

　　卜辭都遭刮削，命辭只剩下人名：子、壴和虛字其。

65（H3：200）　　　（1）　乙。一
　　　　　　　　　　（2）　丙。一

按：

　　文字見於兆下，位置特別。（2）辭原誤書作「乙」，與（1）辭對應。但後來在原來位置上改書作「丙」字，使「乙」、「丙」二字刀刻重疊。

66（H3：222）　　　（1）　一
　　　　　　　　　　（2）　三
　　　　　　　　　　（3）　甲卜：其☒譻☒妣庚☒？
　　　　　　　　　　（4）　用。一
　　　　　　　　　　（5）　癸☒其☒？
　　　　　　　　　　（6）　☒亡☒其☒？一
　　　　　　　　　　（7）　☒牛一☒？一

按：

　　卜辭逐辭經人為的刮削，主要是將卜問的內容和命辭句中主要的動詞剔除，刮削原因不詳。

67（H3：224）　　　（1）　乙亥夕：歲祖乙：黑牝一，子祝？一二

　　　　　　　　　　　（2）　乙亥夕：歲祖乙：黑牝一，子祝？三四

　　　　　　　　　　　（3）　己丑：歲妣己：羖一？一二三

　　　　　　　　　　　（4）　一二三

按：

　　（1）（2）辭應是常態的「乙亥夕：歲祖乙：黑牝一，子祝？一二三四」一句成套卜辭的分書。（1）辭在右甲首的外側往下書寫，但內側兆序（一）（二）位置卻是由下而上逆向，（2）辭在前甲下方往後甲直書，而兆序（三）（四）位置則是由上而下順向呈現。只因（一）（二）和（三）（四）卜兆和兆序位置分開，刻手才將占卜內容重複書寫多一次。因此，所謂「成套」的觀念是單純站在一事一辭兆序順序占卜的角度而言。張秉權言成套卜辭只是鎖定在對貞繁省對比的文字來看，恐流於偏狹。（3）（4）辭是左右對貞，只是（4）辭的文字全省，只剩下在後甲外側由下往上畢直的三個卜兆和兆序。

　　本版右甲中間靠千里線處有遭刮削的痕跡。

　　本版卜辭見乙日祭祖乙、己日祭妣己，而祭祀男女祖先的祭牲各有不同。對比〈49〉版的祖乙（小乙）和妣庚同日並祭，本版的祖乙也應是小乙，而妣己可能是小乙的另一配偶。

68（H3：227）　　　（1）　☒？用。一

　　　　　　　　　　　（2）　☒？用。二

　　　　　　　　　　　（3）　☒？用。

　　　　　　　　　　　（4）　用。

按：

　　本版所有卜辭都遭刮削，只剩下兆序和四個「用」字。

69（H3：　　　　　　（1）　戊卜：☒妣庚☒牝☒？

232+233+569+5　（2）　戊卜：子☒？

72+595） 　（3）　戊卜：其☐妣庚☐？

　（4）　己☐☐☐？

　（5）　二。

　（6）　己卜：丁心樓（慮）于子疾？一

　（7）　己卜：丁心不樓（慮）于子疾？一

　（8）　辛卜：子☐黑牛☐？一

　（9）　子其☐黑牛☐？一

　（10）　癸卜：☐？

按：

　本版卜辭部分文字被選擇性削去，原因不詳。

　（6）（7）辭「丁心」，原釋文誤「心」為「終」。「丁心」指武丁的心緒，如〈88〉版（14）辭「有鬼心」、〈102〉版（3）辭「有心戚」，用法都指心神不寧意。

　「心」字倒書，（7）辭字形應有對稱二斜筆，原描本漏，字又見〈102〉、〈409〉諸版；花東甲骨字形多作倒書例，如：各〈60〉、至〈144〉、祖〈35〉、子〈145〉是。

　（6）（7）辭「子疾」的「疾」字，從大具虛點，是疾病字異體。（7）辭疾字從大，大的跨下並無斜筆；原描本稍誤。

　（6）（7）辭在右左後甲的中央，屬正反對貞，卜問武丁心慮於花東子疾病的安否。這條花東卜辭問卜的出發點，十分奇特。甲骨用字，「祟」是指外在具體事物，「樓」（慮）是指內在心理狀態。樓字與吉〈300〉、永〈255〉相對，而與祟〈181〉並列。花東子自己有疾而居然要了解武丁的內心想法，用意為何？確值得深思。

　（9）辭原描本漏兆序（一），今補。

70（H3：237正） 　（1）　三牢？一二

　（2）　三牢？三

　（3）　三小宰？一二

　（4）　五小宰？一二三

　（5）　子貞。一

按：

原（3）辭「三牢？」位於右甲首的下方，句後描本漏兆序（三），這應與在右甲橋下側的（1）辭成套排列，而分書二辭，故當改讀為（2）辭。今正。

71（H3：237 反）　　　　封。

按：

字見於左甲橋外側，用為貢龜的人名；又見〈172〉。

72（H3：238+700　　（1）　丁？

+1393）　　　　　（2）　☒丁☒？一

　　　　　　　　　（3）　一。

　　　　　　　　　（4）　☒丁☒？二。

　　　　　　　　　（5）　丁？

　　　　　　　　　（6）　☒丁☒？

按：

卜辭由甲尾往上讀。（1）辭單獨一個「丁」字刻於左甲尾中間一小兆外側。（2）辭見兆序（一），原描本漏。本版甲文多遭刮削，（4）辭仍見一「丁」字，原描本漏。（2）（4）（6）辭雖有刮削痕道迹，但卜兆外側恐怕亦只有一「丁」字，前後並沒有刻字。如此，（2）（4）辭相對為成套關係，（5）（6）辭亦為對應的關係。（3）辭在右甲中間位置，對應左甲處亦有一卜兆和兆序（一），原描本漏，宜補。

73（H3：242）　　　（1）　行？一

　　　　　　　　　（2）　行？一

按：

（1）（2）辭在前甲左右相對，似用為正正對貞。花東有「告行」〈211〉、「呼行」〈401〉例，〈401〉（12）見「行」與「復」前後呼應，字應有出巡意。

74（H3：239） （1） ☑子☑？一

（2） ☑卜貞：子☑？一

按：

（2）辭「貞」上似殘留一「甲」字。「子」字左旁卻不再見任何字跡。（1）辭「子」下似有「土」「戈」殘筆，待商。

75（H3：243） （1） 戊卜：子乍（作）丁臣㐭（中），其乍（作），子艱？一

（2） 戊卜：子乍（作）丁臣㐭（中），弗乍（作），子艱？一

（3） 戊卜：子令？一

（4） 戊卜：子[乍]（作）？二

（5） 戊卜：子乍（作）？二

（6） 戊卜：叀一宰卯、伐妣庚，子卲（禦）？一

（7） 己卜：子戾？一

（8） 癸卜：中[征]休，又（有）畀子？

（9） 癸卜：子臣中？一

按：

（4）辭仍見「乍」字和兆序（二），今補。（8）辭殘字見從「彳」，應是「征」字。甲骨「征休」成詞。（1）（2）辭「丁臣中」，中字從㫃從口分書，字與（9）辭的「子臣中」的中字合書不同。二「中」字屬同版異形。花東甲骨的「臣」，有「小臣」〈28〉、「多臣」〈34〉、「王臣」〈517〉、「子臣」〈290〉等用法，屬官名，因此「臣中」指臣官集團的中官（官名專稱），或泛指眾臣的核心長官，又簡稱作「中」。本版見花東子出任武丁「臣中」一職的占卜。

（1）（2）辭命辭分三句組，詢問句定在第二句：「其乍？」「弗乍？」，是針對命辭首句而言，用為正反對貞，屬對貞的特例。此言花東子出任武丁的「臣中」一職，卜問如果出任，子會有艱困嗎？如果不出任，子會有艱困嗎？原釋文、《姚釋》、

齊航福《殷墟花園莊東地甲骨刻辭類纂》（簡稱《類纂》）都將末二句連讀，不可解。

（1）（2）辭在左右後甲靠甲橋下側，二辭為正反對貞，而二辭與後甲上方的
（4）（5）辭省略句又分屬成套卜辭。

（6）（7）二辭獨立的刻在龜甲中橫紋的上方，占卜的內容明顯與其他「子𠦪」
「子令」卜辭相區隔。（6）辭「叀一宰卯、伐：妣庚」，應該是「妣庚：卯一宰、
伐」的移位再移位句，句型獨特。其中的「一宰」一詞，壓縮在一格位置書寫。此
亦見花東卜辭句子書寫的隨意和不穩定。

本版「癸」字交錯的二筆出頭、「戊」字斧口增短豎、「𠦪」字純象衣的下半形，
都屬花東獨特字例，與同時期王卜辭的寫法並不相同。

76（H3：255）　　　（1）　　乙卯：歲祖乙：殺（剢），叀子祝？用。

　　　　　　　　　　（2）　　乙卯卜：其䄣（禦）大于癸子，曰狃一又邑？用。又
　　　　　　　　　　　　　　（有）疾。一二三

按：

（1）辭歲祭的「祖乙」，見刻寫的字溝呈紅色，或為朱砂書寫；（2）辭的祭品
「邑」字字溝見黑色，可能是墨書所為，而句末「又（有）疾」的「又」字字溝見
白色，「疾」字從爿字溝接著亦呈白色，從人部分則呈黑色。這種刻寫後塗上不同
的顏料，反映某種程度的分別用義，可能與祭祀崇拜有一定關係。

（1）辭「殺」，《校釋》973頁：「字不從公豬，可能是剢字異體，示用剖殺的
豬以歲祭祖乙。」

（2）辭「其䄣大于癸子」，可與〈478〉版句例互參，是指將禦祭求佑活人「大」
於死人「子癸」。「大」，原描本誤增從「爿」旁，隸作疾；非。照片並無從爿。（2）
辭平底的「邑」字，照本見中有三虛點，原描本漏。

（2）辭卜辭在兆序（一）上由內而外橫書，至兆序（三）後下行再繞兆返回。
句末在用辭之後的「有疾」為驗辭，指結果是大其人最終仍是患有疾病。

對比（1）（2）辭，（1）辭歲祭，前辭不用「卜」。

77（H3：256）　　　　（1）　丙：子☒？

　　　　　　　　　　　（2）　☒［丁］☒宿？

　　　　　　　　　　　（3）　☒丁☒？

　　　　　　　　　　　（4）　己☒？

按：

　　甲骨遭刮削，（2）辭照本仍見「丁」字，「宿」字則模糊不清，備參。

78（H3：259正）　　　（1）　貞：☒？

　　　　　　　　　　　（2）　貞：幺不死？一

　　　　　　　　　　　（3）　貞：幺？

按：

　　本版字形奇特。幺字一般作𢆶、𢆶、𢆶，本版則从幺从人側形，相連處又增一短橫，未審何意。本版二幺字字形亦稍有別，（3）辭字起筆增从直豎，（2）辭字則無豎筆。另，死字从人背向朽骨，字形結構特別，與常態寫法人朝歹形不同。

79（H3：259反）　　　　　　　[萶]三。

按：

　　此屬於記事刻辭，見於左甲橋下側。殘字為人名，入貢用龜三隻。

80（H3：264）　　　　（1）　癸卜：子告官（館）于丁，其取田？一

　　　　　　　　　　　（2）　甲卜：子戾？一

　　　　　　　　　　　（3）　己亥：歲☒？一

　　　　　　　　　　　（4）　用。一二三

按：

　　（1）辭前辭的「卜」字縮小書寫，與「癸」字緊密成一體。

　　（1）辭「告館」與「取田」，語意相承。花東「告」字有告祭、稟告於上的用法。此言花東子在行館稟告於武丁，才能接著「取田」這一動作。殷商貴族的田地，

是由上位者所分配的。

（4）辭「用」字置於兆序（三）的卜兆上方，見此兆是卜問內容所選取的。

81（H3：266）　　（1）　壬子□：[其][將]□□示，宮于東官（館）？用。

　　　　　　　　　（2）　丁卯：又馬又刻？

　　　　　　　　　（3）　壬申：歲妣庚：狃一？才（在）狀。一

　　　　　　　　　（4）　羊？一

　　　　　　　　　（5）　癸酉：其又鷸一于宁見（獻）？一

　　　　　　　　　（6）　丙子卜：或䭾于宁見（獻）？一

　　　　　　　　　（7）　一

　　　　　　　　　（8）　二

按：

　　（3）辭在左前甲上，和原（6）辭左右相對，二者屬選貞關係，卜問歲祭妣庚，用母豕抑用羊。因此，原（6）辭宜調改為（4）辭。

　　〈校釋〉974頁：「（1）辭的「將」，从双持爿，有奉祭意。卜辭作為祭祀類動詞。「示」，象神主形。「宮」字作呂，花東甲骨僅二見。相對於〈49〉版的「壬子卜：其將妣庚示，宮于東官？用。」，本辭中的「將」字後可補「妣庚」合文。」（2）辭「刻」字用為屠宰意，在此指殺馬牲，字已脫離原形的殺豬的意思。（5）（6）辭命辭見同在宁地奉獻不同性質的馬，但前辭一省卜、一不省卜，內容無別。（6）辭命辭前省「其又（有）」。

82（H3：274正）　　（1）　☐？一

　　　　　　　　　（2）　☐[卜]☐[叀]☐[雨]☐？一

　　　　　　　　　（3）　☐亦[雨]？一

　　　　　　　　　（4）　☐不亦☐？一

　　　　　　　　　（5）　☐[于]☐？一

　　　　　　　　　（6）　辛卜：☐[其]☐？一

按：

　　甲骨遭刮削，只剩下前辭和語詞、介詞、否定詞、副詞和兩個雨字。重要卜辭訊息，均被剔除。

83（H3：274 反）　　　　　　屮入六。

按：

　　刻辭見於左甲橋上側。屮，納貢龜甲的人名。

84（H3：276）　　　（1）　羌入，叀[屮]稱（禦）用，若永？用。一

　　　　　　　　　　（2）　舀？一

　　　　　　　　　　（3）　二。

按：

　　原描本圖版漏（1）辭兆序（一）和（3）辭兆序（二），補正。（1）辭另見從卅從午的字，雙手奉璧琮形，動詞，似為卸（禦）字異體。（1）辭言羌族入貢，禦祭以具髮簪的成年女性作為人牲，卜問此事順否。禦祭的女子，宜為羌族的貢牲。花東子能接受羌人的進貢，並明卜用其貢牲的吉凶，花東子在當日殷王族中的權位亦可想見。

　　（1）辭詢問句「若永」成詞。原釋文將「永」字與其後用辭的「用」字連讀，不可解。（2）辭字另見〈11〉版。

85（H3：279）　　　（1）　歲□羊于庚，[告][彈][來]？一

　　　　　　　　　　（2）　歲二羊于庚，告彈來？三

　　　　　　　　　　（3）　冬（終）小甲日，子乎（呼）戰（狩）？一

　　　　　　　　　　（4）　[冬]（終）[小][甲][日]☒子☒[戰]（狩）☒？一

　　　　　　　　　　（5）　其乎（呼）乍（作）譙北？一

按：

　　本版釋讀順序與原釋文不同。本版（1）（2）辭為祭祀，（3）（4）辭屬狩獵，（5）

辭為建築，單獨在右甲尾。刻辭左右對稱具系統。（4）辭在右後甲下側，仍隱約見「冬（終）小甲日……子……狩……？一」的殘辭，與左後甲下側的（3）辭屬對貞關係。殷人祭祀祖先，有固定以某日為祭祀「某祖先的專日」的習慣。原（4）（5）辭即（1）（2）的「庚」，似應理解為「妣庚」之省；為是次歲祭的對象。（2）辭兆序（三）原釋文誤作（二），今正。

86（H3：281）　　　（1）　　丙辰卜：往奉（祓）商，若？用。一二三四五
　　　　　　　　　　　（2）　　己巳卜：其俎[妣]☒？用。一

按：

（1）辭「商」字中從方形不從口，（2）辭「俎」字二肉口朝下，中從二橫；過去從二橫的寫法只一見於歷組卜辭，一般王卜辭只有一橫。「妣」字字殘，原釋文作「羊」，今正；從羊處中有增一短橫筆。原描本（2）辭漏「用」字。

（1）辭連卜五次，卜兆和兆序都只在龜版的右邊，一辭成套由上而下。原因不詳。兆序（五）字形上下已從二橫，中二斜筆交叉形。過去誤視作晚期的字例，其實早見用於花東作為測試的字形。（1）（2）辭前辭干支相距十三天，彼此語意各自獨立，沒有相連的關係。

（1）辭言花東子出（離開花東的領地），舉行奉祭獻農作於商邑，卜問此事順否。句與〈382〉版全同，應見是同時所卜。命辭斷讀為二分句：前句為陳述句，後句為詢問句。原釋文沒有斷句，上下文意不可解。

87（H3：　　　　　（1）　　丁巳卜：子皿妯（嘉），若永？用。
287+394+1511）　（2）　　庚申卜：叀今庚皿商，若永？用。
　　　　　　　　　　　（3）　　庚申卜：子皿商，日不雨？㧈。
　　　　　　　　　　　（4）　　其雨？不㧈。一

按：

卜辭刻於背甲，屬特例。原（3）辭二「庚」字上斜筆分見一組和兩組，屬同版異形，「商」字描本漏從方形，宜補正，見本版（2）辭。《校釋》975頁：「原（3）

辭句末「亡用」一文例可疑，花東用辭並沒有「亡用」的例子，描本「亡」字字形亦可怪異，細審拓本似為骨紋，宜刪。」原（2）（4）辭屬於正反對貞，應調整讀序，作（3）（4）辭。本版二「雨」字，雨點書寫隨意而各異，亦屬同版異形。

本版（1）至（3）辭勉強隸定的「皿」字，在（1）辭與「妫」（嘉）相接。相對於習見的「冥（娩），妫」例，「皿」似可讀為「冥」，讀如分娩的娩，但「子娩，妫」句例不通；除非此言的「子」並不屬於「花東子」，而是指另一女性的「子」。又或「皿」字另作他讀，但如何字會與「妫」（嘉，生子曰嘉）字相連？整體需要有另外的思考解讀，如嘉字另外有嘉美的意思。無論如何，「皿」字在此用為動詞，（2）（3）辭的「子皿商」、「皿商」都理解為「子皿于商」之省。商字在花東甲骨都用為地名。

（3）（4）辭句末用辭的「⺊」字，隸定仍有可商處。此字從人跪坐，人前有一弧筆籠罩人首，指事；字與近人考釋的卲、厄類字似無涉。由字形組合看或為「肯」字初文。字強調人頭處的動作，示點頭意，宜引申有「肯首」、「同意」的意思。本版單純的卜問當日不雨，則言「⺊」；卜問將會下雨，則言「不⺊」。字用為用辭，指鬼神應允問卜內容的意思，似亦通。

88（H3：228+1615）　（1）　甲寅卜：☐？

（2）　乙卜：子入☐丁？才（在）☐。

（3）　乙卜：☐？

（4）　丙卜：☐？

（5）　丙卜：其☐？一

（6）　丙卜：[叀]三牛改妣庚？二

（7）　丙卜：☐丁其☐庚？

（8）　丁卜：□日改☐牛☐？二

（9）　己卜：叀☐妣庚？

（10）　甲子：歲妣甲：牡一，曾三小宰又鬯一？一

（11）　甲卜：叀飲钊[丁]☐？

（12）甲卜：☒旨☒钔☒？

（13）甲卜：☒？

（14）乙丑卜，才（在）𡿩：□又（有）鬼心，其方遘戌？

（15）戌卜：弜[㝬]羊一☒？

（16）☒丁☒妣丁☒？

（17）□卜：☒丁？用。

按：

本版部分甲文遭刮削，原因不詳，其中只有（6）辭祭獻妣庚、（10）辭歲祭妣甲、（14）辭（子）有鬼心三條完整保留。保留原因值得觀察。

（10）辭「宰」字從羊中有一橫畫，為花東習見字形；原描本稍失。「三小宰又帚一」一句，見花東稱冊祭品的順序是先祭牲而後物品。數詞用在前名詞之前和後名詞之後。（11）辭應讀作「甲卜：叀飲钔〔丁〕☒？」，與〈92〉版（1）辭的「甲卜：叀飲具丁㝬用。」可互參。二辭或為同時所卜。具為雙手持鼎以獻，钔從钔匚，指禦祭於祊；二字語意相類可通。飲字從皿不從酉，從人跪坐，手分書，張口伸舌呈複筆狀。原描本有誤。「舌」字似由這種複筆雙勾寫法開始，後才誤改為一般甲文作分叉的舌形。

本版諸「㝬」字從它從攴，其中（15）辭有作上下部件易位，屬同版異形。「妣」字有作「匕」（10）、作「人」形（16），亦屬同版異形的寫法。

89（H3：291）　　　（1）　☒子☒？

　　　　　　　　　　　（2）　☒五小宰☒？一

　　　　　　　　　　　（3）　☒改丁☒？一二三

　　　　　　　　　　　（4）　一

　　　　　　　　　　　（5）　二

按：

本版甲文大多遭刮削，只保留祭牲和「啟丁」一詞。

原（4）辭的（二）實為兆序（三）之誤，應取消改接於（3）辭之後。

90（H3：299 正）　　（1）　一

　　　　　　　　　　（2）　其又（侑）妣庚☑？三

　　　　　　　　　　（3）　甲卜：弜又（侑）☑？一

　　　　　　　　　　（4）　☑歲☑？

　　　　　　　　　　（5）　乙卜：𡧧（速）丁，以戉？一

　　　　　　　　　　（6）　戉🔒其入于丁，若？一

　　　　　　　　　　（7）　☑卯（禦）小宰妣庚☑？

　　　　　　　　　　（8）　子炅？

　　　　　　　　　　（9）　癸卜：子其☑？一

　　　　　　　　　　（10）　☑丁？

按：

　　本版甲文大多遭刮削，只有（2）辭侑祭妣庚和（5）（6）辭有關「速丁」、「入（納）于丁」的完整句意保存。（5）辭言花東子與武丁相聚，卜問攜帶戉兵器（字或釋作禮器的琮，備參）以獻宜否。

91（H3：299 反）　　　　　🌿入十。

92（H3：304）　　（1）　甲卜：叀飲具丁？用。一

　　　　　　　　　（2）　甲卜：乎（呼）多臣見（獻）昭丁？用。一

　　　　　　　　　（3）　☑妣庚☑？一

　　　　　　　　　（4）　一

　　　　　　　　　（5）　甲卜：才（在）□□其☑？

　　　　　　　　　（6）　壬卜：其乎（呼）☑？

　　　　　　　　　（7）　壬卜：☑？

按：

　　本版甲文大多遭刮削，只有（1）（2）辭「具丁」、「見（獻）丁」與武丁相關辭例完整保存。

（1）辭飲字从人跪坐持皿，張口伸舌以吸飲狀。从舌作複筆書寫，原描本稍誤。王卜辭飲字一般从酉，人伸舌則多作分叉狀。

（2）辭命辭「呼多臣見翌丁」，為「翌（子）呼多臣見丁」的移位句，時間詞置句中。花東子當日有能力呼令「多臣」之官員以獻於武丁，足見花東子在殷商王朝政權中之重要。花東集團已有建立和委任官職的實權，抑花東子能直接號令殷王朝的官員？單就本版內容仍不容易回應此一問題。（1）辭「叀飲具丁」，應即「具飲丁」的移位，似指（子）親自進奉「飲」此一特殊物品與武丁，（2）辭同日占卜的「呼多臣見（獻）丁」，也應是花東子號令自己親近的官員所為才對。如此，花東子之下似已有一定的職官從屬。

93（H3：305） 　　（1）　用。一

　　　　　　　　　　（2）　癸巳：爵？一

按：

　　（2）辭地支「巳」字象子形，雙手作凵形的特殊書寫。命辭只見一「爵」字，字二柱有流三足，象形，似是卜問用爵祭宜否。動詞。〈449〉（3）（4）辭見「某爵祖乙」例。

94（H3：306反） 　　　　　三十。

95（H3：313） 　　　　壬申卜，才（在）徉：其祈（禦）于妣庚，曹十宰〔又〕
　　　　　　　　　　十邑？用。才（在）龗。一二三

按：

　　本版卜辭見於右後甲，自兆序（三）往下朝兆序（一）圍繞三兆刻寫。「徉」字从羊有增橫畫，「宰」字从羊則無。二从羊部件屬同版異形。

　　「十宰」與「十邑」二詞在句中橫書時呈垂直書寫，強調獨立成詞，亦具有對稱美觀的功能。花東刻手書寫文字，是有以詞組作為書寫單位的習慣。

　　「十宰又十邑」，「又」用為連詞，花東卜辭有省有不省，原釋文漏，今補。本

版稱冊記錄祭品以宰為主，配以香酒的鬯。這裡前後二數詞的詞位相同，與〈88〉版的用例卻不一樣。

一般「在某地」句多出現於卜辭的前辭，偶亦會在句末命辭結束之後補書。本辭「在𣲁」在前辭，「在𪊽」在句末用辭之後，一併書寫，宜理解為同一地區範圍，前者用為地之專名，後者泛指該區域中的一個山麓所在，意即祥地的來麓。「在某地」分見於卜辭的前後句，此屬特殊的句式。

96（H3：316）　　　（1）　☐令☐？

　　　　　　　　　　　（2）　一

　　　　　　　　　　　（3）　一

97（H3：331）　　　　　　乙卯夕：俎牝一？才（在）入。一

按：

本版見以俎（切肉）的方式用牲。前辭為「乙卯夕卜」的省卜例。花東祭祀前辭省卜，不只見於歲祭，亦見於用俎的殺牲法句例。本辭似亦應理解為歲祭卜辭。句末補語「在入」，「入」用為地名，指乙卯夕占卜的所在地。

98（H3：317）　　　（1）　其買，叀又（有）駐？

　　　　　　　　　　　（2）　叀又（有）馳？

按：

本版二辭从馬部件的馬形是張口而無鬃尾；原描本稍誤。二辭在首甲上左右對稱直書，應為選貞卜辭，詢問是次用網捕捉的會有公馬抑有母馬。「叀」字在這裡作為句首語詞，有強調和帶出肯定句後接的名詞組功能。二辭中的字形書寫有同向現象，如「又」均作「𠂤」，「駐」「馳」字从馬部件都在右旁；與王卜辭對貞的字形一般作相向寫法不同。

（1）辭「買」字，花東僅一見，而王卜辭所見的數例均殘簡，有「呼雀買」〈合集10976〉例。字从网採貝，動詞，或用為「以網捕捉」意，屬田獵卜辭。花東甲

骨多記錄馬和豕，復強調動物的性別；與王卜辭所反映的習慣並不相同。

99（H3：318）　（1）　☐三十？一

（2）　☐入于丁？一

（3）　一

（4）　一

（5）　一

按：

（1）辭字形遭刮削，模糊不清，釋文不見得是「三十」，僅供參考。

（2）辭「入于丁」三字清楚被保留，餘均剔除。

100（H3：320）　（1）　妨（嘉）？一

按：

本版見最簡省的貞問句式，卜問只見用一字在兆上：「妨（嘉）」否，意指有孕生男嗎？（或指卜問的事美善嗎）。這裡單獨用一字來呈現命辭的內容，句中的前辭、占辭、驗辭全省。

101（H3：323）　一二三四

102（H3：330）　（1）　乙卜貞：宁壴又（有）口，弗死？一

（2）　乙卜貞：中周又（有）口，弗死？一

（3）　乙卜貞：二卜又（有）希（祟），隹（唯）見，今又（有）心魃，亡囚（禍）？一

（4）　☐[貞]：☐？

（5）　一

按：

本版見花東子代「壴」「周」二人問吉凶。前三辭都集中在左後甲下側邊位置。

（1）至（3）辭「卜貞」連用。左上甲首似有刮削痕，仍殘見一「貞」字；備參。右上甲見一卜兆和兆序（一），宜補。本版二「弗」字形描本稍誤。

（1）辭「宁豈」意即宁族的豈（私名），因此，（2）辭「中周」可理解為中族（或中職官）私名「周」的人。〈321〉版另見「中周」，用為人名。（1）（2）辭卜問二人患有口疾，會「弗死」嗎？由詢問句屬否定式的貞問，反映占卜者的心態主觀是「不希望二人因此而死亡」。因此，卜辭詢問的方式（如正反和先繁後簡的對應內容），有介入問卜者的主觀情緒和意願在內。

（3）辭命辭首句陳述「二卜有祟」，應是指（1）（2）辭二人分別有口疾而占卜的二事。觀察龜版二辭的卜兆，兆紋一致，與一般占卜形狀亦無異。因此，決定占卜的祟否（災患否）可能是參考甲骨以外的其他標準，與卜兆恐無涉。「二卜有祟，唯見」，可理解為「二卜有呈現禍害之象，就當下觀察二人的狀況（或獻神的經過）可知」。其後才接著說：目前以驅除心疾的儀式幫助二人，詢問此儀式沒有問題嗎。「祟」字《姚釋》隸作求，轉讀為咎以迎合文意，太過轉折。字隸作希，仍讀為祟是。

（3）辭的「心」字作倒心形，「尬」字象手持杖打鬼之狀。「心尬」似言剔除心中惡靈的意思。

103（H3：333）　　（1）　丁卯卜：雨不至于夕？一

　　　　　　　　　（2）　丁卯卜：雨其至于夕？子占曰：其至，亡戼戊。用。

　　　　　　　　　（3）　己巳卜：雨不征？

　　　　　　　　　（4）　己巳卜：雨其征？子子占曰：其征冬（終）日。用。一

　　　　　　　　　（5）　己巳卜，才（在）狀：庚不雨？子占曰：其雨，亡司。夕雨。用。一

　　　　　　　　　（6）　己巳卜，才（在）狀：其雨？子占曰：今夕其雨，若。己雨，其于戼庚亡司。用。

按：

本版純為卜雨卜辭。諸辭集中在下半甲。

（6）辭的「䀠」字，從目羽，左右並列；從日中有一小點，原描本漏。字與（2）辭「䀠」字作上下式不同。二字屬同版異形。䀠，讀為一字，即翌，並非「翌日」二字，參〈108〉版中的羽、䀠同版可證。

（5）（6）辭「子占曰」的占字，從牛胛甲骨，下從一。從一，只有區別功能，對應〈102〉版的「亡囸（禍）」的「囸」字作𠰼，亦象牛胛甲骨形，彼此相互區隔。占、禍二字形近，但本代表著二不同語言，不能就單一語音加以訓讀二者的關係。相類的字例如月與夕、子與巳、卜與外是。

本版「雨至」「雨征」，實即「至雨」「征雨」的移位。「雨征」，征有出意，字並不只用於人的出否，亦有用於自然一類。字除了移動的意思外，應有引申持續、延續意。「雨其征終日」，即言持續下雨一整天。

（2）辭命辭末「于夕」二字，用合文的方式壓縮成一字的空間，讓占辭的「子占曰」頂格書寫，本版行款和行文的位置似和尊敬花東子的「子」字專名有關。占辭的「亡䀠戊」，即「翌戊亡（雨）」的移位兼省略，時間詞移後。花東子判斷雨將會在當日（丁日）晚上到來，「明天戊日並沒有降雨」。語句強調前置否定的意味。由「丁卯」日後並沒有接著「戊辰」日的卜雨記錄，顯然花東子在丁日的判斷是靈驗的，戊日並沒有雨的問題。

全版由（1）（2）辭正反對貞問「雨至」否，（3）（4）辭正反對貞問「雨延續」否。（5）（6）辭正反對貞問明天會不會下雨，花東子的判斷是當晚將下雨。（5）（6）辭並見占辭：「其雨，亡司。」「今夕其雨。」二者整體語意應相同，因此，「亡司」的用法應是正面的仍舊下雨的意思。司，或讀如止。前者心母之部，後者章母之部，古音可通。「亡司」，即「亡止」，「沒有停止」的意思。這裡字用同音的「司」而不直接用「止」，與事屬天象，與人事無涉可能有關。因花東的「止」字由腳趾本義而只用作人行為之停止意。（5）辭接著的驗辭言「夕雨」，謂傍晚接著下雨。可見與花東子的占辭是相通的。（6）辭驗辭言「于䀠庚亡司」，言雨一直到庚日都沒有停止。

本版三組對貞，前二組的占辭都在命辭肯定句後，可見花東子的心態是希望下雨的。（4）辭占辭前二「子」字，其中的一個是衍文。末一組正反對貞後都見占辭，屬特例，二占辭內容語意相關。

104（H3：334）　　（1）　[庚]☒用。一二

　　　　　　　　　（2）　一二

按：

甲上左右靠邊各見卜兆和兆序（一）。原釋文「庚」字字殘，描本稍誤，下有一殘字三豎一橫筆，可能是「用」字。

105（H3：335）　　（1）　壬卜：☒？一

　　　　　　　　　（2）　壬卜：☒？

　　　　　　　　　（3）　一二

　　　　　　　　　（4）　用。

　　　　　　　　　（5）　用。

　　　　　　　　　（6）　壬卜：☒土☒？

　　　　　　　　　（7）　☒㪵☒？

　　　　　　　　　（8）　☒？一

　　　　　　　　　（9）　癸卜：☒？一

　　　　　　　　　（10）　用。一

　　　　　　　　　（11）　一。

　　　　　　　　　（12）　用。

按：

本版卜辭內容大多遭刮削，剩下一般的「用辭」。

106（H3：352）　　（1）　乙卜：☒妣庚☒？一

　　　　　　　　　（2）　丁☒卲（禦）于史☒伐☒曹☒子？一

（3）　丁卜：☑？一

（4）　☑牡☑？

（5）　用。一

（6）　☑妣庚☑？一

（7）　☑妣庚☑？

（8）　王卜：于日雋（再）改牝妣庚，入又（有）函于丁？
　　　　　　用。一

按：

　　本版甲文多遭刮削，完整的只有保留左後甲靠甲橋的（8）辭。（8）辭內容與
祭妣庚和入貢於武丁二事有關。

　　（8）辭改字從它倒書；牝字從牛誇張長角形，而從匕朝牛；函字從矢箭頭朝
上從且形作外廓，都是花東獨特的寫法。

　　（8）辭的「雋」字，應通作「再」，省隹形而保留鳥爪。互較以下文例可證：

　　（a）「告秋雋」于某祖〈合集 33227〉，又作「告秋再」于某祖〈合集 9629〉

　　（b）「大雋」〈合集 13404〉，又作「大再」〈合集 26631〉

　　（c）「戉雋」〈合集 26992〉，又作「戉再」〈合集 28044〉

　　（d）「雋眾」〈屯 1132〉，又作「再眾」〈合集 32030〉

　　（e）「弜雋」〈合集 31994〉，又作「弜再」〈合集 32849〉

雋、再同字，唯「再」字語意用法較廣。再，有提舉意，字常用於祭祀卜辭，帶出
祭品。「于日」，或即「于翌日」「于來日」之省。（8）辭命辭前句屬祭祀類，後句
屬納貢類，二句意同時進行，卜問提舉改牲獻祭給妣庚，和獻箭袋給時王武丁二事
的順否。一獻鬼神，一獻人君，二動作在當日有一定的緊密意涵。

107（H3：353）　　　　　弜示？一

108（H3：　　　（1）　辛丑卜：子妹其隻（獲）狐？叩。一
356+917+947+1　（2）　辛丑卜：叀今逐狐？一二

565） （3） 辛丑卜：于羽（翌）逐狐？一二

（4） 辛丑卜：其逐狐，隻（獲）？一

（5） 辛丑卜：其逐狐，弗其隻（獲）？一

（6） 辛丑卜：朚（翌）王，子其以[中]周于狀？子曰：不其☐。一

按：

本版朚字二見，一省日（3），一从日，但日字中間不从短橫（6），二字屬同版異形。

本版屬田狩卜辭，卜辭由下而上讀。占求狩獵的對象是从犬从壺聲的字，讀如狐。原釋文則隸作狼，備參。《校釋》978頁：「字从壺聲。壺、狐同屬匣母魚部字，在上古音完全相同。且花東甲骨已另有良字〈178〉。」（1）辭以否定句式先卜問花東子不會捕獲狐嗎？兆語的「ᑕ」，字从人跪坐，一弧筆強調人首位置，指事，示點頭正面的意思，字又見〈87〉版。或為肯字。此預言花東子的狩獵會有收穫。（2）（3）辭屬選貞，卜問追逐狐的時間是辛丑日當天抑或是明日壬寅日。（4）（5）辭屬正反對貞，卜問「逐狐」此一行動能捕獲獸否。（6）辭單卜，問次日壬寅日花東子率領中周往狀地一事順利否，占辭後殘缺，似亦與田狩一事相關。

109（H3：359） ☐卜：子乎（呼）又☐先于ᑬ？用。一

110（H3： （1） 戊申卜：其☐？二

366+369+1560） （2） 庚申卜：弘其死？一二

（3） 庚申卜，貞：☐？一

按：

（2）辭「死」字从歺朝外，與王卜辭一般字从歺朝向人旁寫法不同。弘，用為人名。原釋文隸作引。

111（H3：361） 子貞。一

112（H3：365）　　　五旬？

按：

　　「五旬」一詞，單獨書於左後甲下方卜兆橫紋之下，與一般花東卜辭書於卜兆
上方位置不同。〈277〉（5）辭的「弗采五旬？」一句，直書在卜兆橫紋下面，與本
版相同。本版「五旬？」的用法，應與〈277〉版同。〈266〉（2）辭又見相同的「弗
采五旬？」句，卻刻在卜兆橫紋之上，刻寫方式顯然並不是絕對的。

113（H3：368+430）　（1）　子畋隻（獲），蠱？一

　　　　　　　　　　　（2）　子畋隻（獲），弗蠱？一

　　　　　　　　　　　（3）　子畋隻（獲），弗蠱？二

　　　　　　　　　　　（4）　子畋隻（獲），弗蠱？三

　　　　　　　　　　　（5）　衋丁？一

　　　　　　　　　　　（6）　弜衋丁？一

　　　　　　　　　　　（7）　飲宰，迺衋丁？一

　　　　　　　　　　　（8）　衋丁？二

　　　　　　　　　　　（9）　弜衋丁？二

　　　　　　　　　　　（10）　乙卜：丁又（有）鬼夢，亡囧（禍）？一

　　　　　　　　　　　（11）　丁又（有）鬼夢，鬯（炬）才（在）田？

　　　　　　　　　　　（12）　丙卜，貞：多尹亡囧（禍）？一

　　　　　　　　　　　（13）　貞：多尹亡卷？一

　　　　　　　　　　　（14）　多[尹]才（在）田，囧（禍），若？一

　　　　　　　　　　　（15）　涓多尹，四十牛妣庚？三

　　　　　　　　　　　（16）　五十牛入于丁？一

　　　　　　　　　　　（17）　晉四十牛妣庚，迺[奉]，其獸（狩）于若？

　　　　　　　　　　　（18）　三十牛入？一

　　　　　　　　　　　（19）　三十豕入？一

　　　　　　　　　　　（20）　叙人戕，于若？一

（21）丙入肉？一

（22）弜入肉？一

（23）己卜，貞：子亡不若？一

（24）庚卜：子興又（有）疾？子[曰]：□自丙。

（25）夕用五羊，辛迺用五豕？一

（26）傳五牛酚俎，彈以[生]于庚？四

（27）叀三牛于妣庚？二

（28）其乍（作）宫（館），鰻東？三

按：

（4）辭原釋兆序（四）宜為（三）之誤。

（1）（2）辭為正反對貞，（2）（3）（4）辭則為成套卜辭。此見花東甲骨占卜方式的對貞與成套混用。

（5）（6）辭左右甲橋下正反對貞。（8）（9）辭左甲邊下上正反對貞。而（5）（6）與（8）（9）又應該是成套的關係。（7）辭的「……，迺……」句，應是「先……，迺……」句省副詞例。

（5）（6）辭的「叀丁」，即「速丁」，速字從束，有聚意，指與武丁聚會。

（12）辭「丙卜，貞：多尹亡囤（禍）？（一）」與（13）辭「貞：多尹亡壱？（一）」並列，見囤字與壱字的用意相類，均有禍害意。

「多尹」一詞，在（12）（13）（15）辭的「尹」字均從手持杖，（14）辭則見省作手形，或為漏刻例，屬同版異形。「迺」字，（7）辭字從西在凵中，（17）辭則省作西形，中增附四點，二字亦屬同版異形。本版其他的子、敗、隻（獲）、才（在）諸字，均見同版異形的筆畫。由此可概見花東甲骨字形普遍的不穩定。其中獲字（1）（2）（3）辭從又在隹後，屬常態王卜辭的寫法，（4）辭從又在隹前，則為花東特例。二形見於同套，最為特別。

（10）（11）辭「丁有鬼夢」的「鬼」字從女，應指武丁夢見的是女鬼。「丁有鬼夢」，即「丁夢鬼」的移位句。（11）辭在「在田」之前的一動詞，象手持長棒木架，上從火，示燃點火把形，用以照亮驅鬼。或為炬字的初文。花東子能為武丁卜

問吉凶，可知彼此的關係密切。

（15）辭「四十牛妣庚」，意即「酉四十牛妣庚」之省。句首隸定的「洀」字，不見得从水，弧筆似用為指事，強調面之正向、相向位置，動詞；或讀如導。

（16）（18）（19）辭的「五十牛入于丁」、「三十牛入」、「三十豕入」同組，均屬移位句，將入貢的貢牲前移於句首。入，可讀如納。（18）（19）辭省略介詞和入貢的對象「丁」。

（17）辭「酉四十牛妣庚」與（15）辭同組。卤字作🌢，與（7）（25）辭的卤字形不同，或用為卤字異體；或隸作卤，用為奉祭的貢品，字又見〈202〉（8）的「子其獻丁卤以」一句。末句「其狩于若」，似應讀作「其于狩，若？」。本辭前二句為祭祀意，謂先稱冊獻妣庚四十牛，再以卤進行祓祭。接著花東子舉行狩獵，詢問此行順否。

（21）（22）辭正反對貞。丙，用為入貢的人名或族名。（24）辭有「自丙」例，末一字从丙从一，用為地名。字亦可隸作丙。从一，具區別功能。入貢肉品的對象是丁，對比〈237〉版的「肉弜入丁？」「入肉丁？」，可否參。

（23）辭「子亡不若」，二否定詞疊用，強調花東子行事順利的「若」，其中的「亡」字稍異於一般字形。

（25）辭「夕用五羊」，可理解為「夕先用五羊」之省，例與（7）辭（17）辭用法同。

（26）辭「傳五牛酉」後，漏一「俎」字，宜補；「彈以生于庚」的「庚」，應為「妣庚」之省。〈488〉（11）一殘辭見「生」字與「妣庚」同辭。

（28）辭「乍官」，即作館。本辭見花東子興建行館，並在行館以東捕魚。

114（H3：372）　　　（1）　丙卜：子其魅于歲，卾（禦）史（事）？一

　　　　　　　　　　　（2）　丙卜：子弜魅于歲，卾（禦）史（事）？一

　　　　　　　　　　　（3）　己卯卜，才（在）𦥑：子其入旬，若？一二

按：

《校釋》980 頁：「歲字从二止，與一般花東習見的歲祭字形不同，可能是用為

地名的特殊寫法。」

花東甲骨的「史」字有用作官名，如〈133〉版「史入」、〈373〉版「右史其死」是；有用作事，如〈118〉版「亡其史（事）」、〈288〉版「其又（有）史（事）」是；有用作使，如〈290〉版「子其史（使）㞢往西咢」是。本版（1）（2）辭正反對貞，（1）辭命辭的「子其魃于歲，钔史（事）？」，意即花東子在歲祭或歲地中進行一打鬼的儀式，接著問禦祭諸事無恙否。

（3）辭「子其入旬」一句，旬字在花東甲骨中僅一見。「入旬」的「入」可讀如納，言花東子納貢於旬地；「入」又可讀如進入意，言花東子進入旬地。相對於貯字的「于貯見（獻）」〈367〉、「自貯」〈516〉、「自貯馬」〈525〉等例，亦用為地名。旬從宀貝，字形結構和字用都與貯藏的「貯」字可通，字或為貯字的異體。

（3）辭末原描本漏描兆序（一），宜補正。

本版明顯以甲橋中線橫紋為界，（1）（2）辭在下，用為驅鬼卜辭，（3）辭成套在上，用為詢問入貢順否的卜辭。

115（H3：374）　　（1）　　乙未卜：☑？一

　　　　　　　　　　（2）　　乙巳：歲祖乙：牢、牝，汜（幾）于妣庚：小宰？一

　　　　　　　　　　（3）　　甲寅：歲祖甲：牝，歲祖乙：宰、白豕，歲妣庚：宰，祖甲汜（幾）叀卯？二

　　　　　　　　　　（4）　　叀☑？三

按：

本版為牛肩胛骨的下部殘片，純用作祭祀卜辭。花東甲骨中少見有字的牛骨。卜辭都是先橫後直，圍兆再直書的書寫形式，與王卜辭明顯不同。

本版的「妣」字作〻（3）、作〻（2），「歲」字從戈直筆（2）、折筆（3）不同，屬同版異形。

（2）辭「乙巳：歲祖乙：牢、牝，汜（盤）于妣庚：小宰？」花東卜辭記占卜日多與祭祀對象的天干名同。（2）辭乙日歲祭祖乙，用牲是圈養的牛和母牛各一頭，此處只交代祭儀，但並未說明殺牲法，一般是剖殺全牛來祭祀；後句則言陪祭

的是祖乙（小乙）的配偶妣庚，以汎（塗血於几）的殺牲方式宰殺圈養的小牛一頭。於此卜問此次祭事的順利否。

（3）辭「甲寅：歲祖甲：牝，歲祖乙：宰、白豕，歲妣庚：宰，祖甲汎𠬝卯？」命辭是甲寅日歲祭主祭祖甲（陽甲，小乙之兄），用牲是母牛一頭，接著同樣用歲祭的是陪祭的祖乙和妣庚，分別以圈養的羊和白色的豬來獻祭祖乙，以圈養的羊來獻祭妣庚。

對比（2）（3）辭，見花東卜辭所呈現的社會形態無疑已是男性威權社會，由祭祀的先後，祭品的輕重和多寡看，都是以男為重，以女為次。用牲的觀念，以牛為重，以羊、豕為次。花東祭牲用法另有強調公母和顏色。

（3）辭末句「祖甲汎𠬝卯？」，敘述歲祭祖甲時所用的殺牲法：汎，即盤，是將牲血塗几；卯，即卿，對剖獻牲。𠬝，字屬新見，置於汎卯二詞間，如屬平衡相對的關係，宜亦為殺牲法之一種；或理解為「又」字繁體，用為連詞，有「和」意，字或即由「屮」過渡到「又」之間的一種異體綜合寫法。此辭卜問兼用盤和卿兩種方式殺牲獻於祖甲宜否。

（4）辭「叀」右一殘字，似是「牛」或從「牛」的字；存以備參。

116（H3：378）　　　　　𣏾弜狀？一

按：

本版只見卜問「𣏾弜狀？」三字。《校釋》980頁：「𣏾，是𣏾乃之省，人名。狀，地名。句中否定詞後省略動詞，十分特別。」互參〈458〉版的「𣏾乃……迺入𤔲」、〈473〉版的「𣏾乃弜往」句，本版辭例似省略動詞「往」「入」類字，完整句應是「𣏾弜往狀？」。

117（H3：380）　　　　　其征，疾？一

按：

就行款而言，「其征」一詞自龜甲中線橫書，與「疾」字明顯有一字位置的空格距離，宜分讀。且「征」、「疾」二字常態獨立分用，卜辭亦罕見連讀例。本辭言

花東子出，貞問有否生病。原釋文和《姚釋》都作「其徙疾」連讀，不可解。

「疾」字從人的首筆是由人首而及手，原描本稍誤。

118（H3：387）　　　　壬午卜：弘其死，才（在）圖，亡其史（事）？二

按：

本辭命辭「弘其死，在圖，亡其史（事）？」句意謂：弘（人名）將會死在囚室，卜問沒有此事嗎？其中的陳述句首句和最末的詢問句都增用「其」，「其」字在此有將然、預測性的語氣用法。

本版的「弘」、「圖」字，原描本字形稍誤。「死」字從歹（朽骨）朝人，寫法與王卜辭字形相同。

119（H3：386）　　　　朕。

按：

「朕」字單獨刻在右甲橋下，字從舟書於上方，屬於特別的上下式的寫法。字用作整理甲骨簽署的人名。

120（H3：391）　　（1）　☐牛☐？一
　　　　　　　　　（2）　乙卜：☐妣庚？
　　　　　　　　　（3）　丙卜：☐？二
　　　　　　　　　（4）　丁☐入☐？
　　　　　　　　　（5）　☐[以☐牛☐？一
　　　　　　　　　（6）　☐子☐？
　　　　　　　　　（7）　☐二十黑☐？一

按：

本版辭例大部分遭刮削，原因不詳。主要殘留著「子」、「妣庚」和若干祭牲用字。

121（H3：397 反）　　　　上。

按：

　　本版屬〈120〉版龜腹甲的反面。在右甲橋上方見一楷書形的「上」字。細審照本，原描本誤書。字作二橫書，上短下長，下一筆稍呈弧狀，筆鋒前粗後細。而所謂中間的豎筆只見呈點狀，由左而右斜下，顯並非筆畫。字雖無豎筆，但仍可隸作「上」，然字在此的功能不詳。

　　本版鑽鑿成套，除一組在中間千里線上外，左右甲各 44 組鑽鑿，兩兩相對。

122（H3：400）　　（1）　丁[丑]：子亦佳（唯）永于支，□丁帚（婦）？[三]
　　　　　　　　　（2）　子炅貞：其又（有）艱？一

按：

　　（1）辭的「子」上一殘字，據照相本仍見作手形，應是「丑」字。「丁丑」連用，作為前辭。今補。句末的「丁婦」二字，不見得是接（1）辭，刻寫位置特別，備參。殘字「三」，亦僅供參考。此辭卜問花東子在外地安否。

　　（2）辭：「子炅貞：其又（有）艱？」，行款是先直書至兆底再向右橫書，其中的「炅」字位於「子」字的左上方，用為花東子的私名，字從火烤倒皿，我認為是「鑄」字初文。但字不在正常的行款直書上，似是整條辭例刻完後才補刻上去的字。花東卜辭中的「子」即「子炅」，在本版中更能體認。此辭見花東子親貞，卜問將有外來的艱困否。

123（H3：401+1607）（1）　辛酉昃：歲妣庚：黑牝一，子祝？一二三
　　　　　　　　　（2）　辛酉昃：歲妣庚：黑牝一，子祝？一二三
　　　　　　　　　（3）　辛酉卜：子其改黑牝，佳（唯）值往，不帀妣庚☒？
　　　　　　　　　　　　用。一二三

按：

　　三條卜辭刻意的集中排在上半甲，下半甲空置。（1）（2）辭在右左前甲對應，屬正正對貞，各自成套卜問了三次。（1）辭由中間的千里線在兆上向右側橫書，其

中的「牝一」成詞直書,「牝」字從牛中豎筆下方有壓著兆序(二)的二橫書,屬特例,原描本書寫稍失。(2)辭由中間對稱向左方橫書,但前辭的「戾」字字形細小並突出,或為整條卜辭寫完後才補刻的字。

(1)(3)辭見二「庚」字字首從一組和二組分叉線條,屬同版異形。(3)辭的「子」字双手作凵狀、「改」字從它在下,字作上下書寫、「往」字從止作直勾狀,都是花東特殊字例。

(3)辭仍為祭祀卜辭,命辭分三句,首句陳述歲祭將用殺牲的方式和牲口,第二句交代出巡,第三句卜問祭拜妣庚宜否。(3)辭在(1)辭上方,由中間千里線向右橫書,在三卜兆上繞兆書寫。否定詞「不」後一字,豎筆與上之橫畫相接,原釋文與《姚釋》都作「雨」,可商。《校釋》980頁:「或為示字。」字似為祭祀類動詞,其後應跳接「妣庚」,「用」字宜獨立後讀,理解為用辭。《姚釋》和《類纂》都順讀作「不雨。用。妣庚☒。」,無解。

124(H3:404+1380)(1) 　戊卜:丙又(侑)二羊?一

(2) 　丙又(侑)?一

(3) 　叀小牝一?一

(4) 　戊卜:弜☒?一

(5) 　弜又(侑)?二

(6) 　戊卜:[于]多母興其☒?

(7) 　戊卜:子入二弓?一

(8) 　戊卜:二弓以子田,若?一

(9) 　戊卜:子夢疾首,亡艱?一

(10) 　子夢疾首,[乃☒]?一

(11) 　子夢疾首,用牝又彐,妣庚告?一

(12) 　妣庚希(祟)?

(13) 　一

(14) 　辛卜:其盍丁?二

（15）弓奎丁？二

（16）甲卜：昍乙，其𦥑，丁永？一二

按：

（1）辭「戊卜：㐭又二羊？一」與（3）辭「叀小犲一？一」，或屬選擇對貞的關係，（3）辭的常態句型應該是「戊卜：㐭又小犲一？一」的移位省略。

（8）辭「戊卜：二弓以子田，若？」，命辭前句屬陳述句，是「子以二弓田」的移位，把要強調的「二弓」前置，但沒有一般卜辭常見移位後的句首語詞「叀」。句意指花東子攜帶二弓田狩，卜問順利否。反觀（7）辭同日占卜的「戊卜：子入二弓？」，一般的「入」字用為入貢、納貢於上意，但對應（8）辭辭意，「入」在此的用法應為納入、收藏的意思。（7）辭言花東子徵得二弓，（8）辭才會敘述花東子用二弓來田獵。

（11）辭「子夢疾首，用牡又鬯，妣庚告？」，「疾首」二字合文，為新出字。首句可理解為「子夢，疾首」，言花東子惡夢，因而有後續的頭痛之患；亦可連讀理解為花東子夢見疾首的情景（而生恐懼）。但恐以前者為是。次句言用祭品公牛一頭和香酒拜獻。祭祀順序動物在前，物品在後。末句「妣庚告」，應即「告妣庚」的倒文。對比常態句例，如〈236〉版（5）辭「酚伐兄丁，告妣庚，又歲？」、〈314〉版（5）辭「子夢，禱，告妣庚？」、〈352〉版（6）辭「子又鬼夢，禱，告于妣庚？」等可證。此言「告夢」於妣庚，以求平安。《姚釋》順讀作「用牡告、又鬯妣庚。」，不可解。

（12）辭的「妣庚祟？」，是卜問妣庚會降禍給花東子嗎？此辭是上接（9）～（11）辭「子夢疾首」而告祭妣庚的句意而來。

（14）（15）正反對貞，卜問將會與武丁相聚會嗎？

（16）辭「昍」字當為一字，原釋文與《姚釋》都讀作「翌日」。

本版的「疾首」合文、「鬯」字作尖底酒點形、（3）辭的「犲」從豕，但豕下所附的弧筆太長，復不與豕身相接，不像牡器，應是強調豕腹的新字。以上諸字都是花東卜辭中的新創字形。

125（H3：405）　　　（1）　丁卜：子令庚又（侑）：又（有）女；乎（呼）希（祟）

　　　　　　　　　　　　　　西䜌子人？子曰：不于戊，其于壬；人？一

　　　　　　　　　　　（2）　子貞。一

按：

（1）辭二「人」字，首筆一作斜筆、一作直豎，屬同版異形。

（1）辭命辭占問二事，一是花東子命令在庚日進行侑祭，用女牲一人；一是呼求降災禍於西䜌一地的族長「子」和族眾「人」；屬一辭二卜。其後的占辭是由花東子親自據卜兆判斷，亦分見二不同的判斷語，一是侑祭的時間，不在預期庚日之前戊日，而是在庚日之後的壬日；一是西䜌族遭禍害的會是人（群眾）。這裡用二判斷語回應命辭二事，在殷卜辭中是罕見的特例。

126（H3：411）　　　　　　貞：又（有）馬其死？一

按：

　　本版卜問「又馬其死？」，其中的「又」字形書寫奇怪，位置亦壓在馬腹旁，或屬補書字例。字讀為有，或讀為右。考慮花東並沒有用左右區分其他動物，而復有「又（有）魚」〈236〉、「又（有）奴」〈441〉例，字應用為「有」字是。照相本「馬」字不見尾部分叉的筆畫。《校釋》981 頁：「又字橫書，字形特殊。文字在此可作為詞頭，修飾「馬」，不見得讀為原釋文的右。〈431〉版亦有「貞：又馬不死？」「其死？」正反對貞例可證。

127（H3：412+1254）（1）　不？一

　　　　　　　　　　　（2）　永？二

　　　　　　　　　　　（3）　不永？二

　　　　　　　　　　　（4）　永？三

　　　　　　　　　　　（5）　三

　　　　　　　　　　　（6）　四

按：

（1）辭的「不？」為「不永？」的省略。本版（1）（2）（3）（4）辭成套，其中的（1）辭屬單一貞問，（2）（3）二辭為正反對貞，文字對應的刻在卜兆的外側，（4）（5）辭亦屬對貞，只是（5）辭只見兆序（三），不書卜辭，疑是省「不永？」二字。（6）辭見於左甲橋中，只見卜兆和兆序（四），應省卜辭「永？」一字。本版卜辭見成套與對貞混用。

128（H3：424）　（1）　☐妣庚☐？用。一

（2）　☐二牛？一

（3）　王卜：☐又☐？

按：

本版甲文多遭刮削，只剩下不重要的前辭、祭牲和「妣庚」一詞。值得注意的，是（1）辭「妣庚」的前後文字全遭剔除，卻只保留「妣庚」一先妣名。是因為尊重妣庚，或有另外的理由，迄今無充分證據說明。

129（H3：428）　子貞。一

130（H3：431+433）　（1）　己卯卜：子用我朿，若永？弜屯敗？用。一

（2）　屯敗朿？不用。一

（3）　舞商？

按：

（1）（2）辭正反對貞。（1）辭是據句意重組讀法，卜問二事。原行款無法通讀，原釋文將（1）（2）辭連讀，作「子用我朿若，弜屯敗用，永舞商？」，可商。「子用我朿」為一分句，似言花東子用我地的朿作為人牲。「若永」宜連讀為一辭，花東甲骨習見，如〈288〉、〈333〉、〈450〉、〈473〉、〈481〉版是。另〈416〉版有「永若」連用，可證，同版又有單言「永」和「若」，若、永的用法為同義詞。

（3）辭舞祭於商地。刻寫位置在兆橫紋上，行款特別；備參。商字从祊形，

與〈36〉版的商字从口不同。

131（H3：432）　　　　　　　子貞。一

132（H3：435）　　（1）　庚戌卜：辛亥歲妣庚：薦、牝一，妣庚永？用。一

　　　　　　　　　　（2）　辛亥：歲妣庚：薦、牝一，齒卪（禦），歸？一

　　　　　　　　　　（3）　辛亥：歲妣庚：薦、牝一，齒卪（禦），歸？二

按：

　　本版二「辛」字、二「齒」字均屬同版異形。（1）辭「辛」字，刻工書寫粗略，將下二斜畫交錯突出，誤从木形。二「齒」字口中一从二豎（2）、一从三豎（3）。

　　（1）辭命辭首書次日的干支而不用「翌」。末句卜問「妣庚永」，言妣庚會降吉祥否。

　　（2）（3）辭在左甲作下上排列，屬成套卜辭，前辭不用「卜」。其中的「齒卪」，應即「卪子齒」的省略兼移位，意即禦祭去除花東子的齒患。花東甲骨卜問疾病的部位多作前置的句式，而一般王卜辭賓語前置，往往會在句首增添語詞「叀」，用法與花東卜辭明顯不同。（2）（3）辭末句詢問句「歸？」，是卜問花東子在外用祭畢「歸」否。

　　本版的「薦」字象野牛的側形，雙角，隸作「薦」是比較勉強的釋讀。（2）（3）辭的「牝」字从匕朝向牛旁，書寫特別，與王卜辭不同。

133（H3：437反）　　　　　史入。

134（H3：439）　　（1）　乍（作）[大丁]☒？一

　　　　　　　　　　（2）　乍（作）☒[羌]入？一二

按：

　　本版文字大量遭刮削。

　　（1）（2）辭並列在右後甲。（1）辭「乍」（作）字後遭刮削，模糊不清，隱約

見「大丁」二字，備參。（2）辭「入」字之前，見「羌」字上之冠飾和下半的人形。對照〈137〉版有「羌入」例。

（1）辭「乍」字下作豎筆往右回鉤形，描本誤往左鉤。（2）辭「乍」字下半作斜筆左回鉤。（1）（2）辭二「乍」字屬同版異形。《校釋》982 頁：「乍字下從回鉤狀，正象尚未完成的衣形，詳拙文《甲骨文論叢》〈釋乍〉一文。」

135（H3：441）　　（1）　用。

　　　　　　　　　（2）　己卜：☑妣庚☑？

　　　　　　　　　（3）　用。一

　　　　　　　　　（4）　☑卜☑？

　　　　　　　　　（5）　辛卜：子其☑？

　　　　　　　　　（6）　☑己☑于子☑？

　　　　　　　　　（7）　☑？一

　　　　　　　　　（8）　☑召☑？一

　　　　　　　　　（9）　壬卜：☑？

　　　　　　　　　（10）　壬☑？

　　　　　　　　　（11）　☑［丁］入告☑？

按：

　　本版甲文遭刮削，只保留「子」「妣庚」和「丁入告」一詞。

136（H3：442+1523）（1）　丁未：歲妣丁：盦一？一

　　　　　　　　　　（2）　☑立，若☑？一

按：

　　（1）辭見甲左上方，與〈217〉版甲右（1）（2）辭同文。歲祭妣丁，前辭都省「卜」字。二版應為同時所卜。（2）殘辭見左甲橋中。

137（H3：433 正）　　（1）　丙往屎，✦？一

　　　　　　　　　　　（2）　弜往屎？

　　　　　　　　　　　（3）　叀✦口用，✦？一

　　　　　　　　　　　（4）　羌入，茲乃叀入炑？用。一

按：

　前三辭對應在甲尾，句意成組。（1）（2）辭可能屬正反對貞。（1）（3）辭末一字同版異形，見上從✦、從✦相同。

　（4）辭「羌入」，或即「入羌」的移位，意即入貢羌人。全句卜問先進貢羌牲，茲乃才進入炑地的先後順序宜否，本辭與〈458〉版的「茲[乃]先報（禦）虍，迺入炑？用。一」似為選貞的關係。「羌」字增從繩糾係人頸，以前都判斷為晚期字形。

138（H3：443 反）　　　　　合十。

139（H3：445）　　　（1）　乙卜：季母亡不若？一二

　　　　　　　　　　　（2）　乙夕卜：丙不雨？一

　　　　　　　　　　　（3）　丁卜：日雨？一

　　　　　　　　　　　（4）　丁卜：不雨？一

　　　　　　　　　　　（5）　己卜：叀二牡☒？一

　　　　　　　　　　　（6）　己卜：叀鷹、牛妣庚？三

　　　　　　　　　　　（7）　庚卜，才（在）臺（敦）：叀牛妣庚？二

　　　　　　　　　　　（8）　辛卜：其俎，叀豕？一

　　　　　　　　　　　（9）　辛卜：其俎，叀大入豕？

　　　　　　　　　　　（10）　辛：俎牝妣庚？一

　　　　　　　　　　　（11）　歲妣庚：牝？

　　　　　　　　　　　（12）　歲妣庚：牝？二

按：

　（3）（4）辭是正反對貞，（8）與（10）辭是選擇對貞，（11）（12）辭又是成

套卜辭。一版甲骨占卜方式混雜如此。

（6）（7）辭祭牲前移，用「叀」字帶出，省祭祀動詞。

（9）辭「入豕」，原釋文誤混為一字；今正。〈148〉版有「入豕」例。大，用為人名。《校釋》983 頁：「大，人名。〈184〉版有「大示五」、〈299〉版有「大有疾」、〈307〉版有「大貞」、〈416〉版有「子叀大令」、〈475〉版有「見丁畀大」、〈478〉版有「其禦大于子癸」等文例，均可互參。」本辭卜問是次用「俎」方式殺牲的，是由「大」其人進貢的豕嗎？

（12）辭的祭牲是「牝」，從豕腹旁從人形朝豕，應屬母豕的「牝」字，原描本誤從士。字與（11）辭的「牝」字相同。

本版的祭牲詞位多變，有：（1）用於句末，祭儀和祭祀對象之後，屬常態用法，如（11）辭的「歲妣庚：牝？」，（2）移前於句首，其前復有強調前置的語詞「叀」，屬變異句型，如（7）辭的「叀牛妣庚？」，（3）在用牲法之後，獨立成句，前有用語詞「叀」區隔，如（8）辭的「其俎，叀豕？」，（4）有在用牲法之後，隨用牲法前移於句首，如（10）辭的「俎牝妣庚？」，句型應是「歲妣庚，俎牝？」的變異句，意即歲祭妣庚，用切片的方式宰殺母羊一頭獻祭，卜問宜否。

本版共 12 辭，（1）～（9）前辭都有「卜」，（10）辭俎祭妣庚、（11）（12）歲祭妣庚卻省卜。對比（8）（9）（10）三條選貞例，可能與單純祭祀妣庚有關。

140（H3：465）　　（1）　叀□啟□？一

　　　　　　　　　　　（2）　乙卜：子夙？二

　　　　　　　　　　　（3）　丁卜：豕俎？用。一

　　　　　　　　　　　（4）　丁卜：子夙□？一

　　　　　　　　　　　（5）　□丁□？

　　　　　　　　　　　（6）　丁卜：□？

　　　　　　　　　　　（7）　□卜：子夙□？

按：

　　本版殘甲文字多遭刮削。

（3）辭的命辭「豕俎？」，應是「俎豕？」的移位句，用切片的豬肉來祭祀。
王卜辭一般都用作「叀豕俎？」，相對的見花東卜辭仍處於句型並不穩定的早期測
試狀態。這裡先標舉記錄的對象，接著敘述要表達的動作。意即：豕用俎的方式宰
殺好嗎？由此可見，花東刻手轉載卜辭內容，由詞成句的組合仍是鬆散的。這裡只
是粗略的記錄語言大概，既不代表口語，亦不純然是固定的書面語。

（1）辭的「㕚」字，屬一上下式的結構組合，與王卜辭常態的左右式書寫並
不相同。

141（H3：448）　　（1）　用。一

　　　　　　　　　　（2）　用。一

　　　　　　　　　　（3）　用。一

　　　　　　　　　　（4）　二

按：

　　卜辭遭刮削，只剩下兆序和三個用辭。

142（H3：450+458）（1）　甲戌：其[祝]，叀豕刂？用。

　　　　　　　　　　（2）　一

　　　　　　　　　　（3）　祝于白一牛用，彳歲祖乙用，子祝？一二三

　　　　　　　　　　（4）　祝于二牢用，彳歲祖乙用，子祝？一二三

　　　　　　　　　　（5）　乙亥：彳歲祖乙：二牢、勾（鬈）牛、白牝、㕚罶一，
　　　　　　　　　　　　　　子祝？二三

　　　　　　　　　　（6）　戊子：歲妣庚：一犬？一二

　　　　　　　　　　（7）　辛卯：俎豕一？才（在）入。一二

　　　　　　　　　　（8）　☑丁，壬午丁各？用。二三四

　　　　　　　　　　（9）　☑[㕚]☑[子]祝？

按：

　　重校本版卜辭，（1）辭「其」後一字為「祝」，照相本仍見字從口下的卩形。「叀」

後一字从豕，照相本於豕腹旁見一平行的短豎殘筆，但並不與豕體相接，宜用為去勢的豕，字隸定从豕从丨，或為豶字的初文。原釋文作豕、《姚釋》作狂，皆不確。

（3）（4）辭在右左後甲對應，屬選貞和成套的關係。（3）辭橫書，由千里線向右外側圍兆上書寫，其中的「白一牛」中間的「一牛」直行，作為不可分割的一詞合書於一格位置。然而，「白一牛」可考慮讀作「一白牛」。《校釋》983 頁：「花東甲骨作為顏色詞的「白」，與祭牲和數詞的組合共計有十版，其中有六版作「白・祭牲・數詞」的排列，如〈4〉、〈29〉、〈267〉、〈309〉、〈459〉版，佔全數的 60%；作「白・數詞・祭牲」的用法，只有三版，即本辭與〈299〉的「叀白一牛」、〈278〉的「白一豕」「黑二牛」，唯後者同版亦有「一白豕」例。由此，見花東甲骨常態的句式，顯然是「白・祭牲・數詞」。細審本辭「白」「一」「牛」的組合，「一」字在上，「白」與「牛」並列在下，成一正三角的形式。花東甲骨的通讀特色，是以一完整的詞意為單位，而並不全然是以字的順序為依歸。因此，本辭的刻寫如按文字的順序，自然是橫著先讀「白」字，後讀垂直的「一牛」；但如就語言成詞的概念言，「一白牛」是一獨立的整體，讀法自然可就常態的語序輕重組合來讀，先唸上面的「一」，接著才唸下面緊密的合文「白牛」。處理花東甲骨通讀方法，句意重於行款，以上的「白牛」「白豕」「黑牛」都似應先就意而連讀，數詞則位於名詞組的前或後來理解。」

（5）辭原釋文作「白麑」的「麑」字，从豕，腹下見牡器明顯不穿過豕身，描本誤，字應是公豬的狂字。本辭祭牲，見牛、豬和香酒順序排列。（5）辭兆序只見兆序（二）（三），未見的（一）未審是否與左甲橋下朝內單獨的一卜兆（一）相關；備參。

（6）辭用犬祭祀妣庚，屬花東特例。

（8）辭原釋文的「丁龍」，實為「丁各」之誤，我在《校釋》早已改正。參《校釋》第二部〈正補〉983 頁：「實即各字，指降臨、到達意。〈34〉版亦有「丁各」例。」

（9）辭照相本見从示的殘字，對比同版（5）辭，應是「祝」字。

本版見「彳歲」連用，作為祭儀，文例又見省作「歲」，可見二字以「歲」為核

心語，「⻊」有修飾或強化「歲」祭的功能。「⻊」字象容器，讀升，即祈，花東甲骨中僅見於本版，在一般王卜辭則見大量「⻊歲」連用，或單獨直接某祖先的用法，後者似亦為「⻊歲」意省。

本版「祝」、「歲」二祭儀並列，由（3）（4）辭「祝—祭牲—用」、「⻊歲—祖先—用」前後句互較，見「祝」字禱告，緊接祭牲的數量、內容和顏色，屬強調告用牲的祭祀動詞；而「歲」字用斧鉞砍伐，緊接祖先名，屬一以示威武，用斧殺牲的祭祀動詞。「祝」字語意較泛，指告天告祖，而「歲」字則屬一專稱的祭儀。

本版屬祭祀卜辭，祭祀動詞用「祝」「俎」「歲」。前辭都省「卜」字，這現象是花東的特色。

143（H3：454）　　　（1）　子貞。一
　　　　　　　　　　　（2）　子貞。二

按：

　　（1）（2）辭「子貞」二字形各不相同，屬同版異形。子字（1）辭同於𠂤組，（2）辭同於子組；貞字（1）辭兩外豎筆拉長，同於賓組，（2）辭狹長，上下斜筆相接，則多見於花東子卜辭。

144（H3：462）　　　（1）　[辛]未：南三日又（有）至女？一
　　　　　　　　　　　（2）　三伐？
　　　　　　　　　　　（3）　五伐？
　　　　　　　　　　　（4）　西？
　　　　　　　　　　　（5）　西？

按：

　　原釋文和《校釋》的原（1）（2）辭應合為一辭，讀作：「□未：南三日又至女？（一）」，其中的「未」字前的天干，照相本見殘字的左下方保留一斜筆「╱」，可能是「乙」或「辛」字。「又（有）至」，「至」字倒書，屬花東的特殊字形。「女」字，照相本見單純的女形跪坐，雙手交叉，字的頭部豎筆穿過左甲橋中的橫紋，原

描本卻誤描女字之上从圓圈形，且分讀二辭；應改正。此辭占問南方三日之間有來貢女牲否。方位詞置句首，用法獨特。

（2）（3）辭的「三伐？」、「五伐？」，屬選擇式對貞；（4）（5）辭的「西？」「西？」屬正正對貞。對比（1）辭，此組對貞是問「西若干日有至女？」之省略。

對比〈208〉版，內容與本版相當，刻寫時期應為同一時期。由〈208〉版（2）辭的「庚卜：西五六日至？」看，本版（1）辭殘缺的前辭天干當為「辛」，「辛未」在「庚午」日的次日。

145（H3：463）　　　　子貞。一

按：

「子貞」一詞屬倒書。兆序（一）亦為倒書。整組文字和兆序由卜兆之上倒刻在兆橫紋下方，刻工是將整塊龜版顛倒書寫的結果。原因不詳。

146（H3：466）　　（1）　　卯。
　　　　　　　　　（2）　　己酉卜：今月丁往𢎥？一
　　　　　　　　　（3）　　今月丁不往𢎥？一
　　　　　　　　　（4）　　庚戌卜：其勻稱宁？一
　　　　　　　　　（5）　　庚戌卜：弜勻稱？一
　　　　　　　　　（6）　　庚戌卜：其勻稱宁？二

按：

（1）辭「卯」字單獨書於左甲橋上側。

（5）辭「庚」字，照相本中間只有一橫，原描本誤作二橫筆。（5）（6）辭對貞的「庚」字，中一作單橫，一作雙橫，屬同版異形。（2）（3）辭「月」字，據照相本見二字中豎與外廓一連一不連，嚴格而言，亦可視為同版異形；原描本稍誤。

（2）（3）辭屬正反對貞，（4）（5）辭屬正反對貞，而（4）（6）辭又可視作為成套卜辭。對貞與成套的占問方式混用例，亦見此版。

（4）（5）（6）辭的「稱宁」一詞，應理解為「宁稱」的移位，意即「宁地（族）

的秣」。互較〈179〉版的「呼勹宁秱」例，可證。二版分見的秣、秱，疑為一字異形，从禾从束無別。

本版己酉日卜問武丁往赴某地，與次日庚戌卜問呼求徵用某種馬牲的安否或具語意相承的關係。

147（H3：470）　　（1）　丙卜，貞：璧？一

　　　　　　　　　　（2）　一

　　　　　　　　　　（3）　用。二

按：

　　（1）辭在右前甲版中間，自外而內橫書，而其中的「卜」字卻朝下書寫，方向與同辭諸字全然不同，見刻工書寫的隨意。《校釋》984頁：「璧，又見〈289〉版，用為祭品，或為某種玉器名。」

　　（2）（3）辭在右前甲靠千里線側作上下排列；兆序或用為成套的關係，二辭讀法順序原釋文互易；今正。

148（H3：474）　　（1）　甲卜：叀☑？

　　　　　　　　　　（2）　甲卜：☑？

　　　　　　　　　　（3）　甲卜：☑？

　　　　　　　　　　（4）　甲卜：☑妣庚☑？

　　　　　　　　　　（5）　甲卜：☑？一

　　　　　　　　　　（6）　☑聆（今即）☑？

　　　　　　　　　　（7）　一

　　　　　　　　　　（8）　丙卜：又□子☑？一

　　　　　　　　　　（9）　□卜：☑？一

　　　　　　　　　　（10）　☑入豕☑？

按：

　　本版甲文多遭刮削，只剩下「子」、「妣庚」、貢牲和前辭。「聆」字前後都經刮

削，疑為「今即」二字合文。

149（H3：　　　　（1）　甲午：歲祖甲：牝一、犆豐一，□祝黑牝一？一二二

478+1259+1540　（2）　己亥卜：叀今夕禺戉、屮，若永？用。一

+1617）　　　（3）　己亥卜：子夢，□見（獻）子戉，[亡]至艱？一

　　　　　　　（4）　丁未卜：其卻（禦）自祖甲、祖乙至妣庚，𠈷二牢，

　　　　　　　　　　麥（來）自皮鼎酚興？用。一二三

　　　　　　　（5）　于麥（來）自伐，迺改牝于祖甲？用。一

　　　　　　　（6）　庚戌卜：□卻（禦）俎，昢王子延酚，若？用。

　　　　　　　（7）　庚戌卜：子于辛亥告亞休，若？

　　　　　　　（8）　辛亥卜：子告又（有）□疾妣庚，亡𠈷▨？一二

　　　　　　　（9）　甲寅：歲：白豕？一

　　　　　　　（10）　甲寅：歲祖甲：白豭、犆豐一又㿋（籫）？一

　　　　　　　（11）　癸亥卜：子𩫾用丙吉弓射，若？一

　　　　　　　（12）　甲戌：歲祖甲：牢、幽薦，祖甲永子？用。一二

按：

　　本版（1）辭的「黑牝」，原釋文誤作「大牝」，照相本仍見雙鉤兩筆回向的頭形，應即黑字。《校釋》984頁：「大字，疑為黑字之誤。〈150〉版有「黑牝」；可參。」（1）辭兆序末一（二）字，可能是（三）的誤書。

　　（2）辭的「戉屮」，即鉞戚，原釋文漏「屮」字，據照本宜補。《尚書・牧誓》有「王左杖黃鉞，右秉白旄」的舉兵誓師禮儀；可以互參。

　　（3）辭，《校釋》985頁：「夢後一字殘，拓本隱約見從庚從口，應用為人名。〈403〉版有「己卜：子又（有）夢，叔𪊛，亡至莫（艱）？一」句，似為同時所卜。」

　　（8）辭，《校釋》985頁：「命辭「子告」祈求的對象是妣庚，祈求的內容是「有口疾」。此指花東子因患有口病而禱告於妣庚。「亡冊」句後殘缺了祭牲，句式與〈220〉版的「戊寅卜：子卻（禦）[又][口]疾于妣庚，𠈷牝？一」相當。」

（9）辭的「白豕」，祭牲从豕从丨，疑是去勢的豕；或強調豕的腹部，指事。不管如何，原釋文認為是公豬的「豠」；可商。字又見〈142〉版。

（10）辭的「祝閉一又㓞」，其中「閉一」二字在直行左邊斜出，文字不按常態行款順直行書寫，可怪，或為漏而補書的字例。

本版「卜」字字形，與相對的卜兆方向相同，與文字書寫方向相反。可見「卜」字書寫與卜兆形狀有密切的關係。

（2）辭「己亥卜：叀今夕禹戊𢆉，若永？用。一」，其中的「若永」，亦可斷讀作「若？永？」，「若」與「永」二字一般有獨立使用，如〈6〉版（1）辭的「叀子祝，若，祖乙永？」是。若，一般用為詢問句用語，卜問某事某人順利否；永，宜屬「某祖永時人」之省，亦用為詢問句，意即某祖降福稱善某人，如本版（12）辭的「祖甲永子」是。

本版共 12 辭，基本上都是各自獨立占卜，其中的（1）（9）（10）（12）四辭歲祭祖甲，前辭都一致省「卜」。這種省略，可能與歲祭是花東子一族的慣常祭名有關。花東子舉行歲祭，不需要每次都進行占卜問神的儀式。

150（H3：479）　　（1）　　甲辰夕：歲[妣丁◪]？一
　　　　　　　　　　（2）　　己酉夕：昍召妣庚：黑牡一？一二三四五
　　　　　　　　　　（3）　　甲寅卜：乙卯子其學（爻）商，丁永？用。子尻。一
　　　　　　　　　　（4）　　甲寅卜：丁永，于子學（爻）商？用。一
　　　　　　　　　　（5）　　丙辰卜：祉舉商？用。一

按：

（2）辭的「翌日」，應該合作一字「昍」。此屬花東時間詞的常態用法。

（2）辭為一成套卜辭，連續卜問五次。（3）（4）辭則為一組正正對貞。

（3）辭的命辭為兩分句，前者屬陳述句，言次日乙卯花東子在商地以著草占卜，次句為詢問句，「丁永」即「丁永子」之省，此卜問時王武丁降賜長福於花東子否。（4）辭命辭與（3）辭同，屬正正對貞，但複句中將詢問句移前，而陳述句則置於句末。這種前後句顛倒的用法，無疑是對貞句中的特例。對比（3）辭，（4）

辭的陳述句省句首干支和語詞「其」，但卻增加一介詞「于」，移前的前句才是主要詢問的內容。意即卜問武丁賜福否，在子用蓍草占問於商地的時候。《校釋》第二部〈正補〉985頁：「學，應讀作爻字繁體，示用筮草占問。商，地名。」

（3）辭用辭後補上「子尻」二字，一般不好解釋。《校釋》985頁謂「用辭後的『子尻』，疑即『钊子尻』或『告子尻』之省動詞例，指求子的臀患去疾，此應與命辭的祭祀有關。」目前看，似是最平實的理解。「子尻」作為補語，補充敘述「子其學（爻）商」在商地占問的內容。由於花東子在這裡親占自己的病患，所以才有進一步詢問上位者會降福於子與否的（3）（4）辭。在語意上前後都能銜接。

（5）辭卜問花東子離開，在商地進行袚祭安否。相對於〈86〉版（1）辭的「丙辰卜：延奉商，若？用。一二三四五」，應是同時所卜，本辭命辭省略詢問句「若？」。

151（H3：480）　　　　　庚☐？

按：

　　本版下半殘，骨邊見左中右三圓鑽，有綑綁斷片的功能，可見本版甲骨在刻寫時已斷裂。甲文遭刮削，只見一「庚」字。拓本不見兆序，原描本稍失。

152（H3：501）　　　　　友貞：子冥？一

153（H3：482）　　（1）　☐其☐？三

　　　　　　　　　　（2）　☐其☐？

　　　　　　　　　　（3）　癸☐其☐于☐？

　　　　　　　　　　（4）　☐鼎☐？

154（H3：484）　　（1）　辛酉卜：丁先歡（狩），迺又（有）伐？一二

　　　　　　　　　　（2）　辛酉卜：丁其先又（有）伐，迺出歡（狩）？一二

按：

　　（1）（2）辭在右左前甲兆上對應貼兆刻寫，其中的二「伐」字，從戈的長豎

筆一穿橫短畫、一不穿，嚴格言亦算同版異形。描本在二邊甲橋稍下後甲部位分別漏描二卜兆和二卜序（二）；宜補。這對漏描的卜序似與（1）（2）辭有關。（2）辭戰字從單上二斜筆不穿頭，原描本稍誤。

（1）（2）辭屬成套兼選貞關係：「先 V_1，迺 V_2」，「先 V_2，迺 V_1」，詢問二動作的先後順序。細審本版版面，花東刻字一般先刻在右邊，再對稱的刻左邊。（1）辭卜問常態的「先 A，迺 B」的句式，（2）辭則強調武丁先選擇 B 的動作，在副詞「先」之前增一強調語氣的語詞「其」。

「又（有）伐」的「伐」，可理解為征伐或砍殺人牲。考慮花東卜辭「伐」例 23 版，只有三見（〈237〉、〈275〉、〈449〉）用作動詞的攻伐意，餘二十見無論名詞、動詞用法都用為祭牲。對照「有伐」例，如：〈343〉版的「其夕又伐祖乙，卯鷹？」、〈446〉版的「夕又伐妣庚？」例，更可確知本版「又伐」是指祭祀用伐牲。對比（2）辭命辭前後句：「有伐」、「出狩」，前者屬於一固定位置靜態動作，用「有」；後者是一移動、離開原地的動態動作，用「出」。

花東甲骨本為花東子之物，本版卜問鬼神有關武丁狩獵和祭祀的先後，此與花東子何涉？是武丁的要求，抑沿自花東子個人的關心？不得而知。但二人關係的親密，和花東子擁有對殷王宗族的實權及祭祀的權責，於此亦見一般。

155（H3：485正）　（1）　一
　　　　　　　　　　（2）　☐至☐于又☐？
　　　　　　　　　　（3）　☐羍☐？二
　　　　　　　　　　（4）　☐？一
　　　　　　　　　　（5）　丁小艱，亡☐？一
　　　　　　　　　　（6）　☐？一

按：

（5）辭內容，照相本和拓本均不清，釋文僅備參。本版的兆序，原描本有漏誤。甲文多遭刮削，只剩「丁小艱」一短句完整保留。花東甲骨的人為刮削，是儲存前一次過有計畫的處理，只剩下一些不相干的兆序、虛字、天干、祭牲、用辭，

但對於人名的「子」「丁」和「妣庚」卻偶有故意保存的現象，原因不詳。

156（H3：485反）　　　　卟（禦）魅。

按：

本版為〈155〉版的反面。在左甲橋鑽鑿處記錄「卟魅」二字。對比〈114〉版有「子其魅于歲，卟事？」的對貞句，知殷習，用祭有打鬼去惡的儀式。〈114〉版詢問「禦事」順否的「事」，即泛指前句打鬼除災的一活動。本版言「卟魅」可以參證。

157（H3：486）　（1）　己巳卜：[子]其告[狄]，既靈丁，若？

　　　　　　　　（2）　戠，弜告？一

　　　　　　　　（3）　甲戌卜：収鬯甲祖一？用。

　　　　　　　　（4）　甲戌卜：収鬯祖甲二？用。

　　　　　　　　（5）　丁丑：歲妣丁：小宰？二

　　　　　　　　（6）　丁丑：歲妣丁：小宰？三

　　　　　　　　（7）　己卯卜貞：龜不死？子曰：其死。一

　　　　　　　　（8）　貞：其死？一

　　　　　　　　（9）　己卯卜貞：龜不死？子曰：其死。

　　　　　　　　（10）　貞：其死？二

　　　　　　　　（11）　辛巳卜：我屮囗丁攸？用。一

按：

（1）辭「巳」字作常態的子形，小兒雙手由外向內畢直斜入，（11）辭「巳」字象子而雙手作凵形，屬同版異形。（7）（8）、（9）（10）兩兩左右前甲對貞，其中的「死」字从歺相向，但歺字中的斜筆四字例都由右向左下斜書寫。

（10）辭的兆序為（二），描本誤作（一）。

（1）（2）辭為正反對貞，（3）（4）辭為選擇對貞，（5）（6）辭為成套卜辭，（7）（8）辭在前甲千里線兩側，為正反對貞，（9）（10）辭在前甲右左外側，為正反對貞，只是（9）辭不見兆序。而（7）（8）與（9）（10）又屬於成套的關係。

（1）辭，《校釋》986 頁：「〈294〉版有相類的辭例，作「壬子卜：子其告狀，既劃丁？」此言花東子告鬼神於狀地，並獻祭品於丁。」

（3）（4）辭卜問祭祖甲用灑奠香酒一杯抑兩杯。其中的「祖甲」，（3）辭上下式倒書作「甲祖」，（4）辭卻書作左右式的合文。（3）（4）辭應理解作「祖甲：礿鬯一？」、「祖甲：礿鬯二？」的移位句，句意重於行款，此為一例。

158（H3：489 反）　　　　三十。

159（H3：490）　　（1）　癸未卜：今月六日[丁]于生月又（有）至南？子占曰：
　　　　　　　　　　　　　　其又（有）至。翌月隻（獲）。一
　　　　　　　　　　（2）　癸未卜：亡其至南？一

按：

（1）辭命辭「今月六日」後殘的字，據照本觀察應為「丁」字，原描本和釋文皆漏。（1）辭末一字從又朝隹，似是「獲」字；描本誤作兩手持午。（1）（2）辭正反對貞，卜問武丁往南巡的記錄。占辭判斷武丁將會至南。驗辭似言武丁至南田狩有獲。「又（有）至南」的「南」作方位詞，〈290〉版有「自今三日又至南？」、〈270〉版有「俎牝一于南？」可參。

花東甲骨「月」字中間具一豎筆，作為與「夕」字的不從豎筆相互區隔。

（1）辭記時的「今月」—「生月」—「翌月」，可能指的是當下的一月、接著的次月和再後一月。「翌月」中的「翌」，或「涉」字異體，有過、越的意思，或「壽」字（讀為禱）異體；備參。

160（H3：496）　　（1）　☐隹（唯）☐？
　　　　　　　　　　（2）　子亡老？一
　　　　　　　　　　（3）　用。
　　　　　　　　　　（4）　一

按：

本版甲文遭刮削，（1）（2）辭照本不清，備參。

161（H3：502）　　（1）　辛未：歲祖乙：黑牝一、祝鬯一，子祝？曰：毓（后）

祖非。曰：云兕正祖隹。曰：彔（麓）畎不壬祃。一

　　　　　　　　　（2）　乙亥夕：歲祖乙：黑牝一，子祝？一

按：

（1）辭「祝鬯一」的「祝」字，照本和拓本見字手形中間有三斜點，象手灑奠酒水於代表神主的示上；原描本漏。（1）辭的「曰」為「子占曰」省，句中三個「曰」字帶出三段花東子的判斷語，分別針對命辭中的祭祀對象、祭牲和祭酒而言。后祖，或指後祖乙（小乙）；云兕，指云地的野牛；壬祃，指召祭的某種香酒。參見《校釋》第二部〈正補〉987頁。這無疑是卜辭占辭用法的特例。

（2）辭「牝一」合文，而「牝」字從匕反朝牛旁書寫，字形特別。

162（H3：515）　　（1）　戊卜：叀奠禦（禦）往妣己？一

　　　　　　　　　（2）　[戊]卜：叀奠禦（禦）往妣己？二

　　　　　　　　　（3）　歲妣庚：犯？三

　　　　　　　　　（4）　己卜：自又二祖禦（禦），[雨]？一

按：

（1）（2）辭為成套卜辭，禦祭「妣己」的「妣」字，據照相本見作人側形，筆序其中的人首身腿一刀而下；原描本稍誤。「妣」（匕）字取象的字源是來自「人」形，由花東這批最早見的甲骨中亦得以參證。

（1）（2）辭言戊日占卜，問「禦往」妣己順否。一般花東甲骨多言某天干日「禦某天干祖妣」，此言「禦往」，增一「往」字，帶出祖妣，而祖妣的天干名又在占卜日的後一天，因此「往」似有強調將要舉行的禦祭是由戊日過渡至次日己日之意；或又作為強調禦祭的特定對象所指。相類的辭例，如〈181〉版（8）辭的「己卜：叀多臣禦往于妣庚？」是。

本版殘片，（3）辭單獨出現，與（1）（2）辭並非成套關係，句前省略前辭。（4）辭在殘片下橫書，命辭前句是「钔自又二祖」的移位句，其中「二祖」合文直書。

163（H3：505+520+1546）　（1）　庚午卜，才（在）𢀝：钔（禦）子齒于妣庚，[酓]牢、勾（黧）牝、白豕？用。一二

　（2）　☒又齒于妣庚，酓牢、勾（黧）牝、白豕至死一？用。一二

按：

本版三個「庚」字，有增橫畫（1），有增分叉形（2），結構都有出入，屬同版異形；原描本稍誤。（1）（2）辭的「齒」字，口中分別從齒三枚和二枚，也屬同版異形。

對比（1）（2）辭，見花東卜辭對祭牲的描述，有用單詞泛指，如「牢」（圈養的牛），有強調動物的公母性別，如「死」（母豕），有強調動物的顏色，如「白豕」，有兼備以上兩種功能，如「黧牝」（青黑色的母牛）；修飾技巧繁雜講究如此。數詞修飾的對象如只為單一隻，則「一」字可書可不書。數詞詞位可置於名詞之前或後。諸名詞並列，可書作「A、B、C」，本版亦見「A、B、C至D」的形式排列。

本版見花東子在外有齒疾，卜求去患於妣庚。「齒」字用本義。

164（H3：508）　　　　子貞。一

165（H3：510+735）　（1）　子又（有）夢，隹（唯）[大]𠱾？一

　（2）　貞。二

　（3）　貞：𠯑，亡囏？一

　（4）　亡囏？二

按：

（1）辭在「子又（有）夢」一陳述句後，詢問的「隹（唯）[大]」之後一字，從合從卜，或為「今占」二字的直書；似亦可理解為「吉」字異體，花東子因夢而

卜問有吉否，句意亦通。原釋文描本漏描「大」，末一字形描作「吉」，亦稍誤。

（2）辭單獨一「貞」字，且刻於卜兆橫紋下面，位置奇特。

（3）（4）辭為成套卜辭，連續兩次卜問某人遭「陷」而「亡艱」否。（4）辭省略前辭和命辭中的前句。

166（H3：516）　　（1）　丁☒？

　　　　　　　　　　（2）　☒[高]？

　　　　　　　　　　（3）　二

　　　　　　　　　　（4）　叀三☒？一二

　　　　　　　　　　（5）　戊☒癸☒？

　　　　　　　　　　（6）　一二三四

　　　　　　　　　　（7）　一

按：

　　本版甲文多遭刮削，只剩下一些不重要的天干、兆序、語詞和數詞。

167（H3：517）　　　　　丁未：歲妣丁：死一？一二三

按：

　　本版只單獨在右尾甲向外刻此一辭。兆序由下而上，下一上二的三個成套，而卜辭橫書於自（二）朝（三）兆紋之上。丁日歲祭妣丁，用母豬一頭。妣丁對於花東子，顯然有親密的關係。前辭省「卜」字。「妣」字書作人形。「死」字從豕，腹下作半弧形，指事。

168（H3：526）　　（1）　其又（有）貯馬[于]新？

　　　　　　　　　　　　　　一

　　　　　　　　　　（2）　其又（有）鴜于宁見（獻）？一

按：

　　（1）（2）辭見於後甲兩邊，對應書寫。二「其」字，豎筆一穿（1）、一不穿

（2），屬同版異形。二「宁」字一下增从貝（1）、一不从貝（2），亦是同版異形。

對比（1）（2）辭，知（1）辭省動詞「見」（獻），應讀作「其又（有）貯馬于新見？一」，即「其又（有）貯馬見（獻）于新？一」，亦即常態句「其見（獻）貯馬于新？一」的移位。

對比「宁見（獻）」辭例，〈7〉、〈29〉、〈81〉、〈168〉、〈289〉、〈314〉、〈367〉、〈391〉諸版的「見」字从人側立形，〈37〉、〈255〉、〈275〉諸版的「見」字从人跪坐形。可見花東卜辭的見字从人从卩無別，近人以之區隔為一「見」一「視」的用法，明顯是不對的。殷商甲骨並無「視」字，亦無「視」的語言概念。

169（H3：529）　　（1）　甲辰卜：丁各，仄（昃）于我，[昶]于大甲？一

　　　　　　　　　（2）　甲辰卜：歲祖乙：牢，叀牡？一二

按：

本版（1）辭在右後甲下，（2）辭在左前甲上，各自單獨向外圍兆書寫。

（2）辭「歲祖乙：牢，叀牡？」，前句陳述句言歲祭祖乙，以圈養的牛一頭。後句詢問句的「叀牡」，是占問這隻圈養的牛，用公牛適合嗎？這種強調祭牲性別的詢問方式，在卜辭中無疑是特例。由此亦可反證，「牢」「牛」字本身的用法是泛稱，並無公母之別。

（1）辭「丁各，仄于我，翌于大甲？」，其中的「翌」字，據〈34〉版（4）辭的「甲辰：祖丁牝一，丁各，仄（昃）于我，昶于大甲？用。」補，原描本漏。二辭似為同時所卜。仄，讀昃，日在西方則影側，此言武丁來，旁晚至於我地，次日祭祀先祖大甲，卜辭詢問此祭事的吉否。武丁親至花東子屬地停居而花東子隨即問卜祭殷先王大甲，此可見武丁與花東子之間血親關係的密切相承。

（2）辭的「牡」，字形作上士下牛分書的寫法，書體怪異。「祖乙」作二字分開，「乙」字朝外書寫，亦是特例。

花東歲祭前辭一般都省「卜」，但本版不省。不省的原因，或與（2）辭的占卜，主要是詢問用牢牲可否用公的有關，而與前句的歲祭的陳述無涉。

170（H3：532）　　（1）　　癸丑：俎鹿？才（在）入。一

　　　　　　　　　　（2）　　甲寅，才（在）入：皀（簋）？用。

　　　　　　　　　　（3）　　甲寅：歲祖甲：白狟一、犾豐一，皀（簋）自西祭？
　　　　　　　　　　　　　　　一

　　　　　　　　　　（4）　　甲寅：歲祖甲：白狴一？一

　　　　　　　　　　（5）　　子貞。

按：

　　對比（1）（2）辭，「在某地」句，有置於命辭之後，有改在前辭之中，此見花東卜辭書寫體例的隨意和不穩定。（2）辭前辭宜為「甲寅卜，在入貞」之省略。

　　（1）（2）辭的「才」（在）字寫法各異，有省作十字形（2），屬同版異形。（3）（4）辭的「歲」字，字下一從短橫、一從斜筆（3），也屬同版異形。（3）辭「祭」字從肉朝上書寫，為花東特殊字例，與王卜辭肉作側寫明顯不同。（3）辭由內而外橫書，但其中祭牲「白狟一」卻獨書一行，強調三字獨立成詞；（4）辭選貞的「白狴一」三字，卻成倒三角形緊密堆在一起。此亦為花東書寫行款的特殊風格。

　　（4）辭的「狴」字，照本明顯見豕腹外半弧形的勾畫，指事。字與（3）辭公豬的「狟」字下從短豎筆不同。原釋文誤此為狟字，應更正。（3）（4）辭在前甲右左對應，或為選貞關係，而公母豬都強調用白色。

　　本版四條卜辭的前辭都省「卜」。（1）辭言用鹿切片祭祀、（2）辭言用簋祭獻，明顯都是花東卜辭的獨特用例。（3）辭祭品的順序是動物、酒器和食器。

171（H3：533）　　（1）　　[乙]巳：召祖乙□牝一？才（在）𣃰。[叶][丁]。一

　　　　　　　　　　（2）　　乙巳：歲祖乙：三狴，子祝，皀（簋）粖（黍）？才
　　　　　　　　　　　　　　　（在）[𣃰]。二

按：

　　（1）辭的干支字殘，上仍見斜筆由左而右，疑是「乙」字。照相本句末見「叶丁」二字，可備參。（2）辭祭牲，據照本殘字從豕腹下有明顯弧筆突出，應是「狴」字，原釋文誤作豕。（2）辭橫書，唯「三狴」自成一豎行，這種成詞獨立書寫是花

東甲骨的特色。「子祝」一辭，常態在命辭句末，在此移前至祭品之中。

（1）辭召祭、（2）辭歲祭，前辭都省「卜」字。

172（H3：535反）　　　　　　封十。

按：

　　本版是腹甲朝上鑽鑿位置，花東鑽鑿緊密成組，左右對稱排列。本版鑽鑿在甲首 2＋2＋2 共六組，甲橋範圍中上（3＋2＋2）×2 共十四組，甲橋範圍中下（2＋4＋4）×2 共廿組，甲尾（1＋2）×2 共六組。全部鑽鑿合共 46 組。這應是花東常態的鑽鑿排列。原描本在右甲橋範圍中上的下方處漏描一組。左甲橋的「封十」，是記錄「封」其人納貢給花東子貢龜十隻，本龜版是其中的一隻。

173（H3：537）　　　（1）　　朕。

　　　　　　　　　　　（2）　　丙申卜：[昍][屰]，昍？子占曰：其窀（賓），屰。一

　　　　　　　　　　　（3）　　丙申卜。子占曰：亦叀茲屰，亡窀（賓）。一

　　　　　　　　　　　（4）　　丙申卜：子其往𡙓，啟妣庚？用。羊。一二

　　　　　　　　　　　（5）　　丙申卜：子往𡙓，歲妣庚：羊一？才（在）𡙓。一二

　　　　　　　　　　　（6）　　丙申卜：子其往于𡙓，永？用。一

按：

　　（2）（3）辭在右左甲尾圍兆對應書寫，屬對貞的關係，（2）辭的命辭殘，或為「〔丁〕□，〔昍〕〔屰〕？」；備參。屰，或為钏（禦）字省，或用為強調人首的「肯」字。（3）辭全省命辭。（2）（3）兩辭均刻寫占辭，但內容相反，用法罕見。（2）辭的「子占曰：其賓，屰。」和（3）辭的「子占曰：亦叀茲屰，亡賓。」，都是針對命辭詢問次日舉行屰的祭事順否作出的判斷語，但一言「其賓」（賓迎），一言「亡賓」（不要賓迎），明顯語意相反。為何針對同一詢問句有作出正負兩種判斷，原因不詳。兩句判斷語的前後句易位，更是罕見用法。

　　本版「占」字從骨形從口，但字不可能讀骨或讀禍；字下從口為文飾，亦具區別號功能。由「子曰曰」的習見文例，中間一字肯定是「占」字的異體。

（4）（5）辭「妣庚」的二「妣」字，筆順不同，屬同版異形。

（4）（5）辭正正對貞。（4）辭「丙申卜：子其往㓞，叙妣庚？用。羊。一二」，（5）辭「丙申卜：子往㓞，歲妣庚：羊一？在㓞。一二」。二辭內容細部有出入，過去我曾撰寫〈句意重於行款〉一文，強調通讀甲骨，由完整句意重新調整特殊行款刻辭的順讀之重要意義。（4）辭命辭內容，如順著卜辭文字來理解，是：「花東子往㓞地，叙牲祭妣庚，用的是羊一頭。」但對比（5）辭內容和（6）辭「用」字的用法，（4）辭語意原該是：「花東子往㓞地，進行歲祭祭儀祭祀妣庚，其中以叙的殺牲法擊殺羊一頭作為祭牲，卜問此事順否。根據卜兆的推算，鬼神是答允用此兆所問卜之事。」因此，（4）辭的順讀應是：「丙申卜：子其往㓞，叙妣庚：羊？用。一二」，而完整正確語意的理解是：「丙申卜：子其往㓞，歲妣庚，叙：羊？用。一二」。對比花東卜辭「叙」字的常態用法，如〈106〉版「叙牝妣庚」、〈149〉版「叙牝于祖甲」、〈181〉版「叙一牛妣庚」、〈236〉版「叙宰妣庚」、〈241〉版「叙牝一妣庚」、〈401〉版「其叙十牛妣庚」等，「叙」字作為殺牲法的一種，後多接祭牲。同樣的，（4）辭句末的「用」字，作為用辭的功能，不應與「羊」連讀。換言之，卜辭中不存在「用羊」的用法。這種宜跳接移位解讀的變異句例，另見〈228〉版（3）辭：「甲申卜：叀小歲叙于祖甲？用一羊。一二」一例，此辭亦應理解為：「甲申卜：叀小歲叙于祖甲：一羊？用。一二」。細審兩版龜版，也可能是在用龜問卜的過程，當呈現卜兆裂紋之後，率先刻上兩兆旁的「用」或「不用」的判別用語，最後再將對貞卜辭的內容圍兆書寫，因此才會有這種文字誤接的現象。

（5）辭「丙申卜：子往㓞，歲妣庚：羊一？在㓞。一二」，卜辭卜問花東子前往㓞地並進行祭祀的活動，一般卜問都是針對未來或將要有待發生的事情和活動，因此，卜問某往某地，理應是卜問的那一刻時候並未出發或到達的。可是，（5）辭句末的補語「在㓞」，可理解作「丙申卜，在㓞貞」的語意。既在㓞地卜貞而又問子往㓞地，在上下文意是不通的。由此看來，（5）辭特例前句所陳述的「子往㓞」一事，應該是在丙申日之前就已經發生的，如此才能同時在丙申日於㓞地占卜；詢問的事應只是指後句「歲妣庚：羊一」的一段事誼適合否。

174（H3：539） （1） 轿（紉）貞。一

（2） 彈貞。一

按：

（1）辭貞人可隸作紉。本版二辭分別刻在左甲的上下方，只記錄貞人名，不刻寫貞問內容。

175（H3：540） 辛酉昃：歲妣庚：黑牝一，子祝？一二

按：

本版只在右甲尾刻此一辭，餘版面皆空白，此可能花東貞卜甲骨的充裕。

本辭成套歲祭妣庚，前辭省「卜」字。卜辭由內向外繞兆先橫後直書寫，其中的「妣庚」合文橫寫，「牝一」二字成詞直書，「牝」「祝」字作反書字形。

昃字從日從人斜書，強調人的日影，字用為時間詞，應是在「夕」月出之前的一段入夜時間。

176（H3：541） （1） 丁丑卜：子钾（禦）于妣甲，哿牛一又鬯一，[亡]災？入商，酻？才（在）麗。一二三四五六七八九十

（2） 丁丑卜：子钾（禦）妣甲，哿牛一、鬯一？用。一

（3） 乙酉：歲☒？

按：

（1）辭「钾」字從午明顯見從二圓點，過去誤認為只是晚期卜辭的字形，「災」前一殘字見回勾狀，應是「亡」字之殘，（2）辭「用」字上橫畫分書；以上描本均稍失。

（1）辭「商」字不從口，屬異文書寫。（1）（2）辭的「妣」字分別作人形和作匕、「鬯」字底有從十字和從小圓，字形各異，屬同版異形。

（1）辭卜問花東子禦祭妣甲無災否，復追問入商地舉行酻祭宜否。對此事連續成套的進行多達十次的卜問，見花東子的重視。本辭在右後甲卜兆群上方橫書，兆序由一至十，其中的數目中分，一至五居下，分兩列由上而下成一段；六至十則

居上，也分兩列由下而上另成一段。殷人數數，以「五」為中隔，區分一至五、六至十為二堆，似已成習慣。

（1）辭作為「一辭二卜」的獨特方式呈現，詢問禦祭無災否；入商後進行酓祭宜否。其間的問題不少：（a）花東子平日勤於祭拜祖母妣庚，但（1）辭如此慎重的禦祭卜求己身無恙，卻轉而求佑於另一先妣妣甲，原因為何？（妣甲在〈88〉、〈261〉諸版與妣庚同時出現。）（b）花東子先在羌地祭祀，卜問亡災，然後才進入商城。二者的關係為何？殷人進入某地之前需要徵求祖先的同意嗎？（c）花東子先在羌地進行「禦祭」妣甲，接著進入商城舉行用酒的「酓祭」。由禦而酓，祭儀由泛稱而專名，二者的禮儀代表什麼意義？（d）花東子連續十次卜問一單純的禦祭活動，重視如此，其中的原因為何？重視的是與妣甲的關係嗎？還是「入商」此一活動？（e）（1）（2）辭刻意的在右甲下上對應刻寫，屬正正對貞，但為何（1）辭連問十次，而（2）辭卻只單獨的詢問了僅一次。二者明顯並不對稱。更重要的，是占卜者在（1）（2）辭中挑選了（2）辭的內容決行，原因為何？標準又是什麼？以上諸問題，都是不好回應，但都代表著卜辭背後花東子當日的真實生活狀態。

對比（1）（2）辭，（1）辭命辭為完整句，（2）辭命辭的前卜省略介詞「于」、連詞「又」，並省略詢問句「〔亡〕災」，後卜更是全省，而句末補語「在某地」的一陳述句亦省。

177（H3：542）　　　　🐦。

按：

本版在右首甲的隹鳥字上隱約有一殘字，或為「子」；備參。

178（H3：546+1517）　（1）　庚子卜：子糦（酸），叀异眾良改？用。一

　　　　　　　　　　　（2）　庚子卜：子糦（酸），叀异眾良改？用。一

　　　　　　　　　　　（3）　庚子卜：子糦（酸），叀异眾良改？用。二三

　　　　　　　　　　　（4）　癸卯夕：歲妣庚：黑牝一，才（在）入，陟盟？一二三四五

（5）　陟盟？用。一

（6）　乙巳卜。一

（7）　乙巳卜。一

（8）　己酉夕：伐羌一，才（在）入？

（9）　己酉夕：伐羌一，才（在）入？

（10）　庚戌：歲妣庚：牝一？一

（11）　庚戌：俎一牢？才（在）入。彈。一二

（12）　庚戌：俎一牢？才（在）入。彈。一

（13）　庚戌：俎一牢？彈。一

（14）　庚戌卜：其畀 尹 （飲），若？一

按：

　　原釋文的（2）（3）辭，常態句本應合而為一，作：「庚子卜：子醰，叀畀 良 攷？用。一二三」。本版見左甲尾靠中線兆序（一）的外圍和左後甲靠甲橋下側兆序（二）（三）的外圍，重複書寫卜辭問卜的內容一次，遂分裂為（2）（3）二辭。此足見花東甲骨書寫方式的不穩定。（1）辭在右後甲下側，與相對的（2）（3）辭屬正正對貞的關係，針對同一事件，在龜版右下方占問一次，在龜版左下方占問三次。前者刻寫卜辭一條，後者卻刻寫同文卜辭兩條；三辭都有「用辭」，見鬼神一致接受是次祭儀獻玉的活動。相對的，（4）（5）二辭亦屬同文的正正對貞，（4）辭在右後甲中間兆上橫書，占問五次，只記錄卜辭一條，（5）辭在左後甲中間兆上，占問一次，亦只記錄簡省的卜辭一條。而用辭只見於省略的（5）辭句後。互較（1）（2）（3）與（4）（5）兩組正正對貞例，見花東占卜和書寫的隨意。

　　（4）辭「癸卯夕：歲妣庚：黑牝一，在入，陟盟？一二三四五」，對比（8）（9）二辭正正對貞的「己酉夕：伐羌一？在入。」，句中「在入」是占卜的地點，應理解為補語，置於命辭之後，（4）辭正確的語意，應該是：「癸卯夕：歲妣庚：黑牝一，陟盟？在入。一二三四五」。此例宜是閱讀花東卜辭「句意重於行款」的又一證。《校釋》988 頁：「陟，升。盟，為血字異體。『陟盟』，即歲祭後在入地將血牲升獻鬼神的祭儀。」

（8）辭「己酉夕：伐羌一？在入。」和（13）辭「庚戌：俎一牢？彈。一」
文字儘管順著書寫，但應該分讀。對比〈376〉版的（3）辭「己酉夕：伐羌一？在
入。」、（4）辭「庚戌：俎一牢？彈。一」，二者是異版同文。再對比本版的（11）
（12）辭，也是同文而作為卜辭的性質，（13）辭仍應是一條獨立的卜辭，不能理
解為記事刻辭。原釋文直接將（13）辭置於（8）辭下連讀，可商。

彈，〈174〉版用為貞人名，本版則置於卜辭補語地名之後，一般卜辭並無此例。
字不能理解為動詞，在這裡可理解是「庚戌」一組卜辭的貞人移位，簽署於句末。
對比具卜兆、兆序的（1）（2）辭，同文的（13）辭「庚戌：俎一牢？彈。一」應
該是「庚戌：俎一牢？在入。彈。一」之省略。如此，本版甲右上方諸「庚戌」日
卜辭是貞人彈所卜問，其他干支日句末沒有「彈」的卜辭，占卜者理該另有其人，
或者是由花東子所卜。然而，本版文字書寫基本上一致，由此看來，整版卜辭的刻
手是屬於同一人，而刻手與占卜者無涉。只是，卜辭罕見貞人置句末例。《校釋》
989頁：「彈，在花東甲骨中都用為人名，如〈475〉的「子叀彈乎見丁」、〈416〉的
「子呼射彈」、〈255〉的「乎彈燕宁」、〈498〉的「彈以馬」等例觀察，彈作為花東
子的親近部屬。因此，在「庚戌：俎一牢？彈。一」一句中，彈可能是指俎祭的主
事者或記錄者。」

本版（4）（10）二辭，「妣庚」的「妣」字，一作「匕」，一作「人」形，屬同
版異形。（8）（9）二辭人牲「羌」字，所從係首套狀部件複筆、單筆寫法各異，也
是同版異形例。（1）（2）（3）辭三「酴」字，（1）（3）均見從口形，（2）辭則省，
彼此也是同版異形的關係。酴字用為獻儀，動詞，字從二手，分別持酒器和絲束，
作呈獻狀。字中間的口形，可理解為從「礻」，示放置神主的櫃；或可視為「丁」
的合文，分讀作「子酴丁」。目前看，以前者解讀為宜。（10）辭的「牝」字從匕形
作反書朝羊，原釋文誤作公羊。

（4）辭在右後甲兆序的刻寫順序，基本是先左右在甲邊對貞占卜，接著在龜
版的中間由內而外，由下而上成套。此應是花東占卜的常態流程。其中的卜序（五）
仍保留五短橫平齊積畫書寫的最早期字形，十分珍貴。由此字例亦足證明花東這一
坑甲骨發生時間之早。

本版在己酉日、庚戌日連續的用人牲、羊牲、牛牲祭祀之後，（14）辭隨即授與尹官「飲」的內容，此可想見當日花東子物質的豐沛和權位之重。

179（H3：547）　　　（1）　己亥卜：其又（有）至莫（艱）？一

　　　　　　　　　　（2）　甲辰卜：歲莧友祖甲麁，叀子祝？用。一

　　　　　　　　　　（3）　丙午卜：其耓火，勾宁耦？用。一

　　　　　　　　　　（4）　弜勾？一

　　　　　　　　　　（5）　丁未卜：叀𠂤乎（呼）勾宁耦？一

　　　　　　　　　　（6）　叀麷乎（呼）勾宁耦？一

　　　　　　　　　　（7）　弜勾黑馬？用。一

按：

　　（1）辭單獨的橫書於右甲尾兆上，與他辭作區隔。卜問內容明顯和甲上其他卜辭不同。

　　（2）辭命辭前句的「歲莧友祖甲麁」，應是「歲祖甲：莧友（又）麁？」的移位句，指歲祭祖甲，用莧族人牲和狩獲的麁為祭牲。友，用為又字繁體，連詞。同文例見於〈338〉版。〈338〉版的（2）辭「甲辰：歲祖甲：莧一友（又）麁？一」、（3）辭「甲辰：歲祖甲：莧一友（又）麁？二三」。彼此是同時為同事而卜。本版（2）辭刻於右後甲上方，與〈338〉（3）辭位置全同。值得觀察的，是二者的前辭一有「卜」，一不用「卜」。歲祭前辭用卜不用卜，似乎無別。

　　（3）（4）辭為正反對貞。（5）（6）辭為選擇對貞，而（5）（6）與（7）三辭並列，又屬正反對貞。（3）辭前句的「耓」字，與〈178〉版的「醹」字右一部件形近，此或即「醹」字之省，動詞。其後所接的「火」，應理解是醹祭的祭拜對象，抑醹祭以火把；目前看似以後者為是。本版的「耦」字，從木（3）或從禾（6）處，從〉，強調植物的中幹處，勉強隸從束，應是宁地的一種特殊馬名。《校釋》989頁〈正補〉：「耦，或即〈146〉版『其勾耦宁？』的耦。」花東〈46〉、〈296〉版有馬而後腿增束縛形，隸作𩢲，字形亦與耦字相類。一屬象形，一分書作形聲。本版（7）辭原釋文有「黑馬」例，隸作「黑」的字從長方的口形捆人身中位置，與一般王卜

辭的黑字寫法不同，或與束縛意相當。束人和束木形，取意相同。描本稍誤。

（5）（6）辭選貞，是卜問花東子號令加抑或黴去求取宁族的束縛（馴服）的馬，其中呼令的對象移前句首；而（7）辭的功能，是兼作為（5）（6）二辭的對貞，卜問不求取束縛（馴服）的馬宜否。在正反對貞的用法上，無疑是一種早期的特例。

180（H3：550）　　（1）　甲子：丁[各]，子禹☑？一

　　　　　　　　　　（2）　甲子卜：乙，子啟丁璧罘戊？一

　　　　　　　　　　（3）　叀黃璧罘璧？一

　　　　　　　　　　（4）　乙丑卜：子弜叀丁？用。一二

　　　　　　　　　　（5）　[戠][福]，敥，召祖乙：牢、牝？一

　　　　　　　　　　（6）　庚：歲妣庚：牝一？一

　　　　　　　　　　（7）　辛未：歲祖甲：黑牡一？日雨。二

按：

　　本版璧字有作獨體具牙齒狀（3），有从辛聲而璧从圓形（2），有从辛聲而璧从方形（3）；三字形屬同版異形。〈490〉版見結合牙齒狀璧形和从辛聲符的組合。

　　（2）辭「璧罘戊」，「戊」字左邊略朝外作弧筆，象斧戊形。考古遺址多見玉璧與玉戊一併出土。〈29〉、〈149〉諸版字形豎立作🀰，與兵器的🀰（戠）連用。〈490〉版則與戊頭的🀰字選貞。

　　（5）辭句首殘，仍分別見从戈下部和从酒器下半的二字，補作：「〔戠〕〔福〕」一詞；相同文例參見〈181〉版（5）辭。

　　（7）辭見「雨」字下从不規則七小豎點，是雨字異體，未審是否有強調大雨意。字與〈183〉版（11）辭「旬日雨」一辭的「雨」字相同。

　　（1）辭見甲子日武丁蒞臨花東子屬土，（2）（3）辭在左右前甲上方，屬選貞關係，卜問次日乙丑日花東子進貢武丁的貢品是璧和鉞抑或是黃色的璧和牙狀的璧。（4）辭單獨的刻在左後甲兆上，是接著在乙丑卜問花東子不與武丁聚會宜否。由（1）（2）（3）辭武丁的來訪，可見（4）辭的卜問十分特別不尋常。

181（H3：553）

（1）　甲卜：子其征休羽乙，若？一

（2）　甲卜：子其征休羽乙，若？二

（3）　甲卜：子其往田？曰：又（有）希（祟），非樓（慮）。
　　　　一二

（4）　甲卜：戠[福]？一

（5）　甲卜：弜戠，戠福，子其往田？二

（6）　己卜：其又（侑）妣庚？一

（7）　己卜：弜又（侑）于妣庚，其杋权？一

（8）　己卜：叀多臣邟（禦）往于妣庚？一

（9）　己卜：叀白豕于妣庚又鬯？一

（10）　叀牝于妣庚？一

（11）　歲：牡于妣庚又鬯？一

（12）　歲：牡于妣庚又鬯？二

（13）　歲：牡于妣庚又鬯？三

（14）　己卜：子其疫，弜往學（爻）？一

（15）　己卜：丁各，叀鮴（新）□舞，丁永？一

（16）　己卜：叀三牝于妣庚？一

（17）　己卜：丁樓，不名？一二

（18）　己卜：叀关（諫），即？一

（19）　庚卜：子心疾，亡祉？一

（20）　辛卜：其邟（禦）子而于妣庚？一

（21）　叀奴邟（禦）子而妣庚？一

（22）　辛卜：其邟（禦）子而于妣己罘妣丁？一

（23）　辛卜：子其舞权，丁永？一

（24）　辛卜：邟（禦），子舞权，㱃一牛妣庚，晉宰又鬯？一

（25）　辛卜：邟（禦），子舞权，㱃一牛妣庚，晉宰又鬯？二三

（26）　壬卜：子舞权，亡言，丁永？一

（27）王卜：子舞权，亡言，丁永？二

（28）王卜：子令？一

（29）王卜：子令？一

（30）王卜：子令？一

（31）王卜：叀子興往于子癸？一二

（32）歲子癸：小宰？一

（33）歲子癸：小宰？二

（34）叀豕于子癸？一

（35）卜：不吉貞，亡囚（禍），妣庚：小宰？用。一

按：

（1）（2）辭「其」字，二豎筆一穿一不穿，屬同版異形。（6）（7）辭「妣」字，前者作 𠂤，原描本誤，後者作人形的 𠤏，屬同版異形。

（3）辭占辭「又希」，讀為「有祟」，對應下文「非樓（慮）」可證；原釋文作「又求」，恐非。

（4）辭「戠」後殘字，仍見容器略尖底部，應是「福」字。（7）辭「忒权」一詞，其中的「心」「不」部件倒書，形構特別。（15）辭「叀」後一字從辛從析，宜是「新」字初文。

（16）辭「牡」從羊首，照本見豎筆穿羊首突出，應是刻手誤書字例；原描本稍失。（17）辭「幽」字從手持杵舂人於坎穴中，或為臽字異體，與〈165〉版臽字用法相類，讀作陷。（18）辭「关」字，與接著的「即」字共用一「𠂤」部件，或即「諫」字異體。

（27）辭卜序是（二），原描本誤作（一）。（35）辭「吉」字上豎戈形的底部有增一橫畫，寫法獨特，原描本漏。對比全版都是用「卜」字帶出命辭，（35）辭斷句，應分讀為二辭：「卜：不吉？」「貞：亡囚，妣庚：小宰？用。一」，刻手將祭牲「小宰」合文補刻在句首，今據命辭的常態句意通讀如上。

本版共35辭。（1）（2）二辭為成套卜辭，同文分書為二條。命辭「子其征休翊乙」，應是「翊乙子其征休」的移位句，時間詞後移。（3）辭獨立一條作為一組成

套卜辭，卜問「子其往田」的順否。命辭後的「曰」為占辭，應是「某占曰」之省。（4）（5）二辭為成套分書。其中的（5）辭見陳述句「子其往田」移後，相對的（4）辭省略此陳述句，剩下詢問的「哉福？」一句。（6）（7）屬正反對貞。（8）辭為一條單一的卜辭，（9）（10）是承（8）辭接著貞問的一組選貞，其中的（9）辭是「叀白豕又豐于妣庚？」的移位，介賓句「于妣庚」前移插入祭品中。（11）（12）（13）三辭是一組成套卜辭，命辭是「牡又豐于妣庚？」的移位，也是介賓前置，連詞「又」和祭品「豐」移於句末。（14）至（18）都是己日占卜，各辭獨立卜問。《校釋》991頁：「疫字與疾病意有關，但原釋文認為「即瘟疫」，恐無據。學，似為爻的繁體，有用筮草占問吉凶意。字又見〈150〉版。」（19）辭是單一卜辭，卜問花東子心疾的內容，應是與（14）辭有關。（20）（21）為正正對貞，前者增介詞「于」，後者增前移句首的祭牲「叀奴」。而（20）（22）又用為選貞，卜問禦祭子而的是「妣庚」，抑或是「妣己」和「妣丁」。此處見正正對貞和選擇對貞兩種占卜方式混用的句例。（22）辭內容又與〈273〉版（3）辭「其卟（禦）子而：妣己眔妣丁？」同，僅增一介詞，似為同時同事卜於異版。（23）辭獨立卜問，（24）（25）則是承（23）辭舞祭內容進一步追問具體祭牲的成套卜辭。這兩辭祭祀動詞的順序流程，是：禦而敆而酉。禦是祭祀泛稱，敆是殺牲方法，酉是記錄祭獻品內容。（23）辭「子其舞权」，言花東子將要在权地進行舞祭儀，句屬陳述句；「丁永」，是詢問句，卜問武丁對此事稱許賜佑否。（24）（25）二辭的「子舞权」句，不見「其」字，直接敘述花東子舞祭於权地，句本應置於命辭前句，二辭因強調祭祀內容而將「卟」字前移句首。《校釋》991頁：「對比〈53〉版的「于权」例，权為地名」。（26）（27）是成套但分書二辭。「亡音」，《校釋》991頁：「音，應隸作言，名詞，字與祭祀有關，或讀作唁，指以祭文弔唁祖妣。」（28）（29）（30）是正正對貞的特例，連續同辭同時貞問三次。（31）辭是獨立一組的成套卜辭，句中的「往」應是「卟往」之省。此句為子興求佑於死人子癸，與上日為子而求佑於妣庚應有對應的關係。（32）（33）是接著（31）的內容而具體用祭的另一成套卜辭。（32）與（34）卻屬選貞的關係。此處復見成套與選貞占卜的混用例。（35）辭則是單一問卜的卜辭。花東甲骨見大量的「子貞」、「干支卜，貞」例，偶亦見「干支卜，在某地貞」〈351〉、「陟貞」、「允

貞」、「大貞」、「丁鼎（貞）」〈446〉例，但並沒有「吉貞」類的句例用法。因此，原（35）辭似可區分讀作二卜辭：「卜：不吉？」和「貞：亡囚，妣庚：小宰？用。」。後一條卜辭且見分別詢問亡禍否和祭祀妣庚用小宰宜否，屬「一辭二卜」的獨特句例。

（3）辭的「希」字，一般釋作求，但作「求」意於此恐不妥。《校釋》990頁：「希，讀如祟，有禍害意，字在此用為占辭的判斷內容，與後面意為憂患的樓（慮）字相承接，言花東子田狩一行，有行動的禍害，但並非屬心理的焦慮不安。」

（6）辭「己卜：其又（侑）妣庚？一」和（7）辭「己卜：弜又（侑）于妣庚，其戉权？一」是正反對貞。其中的「权」字用為地名，「戉」字從戈砍掛倒心形，相對於「伐」字由砍人首引申殺害意，「戉」字應屬強調心疾災害的負面用意。（7）辭後句「其戉权」，意指花東子將會遭受「戉」這種災禍於权地，屬陳述句，「弜又（侑）于妣庚」，是詢問句移前，卜問是否侑祭於妣庚。相對的，（6）辭完整句應是「己卜：其戉权，又（侑）于妣庚？」

本版共35辭由甲日至癸日問卜，辭意相承，從（1）子徏出巡，（3）子往田，（7）子在权地因外力而患心疾，求佑於妣庚，（14）子其疫病，用蓍草問卜，（15）同日武丁來，可能與探訪子疾有關，（17）言武丁樓（憂慮），（19）子心疾，不宜外出，（20）花東子為「子而」去災問卜，（23）子舞祭，祈求「丁永」，（31）子為「子興」祭祀子癸，（35）卜問花東子無禍否。本版對於花東子這十天連續的活動，有十分清晰詳盡的完整記錄。

182（H3：557）　　　　　　一二（刻於後甲）
　　　　　　　　　　　　　二三四（刻於前甲）

按：

本版只刻兆序。卜兆並不對稱，而卜序的位置亦不固定，有：（一）在卜兆兆坼豎橫紋之間，是常態的位置，（二）在卜兆橫紋下方，（三）在卜兆豎紋靠外邊，（四）處於卜兆豎橫紋之間，但字形傾斜。由此可見，花東甲骨占卜和刻寫的隨意和不規則。前甲左邊另有一卜兆，橫紋下有兆序（二），原描本漏。

183（H3：560正）　（1）　丙卜：丁來見，子舞？一

　　　　　　　　　　（2）　丙卜：用一卜，㬱五宰妣庚？一

　　　　　　　　　　（3）　丙卜：子令？一一

　　　　　　　　　　（4）　丙卜：[叀]餗，即妣丁？一

　　　　　　　　　　（5）　丙召子[興]？一

　　　　　　　　　　（6）　歲妣丁：小宰？二

　　　　　　　　　　（7）　☑[眔]于舞，若，丁永？

　　　　　　　　　　（8）　壬卜：丁楙，征？一

　　　　　　　　　　（9）　壬卜：丁不楙？

　　　　　　　　　　（10）　壬卜：子戾？一

　　　　　　　　　　（11）　癸卜：不采，旬日雨？一

　　　　　　　　　　（12）　癸：歲妣庚：牡？一

　　　　　　　　　　（13）　歲妣庚：豕？一

　　　　　　　　　　（14）　昍甲，其乎（呼）多臣舟？一

　　　　　　　　　　（15）　昍甲，其乎（呼）多臣舟？二

　　　　　　　　　　（16）　癸卜：其舟，殷我人？一

　　　　　　　　　　（17）　癸卜：我人其舟，吝？

　　　　　　　　　　（18）　癸卜：我人其舟，吝？二

按：

　　（2）（12）辭「妣庚」的二「妣」字，（4）（6）辭「妣丁」的二「妣」字，都一作ㄱ，一作ㄍ，屬同版異形。（8）（9）辭「楙」字，一從三木，一從二木，屬同版異形。

　　本版（1）至（7）辭基本上是丙日占卜，各自單獨成辭。（1）辭「見」字從人側立形，字用為相見的見。武丁來花東子的屬土與花東子相見，而卜問「子舞」否。這裡舞的儀式似與迎接賓客的功能有關連。（2）辭不清，似作「用一卜」，〈102〉版有「二卜」例，可供互參。（4）辭「餗即」合文，中間的「皀」二字共用。《校釋》992頁：「餗，祭儀；即，有就祭於祖妣意。」（8）（9）辭是正反對貞，其中的

（9）辭省略後句詢問的子「征」出否。此見武丁的憂慮否與花東子的活動居然有對應的關係。（10）辭是承（8）（9）對貞進一步在同日詢問的單句，「子炅」是作為花東子的私名，此條占卜強調是子炅的征出。（11）辭又是單獨的一條問雨卜辭。《校釋》992頁：「采，由採摘禾穗形引申有收成意。旬日，或指全日。〈474〉版有『于癸𢀛旬牛』，句中的『旬牛』亦應指全牛。」此或用為詢問句前置，意即全旬白天（或整天）都在下雨，不進行收割的活動嗎？（12）（13）為選貞，卜問歲祭妣庚用牡抑用豕。前辭省「卜」字。（14）（15）是成套卜辭，分書二條。二辭應省前辭「癸卜」，命辭見子呼令多臣行舟。此見花東子權力之重。「舟」字名詞作動詞用。（16）「其舟」的主語似是「多臣」，理解作「多臣其舟，殷我人？」之省。殷，從手持鞭，有勞役、驅策意。「我人」，為花東子屬地的群眾。（16）辭命辭亦可理解為「我人其舟，殷？」的移位；如此，「殷」和「㖷」為對貞詢問語。目前看，以後者為是。（16）（17）相對為選貞，而（17）（18）則屬於成套的關係。這裡又見選貞和成套卜辭混用例。（17）（18）的㖷字，從戈豎立於口上，字與「吉」字倒置干戈、停止動武用意相當，似引申有吉祥、停息意。字意與「殷」字用武力意相反。「我人其舟，㖷？」，言「我人」將從事「舟」的勞動，卜問吉祥否。

對比〈139〉版（3）辭「丁卜：日雨？」、（4）辭「丁卜：不雨？」正反對貞，「日雨」成句；〈180〉版（7）辭驗辭單言「日雨」；〈271〉版（1）辭「甲夕卜：日雨？」、（2）辭「甲夕卜：日不雨？」正反對貞諸例，本版（11）辭命辭「旬」字又可考慮連上讀，「日雨」二字獨立成句，作為詢問句，卜問第二天整天會下雨嗎？或理解為驗辭。備參。《姚釋》將「采」字直接讀為「及」，以至將命辭視作一單句處理，都未為的論。

184（H3：560反）　　　大示五。

按：

「大」字的字形結構，一如二「入」字般的組合，筆序與常見「大」字，象人正立形寫法不同。照本見「大」字右腋下有四短斜筆，未審是否筆畫；備參。

185（H3：561） （1） ☑于□母？用。

（2） ☑其☑己？

（3） ☑[來]☑其□希（祟）☑？

按：

本版三辭均遭人為的刮削。

186（H3：563） 貞：奠不死？一

按：

《校釋》993頁：「由〈295〉版的『壬戌奠卜』、〈162〉版的『叀奠钔往妣己』
例，見奠字用為人名。」「死」字右旁从人側形朝歺，而「歺」部件則逆向朝外；
字形獨特。

187（H3：565正） （1） ☑？

（2） ☑[吉]☑永☑队☑？

（3） ☑腹，奉妣庚？二

（4） 丙[卜]：□弜☑子，子☑？

（5） ☑癸☑共☑？

按：

本版卜辭都遭刮削，只有（3）辭的「奉妣庚」一分句完整保留。（3）辭見「腹」
字从人复聲，〈240〉版有「子腹疾」例。

188（H3：565反） [大]□[五]。

按：

本版為〈187〉版反。在左甲橋下，字殘。對應〈20〉版左甲橋下有「屰入六。」
例；〈184〉版右甲橋中有「大示五。」例，本版左甲橋見一斜筆殘留和另一錯畫連
接橫筆，似是「大」和「五」二字。本版似是記事刻辭的「大示五」或「大入五」
的殘筆。

189（H3：566） （1） 用。一

（2） ☑[夢]，飲☑？

（3） ☑丁☑？一

（4） 癸卜：☑？一

（5） 一

（6） ☑小宰☑？二

（7） 丙。

（8） ☑丁☑？

（9） 用。一

按：

本版卜辭都遭刻意刮削，只剩下一些前辭、用辭和祭牲。

190（H3：567反） （1） ☑庚☑二。

（2） ☑[妣]庚☑[二]。五。

191（H3：571） （1） 受貞。一

（2） 戊卜：其日用騩，不又止（此）卜？一

（3） 卜：弜日用，不又止（此）卜？一

（4） 騩，其又止（此）卜？一

（5） 騩，不又止（此）卜？二

（6） 其又止（此）卜？一

（7） 不又止（此）卜？一

按：

本版三見「騩」字，從馬鬼聲，用為淺黑色的馬，其中（2）辭字作內外式，「鬼」旁小寫，縮於馬腹下邊，（5）辭字作左右式，二部件並列，（4）辭字作左右式，從鬼省一橫畫。三字屬同版異形。

（1）辭「受」字於此可理解為貞人名，但字刻於右前甲外側卜兆直紋旁，位

置可怪；備參。

（2）（3）辭對貞，前辭二「卜」字豎筆靠中間的千里路朝外邊書寫，與卜兆相向。字形與一般花東甲骨「卜」字形與卜兆同向不同。「卜」字（2）辭描本誤，（3）辭描本漏。

（2）（3）辭正反對貞，作{⌐⌐}，（3）省「用」的對象是「驪」。（4）（5）辭是正反對貞，但據兆序（一）（二），又兼用為成套形式，作{⌐⌐}。這種混用的現象，反映花東甲骨占卜形式的內部矛盾和亂象。（4）（5）辭前句都省動詞「用」和句前的時間詞，後句正反對貞，由兆序看又是順序的成套關係。（6）（7）辭為正反對貞，作{⌐}，全省前句。以上（2）（3）、（4）（5）、（6）（7）三組正反對貞，內容都是相同復相承接的，按理應是王卜辭習見的成套卜辭，但三組卜序卻各自獨立。這似乎是早期占卜技巧和系統並未完全成熟時的作品。

（2）辭「其日」，指占卜的「戊」日，有強調用馬牲時間的作用，日或指該日的白天，甚至是指日在中天的中午時刻。例參〈196〉版「戊申卜：日用馬，于之召？一二」

本版諸辭後句的「又止（此）卜」，原釋文合為一字，這是三字合書抑屬一新出字的三部件，仍疑未能定。但這三個組合應兼具表意功能，呈現一個動作，與占卜意相關。大致是陳述在「日」時用黑馬牲祭，詢問應否進行占卜。

192（H3：573 反）　　　　　　　[大][示]□。

按：

對比〈184〉版「大示五。」，本版上一殘字可能是「大」，人名。

193（H3：583）　　　　　　乙亥：子叀白⊕再，用，隹（唯）子見（獻）？一

按：

⊕，象豎戈頭之形，武器，用為貢品。這裡強調稀有白色的⊕。

本辭在殘甲的右前甲上側，前辭省「卜」，命辭「子叀白⊕再，用，隹（唯）子見（獻）？」，是「子再白⊕，用，隹（唯）子見（獻）？」的移位句。再，由

手持覆邕形引申有提舉意。花東甲骨習見子冉舉物品貢獻的對象是丁（武丁）。見，從人跪坐形，讀為獻。前後句「冉」「獻」二字語意相承。本辭順讀亦可考慮斷句作「子叀白𠆢冉，用隹，子見（獻）？」，隹字用作本義，參〈198〉版的「子障組，叀隹□？」，但句例並不普通。花東卜辭中的「隹」字一般都用作語詞唯。本辭亦可理解「用」字先刻，作為針對照序（一）的卜兆，得到鬼神認可的用辭。而卜辭接著才刻於用辭的上下。全句應讀作：「乙亥：子叀白𠆢冉，隹（唯）子見（獻）？用。一」。目前評估，恐以最後一釋讀為是。

194（H3：584）　　　　　用。一

195（H3：
586+1006+1536）

（1）　辛亥卜：子以帚（婦）好入于狀？用。一
（2）　辛亥卜：叀入人？用。一
（3）　辛亥卜：乎（呼）垦、𣃜見（獻）于帚（婦）好？才（在）狀。用。一
（4）　辛亥卜：子𢻻帚（婦）好玐，往螷？才（在）狀。一二
（5）　癸丑卜：其將姒庚[示]于狀東官（館）？用。二
（6）　乙卯：歲牰、𢼎邕祖乙？用。二三
（7）　壬戌卜：才（在）狀，葬韋？用。一
（8）　于襄，葬韋？不用。一

按：

　　（1）（2）辭正正對貞。（1）辭謂花東子聯同婦好進入或入貢於狀地，卜問此行吉否。由用辭看鬼神是接受這次的貞問的。「入」字在句中作為動詞的功能。相對觀察同版互補的（2）辭「叀入人？」，「叀」字帶出命辭內容，有強調後一動作語氣的作用，「入人」可理解為引進、納入某些人。人可能是指奴牲。花東子和婦好獻人牲的對象可能是武丁。花東卜辭見「入人」例，如〈252〉版（6）辭「叀入人呼？」，即「呼入人？」，但並無直接「人入」的用法。〈197〉、〈240〉、〈265〉諸

版另有「才（在）入」例，因此，「入」字用作動詞，間亦可理解為名詞地名。本版（1）辭辭意：花東子聯同婦好納貢入牲（與丁）於犾地，命辭即「子以婦好入人于犾」之省。

（3）（4）辭分別言正在犾地占卜，應是（1）（2）辭同一天稍晚的時候才進行的事。（3）辭是子呼令壴和涫二人進獻於婦好，「涫」，從首，首前具虛畫，指事，強調在人前，或讀如導，指子呼令壴引導奴牲獻於婦好。黃天樹釋此字為面，然「面見」一詞，恐非殷商時所用語言。（4）辭是子親自獻玉於婦好。「戜」又可隸作叞，從手持鉞，示兵器。因此，正確讀法是先（3）而後（4）。（3）和（4）辭一在左前甲，一在左後甲，是分別獨立的卜問。這裡（1）至（4）辭的讀法順序，與原釋文不同。

（3）（4）辭用「見（獻）」和「攺」，語意相當，都有進貢意；前者作泛稱，後者明確帶出貢品。

（5）辭，《校釋》994 頁：「此言子主持將祭，祭祀妣庚的神主，在犾地的東館。本辭與〈5〉、〈248〉、〈490〉、〈496〉諸版屬同組卜辭。」這裡反映殷商先人的神位可因應需要而機動的放置在不同地方。

（6）辭，《校釋》994 頁：「本辭歲祭祖乙，所用祭品是犾和牜叞。祭品前置於句中。『祖乙』合文，『且（祖）』字倒書，是花東甲骨習見將祭祀對象顛倒書寫的一例。」

（7）（8）二辭在左右前甲靠甲橋處，為選貞關係，卜問埋葬韋此人的地點，是「在犾」抑「于襄」。「在某地」，指具體定點，距離問卜者較近的地區；「于某地」，是泛稱或針對較遠的地區。

196（H3：590）　　（1）　丙午卜，才（在）麗：子其乎（呼）多尹入璧，丁永？

　　　　　　　　　（2）　戊申卜：日用馬，于之（此）力（召）？　一二

　　　　　　　　　（3）　戊申卜：弜日用馬，于之（此）力（召）？　一二

　　　　　　　　　（4）　己酉：歲祖甲：牝一、歲[祖乙]：牝一，入自麗？　一

　　　　　　　　　（5）　弜又邕？用。　一

（6）　　庚戌：歲妣庚：牝一，入自麗？一

按：

（1）辭「子其乎（呼）多尹入璧，丁永？」，其中的「多」作 弓 和「璧」作 和，原描字形錯誤，宜重新核對。（2）（3）辭的兆序，都是（一）（二），原描本卻誤作（一）（一）。本版「牝」字，從匕形都反向朝羊書寫，從羊中增一短橫，屬特殊字形。（4）辭干支「己酉」直書，作合文。

（1）辭見花東子能呼令「多尹」，可理解：（一）花東子管轄的屬地已擁有自己獨立任命和支配的官員，「多尹」是其中的一員或一群；（二）花東子有權號令殷王朝廷的「多尹」官員。如此，他在殷王朝中的實權無疑就更大了。對比（1）辭的「呼多尹入璧」，「入璧」是一種進貢儀式，入貢的對象是丁（武丁），三天後（4）辭「己酉」日的「入自麗」和四天後（6）辭「庚戌」日的「入自麗」，分別所言「入」，也應是指子「入璧」一事，前後占卜內容相關。（1）辭是在麗地卜問「入璧」能讓「丁永」否，（4）（5）和（6）辭是子歲祭祖妣，卜問自麗地入貢璧玉適當否。

（2）（3）辭正反對貞。「用馬」，指用馬作祭牲，在殷卜辭中屬特例。文例又見〈191〉版「其日用駁」。「日」，或指當日的白天。花東子能用珍貴的馬匹進行劦祭，相對文例又見〈288〉版「其匄馬，又召弘？」此足見花東子的經濟實力，非比尋常。

（4）（5）辭在右左前甲靠中間的千里線正反對貞，二辭內容互補，祭品似應是「牝一又毀」之省。這種對貞將祭品分書的刻寫方式，也應是對貞句的特例。（4）辭花東子同時歲祭的祖甲和祖乙，應是祖父輩的陽甲和小乙。（4）（6）辭見歲祭活動的前辭都省略「卜」字。

197（H3：596）　　（1）　甲卜：☐？一二

　　　　　　　　　　（2）　甲卜：庚其[火火]☐丁☐？

　　　　　　　　　　（3）　辛卜：子钔（禦）妣庚，又（有）鄉（饗）？用。一

　　　　　　　　　　（4）　王卜：☐钔（禦）☐？

　　　　　　　　　　（5）　王卜：☐？一二

（6）　☐亏？才（在）入。

（7）　[禺]丁☐其☐？二三

（8）　☐狀于妣庚☐？

（9）　　三

按：

　　本版諸辭遭人為刮削，只有左甲橋下（3）辭祭祀妣庚一辭是保存完整的。

　　（3）辭原釋文按文字順序讀「子钔屮妣庚」，誤。钔（禦）字句一般用作「钔某（活人）于某（死人）」，但甚少直接跟著祭品。花東钔字句中祭品多移前，如〈409〉版的「叀三牛钔子而妣庚」、「叀羊又쓉钔子而于子癸」，但仍罕見「钔」字之後直接祭品。本版書寫在「钔」後的一字，字形確與兵器相關貢品的戔字相近，但以兵器上貢於先妣，在用意上恐有可商。站在花東特殊行款來理解，此字似應是「用」字異體，屬句末用辭的功能為宜。

　　（6）辭的「亏」字，左旁有菱形刻畫，或應是「璧」字之誤；備參。

　　（5）（7）辭卜序，原描本和釋文均分別漏列（二）和（三）；今補。

198（H3：599）　（1）　乙亥：歲祖乙：☐☐、叔쓉一？二

　　　　　　　　（2）　辛卯卜：子陟俎，至二日？用。一

　　　　　　　　（3）　辛卯卜：子陟俎，至三日？不用。一

　　　　　　　　（4）　辛卯卜：叀口俎，[隹]、豺、牝，亦叀牡？用。一

　　　　　　　　（5）　辛卯卜：子陟俎，叀幽麃？用。一

　　　　　　　　（6）　壬辰卜：子陟俎，又（右）、左叀牡、牝？

　　　　　　　　（7）　中叀牡？用。

　　　　　　　　（8）　壬辰卜：子亦陟俎，叀牡于左、右？用。一

　　　　　　　　（9）　壬辰卜：子陟俎，叀隹☐？用。一

　　　　　　　　（10）　癸巳卜：叀璧改丁？一

　　　　　　　　（11）　子改丁璧一？用。二

　　　　　　　　（12）　癸巳：叀玨改丁？不用。一

按：

　　本版「歲」祭不用「卜」,「隊俎」之祭固定用「卜」,進貢的「改」有用「卜」、有不用「卜」。花東甲骨前辭刻寫「卜」字,似與命辭內容相關。

　　(8)辭「用」字從三橫畫,原描本誤,字與(9)辭「用」字屬同版異形。(2)辭「隊」字反書從廾,原描本漏描双手,字與(3)辭「隊」字的正寫同。(1)辭「歲祖乙」後二殘字用為祭牲,細審殘留筆畫,似是「麃二」二字。(4)辭「俎」字後殘字的右邊,仍見鳥羽形的二刀刻,似為「隹」字,作為祭牲,例與(9)辭同。(6)辭句末是「叀麃、牝?」。原描本和釋文誤作「叀斝用」,應更正。姚萱女士認為(6)(7)辭合讀,但二辭在右後甲靠甲橋下方,中間明顯有一縱線界畫作區隔,二辭仍應分讀為是。(11)辭「璧」左旁隱約有數詞「一」字,備參。「璧」與「玞」相對,玞亦宜為玉器的專名,疑為琮,或為叡;疑不能定。璧琮為古代祭祀的重器,多見連用,作為祭祀時鬼神進出人間的出入口,卜辭言子送與丁(武丁)璧和琮,可知花東子的財力和權力過人。

　　「亦」字一般用為副詞,作「又」、「也是」意。(4)辭敘述俎祭的祭牲「隹、麃、牝,亦叀牡?」,「亦」有強調「也」「又」的意思。

　　(6)(7)辭成組,卜問在「子隊俎」用祭時,置肉的俎在左右和中間位置用不同祭牲宜否。《校釋》995頁:「(6)(7)為選擇性對貞。子進行隊俎持酒肉之祭,卜問用牲的公麃應置放在左邊和右邊,抑或是在中間。殷人用牲祭拜,顯然已確立若干既定的位置和次序儀式。本辭呈現殷人早有左中右的區別,其中的左右為一組,中央為一組,而且似乎已有以中間位置重於兩旁的觀念。」

　　(8)(9)辭也屬成組,同日的卜問同樣是「子隊俎」,左右和中間的俎放置別的祭牲又如何?(8)辭謂「子亦隊俎」,所增「亦」字在句中本身其實並無意義的,「亦」是要強調與(6)(7)辭一組同樣進行祭儀的選貞作不同的區隔功能。

　　(10)(11)辭為成套卜辭,其中的(10)辭因強調貢品而移位,(11)辭命辭是常態句,但省前辭。數詞「一」可省可不省。而(10)與(12)辭又屬選貞。這裡又是一組成套與選貞混用的例子。

　　(4)辭「叀口俎」一句,句意不可解。花東卜辭「口」字的明確用法:(一)

口疾，即口腔有疾患，字用作本義；（二）「口又」並列，作為「祭」字的異體。「口」形為「肉」字之譌。但置諸本辭都不好解釋。對比同版「辛卯」日占卜內容，（2）（3）（5）辭命辭前句都一致作「子障俎」，然則（4）辭「叀口俎」的「口」，是否該對比作「障」字之譌，無由得證。一般花東句例，又見「俎丁」的用法，如〈34〉、〈255〉、〈335〉、〈420〉諸版，都見俎祭獻於活人時王武丁。這種用法下延至西周初金文，如〈令簋〉的「乍冊矢令尊俎于王姜」。因此，「叀口俎」也可能是「叀丁俎」的形近誤書，意指獻俎肉於武丁。但目前看，以上兩種推測都沒有實證。

199（H3：600）　　（1）　　☑𢆶？一
　　　　　　　　　　（2）　　□卜：宰☑疾首？一
　　　　　　　　　　（3）　　☑[牢]☑？二
　　　　　　　　　　（4）　　☑？三

按：

　　本版文字主要都遭刮削。

　　（1）辭的「𢆶」，象兩手糾絲，或為糾字初文。（2）（3）（4）為成套卜辭，刻寫在右甲由上而下，兆序相承，但內容兼具選貞的詢問，似卜問選用哪些祭牲，以冀求子「疾首」無恙。

200（H3：601正）　　（1）　　☑乎（呼）☑？用。一二
　　　　　　　　　　（2）　　☑？

按：

　　本版左前甲上僅見二辭，都遭刮削，（1）辭只見一「呼」字，主賓語均遭刻意剔除。刮削者似不願他人知悉是次卜問的內容。

201（H3：601反）　　　　　　　　亘。

按：

　　本版為〈200〉版反面。右甲橋下的「亘」，見於王卜辭賓組貞人名。本版共56

套鑽鑿，以中間千里路為界，左右對稱排列。

202（H3：609） （1） 丁卜：☐？

（2） 丁卜：☐？一

（3） 丁卜：[子]☐？一

（4） 丁卜：☐？一

（5） 丁卜：☐？二

（6） 己☐？

（7） 庚卜：子其見（獻）丁☐以？用。

（8） 庚卜：子其見（獻）丁鹵以？二

（9） 庚☐？一

（10） 癸卜：子☐？

（11） 癸卜：子☐？二

（12） ☐子☐癸☐？一

按：

本版文字多遭刮削，只有（7）（8）辭花東子獻武丁的內容完整保留。

203（H3：610+713） （1） 丙卜：☐癸☐？

（2） ☐二☐？一一

（3） ☐丁☐？用。二

（4） ☐卜：叀三十牛歿丁？二

（5） 丙卜：叀三十牛歿丁？三

（6） 丙卜：叀十☐？

（7） 丙卜：叀十牛歿丁？用。一

（8） 丙卜：叀十牛歿丁？用。二

（9） 一二三

（10） 丙卜：叀☐合☐羽（翌）丁☐？

（11）　丙卜：叀子覸（見），合用眔絽，再丁？用。一

按：

　　本版文字多遭刮削，只保留「攽丁」「見（獻）丁」「再丁」的卜辭。其中的「攽丁三十牛」、「見（獻）用合眔絽」、「再丁」連用，而「攽」、「見」、「再」均屬同義類的祭獻動詞。《校釋》995頁在〈正補〉中謂（11）辭的覸「似為見字的繁體，象人提首以獻形，讀為獻。花東卜辭多見『子見丁』例，可參。」此字在花東僅一見，屬早期的測試性新創字。字由獻首的專用字，拓大為進獻任何物品的動作，一如逐字由最早的追豕意，拓大為追捕動物的用法。。一般「見」讀作獻的，字形多作人跪坐形，但本版繁體從見仍作人站姿，顯然早期字用，見字從人從卪是不分的。對比的，晚期田狩卜辭另有一新創字𧡨，用為看見的「見」字繁體，字亦從見人立形，此字字用由〈合集37439〉的「覿鹿」，過渡到〈合集37467〉的「覿兕」、〈合集37468〉的「覿豕」等用例，可知動詞「覿」由狹義字形看只作「見鹿」意，拓大語意則為看見的「見」的泛指用法。後來看見的功能只保存在「見」字，而繁複的「覿」字只是一度出現，隨即遭受到淘汰的命運。

204（H3：613）　（1）　又（有）歲牛于妣己？一

　　　　　　　　（2）　☐乃☐？

　　　　　　　　（3）　☐又（有）[歲牛于]妣己？

按：

　　本版文字有經刮削。（1）（3）辭「又歲牛」用例可怪。花東卜辭「歲」字句一般都將「歲」置於句首，作為祭祀動詞，前面偶接時間詞或虛字「其」〈446〉，亦有與另一祭儀相接並出，如「彳歲」〈142〉、「召歲」〈457〉。因此，本版的「又」似應另讀為「侑」。

　　（2）辭，《校釋》995頁：「殷商甲骨的副詞，一般都用「迺」而不用「乃」。〈16〉版的迺、乃二字，見於同辭而用法不同，可證。其中的「乃」用為「茲乃」之省，人名。本版的「乃」恐亦應是「茲乃」之殘。」

205（H3：615）　　（1）　　[貞]：☒凡爵？一二
　　　　　　　　　　（2）　　陷貞。二三
　　　　　　　　　　（3）　　貞：女？二
　　　　　　　　　　（4）　　貞：□？二
　　　　　　　　　　（5）　　子貞。三
　　　　　　　　　　（6）　　三

按：

　　《校釋》995 頁，針對（1）辭內容，謂「此二字上龜版殘破，應有一『貞』字。相對於〈441〉版的『貞：爵凡？』、〈349〉版的『貞：凡爵？』可證。」並謂：「二字以合文方式呈現，殷金文有『凡舞』例，未審與此同否？」細審本版照相本左甲橋下邊本有一小塊甲骨，上隱約間見一「貞」字，而原拓本和描本都將此一小片甲骨漏拓漏描；應補。（1）辭的「凡」，本即盤字初文。原釋的「爵」字，上似從爪形，並不從↑；下從有流的爵形。相對的〈93〉版的爵字形上從二↑，下從三支點，與本辭並不相同。〈51〉版的斝字作𩰲，上並沒有流。目前由文例看，字仍應是〈441〉版「爵」字的異體。由左側「貞」字的位置，本辭應順讀作「凡爵」。

　　（3）辭「女」字筆序奇特，字先刻一橫畫，再以拋物線線條帶出兩手交錯，最後豎筆帶出首身體和跪姿。字形分四刀書寫，與殷金文「女」字寫法相近，卻與一般的甲文作𤔔形不同。

　　（4）辭「貞」字後原釋作「征」字，細審照本、拓本，只見右邊從彳，但都不見從止，反而左一部件與花東「衣」字下擺作回鉤形的筆畫相近。宜闕。

　　（5）辭，原釋文作「三小子貞」，誤。

206（H3：616）　　（1）　　丁丑卜，才（在）𤔲京：子其叀舞戉，若？不用。一
　　　　　　　　　　（2）　　子𡆥叀舞戉于之（此），若？用。多万又（有）災，弘𢍱。一

按：

　　（1）辭「舞」字在照相本見字中有增一橫畫，與（2）辭「舞」字不同，二字

屬同版異形。（1）辭前辭「在𡕥京」，地名字形明顯分書為二，宜讀為二字。本版的「叀」字中增从四虛點、「戉」字斧形中增二豎筆、「災」字从豎水形、「弘」字虛點位置在弓的內側，均屬花東獨特的短暫過渡寫法，與一般甲文字形亦不相同。（1）辭「其」字小寫於「子」字的左下側，或為卜辭寫畢後再補寫的字形。

（1）（2）辭正反對貞。虛字「其」與「弜」相對，一般都只接單一的動詞，但本版對貞卻接一短語「叀舞戉」，語法奇特。短語中「舞」為動詞，「戉」為舞祭祭儀所持的斧鉞，此言子舞祭揮動斧戉以示威嚴。「叀」字一般都見於肯定句，並多見於句首。本版（1）辭肯定句由「其」帶出叀字句，（2）辭否定句由否定詞「弜」帶出叀字句，二者都是非常態的句例，屬文字剛開始應用時的一種測試用語，並不固定，一般甲文亦不會如此刻寫。細審本版隸定的「叀」字，从束囊形，中間二斜筆交錯，並附四虛點，與一般作 𢆶 形不同，其功能與一般的「叀」字亦不相當，應不是同字。此字目前判斷似沒有對應的楷書，但由甲骨用例的「南庚𢆶父乙耂王」〈合集 5532〉、「呼雀𢆶曳藝」〈合集 6946〉，字見於二名詞之間；「叀𢆶令取射」〈合集 5758〉、「弜𢆶呼」〈合集 27990〉，字用於「呼」「令」之前，或借為人名。字仍應隸作束。束，縛也，有物物相促近之意，引申有並列、共同的意思。

（2）辭否定句，其中的前句增添介賓語「于之（此）」。相對於肯定句，否定句用字比較完整和不省，句意似乎是問卜者主觀所屬意的。由「用辭」見否定句被選為「用」，肯定句判定為「不用」，更能證明對貞中詳細而不省的句子與占卜者內心屬意選取的可能對象有關連。本版驗辭刻於對貞否定句之後，似乎亦暗示認同占卜者內心傾向命辭的所屬意向有關。

207（H3：617）　　（1）　甲卜：☒[鉤]（禦）丁☒？

　　　　　　　　　（2）　甲卜：☒？一

　　　　　　　　　（3）　己卜：☒？三

　　　　　　　　　（4）　用。五

　　　　　　　　　（5）　☒己☒？

按：

本版卜辭文字多遭刮削，只保留前辭。右上甲（1）辭「甲卜」之後，有一从卪的殘字，或為「卲」字；其後接一「丁」字，清晰可見。

208（H3：619+1346）（1）　戊卜貞：長亡至艱？一

（2）　庚卜：西五六日至□？一

（3）　庚卜：女至？一

按：

本版「至」字，在（1）辭屬正書，但隔了兩天後占卜的（2）（3）辭卻都作倒書。（1）辭前辭「戊」字兵器鋒口處增一短豎筆，是花東獨特的字形。（2）（3）辭前辭的「庚卜」獨立成組書寫，也是花東刻工的習慣，形成一般所謂逆讀的特色。（2）辭「至」字後隱約有一字，模糊不可識，或為「女」字；備參。

對比屬前後日占卜的〈144〉版同類的（1）：「[辛]未：南三日又至女？一」，本版的（2）辭應讀為「庚卜：西五六日至[女]？一」、（3）辭應讀為「庚卜：女至？一」。（2）（3）辭各自就同一事獨立占卜，（2）辭為完整句，（3）辭為省略句首方位詞和時間詞，復移位的變異句。而「庚卜」或即「庚午卜」之省，（1）辭的「戊卜」，應是「庚午」前兩天的「戊辰」日卜。

對比（1）辭詢問附庸長族或長地沒有「至艱」（外來的災變）否，（2）（3）辭詢問的「至女」（有女牲來貢至此處），指的也應該是在長地「至女」，此連續卜問西方五六日間長地有來貢女牲嗎。長地無疑是位於殷墟以西的外邦地望。

本版前辭分別見用「卜貞」和「卜」，花東卜辭一般省略「貞」字。

209（H3：620）　（1）　庚申卜：歲妣庚：牝一，子尻卲（禦），往？一二三四五六

（2）　一

按：

本版（1）辭在中甲右上方圍兆向下直書，卜兆在右甲上順序直行而下。

（1）辭兆序（五）字，作二短橫中二斜畫交錯形，此見在殷武丁在位早期時已出現。兆序（六）字，字形原描本稍誤，宜參照本的筆畫，中豎和右斜連筆，字分三刀書寫。

（1）辭為成套卜辭，針對歲祭妣庚，求佑花東子之病患，並詢問子「往」宜否，一事連續卜問六次，卜辭、卜兆和兆序的位置都在甲右由上而下。甲左見若干卜兆，但只見甲橋側有兆序（一），原描本漏，餘未刻任何占問內容。本版可能也是就同一事混雜既成套復對貞的貞卜句例。

（1）辭文字，由左上甲穿越中間的千里線寫至右上甲，再沿兆的直紋而下。這種穿越左右甲版面的刻寫，無疑又是一種行款的特例。

《校釋》996 頁：「尻字可用臀部的本義來理解，作為子的患疾部位。卩，即禦。禦字後一般接祭祀的祖妣名，亦有接求降福的人名，偶有接求佑的事物或祭牲。總括而言，禦字後都是承接名詞。禦字在複合動詞中只見於後動詞，如：祀卩〈合集 30759〉、酚禦〈合集 32330〉、用禦〈合集 22515〉、盤禦〈屯 250〉，而『往』字在複合動詞中卻都位於前動詞的位置，如往逐、往狩、往觀、往伐、往陷、往追、往來、往田、往出、往省等大量文例，均無例外。因此，本辭把『卩往』理解為連用的複合動詞抑或是二名詞的平衡用法，都是絕無僅有的。是以本辭後句的讀法應是『子尻卩，往？』。『子尻卩』即『卩子尻』的移位，言禦祭求佑去除花東子的臀疾。『往』則獨立一分句，乃全辭貞問所在，卜問子能出行與否。〈214〉版有『眔目卩』，亦應是『卩眔目』的倒文，意即攘除眔的目疾，用法與本辭全同。」

210（H3：623）　　　　　庚□其☑卲（即）☑？一

按：

本版屬右甲尾殘片，文字有遭刮削。

原描本「庚」字形誤，字中只有一橫筆，中豎突出。〈148〉版遭削的卜辭（6）一行而下，有一「聆（即令）」字合文，但字形與本版從食從卩的字組合相似但恐不同。卲字，由照本位置看，似屬刮削卜辭中二行末二字之殘，「食」上似有一「工」字。全辭作：「庚□其☑[工]食☑[卩]☑？一」，相對於〈324〉版的「劣食多工？用。」可互參。

211（H3：624）　　　（1）　辛巳[卜]：子其告行于帚（婦），弜以？一

　　　　　　　　　　　（2）　弜告行于丁？一

按：

　　本版全版只見此（1）（2）辭，其餘空間都留白。

　　（1）辭「以」字，據照本見與原描本所描方向相反，描本誤。本版二「告」
字都見中有一短橫，是過去認為晚期卜辭的寫法。「帚」即婦，中豎筆末懸空，未
見常態的分叉形，屬省略字形。

　　（1）辭在右前甲橫書繞兆，但其中的前辭「辛巳」直書成一體，據照本見「辛」
字左下處似有一「卜」字。「辛巳[卜]」作為一獨立形式書寫。（1）辭命辭的「帚」，
對應（2）辭否定句的「丁」，此應讀為婦，即「婦好」的省略。（1）（2）辭右左對
應，命辭前句句意相當，一正一反，占卜性質可理解為同事的分別獨立貞問，亦可
理解為選貞與正反對貞的混合。「告行」一詞的主語是「子」，正反卜問的對象分別
是「婦好」和「丁」。（1）辭辛巳日問卜花東子稟告「行」此一動作於婦好，詢問
句的「以」有攜帶、聯同意，此言子和婦好二人不聯合（指分別進行）適合否。（2）
辭對貞是子不稟告「行」此一動作於「武丁」，其後省略詢問句。由此一告一不告
的貞卜，子對於處理此事的主觀傾向，是擬先告知於婦好，但不想與她聯合行動。
觀察花東甲骨「行」的用例，如〈401〉版（12）辭：「丁呼多臣復西，非心于不若？
唯吉，呼行。」，「行」應有往返移動的意思。由呼令「多臣復西」而接言「呼行」，
行動似與軍事有關。針對軍事行動，花東子需要告知婦好而不告知人君的武丁，一
方面顯見子已有僭越之嫌，而婦好擁有軍事實權自不待言。另一方面反映武丁在某
一階段時期的大權旁落，恐是可能的。

　　由句型分析理解，（1）（2）辭如定位為對貞關係，（2）辭似亦可視作：「子其
告行于丁，弜以？」的省略兼移位句來看待。如此，整個句意又有不一樣的看法。

212（H3：626）　　　（1）　一

　　　　　　　　　　　（2）　☐妣庚☐？

　　　　　　　　　　　（3）　己卜：☐？二

　　　　　　　　　　　（4）　己卜：☐？

　　　　　　　　　　（5）　　二

　　　　　　　　　　（6）　　一

按：

　　本版文字多遭刮削，只見「妣庚」一詞刻意保留。

213（H3：627）　　（1）　☐庚☐？

　　　　　　　　　　（2）　☐乍（作）☐？

　　　　　　　　　　（3）　☐宜☐？

　　　　　　　　　　（4）　☐[木]☐？

　　　　　　　　　　（5）　　二

按：

　　本版文字絕大部分被刮去，原因不詳。

214（H3：631）　　（1）　辛未卜：子弜祝？用。一

　　　　　　　　　　（2）　辛未卜：子弜祝？用。一

　　　　　　　　　　（3）　癸酉：歲癸子：牝，眔目卻（禦）？一

　　　　　　　　　　（4）　其眔卻（禦），往？一

　　　　　　　　　　（5）　戊寅卜：歲祖甲：小牢、祖乙：小牢，登自西祭，子

　　　　　　　　　　　　　祝？一二

按：

　　（5）辭牢字从羊，（3）辭牝字从羊但於羊首處增一短橫，部件屬同版異形。

　　（1）（2）辭同在左甲下反反對貞，作{ᵃ₂ᴬ}，卜兆由下而上；（3）（4）辭同在右甲上正正對貞，作{ᴬ ᴮ；ᴮ ᶜ}，卜兆亦是先下而後上。（5）辭在左甲橋下方成套卜辭圍兆刻寫，兩條卜兆也是先下而後上。本版呈現花東占卜的一種常態形式。

　　（2）辭「辛未卜」、（3）辭「癸酉」，作合文的壓縮成組書寫。「戊」、「祭」、「祝」字形獨特，「癸」、「未」、「卻」字形與過去所謂晚期甲骨字形相當。歲祭的死人名「子癸」顛倒作「癸子」。（3）辭的「眔目卻」，即「卻眔目」的移位，指禦祭祈求

保佑畢（人名）的眼睛無恙。此辭言歲祭死去的「子癸」以一頭母羊，求保佑攘除畢的眼疾。此見子癸與畢和花東子，有十分親密的宗族關係。（4）辭的「其畢卲」，亦即「其卲畢目」的省略兼移位句。相對於（3）辭，（4）辭命辭是前省一陳述句，後增一詢問句。結合（3）（4）辭的內容，命辭完整句本是「歲子癸：牝，其卲畢目，往？」的{A，B，C}句，目前變異為$\{^{A;B}_{B;C}\}$。

（3）（5）辭內容都屬歲祭卜辭，但前辭一用「卜」一不用「卜」，此見花東書寫的隨意。（4）辭在右前甲靠外側，文字貼兆分作兩行直書，這又與一般花東卜辭圍兆書寫的形式並不相同。

（5）辭「登」字，照本見從米橫寫，拓本漏拓三小點，字仍應是「登」字。登，以豆器盛米。相對〈丙57〉（1）辭有「黍昪」例，可互參。「登自西祭」，應即「祭登自西」的移位，意即進行「祭」的祭儀，以一碗的米糧自西方開始祭奠。（5）辭一辭卜祭二祖：祖甲（陽甲）、祖乙（小乙），其中的「歲」接「小宰」、「祭」接「登」，都本屬專祭的祭名。「祝」是祭祀泛稱，強調禱告。同版的「卲（禦）」也是祭祀泛稱，字由求神而強調去災求佑意。

215（H3：632）　　（1）　壬申卜：子其以羌唉，曹于帚（婦），若永？一二

　　　　　　　　　（2）　甲戌卜，貞：羌弗死，子臣？一二三

　　　　　　　　　（3）　庚辰：歲妣庚：牝一、牝一，子祝？一二三

按：

本版三辭都在右甲，各自獨立成套，這反映花東甲骨占卜的卜兆和刻寫的卜辭是先由右甲開始的。

三辭的前辭分別是「干支卜」「干支卜貞」和詢問歲祭的「干支」。其中的（1）辭文字塗上朱砂紅色。（2）辭卜兆由下而上占卜，與文字由上而下書寫逆向。（3）辭卜兆由中間千里線右橫排向外。此屬花東占卜的常態方式。（3）辭「妣庚」後第一見的「牝」字，從豕從人朝豕腹，指成年經生育的母豬，會意。姚萱女士改為「豺」，無據。參考放大的照相本可證。相對的，本辭第二見的「牝」字，從豕，腹處向外突出半圈強調乳房位置，泛指一般未生育的母豬，指事。

右甲橋與甲身上中下三組對應圓鑽孔，應有相互縛牢固定的作用。但甲版尚未斷裂，在一版完整的龜版上預先鑽孔，目的為何？或許有串連若干龜甲，分組分類建檔的功能，詳未能明。例另參〈205〉版。

（1）辭新創字「嗳」，作為獻牲的祭祀動詞，泛指祭獻，疑為「卯」字異體，字从双手奉上與从卩的人跪獻意可通。〈221〉版殘辭有「告」，或亦此字之省。花東子以羌人為卯祭貢品，稱冊記錄是奉獻給婦好使用，卜問此事的順利受佑與否。

（1）辭詢問句「若永」二字為同意詞，有連用，亦有分別獨立使用，參〈247〉版。復有顛倒作「永若」，參〈416〉版。

（2）辭的「羌弗死，子臣」，「羌」字頸增套索，過去以為是晚期字例，花東甲骨的出土，某些字形斷代的標準需要重新調整。花東的「臣」字用法，有官名，如「小臣」〈28〉、「多臣」〈34〉；有奴牲，如「叀奴、臣、妾」〈409〉；有用為動詞，如「子臣中」〈75〉、「子弗臣」〈247〉。本版用例名詞當動詞用，意指「羌牲不死，子改以之為臣屬奴役」意。

216（H3：639）　　　　　子貞。一

按：

　　本版在右後甲下側兆旁，見花東子親自貞問。「貞」字倒書，字形特別。

217（H3：641）　　　（1）　丁未：歲妣丁：龡一？才（在）𢀖。一
　　　　　　　　　　　（2）　丁未：歲妣丁：龡一？才（在）𢀖。二
　　　　　　　　　　　（3）　己卜：其☒？一
　　　　　　　　　　　（4）　一
　　　　　　　　　　　（5）　二

按：

　　（1）（2）二辭在甲右下上分書，但屬成套卜辭。字有填墨書。其中的「妣丁」的「妣」，一作人形、一作匕形，屬同版異形。地名的𢀖，左旁部件附圈繁省不同，亦屬同版異形。據照相本，龜甲上方仍有左右兩對卜兆和兆序（二），原描本漏。

其中的甲上右處漏兆序（二）作二形，兩橫筆上短下長；（2）辭兆序（二）字據照本見作二，兩橫筆又作上長下短，原描本誤。這兩例字形都是數目「二」字之譌筆，亦屬於同版異形例。

　　本版丁未日歲祭妣丁，與〈167〉版的「丁未：歲妣丁：犹一？一二三」同。前辭干支後省「卜」字。

218（H3：642）　　　（1）　丙辰卜：子炅更今日呴糅（黍）于帚（婦），若？用。
　　　　　　　　　　　　　　　一

　　　　　　　　　　（2）　丙辰卜：子炅其呴糅（黍）于帚（婦），若永？用。
　　　　　　　　　　　　　　　一

按：

　　本版二「炅」字從倒皿的曰，一作弧形，一作尖形；書寫筆調不同，嚴格言亦是同版異形。（1）（2）辭屬正正對貞。字皆填朱。（1）辭的「若」字已寫至甲橋邊緣，是否仍有一「永」字刻在下方，尚難判斷。目前看，對貞詢問句是「若」與「若永」相對。

　　（1）辭增時間詞「更今日」加插於前句句中，用一語詞「更」字帶出，作為加插的區隔功能。（2）辭不列時間詞，主語緊接動詞，但中間增一語氣詞「其」修飾動詞。這些用法，都是花東卜辭的常見用例。

　　本版「帚」（婦）字下從王形，為花東甲骨的獨特寫法。〈379〉版（1）辭「丙辰卜：子其呴（祈）糅（黍）于帚，更配乎（呼）？用。一」，與本版為同日同事所卜。花東有「勾馬」、「勾妾」、「勾黍」例，本版是卜問子求黍年于婦好或先婦的順否。《校釋》997 頁：「呴，乃勾字繁體，有祈求意。糅，即黍字繁體。此言求黍于婦，婦當屬鬼神祖妣一類而非活人。（1）（2）辭詢問句分別為『若？』與『若永？』，用法相當。」

219（H3：667）　　　（1）　一
　　　　　　　　　　（2）　二

220（H3：645）　　（1）　丁丑：歲祖乙：黑牝一、卯豚？子占曰：未，其又（有）至莫（艱）。其戊。用。一

（2）　戊寅卜：子卲（禦）[又][口]疾于妣庚，酚牝？一

（3）　弜又邕？用。一

（4）　甲申：歲祖甲：牝一，叀<glyph>子</glyph>（子）祝？用。一

（5）　甲申：歲祖甲：牝一？一

（6）　甲申卜：叀配乎（呼），曰：帚（婦）好，告白屯？用。一

（7）　□□卜：子其入白屯，若？一

（8）　乙酉卜：乎（呼）䢅簋，若？用。一

（9）　乙酉卜：乎（呼）䢅簋，若？用。一二

按：

　　《校釋》998頁〈正補〉：「（1）與〈49〉版疑為同時所卜。」本版（1）辭與〈49〉版（3）辭「丁丑：歲祖乙：黑牝一、卯豚？二」屬成套卜辭。（1）辭刻寫奇特，文字圍兆，先作橫列狀分六排靠邊書寫，至末三字「其戊。用。」又貼兆改呈直書。（1）辭的「占」字，從骨形從一弧筆，後者只具區別功能，以與骨、囙（禍）字區分。（1）辭「至莫」，花東〈149〉、〈450〉、〈493〉諸版作「至艱」，見莫、艱用字不分。（2）辭「戊」字，武器形斧口增一短豎，為花東獨特寫法。（4）辭「子祝」，句前描本漏一「叀」字，宜補。「子」字寫法與天干的「子」形同，或為花東子的專用字。「祝」字從兄，其中手形作拋物線書寫，亦屬花東的特別筆法。（8）辭原描本漏描卜兆和兆序（一），宜補。

　　（1）辭占辭「子占曰：未，其又至莫。其戊。用。一」一句的理解，如將「未」、「戊」沿用習見的干支省略來看，「未」應是「癸未」之省，指該旬的最後一天；「戊」應是占卜日「丁丑」的次日「戊寅」。全句的意思是：花東子判斷卜兆，說：至癸未日為止的這一旬將會有外來的困難，而且將會是在戊寅日發生。句末「用辭」是鬼神接受並同意了這一條卜辭的詢問。對應（2）辭在戊寅日占卜花東子「口疾」一事，落實了（1）辭推測在戊日有災困的判斷語。只是其中以地支「未」作為干

支「癸未」日的省略，終究只是特例。但目前看似乎沒有更好、更貼切的解釋。

本版（1）辭與〈49〉版（3）辭「丁丑：歲祖乙：黑牝一、卯豚？二」為成套的關係。

（2）辭與原釋（5）辭（即今3辭）成組，原因是：二辭同在左甲，位置上下相接，語意互補相接，完整句意應是：

（2）戊寅卜：子邟又（有）口疾于妣庚，酓牝又彗？一

（3）戊寅卜：子邟又（有）口疾于妣庚，弜酓牝又彗？用。一

今調整讀法，原釋（5）辭當為（3）辭。原釋（3）（4）辭調整為（4）（5）辭，二者屬於正正對貞。（6）（7）二辭均有「白屯」例，應為同一組卜辭。屯，或指左右牛肩胛骨一對，作為貢品。（6）辭「叀配乎（呼）」，即「呼配」的移位句，強調移前的「配」字用意。配，從人跪於酉前，相對於邟、祝等祭獻用字，似應有獻酒、奠酒的用法。子呼令進行獻酒的儀式，接著誥言獻酒的對象是「婦好」，並稟告進貢以白屯。（7）辭隨即卜問子入貢白屯（給婦好）一事順否。（8）（9）二辭為正正對貞，而（9）辭本身亦兼具成套的功能。（8）辭的鼏字，《校釋》998頁：「從隹從鼎，用於鼎名，指壴族或此人獻來的鳥鼎。」（8）（9）辭言子呼令以壴族的鳥鼎祭祀。〈合集33218〉見鼏字另作為方國名，用法與花東卜辭明顯不同。

本版（1）辭、（4）（5）辭歲祭，前辭都省「卜」，餘辭命辭記錄他事，前辭卻不省「卜」。此可證省「卜」例，或與歲祭的書寫有關。

221（H3：648+1548）（1）　乙出？一

（2）　丙☒？

（3）　丁：庚其出？一

（4）　弗□庚出？一

（5）　舌□？

（6）　戊？一

（7）　己？一

222（H3：649）　　　（1）　用。一

　　　　　　　　　　　（2）　☑？

　　　　　　　　　　　（3）　☑？

按：

　　本版卜辭均遭刮削，只見用辭。

223（H3：654）　　　（1）　戊卜：于己入黃𠂤于丁？一

　　　　　　　　　　　（2）　戊卜：子弜入黃𠂤？一

　　　　　　　　　　　（3）　戊卜：子其入黃𠂤于丁，永？一

　　　　　　　　　　　（4）　戊卜：子其入黃𠂤？二

　　　　　　　　　　　（5）　戊卜：子其入黃𠂤丁，永？三

　　　　　　　　　　　（6）　[戊]卜：其㝵，卯五牛？一

　　　　　　　　　　　（7）　戊卜：其俎，卯牛？二

　　　　　　　　　　　（8）　戊卜：歲：牡？用。三

　　　　　　　　　　　（9）　己卜：歲：牛妣己？用。一

　　　　　　　　　　　（10）　己卜：歲：牡妣己？用。一

　　　　　　　　　　　（11）　己卜：歲：牡妣己？用。二

　　　　　　　　　　　（12）　己卜：叀牝㝵妣己？一

　　　　　　　　　　　（13）　叀牡于妣己？一

　　　　　　　　　　　（14）　叀牝于妣己？一

　　　　　　　　　　　（15）　☐卜：弜衉（禦）☑于妣己？一

　　　　　　　　　　　（16）　庚卜：于㗊藝，㝵伐？二

　　　　　　　　　　　（17）　庚卜：？

　　　　　　　　　　　（18）　☑？

按：

　　本版原釋（2）（3）（4）辭「黃」後一字描本皆誤，字的寫法與原（1）辭
同，宜更正。字從牛角形從氏聲，即觗字，見《說文》觶字重文；用為貢品。

本版（6）辭「攺」字、（5）辭「永」字，描本稍誤，宜重參照本字形。（5）辭「黃」字後，照本仍見「觚」字的筆畫，可補。（13）辭兆序（一）正確位置是在「于」字之下，描本亦誤。原釋（5）辭的兆序（一），原描本和釋文都漏列。（5）辭應置於原（3）、（4）辭之前，與原（3）（4）辭屬於成套卜辭。換言之，原（5）辭讀為（3）辭，原（3）（4）辭讀為（4）（5）辭，三辭正確順序作：

　　（3）戊卜：子其入黃觚于丁，永？一

　　（4）戊卜：子其入黃觚？二

　　（5）戊卜：子其入黃觚丁，永？三

三句當中，以（3）辭的內容最完整，花東子將入貢黃觚給武丁，卜問順利否。（4）（5）辭各有省略，或省介詞，或省介賓語和詢問句。

　　（6）（7）（8）三辭為同一組卜辭，既屬成套關係，又見詢問用不同的祭儀：攺（一）、俎（二）、歲（三）。由（8）辭末呈現的用辭看，見此（6）（7）（8）三辭的占問，又是選貞的關係。因為（8）辭得到鬼神的同意認可，所以其後才會有（9）至（14）辭次日針對歲祭內容的進一步貞卜。其中的（9）辭卜問歲祭用牛祭妣己宜否。由句末標示的「用」，見鬼神是認同此辭所問，因而復有（10）（11）連續兩次卜問的成套卜辭，歲祭用公的牛祭祀妣己宜否。由這兩條同文的卜辭分別刻上用辭，無疑當日鬼神是認同用公牛歲祭妣己的。（12）至（14）辭又是另一組卜辭，其中先以（12）一單句詢問用母牛攺祭妣己宜否，詢問的結果可能是不確定的，因此，才有出現（13）（14）選貞的詢問，問的是用公牛抑或母牛（攺祭）於妣己。

　　本版見「祤」（人跪於壁琮前以祭）用為祭祀泛稱，「歲」（用戉砍殺）、「藝」（持農作物祭拜，字從木不從中；描本誤）用為祭儀專名，「攺」（擊殺）、「俎」（切肉）、「卯」（對剖）、「伐」（砍首）用為殺牲法。殺牲法中以「攺」、「俎」居前，「卯」「伐」置後，二者或為大類涵蓋小類的差別，「攺」和「俎」已可視乎等同祭儀的功能來看待；或用為二平行對等的殺牲方式。目前看，以前者的理解近是。

　　本版歲祭卜辭，前辭都作「天干卜」，「卜」字並沒有省略。

224（H3：655）　　　（1）　子貞。一

　　　　　　　　　　　（2）　子貞。一

　　　　　　　　　　　（3）　子貞。二

　　　　　　　　　　　（4）　子貞。二

225（H3：657反）　　　　三十。

按：

　　本版是〈224〉的背面。「三十」合文，見於右甲橋下方，是外來入貢三十隻龜的記錄，本甲是其中一隻。本版呈現花東常態的鑽鑿模式，以中間千里線為界，左右對稱鑽鑿，理論上左右各 23 組，目前見右後甲外側面缺一組。甲背後鑽鑿處皆有燒炙痕跡，但前面〈224〉版只有上方兩組卜兆有兆序和卜辭，其他都不見刻有文字。

226（H3：659）　　　（1）　万家見（獻）一。

　　　　　　　　　　　（2）　丁酉：歲妣丁：牝一？一

　　　　　　　　　　　（3）　丁酉：歲妣丁：牝一？二

　　　　　　　　　　　（4）　丁酉：歲妣丁：牝一？三

　　　　　　　　　　　（5）　丁巳：歲祖乙：牝一；召祖丁彡？三

　　　　　　　　　　　（6）　戊：往酉，酚伐祖乙，卯牡一，𢀖卣一，祭伐？一

　　　　　　　　　　　（7）　庚申：卲（禦）㲈目癸子，酉伐一人，卯宰？一

　　　　　　　　　　　（8）　庚申：歲妣庚：牡一？子占曰：涫[見]（獻），自來多臣殼。二

　　　　　　　　　　　（9）　辛酉：俎𪗭牡眔㲈狐，戔改？一二

　　　　　　　　　　　（10）　辛酉：俎𪗭牡眔㲈狐？一二

　　　　　　　　　　　（11）　庚辰卜：召彡妣庚，用牢又牡妣庚，永？用。一

按：

　　（6）辭「酉」字在左上有四小點，像奠酒形；描本漏。（6）辭「祭伐」成詞，

「祭」字形作上下式的特殊組合，原釋文誤作「口又」；字又見〈255〉版。原（7）辭占辭殘字，在照本中仍見从橫目从人跪坐形，應是「見」字。原（7）辭末句文字順讀「自來多臣殼」，不可解，意應即「自多臣來殼」。原（7）（8）辭應按兆序互易先後次序。（9）（10）辭的二「絜」字从索，其中的糸部一作一圈、一作二圈糾結，且正反互見，屬同版異形。二「牝」字从牛，其中有一增短橫，字形正反互見，亦屬同版異形。（10）辭釋文復漏兆序（二）。（8）辭「目」字，原描本誤增三點，原釋文遂誤釋作眔字；宜更正。（11）辭「彡」（肜）字，三畫刻寫由右斜向左，右起筆成圓首，而左收筆處作尖狀，寫法與（5）辭「彡」字相同，並非「三」字；原描本和釋文皆誤。《校釋》1000 頁：「花東〈490〉版有『召彡牝』、〈449〉版有『卲召彡牢牝一』、〈428〉版有『彡召』、〈427〉版有『召彡妣庚』、〈310〉版有『召彡』、〈237〉版有『召祖丁彡』諸例，均可證本版（11）辭作『召彡』連用無誤。原釋文隸作『三妣庚』，更推言為『沃甲』之配，恐怕所論完全落空。」

本版（2）（3）（4）三辭在左甲由下而上分刻，屬成套卜辭，（9）（10）二辭在前甲下右左對應，各自獨立成套，又可理解為正正對貞，作：$\{^{A \cdot B}_{A}\}$。

本版全屬祭祀卜辭。丁酉日用母羊一頭歲祭妣丁。丁巳日用公羊一頭歲祭祖乙（小乙），是日主祭的對象則是小乙的父親祖丁。次日戊午日繼續隆重的祭拜祖乙（小乙）。庚申日用多臣獻來的公野牛一頭歲祭小乙的配偶妣庚，同日又為壴的眼疾祭拜子癸。次日辛酉日用絜的母牛和壴的公豬獻祭。庚辰日又再獻祭妣庚，冀望妣庚降福佑。

本版祭祀動詞，除祭祀泛稱的「卲」（禦）外，大祭有「歲」、「酻」，小祭有「召」、「彡」、「卯」、「俎」、「酉」、「祭」、「攺」。還有用牲泛稱的「用」。本版牛羊的公母，都用「士」、「匕」識別，唯獨公豕則強調生殖器。可見牛羊性別區隔的文字應用已趨於固定，而豬的性別書寫，則仍在測試約定當中。

（1）辭「万家見（獻）一」，按常例是記事刻辭，見於右甲橋靠上方，指本版是「万家」其人或外族所進貢的龜版。但文字下見一朝內的卜兆，未審二者有關連否。

本版歲祭、酻祭、俎祭，甚至泛指的禦祭卜辭之前的前辭都省「卜」，唯獨（17）

辭「岙」祭的前辭有「卜」。祭祀卜辭用「卜」字與否似無別。

227（H3：661）　　　　　　癸亥夕卜：日征雨？子占曰：其征雨。用。一

按：

本版只見一條卜雨卜辭，在右後甲上方。

占字，象牛肩胛骨的骨形，可隸作骨，下從一短橫有區別功能。由上下文來看，字仍應讀與王卜辭習見的固字同，即占字。

本版於「夕」占卜，命辭問的「日征雨」，「日」指翌日甲子日。「征雨」，可理解為出雨，或持續降雨。對比〈103〉版見丁卯日卜問傍晚「雨至」，而次日己巳日再卜問「雨征」否。因此，「征雨」一詞宜解讀作延續下雨意為是。占辭的「其征雨」，在陳述句動詞前增一「其」字，相對於命辭的疑問形式，此處應有將然和肯定語氣的用法。

卜辭圍靠著二兆書寫，但拓片只見一兆有兆序。

228（H3：662）　　（1）　辛巳卜：吉牛于俎？一

　　（2）　甲申：叀大歲又于祖甲？不用。一二

　　（3）　甲申卜：叀小歲汝于祖甲：一羊？用。一二

　　（4）　甲申卜：歲祖甲：牝一？用。一

　　（5）　乙酉：歲祖乙：牝一？一

　　（6）　乙酉：歲祖乙：牝一？三四

　　（7）　丁亥卜：戠，弜酌羊又圉癸子？用。一

　　（8）　丁亥卜：吉牛柬（折）于俎？一

　　（9）　丁亥卜：吉牛䖵（嚳）于俎？一

　　（10）　吉牛于俎？一

　　（11）　吉牛其于俎，子弗莫（艱）？一

　　（12）　丁亥卜：吉牛于俎？一

　　（13）　吉牛于俎？一

　　（14）　丁亥卜：吉牛于俎？二

　　（15）　戊子卜：吉牛于示，又（有）剢，來又（有）🔲？一

　　（16）　戊子卜：吉牛其于示，亡其剢于俎，若？一

　　（17）　戊子卜：吉牛于示？一

　　（18）　吉牛🔲示？一

　　（19）　戊子卜：又（侑）吉牛，弜障于俎？一

按：

　　（1）辭命辭的「吉牛于俎？」，對比同版（19）辭命辭完整句「又吉牛，弜障于俎？」，應讀為二分句「又（侑／佑）吉牛，障于俎？」之省動詞例。原（4）辭應讀作（2）辭，原（2）（3）辭應改作（3）（4）辭。三辭的順序是：

　　（2）甲申卜：歲祖甲：牝一？用。一

　　（3）甲申：叀大歲又于祖甲？不用。一二

　　（4）甲申：叀小歲皷于祖甲？用。一羊。一二

（2）（3）（4）辭為一組卜辭。花東子歲祭的「祖甲」，應是武丁的父輩「陽甲」。（2）辭卜問甲日歲祭祖甲以一頭母羊宜否，結果是鬼神認可此辭。因此才進一步有（3）（4）辭細部詢問是用「大歲」抑或用「小歲」去祭祖甲。（3）（4）辭屬選貞，但「大歲」又（佑）祖甲和「小歲」皷祖甲，二者祭祀動詞不同。又，讀侑，是侑祭；讀佑，是求福佑於祖甲。二者都能通讀。皷，是擊殺的用牲法，下應接祭牲。根據我所強調了解花東卜辭要注意的「句意重於行款」的一類特殊語法，解讀（4）辭卜問的正確語意應是「叀小歲皷一羊于祖甲？用。」。對比（3）（4）辭的用辭，鬼神是選取（4）辭的內容，同意舉行「小歲」之祭，並以皷殺一羊的方式祭祀祖甲。

　　（5）（6）辭同在右甲靠千里線下上對應，是成套卜辭，乙日歲祭祖乙。

　　（7）至（14）辭是同一天的貞卜，語意相關。其中的（7）辭獨立貞卜，先點出是日連串的卜辭要祭祀的對象是「子癸」（（7）辭顛倒寫作「癸子」）。（8）（9）二辭選貞，卜問用牲的「吉牛」是用柬（折體）抑或嚳（取骨）的方式祭祀牛體於俎几上。二句參照（19）辭，應是「又吉牛，柬于俎」「又吉牛，嚳于俎」的對句。柬，從木，強調斷木，指事，是折字初文。嚳，從二歺骨置於口形器中，原描本漏

描口。〈401〉版有「啓饒」。（10）（11）二辭對應，屬正正對貞。對比（19）辭的完整句，（10）（11）辭都省略動詞「障」（或即奠字），而（10）辭復省詢問句「子弗莫」。由（11）辭不省句例看，（7）至（14）辭要詢問的，也是祈求「子弗艱」。（12）（13）二辭是正正對貞，（12）與（14）又屬成套卜辭；此處見對貞與成套同出混用例。

（15）至（19）為同日貞卜，其中的（15）（16）屬正反對貞，「又剢」與「亡其剢」對應貞問。剢，以刀剖豬，但在此要屠殺的對象是「吉牛」（歲祭經挑擇的一種祭牛），可見剢字字義已由專指殺豬擴大為泛指殺牲的用法。字為甲文發生初期的新創字形。（17）（18）二辭似用為選貞。（18）辭「示」前一字可能是「大」字異體。「大示」，指直系的祖先。但「示」與「俎」相對，「示」於此亦可理解為本義的神主，言祭奠於神主之前。（19）一辭在左甲橋下，為獨立的一條貞問，但刻意的書寫一完整句，作為提供總結本版大量「吉牛于俎」「吉牛于示」等省句的對照。後者應理解為「又吉牛，障于俎」「又吉牛，障于示」的意思。

本版（2）（5）辭的「羝」字，一從羊，一從羊復增短橫書寫，屬同版異形。

229（H3：663）　　（1）　　王卜：☒？

　　　　　　　　　　（2）　　王卜：子其入□♀丁，永？一

　　　　　　　　　　（3）　　甲卜：☒？

　　　　　　　　　　（4）　　□卜：于☒？

　　　　　　　　　　（5）　　☒至王☒？一

　　　　　　　　　　（6）　　☒牛☒其☒？

　　　　　　　　　　（7）　　☒？一

　　　　　　　　　　（8）　　☒？一

按：

　　本版文字大量遭刮削，只剩下一條（2）辭，保留花東子入貢武丁的記錄。

230（H3：668 正）　　（1）　于☐？

　　　　　　　　　　　（2）　一

　　　　　　　　　　　（3）　癸☐攺☐？二

　　　　　　　　　　　（4）　☐庚☐？

　　　　　　　　　　　（5）　☐？

　　　　　　　　　　　（6）　☐？

按：

　　本版文字幾全遭刮削，剩下「攺」一進貢動詞。

231（H3：668 反）　　　　史入。

按：

　　本版為〈230〉版反面。對比左右對稱的鑽鑿，「史入」二字刻寫的位置原應當有一副鑽鑿。由此可知，甲橋常見記錄「某入」的記事刻辭，是早在殷人治理鑽鑿之前就已經先刻寫上的。史，用為官職名，〈373〉版有「右史」例，可互參。

　　本版見鑽鑿左右對稱並列，理論上是各 35 組。但正面〈230〉版經占卜所刻的字並沒有那麼多。

232（H3：669）　　　　　子貞。一

按：

　　本版只刻前辭「子貞」二字，用法與〈224〉版同，命辭詢問的內容是因為太常見而沒有必要刻寫，抑或由於隱密而不願意刻寫，無法判斷。

233（H3：672）　　（1）　☐？二

　　　　　　　　　（2）　☐皀（簋）☐？

按：

　　本版卜辭文字絕多遭刻意刮掉。

234（H3：674+848） （1） 丙寅夕卜：子又言才（在）宗，隹（唯）永？一

　　　　　　　　　　 （2） 丙寅夕卜：非永？一

　　　　　　　　　　 （3） 辛未卜：氧（擒）？子占曰：其氧（擒）。用。三麑。
　　　　　　　　　　　　　 一二

按：

　（1）辭「言」字，據照相本屬一獨體，描本分書為二部件，稍誤。

　　本版（1）（2）辭為祭祀類卜辭，見龜版前甲上方，右左呈正反對貞。（3）辭一辭連續占卜兩次，獨立成套出現，屬田獵類卜辭，置於左甲橋中下方。祭祀類一般卜問吉否，多以正反的方式詢問；田獵類一般卜問擒獲活動順利否，往往只以單句形式連續詢問。（3）辭復見前辭、命辭、占辭、用辭、驗辭完整的橫書繞兆，一行而下，是一次過刻完。驗辭應是「氧（擒）三麑」，省動詞。

　　花東「言」字的用法：（1）「言曰」成詞，帶出祭誥的內容。如〈351〉版「先言曰：昭其于崔官祖」。（2）「言」在舞儀、福奠祭儀之後，下接祖姺名。參〈181〉、〈490〉版。（3）「言」在田狩後，酒祭之前，其後接祖姺名。參〈474〉版。因此，「言」有「禱告」的意思。本版（1）辭「有言在宗」，在宗廟中的行動而與從口類（語言）有關，語意當與禱告、主祭的事情相涉。

　　（1）（2）辭「唯永」與「非永」用為詢問句的正反對貞，〈127〉版另見單純的「永」與「不永」對貞。「永」有稱讚意，裘錫圭改隸作侃，備參。對比〈181〉版（26）辭的「子舞杖，亡言，丁永？」例，這裡詢問「永」的對象，可能也是「丁永」之省。

　　（3）辭「未」字作❄，屬過去所謂早期卜辭字形，相對於〈214〉、〈217〉版「未」字作❄、〈159〉版「未」字作❄、〈59〉版「未」字作❄等過去所謂晚期或特殊字形，見於花東同坑出土，故將花東字形定位在甲文早期不穩定的測試階段。

235（H3：680） （1） 庚卜：子戾？一

　　　　　　　　 （2） 其𢑑梌，若？一

按：

（1）（2）辭在右左後甲的兩側，對應橫書刻寫，或屬對貞。

（1）辭前辭的「卜」字故意小寫，附於「庚」字右下，或強調「庚卜」結合獨立成一詞的書寫形式。（2）辭「其」後三字，原描本描寫都有誤，宜重參照本。「其」後第一字或為「才」（在）的異體。「其」後第二字从企，外从三木，像人在叢林中踏木攀越之形，似為「乘」字初文；用為地名。字下為兆序（一），描本誤作」形筆畫，宜刪。「其」後第三字是「若」字，原描本漏右手形，照本不漏。

236（H3：684+1152）（1）　丙卜：其酚妣庚，若？一

（2）　丙□：䢃子興，又壮妣庚？一

（3）　丁卜：酚伐兄丁，卯宰又圉？一二

（4）　酚伐兄丁，告妣庚，[又]福？一

（5）　酚伐兄丁，告妣庚，又歲？一

（6）　酚伐兄丁，告飮一牛妣庚？一

（7）　酚伐兄丁，告妣庚，又伐妣庚？一

（8）　丁卜：飮二牛，钔（禦）伐，乍（作）方（賓）妣庚？
　　　　一

（9）　丁卜：飮宰妣庚，若？一

（10）　丁卜：飮宰妣庚，若？二

（11）　丁卜：飮宰□□，[若]？三

（12）　丁卜：歲妣庚：牡又二軛？一

（13）　丁卜：歲妣庚：牡又二軛？二三

（14）　戊卜：子其往？一

（15）　戊卜：弜子往？一

（16）　己卜：家其又魚，其屮丁，永？一

（17）　己卜：家其又魚，其屮丁，永？二

（18）　己卜：家其又魚，其屮丁，永？三

（19）　己卜：家弜屰丁？一

（20）　弜屰？

（21）　己卜：哉，弜往卲（禦）妣庚？一

（22）　己卜：其往卲（禦）妣庚？一

（23）　歲妣己：牝？一

（24）　歲妣己：牝？二

（25）　庚卜：丁鄉（饗）鬲？一二

（26）　庚卜：丁弗鄉（饗）鬲？一二

（27）　王卜：盟于室？一

（28）　王卜：子弗取骨？二

（29）　歲子癸：牝？一

（30）　魚白？

按：

　　（7）辭二「妣庚」的「妣」字，一作人形，一作匕，屬同版異形。（19）辭否定詞「弜」小寫，筆畫較細，明顯是在整句卜辭寫畢後才補刻上去的。（27）辭的「卜」字小寫，刻於整句行款之末，但由句意看，應前移前辭讀作「王卜」。本版左邊的後甲（20）辭「弜屰」（弜字倒書）、甲尾（30）辭的「魚白」，和「子往」（往字倒書）、「卲」、「丁」、「己」等字詞，寫法粗糙，文例可議，似都是習刻。

　　（2）辭，《校釋》1001頁：「對比（1）的前辭「丙卜」例，本辭「丙」後省動詞「卜」。埶，動詞，示持農作物以祭的祭儀。子興，活人名，〈113〉版的「子興有疾」、〈409〉版的「丙卜：叀子興往于妣庚？」可證。子興在本辭為埶祭的主事者。因此，「埶子興」即「子興埶」的倒文。相對於（7）辭的「告妣庚，又伐妣庚」句，本辭的「妣庚」亦應是「告妣庚」意，「又𡥀」祭祀的對象也是妣庚。」

　　（14）（15）辭，《校釋》1001頁：「對比同版（21）（22）二辭的「弜往卲（禦）妣庚？」、「其往卲（禦）妣庚？」，本二辭對貞句應是「子其往卲？」、「弜子往卲？」的省動詞例。（15）辭的否定詞移前於句首，句法特殊而不固定。」

　　（16）辭，《校釋》1001頁：「家，人名。屰，即逆，迎也。對比（19）辭的「家

弜屰丁」，本辭「其屰丁」的主語應承首句的「家」。「永」一詞作詢問句，卜問此事順利否。」

（25）（26）辭，《校釋》1001 頁：「鄉，讀如饗，應是「即」字的繁體，字象圍食形，這裡指獻食於鬼神。鼎，原釋文謂「祭名」，可商。字應用作本義，烹食的圓鼎。此正反對貞卜問武丁獻食鬼神用鼎鼎宜否。」

本版（1）（2）辭，同日各自獨立卜問祭妣庚。（3）至（7）辭是同一群組卜辭，其中首見的（3）辭為一條完整的成套卜辭，丁日酚祭兄丁。（4）（5）為一組選貞，問用福祭抑歲祭；（6）（7）為一組選貞，問用改牛抑用伐，都是繼（3）辭後進一步詢問「酚兄丁」以伐牲的同時，並告祭於妣庚，卜問適合用什麼的祭儀和祭牲。其中（6）辭是「酚伐兄丁，告妣庚，改一牛妣庚？」句的變形。（8）至（13）辭又是另一群組卜辭，其中的（8）辭先出，單獨「乍賓」（進行賓迎）妣庚的儀式；接著的（9）（10）（11）為成套分三辭書寫，卜問用「改宰」祭妣庚順利否；（12）（13）則為成套分二辭書寫，卜問歲祭妣庚以牡和豰順利否。（14）（15）二辭屬正反對貞，卜問「子往」宜否，否定句的否定詞「弜」前移句首。（16）（17）（18）為成套關係，卜問迎接武丁一事安否，而（16）與（19）又用為正反對貞。此處呈現對貞與成套混用的句例。（21）（22）是正反對貞，卜問往祭妣庚宜否。（22）辭「己」字下見兆序為（一），描本漏，原釋文誤作（二），應更正。（23）（24）屬成套關係，分書二辭，應是己日歲祭妣己的句例。（25）（26）是正反對貞。由己日花東子派遣家備魚穫迎接武丁，至庚日卜問武丁是否用鼎鼎饗祭，顯見當日的殷王武丁經已入住花東。（27）（28）二辭為同時同組卜辭，前者問舉行血祭於室中宜否，後者問血祭時子不取卜骨占卜宜否。

（29）辭「歲子癸：牝？一」，獨立一辭。對比〈181〉版（31）辭「壬卜：叀子興往于子癸？」，下接（32）（33）的「歲子癸：小宰？一」「歲子癸：小宰？二」，本版的（29）辭似與相近的（2）辭句意應相接；存以待考。（2）辭的內容，應理解為「丙[卜]：子興蓺，又牡妣庚？」，句意是子興持農作以祭，有用殺牲公羊一頭祭拜妣庚。

本版屬祭祀類卜辭。在（1）辭丙日花東子「酚妣庚」、「蓺妣庚」時，祭拜的

祖母妣庚仍在上蒼靈界。（4）辭開始丁日禱告於妣庚，準備安排迎接妣庚下凡。（8）
辭見進行禦祭，妣庚透過祭神禮器璧、琮建構的出入口正式進入人間享祀。殷人此
時進行迎神的儀式迎接妣庚。（9）辭丁日以後的連串祭妣庚，妣庚的神靈已降居在
花東子宗廟中的「室」。因此，（21）辭的「（子）往禦」、（25）辭的「丁饗」、（27）
辭的「（子）盟」，對象都是已降臨於人間宗廟的「妣庚」。又，（16）辭言己日「屰
丁」，指迎接殷王武丁。本版詳盡記錄花東子先後迎神（妣庚）和迎王，並與時王
同時祭拜先妣（武丁之母）的活動經過。

　　（8）辭「丁卜：改二牛，卲（禦）伐，乍（作）宯（賓）妣庚？」一句，《姚
釋》將命辭三分句連讀成一單句，斷句上明顯有問題。《姚釋》復據張玉金說理解
「宯」為「房舍」，謂「此辭當是建造宯這種建築而向妣庚祭祀」。語意上是完全不
正確的。「賓」有賓迎意，卜辭多見迎神之禮。「作賓」，言正在進行迎神的儀式。
本版丁日由「告妣庚」至「作賓妣庚」而開始「歲妣庚」、改牲祭妣庚是一線相生
的動作，中間如加插一個蓋房舍而問祭一事是很突兀的。況且，（8）辭「作賓妣庚」
與（16）辭的「其屰丁」的迎接人王武丁，在人神禮儀言是相當的，可供互參。

237（H3：685）　　（1）　甲寅：歲祖甲：☐？一

　　　　　　　　　　（2）　乙卯卜：叀☐豕？不用。一二

　　　　　　　　　　（3）　丁巳：歲祖乙：牡一，召祖丁彡？一

　　　　　　　　　　（4）　甲子：歲祖甲：白狀、叔罰一？二

　　　　　　　　　　（5）　叀白狀☐祖甲？

　　　　　　　　　　（6）　辛未卜：丁隹（唯）好令从[白]（伯）或伐卲？一

　　　　　　　　　　（7）　甲戌：歲祖甲：牢、幽麃、白狀、叔一罰？一

　　　　　　　　　　（8）　甲戌：歲祖甲：牢、幽麃、白狀、叔二罰？一二三

　　　　　　　　　　（9）　乙亥：歲祖乙：牢、幽麃、白狀、叔二罰？一二三

　　　　　　　　　　（10）　乙亥：歲祖乙：牢、幽麃、白狀、叔罰二？四

　　　　　　　　　　（11）　乙：歲征祖乙？用。一二

　　　　　　　　　　（12）　庚寅：歲祖甲：牝一，子雍見（獻）？一二三四

（13）　庚寅：歲祖甲：牝一，子雍見（獻）？一

（14）　弜告丁，肉弜[入]丁？用。一

（15）　入肉丁？用。不率。一

按：

（7）（8）辭的「邑」字，下均從十字形，為花東的特殊寫法，（7）辭字復在字中增四虛點，字屬同版異形。本版卜辭多沿卜兆上橫書，但（4）辭的「白犾」、「邑一」、（8）辭的「白犾」、「二邑」、（9）辭的「白犾」、「二邑」，卻改作直書，自成一合文的獨立寫法。

本版見祭祀、征伐、朝貢三類卜辭混用。

（6）辭「辛未卜：丁隹（唯）好令从白或伐邵？一」，與〈275〉版（3）辭「辛未卜：丁隹（唯）子令从白或伐邵？一」、（4）辭「辛未卜：丁隹（唯）多宁从白或伐邵？一」，三辭為同時占卜的選貞句。（6）辭命辭是「丁令[婦]好从白或伐邵」一兼語式的移位句。這裡是卜問「丁」要派遣婦好抑花東子抑多宁經由伯或去討伐外邦的邵。「丁」無疑即殷王武丁的生稱。本版與〈275〉版卜辭有同時使用，可互參。而本版是早在甲子日先單獨用來貞卜祭祖，至辛未日兩版才並用。因此，兩版在乙亥日分見的歲祭和召祭〈275〉（7）（8），似亦應是同時進行的貞問。

（4）（5）辭同一組，祭品順序見常態的先動物而後香酒。（5）辭祭牲移前句首。

（7）（8）辭內容幾乎全同，只有句末「衭一邑」和「衭二邑」的差別。（8）辭獨立成套，就一辭連續卜問三次。而（7）與（8）的關係，可理解為各自獨立貞問的卜辭，亦可理解為選貞的關係。如屬後者，（7）（8）二辭則為成套與選貞重疊混用的句例。

（9）（10）為成套卜辭，同文連續分二辭刻寫，但句末「衭二邑」、「衭邑二」的語序不同，數詞可靈活的移位於名詞的前或後，此足見花東語序組合並不穩定。《校釋》1002頁：「花東甲骨的語法，形容詞和名詞結構相對固定，但數詞卻多作彈性的移位。如果以名詞為中心語看，形容詞的應用似已比數詞成熟。」

（11）辭是承接（9）（10）一組成套而來的獨立一套卜辭，持續的歲祭祖乙，

前辭省地支「亥」，命辭省祭牲。

（12）（13）辭另為一組，（12）辭在右甲橋上兆外側直書，兆序由下而上卜問四次，屬一成套的組合，（13）在右後甲殘缺上方，殘缺處未審仍有兆序否？因與（12）同文，應是第一次問卜時的正正對貞，因此，二辭是既成套復對貞的混用關係。雍，象宮形，「子雍」借用為活人名。

（14）（15）又是同一組的正反對貞。（14）辭的「肉弜入丁」（不納貢肉於武丁）句，強調進貢的是「肉」，前移句首，與（15）辭的「入肉丁」正反相對貞問，但不見用任何移前的標誌。（14）辭二句連用二否定詞「弜」，句例特殊。（14）辭的句意是問「不稟告於丁，就不需要納肉於丁宜否」。由句末「用辭」看，鬼神是同意此詢問內容的。相對的，（15）辭對貞句意是問「（不稟告於丁），納肉於丁宜否」。由句末的「用辭」看，鬼神也是同意的，但並不是統統都同意（率有悉、盡意）。言下之意，鬼神對於「納肉於丁」一事的貞問是有所保留的。

本版的祭牲「幽鷹」、「白狄」都強調顏色，而對於牛、羊，則只有公母或圈養野生的區隔。可見花東卜辭祭祀用牛用羊都是普遍常見的，對於比較罕見或特別的祭牲，會多強調動物的顏色，然亦有針對一般動物的獨特顏色言。

本版歲祭的前辭都不見用「卜」，唯獨（6）辭的征伐卜辭用「卜」。當時的歲祭，是一習用的祭祀，甲文記錄某日歲祭的活動，一般似乎並沒有特定詢問的必要，故普遍不用「卜」字。

238（H3：720+736）　（1）　　丁卜：☑？一

（2）　　己卜：☑，丁永？用。一

（3）　　己卜：☑？

（4）　　王☑？

（5）　　王卜：叀白豕☑？一

（6）　　王卜：歲☑？二

（7）　　王卜：☑豕☑？一

（8）　　王卜：叀小宰☑？一

（9）　　□其告□妣庚□人？

（10）　　□又□？

（11）　　□[益]□又？

（12）　　□卜：□妣庚？用。

（13）　　一

（14）　　二

按：

本版文字大量遭刮削，但保留了「丁」「妣庚」等人名和祭牲名。

239（H3：696+1539）（1）　丁巳卜：子弜往狱？用。一

（2）　丁巳卜：子弜往狱？用。二

（3）　癸酉卜：弜勿新黑馬，又剢？一

（4）　癸酉卜：弜勿新黑□？二

（5）　癸酉卜：叀召□勿馬？一

按：

（3）（4）辭的「勿」字，第一刀的筆序不同，三斜點方向亦異，屬同版異形。字參照相本，原描本稍誤。（1）（2）辭為成套卜辭，刻寫甲骨位置（1）在左下，（2）在右上；（3）（4）辭為另一組成套卜辭，刻寫甲骨位置（3）在右上，（4）在右下。花東成套問卜有對應書寫，但似乎仍沒有一嚴謹的固定規律。

（1）（2）辭成套分書二辭，強調花東子不往狱地，而二辭的用辭都是肯定的。

（3）（4）辭「勿」字，本象耒形，示用耒這種犁具農耕翻土之貌。字一般借為否定詞，和借為鬃黑的顏色詞。本版的「弜勿新黑馬」一句，「勿」字用為否定詞或顏色詞都不好解釋。本版的「勿」字應讀為犁，《說文》：「耕也。从牛黎聲。」（5）辭的「勿馬」，即犁馬，指供用作田耕的馬匹。（3）（4）辭的「勿新黑馬」，指供用作田耕的新地黑色的馬。在上下文意都足以通讀。（3）（4）辭卜問新地黑色的馬不用作田耕，可以用來剖殺嗎。

（5）辭「召」字，人名；用法與〈237〉版的外邦名「邵」並不相同，並非同

字。「召」後一殘字，照本仍見下方從動物側形，或為豕；上殘。對照同版，可能亦是「刻」字，用為剖殺意。

240（H3：701）　　（1）　癸亥：俎牝？才（在）入。一

　　　　　　　　　　（2）　癸亥：俎牝一？才（在）入。一

　　　　　　　　　　（3）　戊辰：歲妣庚：乳一？一

　　　　　　　　　　（4）　戊辰：歲妣庚：乳一？一二

　　　　　　　　　　（5）　戊辰：俎[妣庚]羔？用。才（在）入。一二

　　　　　　　　　　（6）　于妣庚俎乳？不用。一二

　　　　　　　　　　（7）　子腹疾，弜钌（禦）☒？一

　　　　　　　　　　（8）　己巳：钌亡莫（艱）？一

　　　　　　　　　　（9）　庚午：歲妣庚：豕一、犾鬯一？一二

　　　　　　　　　　（10）　庚午：歲妣庚：豕一、犾鬯一？

按：

　　本版的「庚」字作甬（9）、角（3）、甬（6），屬同版異形。其他干支的「戊」字戊形鋒口增豎筆，「癸」字四向突出，「辰」字上增橫畫，「午」字兩圓成二小點，都是花東特殊字例。

　　（5）辭「羔」字，《校釋》1002頁：「原作臱的字，描本稍失。字見獸倒置於火上，動物後腿朝上，見其頭部亦應反置。上具羊首外彎，羊角與目相連處明顯有一短橫，原描本沒有描出來。字應隸作羔，示烤羊，用為祭牲。羔字下兆有兆序（二），左邊骨面破裂部分亦應有卜兆和兆序（一），與左甲的『于妣庚俎乳？不用。一二』對稱。」

　　（7）辭「子腹疾」的「腹」字，從人复聲，但复字不從止，〈241〉版有「疾子腹」例，王卜辭則只用「疾身」。花東卻不見用「身」字。文字的發展，相關語意用字似是由指事的「身」字過渡至形聲的「腹」。王卜辭另有「腹」字已增從倒止作蔔〈合集5373〉、作蔔〈合集31759〉。

　　（8）辭的「莫」，字上口符中增一小短橫，形構參同〈220〉版，〈179〉版「莫」

字上口符中則不見從橫畫，〈290〉版「莫」字見下改從兩手交錯形，此或為「莫」字原有的形體，〈165〉版「莫」字增壴旁作䆞，〈208〉版「䆞」字更復上增從口符。由此可見，花東同一坑甲骨中的字形可以參差若此。

　　本版純屬祭祀卜辭。（1）（2）辭左右甲正正對貞，其中的祭牲數「一」字可書可不書。（3）（4）辭左甲上下正正對貞，而（4）辭亦見獨立成套卜問，二者屬對貞兼成套混用例。（5）（6）辭屬選貞，左右甲對應貞卜，俎祭妣庚用烤羊抑或母羊，其中（5）辭省介詞，用辭刻於補語「在入」之前。（6）辭作介賓語移前的移位句，並省略句末的陳述句。貞卜的結果，是選用（5）辭所問的內容。（7）辭的後句殘，據照本核對，「卸」字後隱約見從「人」字形，或為「匕」字，順讀應為「妣庚」；或為「伐」字，指砍首以祭。目前看，似以前者為是。（8）辭「己巳：利亡莫？」，另可理解為「己：子利亡莫？」，或屬「己巳：子利亡莫？」的合文形式。由（8）辭刻寫字形觀察，「己」字偏小，而第二字的「子」形偏大，似乎在刻工心目中並非同一類性質的字，字似不屬地支。〈275〉版另見「子利」人名用例，因此，（8）辭似應讀作「己：子利亡莫（艱）？」為宜。〈22〉版利字用為貞人名。（9）（10）二辭，用為上下對應的正正對貞，但（10）辭不見兆序。

　　本版諸辭前辭都不用「卜」。由（1）辭癸亥日至（9）（10）辭庚午日，見屬花東子在入地常態的祭拜祖母妣庚的記錄。本版是花東子專門在外單純祭祀的甲骨，一般並不作他求。只是在（7）辭「子腹」有疾，和（8）辭詢問子利無艱困否二突發事例，才有增加冀求妣庚降佑的目的性禱告。

　　本版祭儀基本上都是花東常見的歲祭，用牲法則只見切肉的俎。至於子在外地祭祀，用牲分別有母牛、母羊和公豬，彼此的差別，是因不同時間先後用牲的不同，抑或只是隨意選取的用牲，目前仍沒有實證。但整版祭祀最末（9）（10）辭加強的以公豬聯同香酒作結，無疑是一次受重視的貢品。

241（H3：713）　　（1）　王寅卜：子又（有）弇（擒）？子占曰：其又（有）
　　　　　　　　　　　　弇（擒）。一
　　　　　　　　　（2）　其又（有）？一

（3）　亡？一

（4）　其又（有）？二

（5）　亡？二

（6）　乙巳卜：于既改召，迺改牝一祖乙？用。一二

（7）　丁未卜：子其妝（疾），若？用。一二三四

（8）　勿妝（疾）？用。一二三四

（9）　隹（唯）之（此）疾子腹？一二

（10）　非隹（唯）？一二

（11）　辛亥卜貞：戉羌又（有）疾，不死？子占曰：羌其死隹（唯）今，其🏃[亦]隹（唯）今。一二

（12）　辛亥卜：其死？一二

（13）　辛亥：歲妣庚：牝一？一

（14）　癸丑：歲癸子：牝一？一

按：

　　（2）辭在甲骨殘缺處應有兆序（一），宜補。（7）辭「妝」字，《校釋》1002頁：「為疾字異體。」從女從人通用。（7）辭原釋文「丁未卜：子其妝，用若？」，誤讀。《姚釋》作「丁未卜：子其妝用，若。」，亦非。《校釋》1002頁：「細審拓本，『用』與『若』字間有一空格，二字疑分讀。對比（7）（8）二辭，否定句『勿疾？』與肯定句的『子其疾？』為對應的問句。因此，（8）辭『若』字與命辭的『子其疾』應連讀作『子其疾，若？』的意思。」句意重於行款，此無疑又是一例。同時，（7）辭的「用」字刻意小寫，當日的刻手已表達「用」與命辭分讀的態度。

　　（11）辭原釋文「玉羌」，錯誤。《校釋》1003頁：「原釋文釋的玉字，認為是『玉字橫書，似用作地名』。然而，此字形與玉字實異，且釋『玉羌』亦不可解。羌字之前從未有出現地名者。此字象斧戉形，疑即戉字。『戉羌』，指待用斧戉行刑斬殺的羌人。因為是要用為祭牲的羌人，才會以其患有疾病而關心其死亡與否。子據卜兆判斷，說：羌人於今日將會死，接著言『其🏃亦唯今』，指的是羌人今日死去並非因疾而死，而是因進行🏃此一活動而死。🏃，或隸作要，指用剪斷腰之祭。」

唯對比〈286〉版（18）（19）正正對貞二辭，「玄❖」的「玄」又作「❖」，从❖司聲，字作為玄字的繁體。字宜理解為雙手糾髮絲成辮結之形，即糾字，借用為玄黑字。本版（11）辭的「玄」字讀為懸。《說文》：「縣，繫也。从系持県。」此言花東子判斷的說：羌人今日將會死亡，而且今日會用羌人首倒掛以祭。

　　本版（1）辭在龜版下邊，單獨完整的卜問子有擒獲動物否，（2）（3）、（4）（5）分別屬正反對貞，在（1）辭上方，由上而下，一左一右，承接（1）辭內容進一步追問有擒否。因此，這兩組對貞應是「子其又￼？」、「子亡￼？」句之省略。（1）至（5）辭自成一組。（6）辭又單獨的卜問祭祀祖乙安否。（6）辭命辭分前後二分句，前句見舉行召祭，「于既改」和「廼改」強調二句動作的先後，意即在召祭祖乙時先舉行改的祭儀，才具體的擊殺母羊一頭為祭品。（7）（8）辭則屬正反對貞，一右一左，各自貞問四次，詢問花東子的疾患安否。（9）（10）辭正反對貞，亦一右一左，是針對（7）（8）辭「子疾」的部位是在腹，再一次的進行確認疾病安否。（11）（12）辭是在上甲的另一組正反對貞，卜問祭牲羌人因疾有死亡否。最後的（13）（14）則是分別的單句貞問歲祭妣庚和子癸用牲順利否。由本版句例組合看，見花東的貞卜有只用單句問神；有在單句貞問後接著用對貞的方式進一步的作細部詢問；亦有直接用對貞來詢問疑難事情。

242（H3：714反）　　　　命十。

按：

　　左甲橋記事刻辭理解為「某入十」之省。本版鑽鑿左右甲各 24 組，甲上正中央有獨立 1 組。

243（H3：716+727）　　　　乙亥夕：酚伐一[人]祖乙，卯牡五、牝五、犾一￼，子骨钔（禦）往？一二三四[五]六

按：

　　卜辭在右後甲兆上先橫後直，繞六兆外圍書寫。兆序分兩橫：一、二、三，四、五、六，由上而下排列。

　　「伐一」後的殘字，據照本仍見是「人」字，「一人」合文。「衩一뫵」的「一뫵」亦作合文直書。〈240〉版見「衩뫵一」例，可知花東甲文應用數詞語序的不穩定。

　　「子骨卹往」，即「卹（禦）往子骨」的移位，意即禦祭去除針對花東子的骨疾。《校釋》1003 頁：「本辭『卹往』，是求祭除子的疾骨。原釋文以『子骨』為人名，恐非。換言之，〈209〉版的『庚申卜：歲妣庚牝一，子尻卹往？』、〈336〉版的『丙辰卜：于妣己卹子尻？』的『子尻』，恐亦非人名，應指子患疾的部位。」「卹（禦）往」，又作「往卹（禦）」，〈236〉版（22）辭有「其往卹（禦）妣庚」例，可證。

　　本版「名—數」的關係，見「牡五」、「牝五」，又見「一뫵」的用法，復有「伐一人」的「名—數—量詞」的排列。在區區一條卜辭中，其變化繁雜如此。

　　前辭省「卜」。命辭記錄主要是用彫祭，砍殺人牲一名，其後的對剖公羊和母羊，以及奠香酒一杯，都是次要的儀式。

244（H3：　　　　　（1）　丁卯卜：既雨，子其往于田，若？卬。一
723+990+1512）（2）　　一

按：

　　本版「雨」字，下從不規則的七小點，或強調豪雨。花東甲文對「雨」字的書寫，並不固定。

　　對比〈241〉版（6）辭的「既……，迺……」句，可知這類前後對應的句式，後一副詞「迺」字是可以省略的。本版是在「丁卯」日卜問「既雨，子其往于田」的雨畢之後田獵一事的順利否。花東卜辭一般言「田」，都是指田狩意，其後有接「擒」〈395〉、「逜獸」〈289〉、「求某獸」〈50〉等用法。

　　本版文字刻於背甲的左下邊沿，上甲邊另外還有卜兆和兆序（一），很是奇特稀有。

245（H3：728）　　（1）　甲卜：☐牢？

　　　　　　　　　　（2）　甲卜：☐？

　　　　　　　　　　（3）　☐丁☐？

　　　　　　　　　　（4）　☐庚☐？

按：

　　本版甲文多遭刮削，主要只留下前辭。

246（H3：729）　　（1）　辛卜：☐？

　　　　　　　　　　（2）　☐宁☐？

按：

　　本版只有兩條卜辭，皆遭刮削。

247（H3：733+911）（1）　戊申卜：子[冥]？

　　　　　　　　　　（2）　己酉卜：钔（禦）祖乙，才（在）𠂤又（有）伐，若永？一

　　　　　　　　　　（3）　癸丑卜：大叙弜钔（禦）子口疾于妣庚？一

　　　　　　　　　　（4）　甲寅卜：子冥？一

　　　　　　　　　　（5）　庚申卜：子皿商，永？一

　　　　　　　　　　（6）　癸亥卜：弜钔（禦）子口疾，告妣庚？曰：𣦵，告。一

　　　　　　　　　　（7）　乙丑卜：叙弔，子弗臣？一

　　　　　　　　　　（8）　乙丑卜：乎（呼）弔卯，若？一

　　　　　　　　　　（9）　乙丑卜：乎（呼）弔卯，若？二

　　　　　　　　　　（10）乙丑卜：乎（呼）妻告，子弗囏（艱）？一

　　　　　　　　　　（11）乙丑卜：子☐？二

　　　　　　　　　　（12）弗囏（艱）？一

　　　　　　　　　　（13）丁丑卜：子其往田，亡巻？二

（14）　丁亥卜：子炅其往，亡災？一

（15）　己丑：歲妣庚：牝一，子往漃，钔（禦）？

（16）　子貞。一二

（17）　庚寅：歲妣庚：犰一？一

按：

　　（1）辭「子」後一殘字為花東子私名「炅」（鑄）。（2）辭「钔」字後，據照相本知為「祖乙」二字直書。（5）辭命辭讀為二分句：「子皿商，永？」，其中的「永」為詢問句。本版「若永」、「永」、「若」並見，分別用為問句。若，有安順意；永，一般據金文字形象水長形，引申有長久意。若、永二字為同意詞。又，（13）（14）分別用「亡𡆥」「亡災」為詢問句，語意用法亦屬相類。（13）辭「丁丑卜：子其往田，亡𡆥？二」、（14）辭「丁丑卜：子炅其往，亡災？一」，二辭都在下甲右上方，上下並排，明顯是屬於同一組的相關卜辭，此可證「子炅」是「子」的全稱。《校釋》1004 頁列舉同文例論證二名屬於同一人的異稱，如：〈218〉版的「丙辰卜：子炅叀今日昫粰（黍）于帚（婦）」、〈379〉版的「丙辰卜：子其昫粰（黍）于帚（婦）」是；可參。（13）（14）二辭分別詢問花東子出外田狩過程的無禍否。𡆥，原義是蛇咬足趾；巛，即災，原義是洪水氾濫。因此，「亡𡆥」，「亡災」二詞既同意而亦略有差別，二者都是外來的災禍，「亡𡆥」是關注人的身體無恙言，「亡災」指的是由地方或自然引發的禍害。

　　本版占卜，整體是由下而上，分段分組進行，而每組之間的卜兆順序，一般在組中卻是先上後下。這種占卜位置安排，是花東卜辭的基本模式。

　　（1）（4）辭的讀法，也可能理解為「干支卜，子炅。」性質與（16）辭的「子貞。」相當，卜辭只刻寫前辭，省略主要詢問的命辭。「子」和「子炅」為同人異名。

　　（3）辭「癸丑卜：大叙弜钔子口疾于妣庚？」句，對比（6）至（10）辭，命辭應讀作「乎（呼）大叙弜钔（禦）子口疾，告于妣庚？」，理解為「呼大叙告于妣庚，弜钔（禦）子口疾？」的句意。（7）辭的「叙弔（耒）」，與（8）（9）辭的「弔（耒）加」用例相同，私名可置於行次（叔）的前或後。「叙」，應屬花東子稱

呼叔輩中之最長者，又稱「大叔」。(7)辭應是「呼叙叔[告妣庚]，子弗臣？」之省，
(8)(9)辭應是「呼叔卯[告妣庚]，若？」之省，(10)辭應是「呼[弔]妻告[妣庚]，
子弗莫（艱）？」之省。花東子能呼令叔眾告祭於神靈，足見其在殷王族室宗血親
中權力的顯赫。(13)(14)辭為成套關係，但二辭順序宜顛倒。告，(6)辭有告於
祖，〈28〉版有「告于丁」，字有告神、來告、廩告意；乃下對上的語言。

　　　(15)辭「己丑：歲妣庚：牝一，子往溝，钔？」，是花東卜辭習見「钔往某
祖妣」的不省句例，即花東子離開花東封土，在外某地禦祭祖妣之意。〈302〉版「唯
狩钔往」、〈427〉版「在茲往垦钔子癸」，可作佐證。本辭與〈255〉版(7)辭「丁
丑：歲妣庚：一牝，子往溝，钔興？一二三」，應為同事所卜。（「興」即求降佑對
象「子興」之省。）由此可見，「钔往」一詞，可帶出祭祀對象、求佑對象、求佑
目的，甚至是地名。

248（H3：737）　　(1)　癸丑：將妣庚，歲妣庚：牢？才（在）犾。一二三
　　　　　　　　　(2)　癸丑卜：子禥新邑于祖甲？用。
　　　　　　　　　(3)　癸丑卜：子禥？二
　　　　　　　　　(4)　[甲]寅卜：弜盦丁？用。
　　　　　　　　　(5)　壬申卜：其將妣庚于[犾]東官（館）？用。一

按：

　　(1)辭二「妣庚」中的「庚」字，字中間一從單橫，一從二橫，屬同版異形。
(4)辭「用」字，原描本稍誤，應重參拓本；字與(2)辭「用」字橫筆書寫形式
各不相同，屬同版異形。(2)辭「新」字，據拓本「辛」下從木形，結構是從析辛
聲，原描本誤。「新」是地名。(4)辭「盦」字，拓本見上從木形，描本亦誤作中。

　　(1)辭歲祭妣庚，前辭不用「卜」。句末「在犾」的「在」，屬靜態介詞。「在
犾」是處於命辭結束之後的補語，其意義相當於過去所謂「晚期卜辭」習見的前辭：
「干支卜，在某地貞」的用法，「某地」移於句末。相對的，(5)辭命辭見「于犾」，
其中的「于」字屬動態介詞，強調某動作移動的意味。

　　(2)(3)辭是成套中的正正對貞，只是(2)辭的卜兆上不見有兆序。(2)辭

在左後甲下為完整句；（3）辭對應的在右前甲上側，屬省略句，省卻命辭中的雙賓語。（2）辭句末見「用辭」，知鬼神同意此兆辭所卜的內容。《校釋》1004 頁：「禣，應是福字的繁體，用為獻酒的祭儀，動詞。句與〈459〉版的「癸丑卜：子禣新邑于祖甲？用。三」句全同，似是同日同事所卜。」

（5）辭見殷習有遷移在宗廟的祖妣神主，轉於異地祭祀的行為。將，从雙手抬爿，有扶持意，甲文見「將某祖示」、「將某祖宗」句，是祭祀時抬神主巡行的一種祭儀。《校釋》1004 頁：「對比〈195〉版的「癸丑卜：其將妣庚〔示〕于狀東官？用。二」的同文例，本辭「東官（館）」之前宜補一地名〔狀〕字。」

249（H3：738 正）　（1）　才（在）臺（敦）卜：乎（呼）☒歸，戌束？一

（2）　□臺□：□乎（呼）人歸？一

（3）　才（在）臺（敦）卜：乎（呼）人歸，戌束？二

（4）　才（在）臺（敦）卜：弜乎（呼）人歸？二

（5）　□臺（敦）卜：弜乎（呼）人歸，□丁，若？一

（6）　己卜：弜告季于今日？一

（7）　己卜：弜告季今日？二

（8）　叀牛歲妣庚？一

（9）　妣庚：宰？才（在）臺（敦）。二

（10）　歲妣庚：宰？才（在）[臺]（敦）。三

（11）　☒于丁☒妣庚？

（12）　才（在）臺（敦）卜：叀[牝]歲妣庚？一二

（13）　己卜：其告季于丁，永？一

（14）　己卜：其[告]季[于]丁，永？二

（15）　甲卜，才（在）臺（敦）：[啓]見（獻）邑、[妾]？二

（16）　☒邑☒[牝]？

（17）　☒見（獻）丁，妣庚□？

（18）　才（在）臺（敦）卜：尞（燎）[妣庚]？一

（19）甲卜，才（在）臺（敦）：宁[并]□子☒[兄丁]于丁？
一二

（20）甲卜，才（在）臺（敦）：凵見（獻）于丁？一二

（21）乙卜：☒凵妣庚？

（22）乙卜：叀牝歲[妣庚]？一

（23）戊卜：子其往受？曰：又（有）希（祟），[非]椶（慮）。
一

（24）鼎。

（25）□卜：□？

按：

（15）（16）（21）諸辭「凵」字有增虛點、有器底作豎筆或十字形，屬同版異形。（17）（21）辭「妣」字有作人形，有作匕，屬同版異形。（3）（4）辭「臺」字從亯上有一橫筆、二橫筆的差別，屬同版異形。（12）（16）辭「牝」字，從匕部件朝牛或背向牛，屬同版異形。（6）（7）辭「告」字，從中下方前者有增橫畫，後者則省橫畫，屬同版異形。單純的一版甲文，字形可以錯綜出入若此。

（3）辭「呼」後一字，據照本、拓本觀察，均作「人」，原釋文誤將「人」形和其下的兆序（二）相接，誤釋作「皿」，可商。（4）辭的兆序為（二），描本誤作（一）。（5）辭的「□丁」，或為「告丁」之殘。（7）辭命辭末「今日」之後無字，原描本和釋文增「歸」字，宜刪。（18）辭「寮」（燎）字作橫木形，字形特殊，字後見「妣庚」，宜補。（19）辭末「于丁」之前，隱約見「兄」字，似為「兄丁」，謹供參考。「兄丁」一詞，又見〈236〉版。右甲上方一橫辭被削去，但仍見「卜」字，宜補作（25）辭。

本版（1）至（5）辭為一組，對應在龜的下半。其中的（1）（2）應為正反對貞、（3）（4）亦為正反對貞，而（1）（3）則為成套關係。因此，（1）至（4）辭為成套、對貞合用例。（5）辭單獨在左後甲中間。「在某地卜」置於句首而前省天干，是一特殊句例。

（6）（7）辭左右對稱，為成套卜辭，時間詞移於句末。（8）（9）（10）三辭為

成套、選貞合用例。（13）（14）左右對稱，為成套卜辭。（6）（7）辭應置於（13）（14）之後，順讀作（13）（6）、（14）（7），也是成套與正反對貞合用之例。（20）辭命辭「邕見于丁」，應是「子見（獻）邕于丁」的移位句。（8）辭的「叀牛歲妣庚」句，對比（9）（10）辭，也應是「歲妣庚：牛？」的移位，祭牲前移句首。同版的（12）（21）（22）辭，亦是移位句型。（23）辭的「曰」，為「子占曰」之省。占辭內容的「又（有）希（祟），非樓（慮）」，其中的「非」字形不清，仍有可商處。「希」與「樓」二字皆為負面用語，前者強調行動，語氣較嚴重；後者屬心緒狀態，語氣較輕微。（24）辭單獨一「鼎」字異體刻於左甲橋上方，但鼎耳處筆畫不連，恐不見得是「鼎」字，用意不詳，或為整理龜版簽署的人名。

　　本版有三條辭例遭刮削。卜辭文字有橫書，有直書，也有繞兆向外和向內書寫。文字的刻寫，明顯並不一致。卜辭的內容，有「呼令人歸」的征伐卜辭，有「歲祭妣庚」「燎祭妣庚」的祭祀卜辭，有「誥命于武丁」的誥命卜辭，有「獻貢品于武丁」的進貢卜辭，有「子往某地」的出遊卜辭。貞卜的內容繁雜，文句對應中略見混亂移位，具備花東甲骨版面的一般特色。

250（H3：738反）　　　　三十。

按：

　　本版為〈249〉版的背面。鑽鑿左右對稱排列，鑽中部分有燒炙經使用的痕跡。右甲橋下邊僅見「卅」一合文。「卅」，可能是「某入三十」之省，指外邦「貢龜三十」的記錄；也可能是與正面左上甲橋的「鼎」形字相連讀，唯屬孤證，並無確據。目前看，以前者考量近是。

251（H3：744）　　　　己未：歲妣己：犸一？一

按：

　　本版卜辭在右前甲上方向外圍兆書寫。兆序（一）的卜兆左右各另有一卜兆，但並沒有文字記錄。

　　「歲」字从戈的上下二橫筆皆作斜出，字形與過去認為的所謂晚期字形近。描

本稍誤。本版己日用母豕歲祭妣己，前辭不用「卜」。豕字，從豕，腹下外側見半弧形，強調母豕的特徵位置，指事。

252（H3：750+763）
（1）乙亥：歲祖乙：黑牡一又豕又𠬝（簋），子祝？一

（2）乙亥：歲祖乙：黑牡一又豕一[又][𠬝]（簋），子祝？二三

（3）丁丑卜：其彈于🐚，叀入人，若？用。子占曰：女（毋）又㕚，雨。一二三四五六七八

（4）叀剢人乎（呼）先奉，入人迺往？用。一

（5）叀剢人乎（呼）先奉，入人迺往？用。一二

（6）叀入人乎（呼）？用。一

（7）戊寅夕：俎豕一？才（在）入。一

（8）戊寅夕：俎豕一？才（在）[入]。

按：

原（1）辭命辭「豕一」後在骨邊稍殘缺，但仍見「又𠬝」二字的「又」字上斜筆和「𠬝」字的下半部，可補。原（2）辭命辭「豕」字後亦見「又」字，可補。原（1）辭應調作（2），原（2）辭應調為（1），二者屬成套關係，卜辭內容相同，兆序序數相承，只是原（2）辭「豕」字後省數詞「一」。

（1）辭在左甲上，（2）辭在左甲下，垂直相對。（3）辭單獨見於右後甲下方，同一辭占問了八次。兆序（一）至（五）由上而下，由內而外；兆序（六）至（八）則由下而上，由內而外排列。卜辭繞著兆序（一）（二）（五）的外圍書寫。（3）辭為「丁丑卜」，與（1）（2）辭「乙亥」日貞卜中間隔了兩天。（4）（5）（6）辭另為一組，但見（5）辭位置硬插在（3）辭的兆序（一）（二）（三）（四）（五）和（六）（七）（八）之間，顯得突梧，按常態的卜兆亦應有一定順序系統排列，不該區隔如此。目前觀察，（4）（5）（6）辭一組的貞卜和刻寫時間應在（3）辭之前，因此（5）辭的文字才會率先把右甲中下方的位置先佔了，其後待要占卜（3）辭時，連續的八次卜兆，空間不夠，才不得不區隔為二部分，將卜兆（六）（七）（八）上挪

至（5）辭的上方。如此看來，（4）（5）（6）辭貞卜的事例發生時間應處於（1）（2）與（3）辭的中間。換言之，（4）（5）（6）辭的貞卜日是在「丙子」日。

（1）（2）辭歲祭祖乙的祭品是「黑牡一又羝一又皀（簋）」，句中是先公牛，次母羊，再接一簋的食物，這種排列順序，當日可能有按輕重先後之別。三種祭品之間出現兩個連詞「又」，用例繁冗罕見，似是文句發生初期的測試用法。（4）（5）（6）三辭為同一組的貞卜，其中的（4）（5）同文，而（5）辭連續卜問了兩次。這組三辭的順序，應是（5）辭單獨成套的先行出現，然後接著才是（4）（6）做選擇對貞的「先 A，迺 B」「先 B，迺 A」形式後出，卜問二事的孰先孰後。因此，這裡正確的讀法順序是（5），（4）（6）。

（4）（5）（6）辭有「入人」、「叀入人」例，其中的「入」字如理解為動詞的「進入」、「納貢」意，整句的意思，是花東子呼令外族的「剢人」先在原地進行奉祭，接著納貢人牲於殷，然後再進行「往」這一在外的祭祀活動。但對比（7）（8）辭句末的「在入」用法，「入」字可用作地名。花東子能在入地卜問俎牲宜否，因此，「入」地族眾當屬於花東子所擁有的封地人民。由此看來，同版（4）（5）（6）辭的「入人」自可理解為「入地的群眾」，而與「剢人」一詞相對言。（4）（5）辭是卜問「子先呼令剢地的人進行奉祭，再呼令入地的人往祭」此二事的先後次序。（6）辭則是（4）辭的選貞省略句，語意是卜問「先呼令入地的人往祭，才讓剢地人奉祭」宜否的意思。如此看來，「剢」、「入」二地均為花東子個人的屬土，而「剢人」和「入人」皆屬花東子可驅策使役的子民。目前看，以後者理解本版「入」字的用法為是。（3）辭的「叀入人」，亦應理解為「入地的群眾」，「入人」似是（3）辭命辭「其彈」一動作的主語移後，中間用一「叀」字區隔。卜辭卜問「入人其彈」一事的順否。占辭的「毋有圳」，即「毋圳」，意指花東子判斷的說：不肯定。

253（H3：751+1001）（1）　　辛未卜：☒孃？一

　　　　　　　　　　（2）　　癸巳：歲癸子：羝一？一

　　　　　　　　　　（3）　　癸巳：歲癸子：羝一？二

按：

（2）（3）辭在右甲上下相對應，兆序相承，為成套卜辭。（2）（3）辭歲祭的對象「子癸」都顛倒寫作「癸子」。據照本放大觀察，二辭的祭牲為母羊的「牝」，原描本和釋文誤作「牡」，應更正。（2）（3）辭歲祭的前辭都省「卜」。

254（H3：753）　（1）　壬戌☑？二
　　　　　　　　　　（2）　☑庚☑？一二
　　　　　　　　　　（3）　二五

按：

本版卜辭都遭刮削。（3）辭在右前甲上方，兆序（二）（五）並列，很可怪異。

255（H3：754）　（1）　甲寅卜：弜俎丁？一
　　　　　　　　　　（2）　甲寅卜：弜言來自西祖乙，祭伐？二
　　　　　　　　　　（3）　弜乎（呼）彈燕（宴）？一
　　　　　　　　　　（4）　乎（呼）垦燕（宴）？不用。一
　　　　　　　　　　（5）　乙亥卜：弜乎（呼）彈燕（宴）宁？一
　　　　　　　　　　（6）　乙亥卜：弜乎（呼）多宁見（獻）？用。二
　　　　　　　　　　（7）　丁丑：歲妣庚：一牝，子往溝，钔（禦）[興]？一二
　　　　　　　　　　　　　　三
　　　　　　　　　　（8）　戊寅卜：舟嚨，告咟（卣），丁弗栚（慮），永？一二

按：

（5）（6）辭「弜」字，一從完整二弓，一見弓上省短橫，屬同版異形。

（2）辭「祭伐」的「祭」字，常態作左右式的從手持肉，但這裡卻呈現上下式的排列，肉改書作口形，寫法奇特。相同的用例見〈226〉版（6）辭。原釋文誤分讀作「口又」，應改正。

（1）辭置左後甲下靠甲邊沿處，文字在卜兆左面分三列橫書，因骨面空間的限制，遂呈二字一排橫寫的特殊行款。這種因空間受限被迫作二字一排的書寫，又

見〈220〉版（1）辭。觀察本辭，文字不先在卜兆的上方橫書，似乎和卜兆的豎紋一直向上爆裂，切斷了正常的刻寫空間有關。刻手為了避免文字有壓兆、跨兆之嫌，故只好在豎紋旁才開始刻寫卜辭。這反映花東甲文書寫早有避兆的習慣。

（1）辭甲寅日占卜「弜俎丁」，「弜」字一般用作否定詞，在這裡見字形二弓重疊，拉長書寫，就文意似乎可理解為人名。此言弜獻祭肉於丁（武丁），同版見「丁弗樓」，見「丁」為活人。（2）辭「弜言來自西祖乙，祭伐？」句，花東甲骨「言」（原釋文作音，可商。）的用法有二：一與「曰」連用，有說的意思；一用為祭祀動詞，從舌從一，如〈474〉「言妣庚」，〈490〉「子福妣庚，又言妣庚」例。字有禱告於鬼神意。因此，本辭的「言」的對象是「祖乙」，句意應是「來自西方的弜進行言祭祖乙」的移位句。接著是詢問用祭祭，砍人牲首以獻宜否。

（1）（2）辭同日占卜，兆序相接，詢問內容當是同組相承。（3）（4）辭在前甲靠千里線左右相對，是選貞，（4）辭末原釋文漏兆序（一），宜補。二辭卜問弜呼令彈抑壴進行飲宴，結果是由彈來主持。（5）（6）辭在左前甲並列，也是同日同組卜辭。（5）辭前辭「乙亥卜」的「卜」字裂紋形朝外，與卜兆相反。這與花東常態的「卜」字形與卜兆同向書寫的習慣不同，這種例外的字形，又見〈455〉版。古人對於文字書寫，顯然並沒有那麼絕對。有學者認為花東甲骨的「卜」字均朝向龜版中央的千里線，這說法亦僅供大致參考。（5）辭的「乎」（呼）字明顯不在同一行文字書寫，應是整句文字寫畢後才補刻於上方的漏刻字。

（5）辭是弜呼令彈主宴於宁族或地，（6）辭是弜呼令多宁（族或官名）觀見（或獻）於武丁。對比〈275〉版（9）辭的「乙亥卜：其乎多宁見丁，永？一」，似是同日所卜。

（7）（8）各自獨立成套占卜。（7）辭是歲祭妣庚，花東子往漖水禦祭求佑活人子興的平安，句末的「钔興」，為「钔子興」之省。細審「歲妣庚」與「钔子興」，句意相承，因此，（7）辭的正確意思當是「子往漖，钔子興，歲妣庚：一牝？」，目前文字的行款是歲祭妣庚的一分句移前。歲祭前辭不見用「卜」。花東大量習見的歲祭活動前都不用「卜」，是慣性的省略，抑與歲祭本身性質有關？仍待深考。

（8）辭的「舟嚨」，嚨字似從凡；地名。此言行舟於嚨地，地與漖水應是相接

近的水名。原釋文以嚨為人名,恐非。「告啣」,告,稟告,告的對象是上位者或神靈。啣,是卣字的繁體。此言告祭以祭品:卣。姚萱女士認為啣是人名,恐非。〈37〉版「子見啣以戉丁」,意指花東子貢獻於武丁,獻品是水器的卣,並聯同斧鉞兵器,句中的基本句式是「子見(獻)丁」,子上獻的對象是人君「丁」,而不可能是「啣」。〈490〉版「子見啣以含于丁」,例亦同。本版原釋文又將「丁」混於「啣」字下一併理解,恐誤。(8)辭句末「丁弗樓」、「永」二短語並列而下,可見「樓」字用意與「永」(順也)相反,屬負面的語意。相對於花東甲文的麓字从鹿在四木中,示山麓中茂密的叢林貌;藰字从隹鳥在四木中,示鳥入茂林中,暗示幽暗意。樓字从女在林中,亦具深奧不可測的用意,字上从虍,似有困慮之意,讀為慮。「樓」屬個人心理狀態的不安,「永」則是指詢問事情流程的順否。

　　本版見外邦來朝的文化禮儀。甲寅、乙亥二日西邊附庸「弜」來朝,先獻貢禮:祭肉於上位者,復進行祭祀於殷人宗廟:告祭祖乙(小乙)。接著是次日擇地設宴款待殷商朝臣,並號令相關附庸部族(多宁)一起觀見獻拜於殷王。整個儀式是經由花東甲骨來貞卜,可見當日對於外邦接待的事誼是由花東子一手承擔負責處理。換言之,花東子有掌握殷商外交、祭祖、飲宴和朝貢的實權。(7)辭處理完畢外邦朝觀禮儀一事,花東子在次日才出外從事「钔子興」的祭拜活動。(8)辭見子在外仍不忘卜問武丁的安否,足見花東子與武丁關係的密切。

256(H3:757)

(1) 壬卜:▨?二

(2) 壬卜:三日雨至?一二

(3) 壬卜:五日雨至?一二

(4) 己▨牛、羊▨庚▨?一

(5) ▨小宰▨妣庚▨?一

(6) ▨丁▨其▨?一

(7) 乙卜:▨?

(8) ▨于□庚▨?一二

(9) 己卜:弜乍(作),丁▨?一

(10) 己卜:▨日▨?

按：

　　本版文字，許多都經刮削，只有（2）（3）辭問雨卜辭完整保留，而人名「妣庚」、「丁」亦殘存。原描本並不完整。（2）（3）辭屬選貞，二辭在後骨中間千里線對應的朝外橫書，但其中的「三日」、「五日」卻合文直書，見刻手是以成詞作一完整單位來刻寫的。（2）（3）辭的「雨」字，都一律省略雨點，寫法怪異。

257（H3：758）　　（1）　丙卜：☒史（事）于丁，☒？一二

　　　　　　　　　（2）　□卜：其☒？

　　　　　　　　　（3）　□卜：□告戈，钔（禦）□于母丁？一二

　　　　　　　　　（4）　☒？一

　　　　　　　　　（5）　甲卜：歲妣庚☒钔（禦）畄其□于丁，☒？一一

　　　　　　　　　（6）　壬卜：☒？

　　　　　　　　　（7）　壬☒：子[令]☒？

　　　　　　　　　（8）　☒告☒[妣]庚☒？

　　　　　　　　　（9）　☒樓（慮），亡告阞妣庚☒？二

　　　　　　　　　（10）　己卜：☒妣庚☒？

　　　　　　　　　（11）　庚卜：丁[入]告？二

　　　　　　　　　（12）　癸☒？

　　　　　　　　　（13）　[用]。一

　　　　　　　　　（14）　☒妣庚？才（在）呂。二三

　　　　　　　　　（15）　乙夕卜：其☒？一

　　　　　　　　　（16）　☒祖☒？

　　　　　　　　　（17）　辛卜：子其又改臣？自☒。一二

　　　　　　　　　（18）　辛卜：□昪子，隹（唯）疫（疾）彡（尻）？一

　　　　　　　　　（19）　辛卜：丁曰：其改子臣人？一

　　　　　　　　　（20）　辛卜：子其又[改]臣？自犬（狱）寮。一

　　　　　　　　　（21）　丙卜：☒亡☒？

　　（22）　用。一

　　（23）　用。二

　　（24）　己卜：翌庚☒弜☒？一

　　（25）　己卜：☒？一

按：

　　本版大量卜辭遭刮削，只保留若干「子」「丁」「妣庚」相關文句。

　　（3）辭的「母丁」隸定一詞，僅供參考。（3）辭「告戉」言告用戉以祭，相對的（9）辭的「告陕」亦用為祭品。

　　由於刻寫空間遭（19）辭先佔據，（18）辭只好作二行右而左橫書排列，其中「畀子」的「畀」，象倒矢形，名詞當動詞用，此指花東子遭箭矢射傷。第二句「隹（唯）疢（疾）彳」，是卜問人傷患處安否。疢，字從疾，人旁增從手，花東新創字，僅一見，應是「疾」字繁體。原釋文不識，並誤讀為「疢隹」。花東甲骨文是逆兆復圍兆刻寫，此應是花東刻手書寫的習慣。「疾」左旁一字，據照本見從人，從❯指事，強調人的腿脛後部，此指矢傷的部位，或即股字初文。對應文例如〈3〉「疾，不死」、〈38〉「子疾骨」、〈304〉「子疾首」，可證。花東甲骨言「疾」，並不只限於生病，對於外力傷害亦可泛言「疾」。

　　（19）辭句末的「人」字，陳劍釋為「允」。備參。字釋為「允」，即可理解為驗辭。對應的文例，又見〈410〉版（2）辭「壬午，在鑫：丁曰：余其敃子臣？允。一二」，二者應是辛日、壬日相連占卜的同一事例。

　　（20）辭「自□寮」，其中的「□」字殘，據照本仍見從人正立，一手持豎戈形，似為「犾」字的異體；地名。「寮」，花東字僅一見，或為「燎」字異體。王卜辭的「寮」字都固定作地名的「自（師）寮」、「在自寮卜」例。姚孝遂編《殷墟甲骨刻辭類纂》中冊564頁所見的寮字用例，都界定在第二至第五期卜辭，時限與花東甲骨定為武丁早中期有明顯落差。

　　（17）（18）（19）（20）辭為同日所卜，閱讀順序應調整為（17）（19）（20）（18）。其中的（19）（20）明顯有因承關係：（19）辭見武丁親自頒布誥命，將贈予花東子「臣」，而（20）辭則卜問「子其又（有）敃臣？」（花東子擁有武丁贈予的臣人）

一事的吉否。由此可見，「𣪊臣」可理解為句中的「動詞—受詞」，亦可視同一獨立的受格詞組。（17）與（19）同文，其中的（17）辭獨自成套，而與（19）辭亦有正正對貞的關係。（17）～（20）四辭中見花東子遭受箭傷，復同時獲贈臣人，可謂福禍相依。

258（H3：759+1157）（1）　一二三

（2）　用。二

（3）　庚辰：歲妣庚：豕？一

（4）　☑于丁，雨？用。

按：

本版文字大多遭刮削，完整卜辭只有一條歲祭妣庚用牲的記錄。

259（H3：760）　　　（1）　辛巳卜：新駞于以萑，才（在）麗入？用。子占曰：　　　　　　　　　　　　　　　幸莫（艱），叀。一

（2）　辛巳卜：子叀宁見（獻）？用；逐？用。隻（獲）一　　　　　　　　鹿。一

（3）　乙亥卜。一

（4）　一。

按：

本版「用辭」的書寫，是緊接在「命辭」之後，而在「占辭」之前。可證「用辭」是針對命辭卜兆的用否之決定用語。（1）（2）辭在右左後甲相對應圍兆書寫，各自獨立，但語意相承。（1）辭的「新駞于以萑」，《校釋》1008 頁：「新駞，指新地的母馬。『新駞于以萑』，文法上看甚可怪異。相同的句型，如〈7〉版的『新馬其于貯見？』、〈81〉版的『或駞于宁見？』。對比〈168〉版的『其又貯馬于新？』、（7）版的『新馬其于貯見又？』，可推知以上句例皆省略動詞『又』。本辭同版（2）辭亦見同日占卜的『子叀宁見？』句，因此，（1）辭的『新駞于以萑』應與『貯見（獻）』的來貢有關。此辭應讀為『又（有）新駞于宁以萑』之省，意即有由宁族

來獻新地的馬，獻馬之外並連同獻萑鳥。」，（2）辭的「子叀宁見」，即「子見（獻）宁」的移位句，賓語前置，理解是花東子進獻於宁地，而進獻的對象應是殷王室（武丁或婦好）。對比（1）（2）辭的「見（獻）宁」和「在麤入（納）」二句，花東子是在宁地進獻動物，而由麤地納入。宁為殷邊的附庸族地，而麤則是進入殷境之內的山區地望。花東甲骨文的「見（獻）」、「入（納）」用法相近，如「見（獻）某貢品于某人」，例：〈427〉「翌己子其見戉于丁」；「入（納）某貢品于某人」，例：〈38〉「子其入麂、牛于丁」；二者用例相同。然而，二字間亦有個別用例的差異。如：（1）「入」多接地名，而「見」多接人名。如〈37〉版（22）辭「入于狀」、「見于婦好」二分句並出於同辭，先「入」而後「見」。（2）「入」後多接貢品，而「見」後多接人名。如「呼某入某物」與「呼某見某人」的差別。例：〈196〉「子其呼多尹入璧」、〈92〉「（子）呼多臣見丁」。（3）「入」納貢的對象只有時王武丁，「見」的用法則較泛。如「入丁」〈38〉〈106〉〈223〉〈237〉版是；「見丁」〈372〉、「見婦好」〈26〉。（4）「入」指具體的將物品呈交與上位者，是當下現狀發生過程的陳述，「見」則有用於「翌日」，是下對上的一種獻禮儀式，仍須等待上位者的肯首才能執行。

（2）辭前辭「辛巳卜」的「卜」字，字形縮小書寫於「巳」字的下方。按花東習慣，前辭「干支卜」三字會自成一格或壓縮成一組書寫，細審「辛巳」二字的下方已十分接近卜兆的橫紋，刻工為了不讓文字壓兆，故刻意的將「卜」字左移並縮小書寫。於此可見當日刻工的細心。「巳」字與緊接的「子」字本屬同形，刻工又為了有所區隔，故意將「巳」字下邊慣常的兩斜筆直接改成一橫筆書寫，與後一「子」字形加以分開。

（2）辭命辭屬一辭二卜。前句問子獻於宁地宜否，後句省，應是卜問子逐獸於宁地宜否。由接著分見二「用」辭，知鬼神同意此連續的二貞卜。驗辭記錄的「獲一鹿」，是針對後一卜而言。花東子在宁地等候獻貢於殷王，一邊仍進行狩獵活動，並持續的在外占卜鬼神，此可見花東子的活力和勢力的龐大。

（1）辭占辭的「桒艱」。《校釋》1008 頁：「即桒（祓）祭以去艱。卜辭一般言『至艱』、『又艱』、『其艱』、『亡艱』、『非艱』、『弗艱』、和『小艱』，此處的『桒艱』用法，僅一見。」細審桒字形，字的左下方未見手形，下面可能只是從人側跪形，

不見得就是「埣」字。占辭判斷言命辭詢問的內容有困難，但鬼神仍是肯首。

260（H3：762）　　　（1）　戊戌：叀亞[奠]戠，弜告？二

　　　　　　　　　　　（2）　一

按：

　　由照本見右上卜辭（1）的卜兆兆序是（二），「二」字下為裂紋，字並不作「三」。

　　戠，似為戡字初文，由藏兵引申暫停、中止意。「叀亞奠戠弜告」一句中間亦可不標點，意問亞奠暫時停止不告祭鬼神的活動宜否。前辭省「卜」字。

261（H3：767）　　　（1）　甲午：歲妣甲：豚一又皀（簋）？一二三

　　　　　　　　　　　（2）　乙未：歲妣庚：豚一又皀（簋）？一二

按：

　　本版地支「未」「午」字形，都與過去所謂「晚期卜辭」字形相類。但是「豚」字字形从豕，指事，卻屬母豬形的較原始圖繪寫法。

　　（1）（2）辭在右前甲並列，各自成套，文字在卜兆和兆序上橫書。（1）辭甲日歲祭妣甲，（2）辭乙日卻歲祭妣庚，二辭前辭干支之後都不見用「卜」。這種依據天干日只限祭祀某干祖妣的習慣並未完全固定，花東甲骨的書寫仍處於不穩定狀態的文字初期。（1）辭「豚一」合文直書成一格的位置書寫，（2）辭「豚一」卻橫書佔兩格的位置，這種成詞的書寫習慣亦並不是完全固定的。獻祭的貢品是先動物，後器皿，中間有一連詞。這也是花東祭祀卜辭的一種習慣用法。

262（H3：768）　　　（1）　癸卜：丁步，[今]戉卯月？才（在）🦴。一

　　　　　　　　　　　（2）　母（毋）其步？一

　　　　　　　　　　　（3）　癸卜：子弜執，燕（宴），受丁祓？一

按：

　　屬左背甲卜辭。（1）（2）辭先上後下，屬正反對貞，卜問武丁出巡赴外宜否。原釋文二辭讀法順序有誤。（1）辭「今戉」的「戉」，似為「歲」字的異體。時間

詞組移後。「卯月」，月名。卯，从刀在卩的人首之前，或有首月意。（2）辭「毋」
字只書作女跪坐形，字首未見橫筆，描本誤。（3）辭「子弜執，燕，受丁祼」刻於
（1）（2）辭的上面，《校釋》1008 頁：「燕，讀如宴饗的宴。受丁祼，即指花東子
接受武丁的賜福（或奠酒）。福，有隸作祼，一般用為動詞，作為用酒以奠的祭儀，
但偶用為名詞，如〈236〉版的『酚伐兄丁，告妣庚，又（有）福？』，此言告祭妣
庚而問『又福』否，言有降福否。」花東子位極人臣，但在這裡卻直言子不會受驅
執枷鎖之刑，並卜問飲宴而受武丁之福蔭否。子與丁的親密關係，或由此見生變亦
未可知。

263（H3：770）　　　（1）　丁☐日雨？
　　　　　　　　　　 （2）　☐。

按：

　　卜辭有經刮削痕迹。

264（H3：772）　　　（1）　乙巳：歲祖乙：牝一，子祝？才（在）[剁]。一
　　　　　　　　　　 （2）　己未卜，貞：宁壴又（有）疾，亡[往]？一
　　　　　　　　　　 （3）　己未卜，才（在）剁：其往，又（有）疾？一
　　　　　　　　　　 （4）　己未卜，才（在）剁：子其乎（呼）射告罘我南正（征），
　　　　　　　　　　　　　 隹（唯）仄（昃）若？一二
　　　　　　　　　　 （5）　弜乎（呼）罘南，于[之]（此）若？一二

按：

　　（1）辭句末「在」字後地名字殘，細審拓本，左上甲小空洞的下方仍見二短
豎畫由內而外斜出，對比同版地名，應是「剁」字。（2）（3）辭為正反對貞，但是
由常態的{ $\begin{smallmatrix} A & ; & B \\ A & ; & \textrm{—}B \end{smallmatrix}$ }句移位作{ $\begin{smallmatrix} A & ; & \textrm{—}B \\ B & ; & A \end{smallmatrix}$ }的句式，（3）辭詢問句移前，然理解仍是「宁壴有
疾病，將要離開順利否」的意思。（3）（4）辭「在剁」一詞，原應置於命辭之後的
句末，但卻前移返回前辭的位置。由此可見，「在某地」一句組無論是寫在前辭抑
調到命辭之後，都屬於陳述句的性質。過去對於「干支卜，在某（貞）」的前辭句

式，都介定為「晚期卜辭」，此經花東甲骨的出土，見非王卜辭武丁早中期時已有這種句例。

（4）（5）辭屬正反、選擇對貞兼用，作{ $\begin{smallmatrix} A & B1 \\ -A & B2 \end{smallmatrix}$ }的變異句式，又各自屬成套的關係。相對於（4）辭命辭前句「子其呼射告眔我南征」，（5）辭命辭前句應是「子弜其呼射告眔我南征」之省，其中的主詞「子」、動詞「呼」前的語詞「其」、「呼」後呼令的對象「射告」和「我」、兼語後的動詞「征」，均遭省略。否定句只保留了動詞和待征伐的方位詞。子號令的對象二人亦全省，只保留了一個連詞「眔」（逮）。這種省略句形式十分獨特。相對於（4）辭命辭後句（詢問句）「唯昃若」，意即「在傍晚的時間出發順利嗎？」，（5）辭命辭後句「于之若」（原釋文「之」字未釋出）的「之」，一般讀為此，指地名的代詞；但於此與「昃」相對選貞，可證是用為「當下」「此刻」的時間詞代用。對比於〈5〉版「戠于之，若？」、〈7〉版「弜射于之，若？」、〈26〉版「子障俎一于之，若？」、〈206〉版「子弜叀舞戉于之，若？」等句例，本版（4）（5）辭末句的嚴式標點，應是「唯昃，若？」、「于此，若？」的選貞句式。

本版（1）辭居首甲左邊，卜問一次，謂乙日歲祭祖乙，是祭祀卜辭。前辭慣性的省「卜」。（2）（3）辭居前甲靠中的左右，卜問兩次，詢問宁壴疾病能否外出，是出遊卜辭。（4）（5）辭居後甲左右，橫寫圍兆，卜問四次，貞卜花東子呼令南征的時間，是征伐卜辭。花東一版甲骨，問卜條理清晰，但又繁雜如此，本版卜人和刻工無疑都是用龜的老手。

265（H3：775）　　　（1）　戊辰卜：子其以磬、妾于帚（婦）好，若？一二三四五

　　　　　　　　　　（2）　戠？用。一二三四五

　　　　　　　　　　（3）　庚午卜：子其以磬、妾于帚（婦）好，若？一二三

　　　　　　　　　　（4）　戠？用。一二三

　　　　　　　　　　（5）　辛未：歲妣庚：小宰[又]□？用。一

　　　　　　　　　　（6）　辛未：歲妣庚：□宰又皀（簋）？用。二

（7）　辛未：歲妣庚：小宰，告又攺皀，子祝，皀（簋）祭？
一二三四四

（8）　辛未：歲妣庚：小宰，告又攺皀，子祝，皀（簋）祭？
一

（9）　辛未：歲妣庚先暮牛攺，迺攺小宰？用。

（10）　辛未：俎羊一，才（在）入，卯又攺皀？一二三

按：

　本版「羊」字增一短橫，但「小宰」的「宰」字从羊，並無此一短橫，由部件看亦屬同版異形。（7）（8）的「告」字，一从中、一从牛形，屬同版異形。（8）（10）干支的「辛」字，字首一增短橫，一則否，屬同版異形。本版的「婦」字下从王形，「皀」下从十字形，「俎」二肉朝下，「祭」从肉朝上作口形，「暮」从林等結構，和歲祭諸辭的前辭均省「卜」字，都屬花東卜辭的特殊寫法。本版進貢卜辭在甲版中間，歲祭卜辭刻在甲版的上下四周處。刻手似有就占卜內容區隔卜兆、卜辭位置的主觀心態。

　（1）（2）、（3）（4）分別為正反對貞，由下而上，靠中線左右對應並列。「戠」字讀戠，字由解除戈上的援，示停止動武，引申有暫停意。（1）至（4）辭卜問子獻磐和妾給婦好一事順否。

　原（5）辭（即6辭）「宰」上據照本隱約見小點，似為「小」字，應補。相對於本版祭牲「宰」之前均有「小」字，可證。原（9）辭「小宰」之後據照本隱約見「又」字，其後殘碎，應復有一「皀」字。原（9）辭（即5辭）與原（5）辭同文，二者屬於成套卜辭，因此，按兆序順序應將原（9）辭置於原（5）辭之前，即原（9）改作（5），原（5）改作（6）。又，原（10）辭與原（6）辭同文，二者為成套兼正正對貞。因此，原（10）辭置於原（6）辭之後。（5）至（10）辭為辛未同一日連續問卜歲祭妣庚的卜辭，由子親自禱告吉否。原（9）（5）改作（5）（6），原（6）（10）改作（7）（8），原（7）（8）改作（9）（10）。

　（5）（6）二辭成套，歲祭用祭牲「小宰」和盛米黍的「皀（簋）」。（7）辭獨立成套，連續問了五次，又與（8）辭正正對貞，歲祭用祭牲「小宰」和貢獻的香

酒「酉」，並舉行祭祭用「皀」。（9）辭針對晚上歲祭，強調祭牲先用牛再用小宰，並詢問以㲌打的方式祭祀宜否。「先暮牛㲌」，當是「暮先㲌牛」的移位。時間詞暮字從林從日，寫法與一般從艸字形不同。（10）辭另以組祭，用羊一頭，並配以對剖的方式殺牲和香酒。「在入」是指辛未日問卜的地方，本應置命辭句之後，這裡屬移位性質改置於命辭句中。

（7）辭兆序（一）（二）（三）（四）（五），末一兆序作（四）置於前一兆序（四）之上，拓本見確只有四橫畫，可能的理解：其一、（7）辭末一兆序（四）應屬左甲橋上（10）辭兆序（一）（二）（三）後的兆序，連上讀，刻工把（7）辭上的區隔界畫畫錯了。其二、兆序「四」字為「五」字之譌，少刻了一橫筆，參〈178〉版的「五」字也作三。而本版（1）（2）辭的兆序（五）又見「𝕏」字，這版龜甲可能是殷商數目「五」字由五橫筆過渡到二斜筆交錯字形之間的過渡橋梁。目前看，由於（7）辭上有明顯界畫與（10）辭區隔，似以「其二」的可能近是。

266（H3：784）　　　（1）　　☑其采五旬☑？

　　　　　　　　　　（2）　　弗采五旬？

　　　　　　　　　　（3）　　☑[其][采]三旬☑？

　　　　　　　　　　（4）　　☑旬？

按：

　　本版文字有經刮削。照本（1）辭卜兆右下方仍見（4）辭的殘字「旬」。照本原（2）辭「三旬」的右邊隱約見「其采」二字。（1）辭與原（3）辭正反對貞，宜連讀，原（3）辭改作（2），原（2）辭改作（3）。（3）（4）辭似亦同組。

　　一旬十天，花東卜辭應已使用「旬」為時間詞。《校釋》1009頁：「本版與〈277〉版（4）「其采五旬？」相類，應是同時所卜。」采，即穗字，從爪摘禾穗形，有收割意；動詞。字由以手摘穗意，用法與以手抓人的「及」字相當，有「至」意。字似與〈290〉版的「弗霣三旬」中的「霣」字通。

267（H3：789）　　　（1）　己亥卜：子于狄宿，埶，改牢妣庚？用。一

　　　　　　　　　　　（2）　庚子：歲妣庚，才（在）狄，牢？子卜曰：未子長。
　　　　　　　　　　　　　　　一

　　　　　　　　　　　（3）　甲辰卜：又祭祖甲，叀子祝？一

　　　　　　　　　　　（4）　甲辰：又祭祖甲友狃一？一

　　　　　　　　　　　（5）　甲辰：又祭祖甲友狃一？二

　　　　　　　　　　　（6）　乙巳：又祭祖乙友狃一？一

　　　　　　　　　　　（7）　乙巳卜：出，子亡改？用。一

　　　　　　　　　　　（8）　戊申卜：叀子祝？用。一

　　　　　　　　　　　（9）　戊申卜：叀子祝？用。二

　　　　　　　　　　　（10）　庚戌：又祭妣庚友白狃一？一

按：

（1）辭命辭首句「子于狄宿」，是「子宿于狄」的移位，介賓語前置句中。後句的「改牢」，也應是句末祭牲移前的句例。

（2）辭干支「庚」字，照本中從二橫筆，描本稍誤。本版「祭」字的肉旁均改書作口形，仍保留肉汁小點，為花東獨特字形。「又祭」，原釋文誤讀作「叉祭」，應更正。黃天樹復將誤讀的「叉」再改讀作「早」，更是無據。《校釋》1009頁：「以上四辭的『叉』字都是『又』字之誤，字上的虛點屬繁飾。同版的祭字、改字亦見增附虛點。『又祭』，〈505〉版有『亡其祭』，應是對貞的用法。友，為『又』的繁體。原釋文認為通作侑，但亦可理解為詞頭，修飾其後的狃。」

（2）辭在右後甲下繞兆書寫，順讀作「庚子：歲妣庚，在狄，牢？」，但就常態句意看，應讀作「庚子：歲妣庚：牢？在狄。」。「在某地」屬移位句。命辭後的占辭「曰」「卜」二字直書，按行款是由上而下順著刻寫，但由句意言，則應讀作「卜曰」。此亦可證要正確的了解花東甲文，需要注意「句意重於行款」的解讀技巧。（2）辭歲祭，在前辭省卻「卜」字。

（3）（4）（5）辭屬同一組卜辭，（3）辭先單獨卜問用「祭」祭拜祖甲，由花東子主禱宜否。接著是（4）（5）辭作成套關係，連續兩次記錄「祭」祭祖甲用母

羊一頭宜否。由此可見，殷人占卜祭祖的習慣，首先是確定祭名、祭拜對象和主祭的人，接著才是詢問用祭物品的內容和多寡。（3）辭前辭用「卜」，（4）（5）前辭則不用「卜」，二者性質的差異應注意，前者強調詢問「叀子祝」一句，後者似只是陳述用祭的流程。

本版由己亥日至庚戌日問卜，前後共 12 天，花東子進駐狀地占卜。己亥日晚上子先在狀舉行特殊的藝（植樹）祭，並以敔牢（打殺一頭圈養的牛）祭祀祖母妣庚。花東子往狀地祭妣庚，狀地與妣庚似有一定的地緣關係，此可能是妣庚過去的居所或有血親關係的族屬地。第二天庚子日舉行常態的歲祭，仍用一牢祭祀。第六天甲辰日分兩階段進行「祭」祭，以母羊一頭獻給祖甲。第七天乙巳日持續「祭」祭，以母羊一頭獻給祖乙。同日花東子離開狀地，並卜問子沒有呈貢物給武丁宜否。第十天戊申日，子可能已返回殷封屬土地，並連續進行禱告神祇。最後，在第十二天庚戌日，子「祭」祭妣庚，用白色母豬一頭。全版祭獻卜辭的始日和最終日都是拜祭妣庚，相互呼應。花東子的祭祀流程，多見以妣庚作結束，這似乎代表著某些特定的意義。

（7）辭命辭「出，子亡攴？」，其中的「出」，是花東子出。花東甲文的「出」字，有指祭祀的「出祖」〈26〉或田獵的「出狩」〈154〉。花東甲文的「攴」，從手持杖處增一斜筆，仍可隸作攴，有「開」「分」意，引申「給予」的用法。花東見子「攴丁」〈275〉、「子攴婦好」〈195〉、丁「攴子」〈410〉例。對比〈275〉版，本版（7）辭「子亡攴」的獻予對象似是殷王「丁」。因此，（7）辭的「出」是指花東子離開自己的屬土，往赴朝見殷王武丁。

268（H3：790）　　（1）　　☑妣庚☑？

（2）　　子貞。

（3）　　丙卜，貞：其☑乙亥☑庚☑？

（4）　　☑子[死]☑？

（5）　　丙卜：☑？

（6）　　☑罍、奴妣庚☑？五

（7）　己☒癸，丙祖☒步于子☒？

（8）　☒？用。一

（9）　☒弜☒？

（10）　癸☒丁☒？

（11）　甲卜：子令？一

（12）　☒受☒☒？

按：

　　本版文字多遭刮削。完整句只有（11）辭的「甲卜：子令？」和「妣庚」、「子」、「丁」等人名。在左甲下「妣庚」的左方骨沿處，仍見「受」、「☒」二字，增（12）辭；原描本漏。

269（H3：791）　（1）　癸卜：才（在）茲入[白]☒？

（2）　乙卜：子☒？

（3）　☒歲？用。一

（4）　乙卜：茲☒子☒歲☒牛一？一四

（5）　[癸][卜]：[其][𢻻][羌]、牛于妣庚？二三

（6）　癸卜：其俎，又牛？一

（7）　癸☒？一

（8）　[乙亥]卜：子其入白一于丁？一

（9）　☒。一一

按：

　　本版卜辭多遭刮削，（8）辭子入貢於丁一辭完整保留。（1）辭「入」字後的殘字仍見尖首形，對比（8）辭，應是「白」字。（5）辭「𢻻」字前仍見「癸」「卜」「其」三字，「𢻻」字後仍見「羌」字；宜補。（8）辭的「子其入白一于丁」，對比本版所用的祭牲都是「牛」，因此本辭入貢的「白一」，似是「白一牛」之省略名詞例。句中（8）辭「于」字二橫畫一短一長，十分怪異，又或正即「牛」字之譌。

　　本版書寫的一頭牛，有作「牛」、「牛一」、「一牛」等不同的表達方式。

270（H3：820）　　（1）　己巳：俎扎一于南？一二三四

　　　　　　　　　　（2）　己巳：俎扎一于南？五

按：

　　（1）（2）辭為成套卜辭，同文分書二辭。右前甲一辭在兆序（三）（四）外圍，左前甲一辭在兆序（五）外圍，左右對應書寫。二辭中的「南」字，照本、拓本見字的中格有一小橫畫，描本漏。就龜版中分四份計算，本版五次問卜的卜兆順序是：兆序（一）（二）在右甲下，由上而下刻寫，（三）（四）分開在右甲上，但亦是由上而下刻，（五）則在左甲上。這是花東單條卜辭的一類占卜順序模式。

　　花東的「南」字，一般都用為方位詞，只一見用為人名〈38〉，但不作為地名。因此，本版的俎祭「于南」，似針對方位來進行祭拜。對比〈170〉的「箽自西祭」、〈214〉的「叠自西祭」，花東已有祭四方之習。本版俎祭，前辭省「卜」字。

271（H3：793正）　　（1）　甲夕卜：日雨？子曰：其雨小。用。一

　　　　　　　　　　（2）　甲夕卜：日不雨？一

按：

　　（1）（2）辭在左右前甲下，為正反對貞。（1）辭占辭「雨」字下見有三小點，中豎點突出，旁兩點平齊，應是「小」字。原描本只描兩點，原釋文漏釋此字。

　　（1）（2）辭命辭的「日」，當指「翌日」，即次天乙日。占辭的「子曰」，應即「子占曰」之省。「其雨小」是花東子據卜兆所作的判斷語，按理是卜問事情發生之前的擬測，「其」有強調將然之詞的語氣功能，「小」即少，修飾「雨」字。占辭言次日將會降少量的雨，置於對貞的肯定句之後，而其後復接「用辭」，指鬼神同意此條命辭。刻手將占辭、用辭放在對貞中的肯定句後，也反映出占卜者內心主觀的意願傾向，是希望明天下雨的。一般王卜辭，占辭都是由殷王親自判斷。此版占卜卻由「子曰」帶出，見花東子也具有代鬼神宣示未來的能力，與殷王同屬貫通天人之間的巫師代言角色，宜為子姓宗室的代表。花東子的神權，無疑至少擁有一族地之主的權力。

272（H3：793 反）　　　　　　合十。

按：

刻辭在左甲橋上方。此記錄某入貢龜甲十版。

273（H3：801）　　（1）　母昌羍子而墜日？一二

　　　　　　　　　　（2）　子而[墜日]，其羍妣己眔妣丁？

　　　　　　　　　　（3）　其卲（禦）子而：妣己眔妣丁？

　　　　　　　　　　（4）　☒羊妣庚？

　　　　　　　　　　（5）　□子☒？

　　　　　　　　　　（6）　☒妣庚☒？

按：

本版甲上方（5）（6）辭文字遭刮削，只保留「子」和「妣庚」。

（1）（2）（3）辭為一組，同屬為「子而」求除災的卜辭，在本版中完整保留。（2）辭「墜」字右上部件為倒卩形，描本稍誤。《校釋》1010 頁：「（1）辭『子而』後見『墜日』合文。……此字實從倒卩，勉強轉作队，即墜字初文。墜，下也；人由山阜上翻身下墜的過程，引申有即將死亡之意。墜日，或指臨終的一天。」墜，王卜辭字從倒人，花東甲骨從倒卩，應為一字異形。「墜日」一詞在此用為特定的時間詞。羍，字為「炬」字初文。《校釋》1011 頁：「從二止，象眾人包圍；中間主祭者手高舉火把照耀的儀式。」此屬祭祀動詞，燭光象徵辟鬼去凶，祈求光明之意。這種手持火杖的結構，與「中」字的本形本義或相類。

（1）辭「母昌」為羍祭的主祭者，或為求佑對象「子而」之母。本版為「子而」禦祭於妣己、妣丁，又同時祭拜妣庚。「子而」應是花東子的同輩，彼此復具血親親密關係的殷王室貴族。一如妣庚（小乙配偶）為花東子的祖母，妣己、妣丁，似應為「子而」的親祖母，而二妣可能是指殷庚或小辛的配偶。因此，花東子與「子而」是同族堂兄弟的關係。花東子為「子而」的「墜日」之災禍求佑於自己的親祖母妣庚，並向同屬「子而」的祖母輩妣己、妣丁分別求佑。這似乎是當日代問災疾的實況。

（3）辭與〈181〉版（22）辭的「辛卜：其帥（禦）子而于妣己眔妣丁？一」相同，似為同時所卜。

274（H3：808）　　　　　乙巳：歲妣庚：牝，召祖乙？昍。一二三

按：

昍，花東中一般理解為一字，不作「翌日」二字讀。《校釋》1011頁：「花東甲骨昍字均作『次日』意，不作祭名。翌日用法，一般見於句首，偶有見於句中，如〈39〉、〈92〉、〈453〉版是，用在句末是特例。本辭似應是『翌召祖乙』的倒文。」然而，本辭在「乙巳」日卜問「召祖乙昍」，乙日祭某乙，但卻言「翌」（次日），在語意上實無法作正常的解釋。況且，「昍」如置於句末的用法，又是唯一的特例，實是可疑。對比〈6〉版（1）辭的「甲辰夕；歲祖乙黑牡一，叀子祝，若，祖乙永？用。昍召。（一）」，本版的「昍」亦應視為驗辭，與前面命辭的「召祖乙」句分讀。「乙巳」日主要是召祭（大合祭）祖乙（即小乙），並同時進行歲祭妣庚（小乙的配偶）。卜辭應讀作：「乙巳：歲妣庚：牝，召祖乙？昍。一二三」，驗辭的「昍」是「昍召（祖乙）」之省。

花東子是殷王武丁之子而或非直系大宗，卻能掌握重要的殷商神權和軍政大權。這和花東子獲得諸母系族眾的支持似有一定的關聯。由花東卜辭多見祭祀祖母妣庚和不斷與婦好建立友好關係，無疑是反映當日花東子一些現實功利的考量，與妣庚和婦好背後家族聲勢的整合有關。

召，學界有隸作舌，祭儀，多見與歲祭並出。召祭為主，歲祭為配；但在儀式順序上是先歲祭，才接著舉行主要的召祭。召祭出現的同時，又有合用「彡」祭，文字書寫上，有見「召祖丁彡」〈226〉、「召祖乙彡」〈275〉、「召祖甲彡」〈288〉、「召彡妣庚」〈427〉連用，又有書作「彡召」〈427〉。

本版只有一辭，見於右後甲，卜辭自內而外橫書於三兆序的上方。乙日召祭祖乙，但將祖乙配偶妣庚的陪祭動作移前，加以強調，在當日應有一定的獨特意義。

275（H3：816+1221）（1）　己巳卜，貞：子利[妿]（嘉），不死？一

（2）　其死？一

（3）　辛未卜：丁[隹]（唯）子[令]从白（伯）或伐卲？一

（4）　辛未卜：丁隹（唯）多丰臣令从白（伯）或伐卲？一

（5）　癸酉卜：子耳鳴，隹（唯）癸子卷？一

（6）　[乙亥]：歲妣庚：二犯？二

（7）　乙亥卜：召祖乙彡：宰、一牝，子亡改丁？一

（8）　乙亥卜：召祖乙彡：牢、一牝，子亡改丁？二

（9）　乙亥卜：其乎（呼）多宁見（獻）丁，永？一

（10）　乎（呼）多宁眔辟丁，永？一

（11）　丙子卜：丁不各？一

按：

（7）（8）辭橫書，但前辭干支「乙亥」卻直書於一格位置，為一緊密不可分的詞。（7）（8）辭同文，為成套關係，但其中的祭牲（7）辭作宰，从羊（原釋文誤从牛）；（8）辭作牢，从牛。此見花東卜辭的「牢」、「宰」用法不作嚴格區分。

（1）辭「子利」後一殘字明確从女，但仍不確定是「妿」（嘉）字。（5）辭「子耳鳴」的「鳴」字上从火，獨體，但不从口。〈501〉版（1）辭有「子耳鳴，亡卷」句，「鳴」字則似有从口。

本版（1）（2）辭屬正反對貞，（3）（4）辭為選擇對貞，（7）（8）辭是成套卜辭，（9）（10）辭則屬正正對貞。唯獨（5）（6）（11）三辭屬單獨卜問的卜辭。單卜的原因：（5）是花東子卜問個人當下的疾病是由於子癸的降災，（6）是具體歲祭妣庚事誼，（11）是詢問武丁不來宜否。三辭內容對於花東子而言，都已經是事實、具體而必然發生的事，因此不需再反覆的占卜，所以才只用單卜問神。

（3）（4）辭「丁隹（唯）子令」、「丁隹（唯）多丰臣令」，是「丁令子」「丁令多丰臣」的移位。「隹」（唯）字的用法，是對兼語中帶出命令對象前置的標記虛字，但與王卜辭一般慣用的「叀」字不同，此屬花東卜辭的特殊用字。（3）（4）辭問丁令的是子抑多丰臣伐卲，是次征伐既屬「丁」（武丁）的主權，也應該直接是

由「丁」的史官卜貞才對。但為何卻要由花東子的甲骨來代為詢問此事？或是花東子在事前已經知道殷王武丁在是次征伐會考慮選用他和多丰臣中任一組人來主導，故先有此卜問神的記錄。核對〈237〉（6）辭「辛未卜：丁隹（唯）好令從白或伐卲？一」、〈449〉（1）辭「辛未卜：白或再冊，隹（唯）丁自正（征）卲？一」，應是同日所占卜的卜辭。此見武丁意圖命令花東子或多丰臣或婦好或親自由自己從事「從白（伯）或伐卲」此一行動。同時同事問卜而分刻於至少三版甲骨之中，可見花東子對此事的看重。而且，花東子有權代殷王或針對殷王的想法卜問鬼神，尋求是次適合主征伐的人，可想花東子的位高權重和與丁之間的親密關係，非比尋常。

　　（7）（8）言花東子用圈養的牛羊和母牛召祭祖父祖乙，然後進一步詢問「亡改丁」否。當日卜問花東子不上獻給武丁的，可能就是指前句祭祀所用的祭牲。殷商貴族用貢神的物品進貢給時王，亦可見子與丁之間應具血親的緊密關係。

　　（9）（10）二辭對應，因此（10）辭的「丁」字前似省一「見」（獻）字。二辭句末，亦可理解「丁永」連讀，言花東子呼令諸官員進貢一事，卜問武丁讚許賜佑否。

　　由（9）（10）辭的乙亥日子號令附庸多宁和辟進貢於武丁，（11）辭則在次日丙子接著詢問武丁是否不來訪。可知當時武丁正處於殷都安陽，而花東子屬土的固定位置必在殷都境內一天路程的距離。

　　本版以甲橋中橫線為界，（1）（2）對貞，二辭在中橫線下右左對稱，由內而外書寫，（3）（4）選貞，二辭位於（1）（2）辭之下右左對稱，由內而外書寫，（5）（6）二辭各自獨立單卜貞問，都位於左甲下方，（5）在內靠千里路朝外圍兆書寫，（6）在外邊甲沿處向內書寫。二辭並不對稱。（7）（8）辭成套，在中橫線上方右左對稱由內而外書寫，（9）（10）辭對貞，在（7）（8）上方右左對稱由內而外橫書。（11）辭單卜，獨自出現在（10）辭左甲之上。以上見花東卜辭亂中有序，以中橫線和千里路一橫一縱為界，一橫下為先，一橫上為後；一縱右為對貞首句，一縱左為對貞的對應句。單句則處於左甲上下。這應該是花東甲骨慣常刻寫的粗略形式之一。

276（H3：822）　　（1）　　乙卜：其又伐，于呂乍（作），妣庚戼（各）？一

　　　　　　　　　　（2）　　乙卜：其又十邕妣庚？一

　　　　　　　　　　（3）　　乙卜：其又伐，于呂乍（作），妣庚戼（各）？二

　　　　　　　　　　（4）　　乙夕卜：歲十牛妣庚，䢅邕五？用。才（在）呂。一

　　　　　　　　　　（5）　　乙夕卜：叀今改妣庚？一

　　　　　　　　　　（6）　　乙夕卜：于㘝改妣庚？用。三

　　　　　　　　　　（7）　　戊卜：其改牛妣己？一二

　　　　　　　　　　（8）　　戊卜：于㘝改牛妣己？一二

　　　　　　　　　　（9）　　戊卜：歲牛子癸？用。一二

　　　　　　　　　（10）　　己卜：歲牛妣庚？用。一

按：

　　原（8）（9）辭二「改」字从它从攴，上下結構互相顛倒，屬同版異形。（5）（6）辭二「改」字分別作上下式和左右式的結構，亦屬同版異形。（2）辭「十邕」在橫書的卜辭中獨自豎寫，「邕」字下單从一豎筆，為花東特殊字例。

　　（1）（3）辭為成套卜辭，刻在右甲上下相承，而（1）（2）辭復用為選貞卜辭，在上甲右左對稱。此為成套與對貞疊用例。（4）辭屬單卜，（5）（6）則為選貞，在下甲右左對稱。但兆序一作（一），一作（三），無法理解。原（7）辭「己卜」應置於原（8）（9）（10）三辭「戊卜」之後，因此，原（8）（9）（10）改為（7）（8）（9）辭，原（7）改為（10）辭。

　　（1）（2）（3）辭是乙日白天迎神的活動，命辭「其又（有）伐」是挑選砍首的人牲。「于呂乍（作）」，即「乍（作）于呂」的移位，「乍」字字形正象「衣」的下半，本意為尚未完成而正在完成當中的衣服。字引申有進行意。句意指到呂地進行殺牲迎神的活動。這明確點出殷人迎神在外有選用特定的地點。「妣庚各」是指祖母妣庚的神靈降臨呂地。《校釋》1012頁：「花東甲骨見『某祖妣各』、『丁各』例，『各』字可理解為祖先的降臨和活人的來到。〈60〉版：『甲子：丁戼宿？』，戼為各字的異體，字形倒書。本版（1）（3）辭的命辭應分作三分句，讀為『其又伐，于呂乍，妣庚戼？』意即有伐牲之祭，在呂地進行，卜問先妣妣庚降臨否。」（1）

（3）辭成套，見鬼神經殺牲祭儀迎接至人間，（1）（2）辭在右左前甲上方對應，又另成一組選貞，卜問是用殺一人牲抑用十鬯提供迎神的祭品。接著的（4）（5）（6）辭是在乙日傍晚進行，正式舉行歲祭祭祀妣庚。（4）辭先單卜，詢問用殺十牛和奠酒五杯宜否。（5）（6）辭在後甲兩側對應，進一步卜問是當下㱿殺十牛，抑或是到明天㱿殺。「㱿妣庚」句應為「㱿牛妣庚」之省，也是「歲妣庚，㱿牛」一常態句的移位。《校釋》1012 頁：「（5）（6）二辭屬時間的選擇對貞。叀與于相對，今與翌相對。（5）辭由『夕卜』而問『今』，可知『今』字在此不能指今天一整日，而是指『當下』的意思。」這裡連接的敘述殷商迎神禮儀以至正式祭神問卜的過程。

（7）（8）（9）同屬「戊卜」，其中的（7）（8）成組，可理解為選貞，（7）辭的「其㱿牛妣己」應是「叀今㱿牛妣己」之省；也可理解為正正對貞，（7）辭的「其㱿牛妣己」則應是「于翊㱿牛妣已」之省，二者疑未能定。目前對比（5）（6）辭用法，似以前者為是。（9）辭屬單卜。（7）（8）（9）辭戊日另祭妣己和子癸，二人的關係應十分緊密。

（10）辭單獨刻在右甲尾，為全版刻辭的最末，在己日復歲祭妣庚，此見用龜者對於祭妣庚一事的尊重。本版歲祭，前辭都用「卜」，這和一般都省「卜」的用法不同。

277（H3：
823+824+922+995）
（1） 丁。
（2） 一旬？
（3） ☐二旬？
（4） 其采五旬？
（5） 弗采五旬？

按：

（4）（5）二辭在左右首甲正反對貞。例與〈266〉版（2）「弗采五旬？」同，二者應為同時所卜。動詞「采」字从人摘禾穗形，表示收成，引申達到意。《姚釋》釋作及字，復認為與䨓字相同，盡管三字从禾从人从雨各異，《姚釋》並無討論三者偏旁通用的依據；但由文例看，實可供參考。〈290〉版（4）辭有「弗䨓三旬」例。

278（H3：829）　　（1）　二牛？一

　　　　　　　　　　　（2）　戠，弜又（侑）妣庚？一二

　　　　　　　　　　　（3）　三牛？一

　　　　　　　　　　　（4）　叀小宰、白牝？一二

　　　　　　　　　　　（5）　二牢、白豕？一二

　　　　　　　　　　　（6）　五豕？一

　　　　　　　　　　　（7）　叀二黑牛？一

　　　　　　　　　　　（8）　二黑牛？二

　　　　　　　　　　　（9）　一白豕又鬯？一

　　　　　　　　　　　（10）　夕：白豕、牝，酓二牢？一

　　　　　　　　　　　（11）　叀二勾（鴛）牢，□白豕妣庚？一

　　　　　　　　　　　（12）　三羊？一二三

　　　　　　　　　　　（13）　先攺白牝，俎二黑牛？一

　　　　　　　　　　　（14）　叀一白豕又鬯？一

按：

　　（9）（14）二辭的「鬯」字，下底座處一从豎筆，一从十字，屬同版異形。（4）辭「牝」从豕，匕朝外，描本誤匕形朝豕，（13）辭「牝」字的从匕則朝向豕，二「牝」字屬同版異形。

　　由（7）辭「叀二黑牛」、（8）辭「二黑牛」，可見句首語詞「叀」是可用可省。對比（11）辭「叀二刃（鴛）牛」、（14）辭「一白豕」的橫書順序，很清楚的是「數詞—顏色詞—名詞」的排列讀法，因此，（9）辭「一白豕」和（13）辭「二黑牛」儘管呈正三角形的行款書寫，讀法亦應是「數—顏—名」的理解。原釋文作「白一豕」、「黑二牛」的讀法，非是。由此觀察，花東詞組是以名詞為核心，顏色詞習慣較靠近名詞，重要性居次，數詞排在最外圍，詞組地位最輕最不重要。

　　由（9）（14）辭觀察，殷人的祭品是固定先列祭牲，後接酒水。而祭牲的順序，一般是以牛、羊為主，豕為次。

　　（11）辭「白豕」前一字殘；但仍見左邊从酉的殘筆，可能是「酓」字。（13）

辭是「先……，迺……」句的省略。

　　對比（7）「叀二黑牛？一」、（8）「二黑牛？二」二辭，屬成套關係。前者在右前甲靠中線處，命辭四字橫寫分書，句首增一「叀」字有強調祭牲的語氣；後者在右前甲甲橋側直書，其中的「二」「黑」已有合文的書寫傾向。對比（14）「叀一白豕又彭？一」和（9）「一白豕又彭？一」，二者亦屬同文例。前者句首橫書，再直書；後者「一白豕」三字凝聚合文書寫。因此，「叀」字用於常態語句的句首，帶出經移位或省略變化後的名詞，但如名詞或名詞組是變異的又以合文方式呈現，句首則可不需要增用語詞「叀」。

　　（1）辭「二牛？一」、（3）辭「三牛？一」、（6）辭「五豕？一」、（12）辭「三羊？一二三」等辭由下而上，刻於左甲靠外邊一垂直位置，彼此用法可能有相承的關係。

　　本版全屬祭祀卜辭，共 14 條辭例，祭牲有牛、羊、豕的總名，細分有牢、宰、䍹、犯，顏色有白、黑、鯀等區別，祭儀有先畝後俎，祭品先動物後香酒。全版祭祀的對象應都是妣庚。

279（H3：836）　　（1）　☐子又（有）[鬼][夢]，亡𡆥（禍）？一

　　　　　　　　　（2）　☐丁☐？一

　　　　　　　　　（3）　二。

按：

　　本版文字有遭刮削。（1）辭「鬼」字，據照本見下從女，似有強調女鬼意，原描本誤從卩。《校釋》1013 頁：「本辭為『子夢鬼，亡𡆥？』的賓語前置移位句。相同的文例，見〈352〉版（6）的『丙申夕卜：子又（有）鬼夢，禱告于妣庚？用。一』」。

280（H3：840+859）（1）　丁亥：子其學（爻），嬽秌（並）？用。一

　　　　　　　　　（2）　癸巳：歲妣庚：一牢，㞢（子）祝？一二三

按：

（1）辭「學」後一字，從女從橐從止，原描本左上誤書從束，宜更正。（2）辭在左甲橋下漏兆序（三）。（2）辭見「子」字的異體，《校釋》1013 頁由互較文例「子祝」共用二字證。〈123〉和〈175〉版的「辛酉昃：歲妣庚黑牝一，子祝？」，用例與本版（2）辭亦相同。另由這異體字的結構看，字下從倒「其」形，核對〈282〉版干支「庚子」的「子」字作♦，上從三豎頭毛，下正從倒「其」形的寫法；亦可互證同字。

281（H3：844）　　（1）　☐牡，卯☐庚☐？

　　　　　　　　　　（2）　☐歲妣☐☐？

　　　　　　　　　　（3）　[歲][又] ☐？

按：

本版文字遭刮削，只保留歲祭的對象「妣庚」。

282（H3：845）　　（1）　庚子：歲妣庚：豕？一

　　　　　　　　　　（2）　辛丑：俎牝？才（在）𣥎。一二

　　　　　　　　　　（3）　癸☐十羊？一

按：

本版（1）（2）辭前辭都省「卜」。歲祭用豕，而俎祭則改用母羊。對比〈278〉版（13）辭「先啟白牝，俎二黑牛」句，俎祭（近人有讀作宜）是將牲肉切片置几的祭儀，一般都用牛、羊，偶有用鹿。如：「其俎，又牛」〈269〉、「俎牝一」〈270〉、「俎羊一」〈265〉、「俎妣庚羔」「俎牝一」〈240〉、「俎一牢」〈178〉、「俎鹿」〈170〉。而「俎豕」只屬特例，如：「其俎，叀大入豕」、「豕俎」〈140〉。這可能是「豕」的體積較小，故一般都用全牲來祭獻。花東甲骨多見用「豕」作祭牲，這和王卜辭所見用牲的習慣有差別。

本版中的「癸」、「庚」、「羊」、「牝」、「俎」字形寫法，與過去認知的早期甲骨字形有別。（3）辭遭局部刮削，原因不明。

（1）辭「庚子：歲妣庚：豕？一」，《姚釋》認為「豕」字應是「犾」之誤，並引〈296〉版（2）辭的「庚子：歲妣庚：犯？一」，指出二辭對貞。此說可參。

283（H3：849）　　　（1）　己☐？不用。☐。

　　　　　　　　　　（2）　牢？

　　　　　　　　　　（3）　用。

　　　　　　　　　　（4）　己卜：☐才（在）☐其☐？一二

　　　　　　　　　　（5）　弜☐？

按：

　　本版大部分卜辭都遭刮削。

284（H3：855+1612）（1）　戊卜：歲十豕[妣庚]？才（在）呂。一

　　　　　　　　　　（2）　戊卜：其乎（呼）☐，钔豕于呂？一二

　　　　　　　　　　（3）　戊卜：医奠其乍（作）子齒？一二

　　　　　　　　　　（4）　戊卜：医奠不乍（作）子齒？一二

按：

　　（1）辭單卜，單獨刻於右後甲下靠骨邊處。（2）辭應為成套的兩次貞問，在首甲上右左對應成組，但文字只刻了右邊一條。（3）（4）辭正反對貞，各問了兩次，刻於前甲上右左對應。由此可見，花東卜辭如屬單卜，會獨立書寫，而且往往先單卜，再接著用對貞的方式深化貞問的內容。對貞卜辭固定右左對稱成組，兩兩相向書寫。成套卜辭有成組書寫，亦可只寫一辭，基本上仍是先右後左。

　　（1）辭強調歲祭所用祭牲，故將「十豕」移前，置於祭祀對象「妣庚」的前面。（2）辭是進一步就用「豕」的殺牲法問卜。（2）辭殘字，隱約仍見筆畫，可能是「乍」字，疑不能決。（3）（4）辭隸定的「齒」字，可能與牙齒意無涉，字從口形，中有三小豎筆，或象坎穴形，豎筆是與單純的口字區隔。字或理解為上古居住之所。「乍子☐」，可能指興建花東子的住所。

285（H3：862）　　（1）　子征，👤刈，若？一

　　　　　　　　　　（2）　子征，👤言，不若？一

　　　　　　　　　　（3）　勿言刈？一

　　　　　　　　　　（4）　勿言刈？一

按：

　　👤，从卩象人垂手跪坐；ノ，指事，指人的背後臀部的部分，或示抽象的「其後」、「接著」意，作為副詞。刈，用為人名、地名。言，用為祭儀，或指誥命。相對於（3）（4）辭，可推知（1）的「👤刈」和（2）的「👤言」，都是「👤言刈」的省略，一省動詞，一省賓語。（1）（2）辭在右後甲側邊上下並排，屬正反對貞，謂花東子出，稍後言祭於刈地，卜問此流程順抑或不順。詢問句「若？」與「不若？」兩兩相對。（3）（4）辭在左後甲側邊上下並排，屬反反對貞，卜問不進行言祭於刈地的吉否。原釋文讀作（1）（3）（2）（4），但並未說明原因。這種上下並排的方式對貞，無疑又是一特殊句例。

286（H3：864 正）　（1）　辛卜：屖入，牡俎？一

　　　　　　　　　　（2）　其俎叀牝？二

　　　　　　　　　　（3）　辛卜：叀牝俎？一

　　　　　　　　　　（4）　辛卜：其俎叀牝？一

　　　　　　　　　　（5）　壬卜：子又（有）希（祟）？曰：□貯。一

　　　　　　　　　　（6）　壬卜：子又（有）希（祟）？曰：取紓夒。一二

　　　　　　　　　　（7）　壬卜：子又（有）希（祟）？曰：見剌官（館）。一

　　　　　　　　　　（8）　壬卜：子又（有）希（祟）？曰：往罠。一

　　　　　　　　　　（9）　壬卜：其寮妌庚于丝（茲），束告又（有）彔（麓），
　　　　　　　　　　　　　亡征𢿫（敞）？一二

　　　　　　　　　　（10）　壬卜：束亡征𢿫（敞）？一

　　　　　　　　　　（11）　壬卜：束彔（麓）弜若巳（祀），隹（唯）又（有）
　　　　　　　　　　　　　辭？一

（12）　叀三羊尞妣庚？一

（13）　叀五羊尞妣庚？一

（14）　叀七羊尞妣庚？一

（15）　癸卜：甲其尞十羊妣庚？一二

（16）　癸卜：戠，弜尞于妣庚？一二

（17）　癸卜：其尞羊妣庚？三

（18）　丙卜：叀𠂤吉𢆶禦丁？一

（19）　丙卜：叀[玄]𢆶禦丁，亡緝？一

（20）　己卜：于日𢦏中改三牛妣庚？一

（21）　己卜：其酓三牛乍（作）祝，叀之用妣庚？用。一二

（22）　己卜：其酓三牛乍（作）祝，叀之用妣庚？用。三

（23）　己卜：其三牛妣庚？一二

（24）　己卜：其才（在）用，卯三牛妣庚？一二

（25）　己卜：䵼（暮）改，卯三牛妣庚？一

（26）　己卜：䵼（暮）改，卯三牛妣庚？二

（27）　庚卜：子弜獻，其[肜]（肜），[爿]（將）[父丙]？一

（28）　辛[卜]：于既乎（呼）食，迺俎？一

（29）　壬卜：卜俎不吉，子弗条，又（有）艱？一

（30）　壬卜：帚（婦）好告子于丁，弗□？一

（31）　癸卜：子其告人，亡𠚔（以）于丁？[亡]以。一

按：

（9）（15）辭「尞」（燎）字，一作橫木，一增繁飾虛筆，屬同版異形。（30）（31）辭「告」字，一从中，一增短橫，屬同版異形。（5）辭占辭的殘字不清，可能是「入」字，備參。原（12）辭兆序（二），應改置於（9）辭之後，為成套性質的對應。（18）辭「吉」字下有一「𢆶」，描本漏，據照本應補。姚萱女士已據方稚松文指出，但姚、方釋此字為圭，可商。我認為此指戈頭的援部青銅鋒利處。相對於對貞的（19）辭，「叀」字下的𠂤字，象糾髮絲形，是𢆶「玄」字的繁體（或不省

的全形），从司聲。其後的 🔲「吉」字本為 🔲 的誤書，當日刻工因此再在 🔲 字下增添
一 🔲 字。所以，（18）辭原刻的「🔲吉🔲」本應理解為單純的「玄🔲」，指黑色的戈
援。（19）辭「更」字下一字，原釋文誤釋為紉，字左旁作「刀」形處實為骨紋，
並非筆畫，字當為「玄」字。「玄🔲」與（18）「🔲🔲」正正對貞，屬同辭繁省互對。
（27）辭的「獻」，似為「酉伐」二字，存以待參。（26）辭「暮」字，照本从日，
原描本漏中間一橫筆。

　　本版（1）（2）為成套與選貞混用。（1）辭的「牡俎」，是「俎牡」的移位，對
應（2）辭，應是「其俎更牡」之省。指用切肉的方式屠殺公牛以祭。（1）（2）辭
卜問俎祭用公牛抑用母牛，屬選擇對貞；但兆序一作（一），一作（二），二辭又順
序成套排列。（3）（4）為正正對貞，「更牝」一詞可置於句末，亦可移於句首。因
此，花東的「更」字並不只作為前置的標誌。「其俎更牝？」可能讀作「其俎，更
牝？」二分句，「更牝」強調俎祭時所用的祭牲是母牛，「更」字有強調貞卜對象的
語氣。（5）至（8）辭為同日連續單句占卜。「子又（有）希（祟）」的用法，與王
卜辭常見的「王旬亡囚（禍）」例同，只是一為正面詢問，一屬反面詢問。在同一
天連續記錄四個動作：入貯地→取紡于🔲地→獻剢（紡）于官地→往罝（狩獵）。
卜問子在這天的連續活動有禍害否。（9）辭本身為成套，問卜兩次；（9）和（10）
又兼屬反反對貞。（9）辭的「束告又（有）彔（麓）」，屬移位句，言有來告在束地
發現有狩獵的山地。（11）辭單卜，順著（9）（10）進一步詢問祀拜束麓的吉凶狀
況。（12）（13）（14）三辭選貞，在龜版正中間呈倒三角的位置，問卜燎祭妣庚是
用三羊抑五羊抑七羊的宜否。三、五、七基數的選擇似是當日的一種習慣用牲數。
（15）（16）（17）三辭又是一組，其中的（15）（16）屬正反對貞，（15）（17）為
順序成套關係；此又見對貞、成套混用例。（18）（19）二辭是對應的正正對貞，有
「玄」黑字的繁省互見寫法。（18）辭的「吉」是衍文。花東子用黑色的玉戈貢獻
於武丁，並卜問隨貢物不需用「珥」嗎？🔲（戈頭）與珥二物應屬同一類功能。（20）
～（26）為一組，都是在己日用三牛獻祭妣庚。其中的（20）辭首先單卜，「于日牧
中」的「牧」字，可能是「叞」字誤書，字可作為「又」字繁體，用為詞頭。「于
日叞中」，即「于日中」，指正中午的時段。（20）辭用改擊的用牲法祭妣庚；（21）

（22）辭為成套卜辭，用酯祭祭姒庚，其中的「叀之用姒
庚」，即「用之（此）姒庚」的移位，「之」為代詞，指前句「酯三牛」的「三牛」，亦即「用三牛姒庚」之
意；（23）（24）辭為正正對貞，用對剖的卯（卿）此一用牲法祭姒庚。（25）（26）
辭則為成套關係，連續二卜詢問在暮的時段兼用改和卯二種用牲法（先擊殺，再對
剖）來處理三牛祭祀姒庚。（27）～（31）辭則分別逐日單卜。（27）辭「將父丙」
三字釋文，僅供參考，「爿」字讀作將，十分勉強。花東「父丙」，亦僅見於此，二
字並列，可能是一字的組合。（28）辭或讀為「辛：于既呼食，酒俎？一」。（29）
辭「卜俎不吉」，正可見「卜」字的功能，是詢問事的吉與不吉。（30）（31）辭分
別見婦好和花東子告獻於武丁。「告人」，或指稟告發現外族人牲的踪迹。

287（H3：864反）　　　　三十。

288（H3：865）　　（1）　　癸巳：[歲]癸子扟一？一

　　　　　　　　　　　（2）　　乙酉卜：奻帚（婦）好六𠂤，若永？用。一

　　　　　　　　　　　（3）　　乙酉卜：☐[奻]帚（婦）好？

　　　　　　　　　　　（4）　　[戊]子卜：酒☐眔聖？

　　　　　　　　　　　（5）　　戊子卜：其乎（呼）子妻匄[馬]，不死？用。一

　　　　　　　　　　　（6）　　戊子卜：其匄馬，又（有）力（犁）人？一一

　　　　　　　　　　　（7）　　甲午卜：子龏（速），不其各？子占曰：不其各，乎
　　　　　　　　　　　　　　　（呼）鄉（饗）用。召祖甲乡。一二

　　　　　　　　　　　（8）　　甲午卜：丁其各，子叀俅戚改丁？不用。召祖甲乡。
　　　　　　　　　　　　　　　三

　　　　　　　　　　　（9）　　乙未卜：子其往阞，隻（獲）？不鼄。隻（獲）三鹿。
　　　　　　　　　　　　　　　一

　　　　　　　　　　　（10）　乙未卜：子其往于阞，隻（獲）？子占曰：其隻（獲）。
　　　　　　　　　　　　　　　用。隻（獲）三鹿。二

　　　　　　　　　　　（11）　乙未卜：子其入三弓，若永？用。一

（12）　己亥卜：母（毋）往于[田]，其又（有）史（事）？

　　　子占曰：其又（有）史（事）。用。又（有）姐。一

按：

（2）辭的數詞後字从人从三小點，原描本漏三點。《校釋》1015頁：「六𠂤，疑為子獻與婦好的貢品」。妭，即嘉，美也，有嘉許意。字从女上有一短橫，原描本漏。（9）（10）辭「獲」字，从手由後抓隹，此字形與一般的王卜辭獲字同，但與花東多作手在隹前的特殊位置寫法並不相同。（10）辭前辭「乙未卜」寫作倒三角形，自成一體。命辭按刻寫順序讀作的「其子」，據文意應讀為「子其」。

（1）辭原釋文「癸子羊一」，據拓本「羊」字形全不清，由殘字下豎筆看似為「歲」字，其後的「一」應歸為兆序。對比〈289〉版「癸亥：歲癸子牝一？」可互參。此字《姚釋》已疑為「歲」。全句應讀作「癸巳：歲癸子：牝一？（一）」。歲祭的對象是死者「子癸」，人名書寫顛倒。（8）辭原釋的「玉」字，作斧形上下有突齒狀，應即「戚」字。花東商墓葬有出土玉戚、石戚，見雙面刃而兩側有脊齒，與此字形同。

（5）（6）辭同日占卜，似是各自貞問。對比（5）辭命辭，（6）辭命辭的前句（陳述句）「其匂馬」，應是「其乎（呼）子妻匂馬」一句之省；意指花東子將呼令子妻祈求馬匹。（5）辭命辭後句「不死」，是卜問選取的馬匹不死嗎。（6）辭對應的後句（詢問句）是卜問選取的馬匹有犁耕的人驅策嗎。殷商時期似已有用馬耕作勞動的農業行為。

（7）（8）辭為成套卜辭，但又屬正反對貞。（7）辭命辭詢問句「不其各」一句，應即「丁不其各」之省，與（8）辭的「丁其各」對貞。（7）辭言「子速」（花東子要求聚會武丁），卜問武丁會否來臨。（8）辭在對貞中肯定武丁將會來臨，並謂花東子致送武丁俶地的戚宜否。（7）辭的占辭見花東子判斷武丁不來，並號令進行饗祭。由句末「用辭」見鬼神同意此卜的貞問。（8）辭「不用」則見鬼神不同意此卜的內容。子的聚會，武丁不會赴約。（7）（8）二辭在「用辭」後句末都同樣附帶記錄用「召」、「彡」二祭儀來祭祀祖甲。《校釋》1016頁：「（7）辭「乎鄉」為一詞，即「呼饗」，〈290〉版有「乎多宁奴西鄉」例，可參。（8）辭句末「召祖甲彡」

為一詞，〈226〉版的「丁巳歲祖乙牡一，召祖甲彡？」，可證。」

（9）（10）辭為成套卜辭。（9）辭省介詞「于」。「阽」字作上下式組合，從阜橫書，從心倒置，字屬花東的特殊字形，用為山麓地名，獲鹿。反觀〈289〉版（7）辭的「阽」字卻作常態的左右式結構。

對比本版「其」字用法，命辭前的陳述句一般都在動詞之前增一「其」字，命辭後的詢問句大部份都不用「其」字。占辭多加「其」字。驗辭和用辭都不用「其」字。由此看來，「其」字強調將要發生的動作，具懷疑、預測和不確定的語氣。因此，直接明確詢問的內容和已發生、事發後追述的具體事件，都不需要加「其」。

（12）辭詢問「又（有）事」一詞，是泛指的用法。由驗辭具體的交代會有突發事例發生的「事」，是指「有蛆」。

289（H3：873）　（1）　叀長□又璺，若？一二

　　　　　　　　（2）　癸亥：歲癸子：牡一？一

　　　　　　　　（3）　癸亥：歲癸子？二

　　　　　　　　（4）　丙卜：子其往于田，弜以酏，若？用。一二

　　　　　　　　（5）　丙寅卜：宁馬[異]，弗馬？一

　　　　　　　　（6）　丙寅：其卾（禦），[隹]（唯）宁見馬于癸子，叀一伐、一牛、一彎曶，夢？用。一二

　　　　　　　　（7）　丁卯卜：子其往田，從阽西搒（涉），菁獸（狩）？
　　　　　　　　　　　子占曰：不三[其]一。叩。一二三

按：

（1）辭「叀」字後一字殘，原釋文作「兊」、《校釋》作「長」；恐均非。「若」字下有兆序（二），描本漏。（4）辭的原釋文作偣，《校釋》作飲，細審字形上從匕，象匙，不從人。因此，字應隸作酏，象具匙的酒醴。本辭用為花東子田狩時攜帶的盛酒器。（6）辭「曶」字，拓本字下仍見從口，從冊四豎筆中的右豎殘，原描本則漏口符。

本版原（2）（3）辭屬成套，但二辭順序應互易，根據兆序先後，原（2）辭為

（3）辭，原（3）辭為（2）辭。二辭言癸日用母羊一頭歲祭子癸。「子癸」，死人名，字在花東常態顛倒作「癸子」。（4）辭命辭作三分句，前二句屬陳述句，言花東子將往田獵，途中不攜帶酒器，末句「若？」屬詢問句，卜問以上行動順利否。

（5）辭「宁馬異」的「異」，花東僅一見，或即禩（祀）字，此言用宁族所獻的馬匹祭祀，（5）辭卜問「非馬」，語意是說還是不用馬來祭祀好嗎。（6）辭的「卬」祭，即禦字，進行辟除災害的泛祭。祭牲是由宁族進獻的馬，祭獻的對象是「子癸」。另外有記錄在竹簡中一併燒獻給子癸的，有「一伐、一牛和一罍」。這種言「冊多少貢品」，性質相當於後世埋葬哀冊中的祭獻清單，清單內容不見得會如數祭神。「叀若干冊」，是「冊若干」的移位句。末句祭祀的目的是詢問花東子有夢否。「夢」字獨立成句，作為（6）辭句末的詢問句。原釋文和《姚釋》都誤將「冊夢」連讀，並非事實。（6）辭中句句首語詞用「佳」（唯），與常態王卜辭用「叀」字並不相同。參照〈275〉版（3）辭「辛未卜：丁佳（唯）子令从白或伐卲？」句，花東卜辭無論作為句首語詞抑強調賓語（受詞）前置，都有混用「佳」、「叀」的句例，王卜辭一般肯定句已捨棄「佳」字這種用法。

（7）辭，《校釋》1016 頁「「毒獸」為一詞，即邁狩，指卜問邁遇到狩獵的對象嗎？詞與〈378〉版的「毒罕」、〈381〉版的「戲毒」相類。「不三其一」，花東甲骨共有三例，餘見〈378〉、〈381〉版。本辭的卜兆有三，文字分別圍兆序（二）和兆序（三）（一）書寫。「不三其一」是占辭的判斷語，但與命辭內容意義無涉，可能是指卜問三次，只選取其中的一兆。句子或即「不叩三其一」的移位句。」

290（H3：876）　　（1）　辛卯卜，貞：帚（婦）母又言，子从垦，不从子臣？
　　　　　　　　　　　　　一

　　　　　　　　　　（2）　壬辰卜：乎（呼）[長]卬（禦）于右示？二

　　　　　　　　　　（3）　壬辰卜：子𡆥𡨄？一二三

　　　　　　　　　　（4）　癸巳卜：自今三旬又（有）至南？弗霽三旬，二旬又
　　　　　　　　　　　　　三日至。

　　　　　　　　　　（5）　亡其至南？

（6）　出，自三旬迺至？一

（7）　甲午卜：其卯（禦）俎仄（晨），乙未仄（晨），昭彡大
　　　　乙？用。一

（8）　乙未卜：乎（呼）多宁：奴，西鄉（向）？用。仄（晨）。
　　　　一

（9）　乙未卜：乎（呼）多宁：奴，西鄉（向）？用。仄（晨）。
　　　　二

（10）　乙未卜：乎（呼）聑燕（宴），見？用。二

（11）　乙未卜：乎（呼）聑燕（宴），見？用。二

（12）　乙未卜：子其史聑往西哭，子媚（見），若？一

（13）　戊戌卜：又（有）至莫（艱）？一

按：

　　（4）（5）對貞中的「南」字，（4）辭省字上二斜筆，屬同版異形。（1）辭「母」字女首有一橫筆，描本漏，姚萱已先點出。字或讀作毋。（13）辭「莫」字上口符中間有增一短橫，描本漏。本版「午」字从二填實小點、「俎」字从二肉朝下、「婦」字下从王形、「未」字下从木形，都是花東甲骨獨特的寫法。

　　（1）辭二「从」字，从二人形作一高一低狀，勉強隸作从，但用意似與一般「从」字有出入。花東作二人等高緊密依靠的「从」字，一般接地名、族名、方位詞，可理解為「經由」、「透過」的意思，如〈28〉版（11）的「辛卜：丁涉，从東洮狩？」、〈395〉版（8）的「癸酉卜：子其往于田，从剝，罙？」是。而本版僅見的一上一下組合的二人形字，呈現向上追隨意，可理解為「跟从」、「效法」、「學習」的意思。句中由主語帶出「从」字，且主、賓語均屬人名（專名和泛稱）。

　　（2）辭子呼令長禦祭於「右示」，此見殷人安置神主於宗廟之室，已有左、中、右的排列習慣。至於祭拜神祇，有分別成群祭祀的方式。周人習見的昭穆之祭，宜源於商。

　　（4）（5）辭正反對貞。「自今三旬又（有）至南？」、「亡其至南？」二命辭相對。省略的主語為「子」。對比（6）辭接言「出，自三旬迺至？」一句，言先「出」

「迺至」，自當為人而非雨，本組對貞詢問子自今日最近卅天有否機會離開封土去南方。（4）辭末驗辭的「霅」字，從雨從廾，象人張手祈求降雨形，似為「雩」字初文。《說文》：「雩，夏祭樂於赤帝，以祈甘雨也。從雨于聲。」字讀同粵、同越，有及至、到達意。此言不需要到三旬（30天）的時間，子定在23日（乙卯日）後往赴南方。《校釋》1017頁：「（4）辭末句如按自然的行款順序，讀作『二旬又至三日』，語意不可解，今按文意讀為『二旬又三日至』是。」，此亦足見「句意重於行款」這一觀念在疏解地下材料的重要意義。

（6）辭言「出某地，至某地」。出，象人離開坎穴形，此指離開殷的屬地；至，從矢由此而彼，是指到達南方。二定點的距離有三十日的行程，以日行三十里算，可相對推知當日占卜「至南」的大致位置。由「出」而「至」，二動詞在句中一前一後，語義相承。

（7）辭「翌」在句中不可解。前辭在甲午日占卜，命辭第一句「其卯（禦）俎仄」，仄，即昃，時間詞，示日西斜照人影，時間是在「中日」和「郭兮（曦）」之間，約在午後二、三點鐘的一時段。句型可理解為「仄其卯俎」的移位，言在日昃時段進行禦祭，用切肉的儀式處理祭牲。文字順讀第二三句是乙未日昃時用酒祭祭祀祖先大乙，其中的時間詞「翌」置於「仄」之後，整句句意就不好解釋。花東卜辭的「翌」，只用作時間詞「次日」的意思，並不作祭名。因此，在「乙未」日昃時之後再接言「次日」，在句中文意不好說明的。就「句意重於行款」的立場看，二三句正確的讀法應是「翌乙未仄（昃），酯大乙」的移位。（7）辭命辭是說甲午日昃時禦祭，用俎的方法殺牲；次日乙未日昃時酯祭，祭祀祖先大乙，卜問此二日的祭祀安排宜否。由句末用辭看，鬼神是接受這一條卜辭的內容。

（8）（9）辭屬成套卜辭，分見於右甲前甲和甲尾，一上一下。（9）辭，《校釋》1017頁：「核對拓本，本詞句末描本與釋文均漏一『仄』字。相對於同版（8）辭可證。」此言乙未日白天花東子呼令多宁部族用奴牲祭，向西方方位拜祭，卜問適當否。用辭見「用仄」二字連用，很可怪異。「仄」字似可分讀為驗辭，但與命辭卜問的內容又不相對應。「仄」字宜為命辭句首的時間詞移於句末例，或理解為詢問句「昃西向」的移位。「奴」，以手抑人，用為奴僕意，從人從女通；字一般隸作奻。

　　（10）（11）辭屬正正對貞，呼令設宴。（12）辭接言子派遣長往於西哭地。「子媚」的「媚」字僅一見，或為「見」字繁體。末句詢問句「若」字獨立成句，卜問以上事誼順利否。

　　本版句意由辛卯日卜問根據「婦」的諾言或進言，子選擇任用長（字又增從止，同版異形）此人開始，次日壬辰，子即命令長主祭殷宗廟「右示」的祖先群。接著是卜問向南方發展抑向西方拓張。甲午日泛祭祖先，乙未日子單獨酒祭重要的殷先王「大乙」（成湯），同時祭拜西方，並派遣長向西邊拓張勢力。本版概見殷習，祭祀是先自祖先群始，再分別逐一先公專祭。征戰是先卜問方位，再針對具體的方位進行祭祀，設宴相關官員，最後才落實派遣的命令。

291（H3：877）　　（1）　　庚辰：歲妣庚：小宰，子祝？才（在）麗。一

　　　　　　　　　　（2）　　甲申：歲祖甲：小宰、衩凿一，子祝？才（在）麗。一二

　　　　　　　　　　（3）　　乙酉：歲祖乙：小宰、羝、衩凿一？一二

　　　　　　　　　　（4）　　乙酉：歲祖乙：小宰、羝、衩凿一，🐷（子）祝？才（在）麗。三四五

按：

　　（4）辭兆序原釋作（二），應改為（五）。照本仍清楚看見右前甲（4）辭「五」字的二橫筆中間作交叉狀，一般釋文都忽略了。此處如讀為「二」，不但不能與（3）辭成套，由內而外的刻寫順序亦與左甲的（一）（二）相反，無法理解。

　　本版四辭都記錄歲祭，前辭一致省「卜」。（1）、（2）辭分別單獨貞問，（3）（4）辭則同屬成套關係。（3）辭橫書，繞兆序（一）、（二）、（4）辭橫書，繞兆序（三）（四）（五）。本版庚日歲祭妣庚、甲日歲祭祖甲、乙日歲祭祖乙，明顯見天干日祭祀相同天干名的先祖妣，是花東卜辭的習慣用法。互較三者的祭品，妣庚只有小宰，祖甲除小宰外，有衩凿一杯，而祖乙不但有小宰、衩凿，復有稀有的公豕。可見花東子對於祭祀祖乙最為重視。目前評估，妣庚是花東子的親祖母，祖乙應是小乙，妣庚的配偶，花東子的直系祖父；如此，祖甲應是陽甲。由祭品的多寡，亦可見花

東子重視直系男性祖先，其次是旁系男性祖先，再其次才是女性的祖母。殷人無疑已有重男輕女之習（這與王卜辭的生女曰不嘉的稱呼可互參）。這觀念似乎由卜辭問卜次數的多寡也能反映。庚日祭妣庚只問卜了一次，甲日祭祖甲問卜了兩次，而乙日祭祖乙則連續卜問了五次。

本版花東子的「子」字呈現同版異形的寫法，祭祀妣庚、祖甲時末句言花東子禱告的「子祝」的「子」，都寫作一般兩手張開的小兒形；唯獨在祭祖乙（小乙）時，「子祝」的「子」字則改寫為繁雜的「兇」形，兼具「小兒」和「囟門」二頭形的寫法。後者字形或許有較莊嚴正規的意味。

本版是祭祀卜辭，諸辭由中間千里路向外刻寫。（1）辭在右甲下，（2）辭在左甲上，（3）（4）辭對應，分別在右甲下和右甲上並排書寫。

292（H3：896）　　（1）　更大紒，其乍（作）宗？二

　　　　　　　　　　（2）　更小紒？二

　　　　　　　　　　（3）　☑卜☑？

　　　　　　　　　　（4）　□歲：宰☑？

按：

本版甲上方三處刻辭被刮削掉，原因不詳。

（1）（2）辭為選貞，分別直行刻於左右後甲對應兆序（二）的直紋之外，（2）辭應是「更小紒，其乍（作）宗？」之省後句。此卜問興建宗廟，是用大的斷絲抑小的斷絲以祭。本版「大」「小」相對，但由照本觀察，「大」字中豎分為二刀，誤刻作「文」字字形。《校釋》1018頁：「紒，從斤斷絲。〈286〉版見紒、剝同字。」

293（H3：879）　　（1）　庚午卜：更权先舞？用。一

　　　　　　　　　　（2）　更[娑]舞？一

　　　　　　　　　　（3）　辛未卜：子其告舞？用。一

　　　　　　　　　　（4）　辛未卜：子弜告舝（袚）？不用。一

按：

　　原（1）辭的兆序（二）字，下橫畫不清，似仍為（一）。如此，原（1）（2）辭順讀應互易，二辭為選貞，卜問二地先在哪一處進行舞祭。（1）（2）辭地名前置，其中（1）辭地名从不从又，从不部件倒寫，（2）辭地名字从女从止，字稍殘；从止部件上方似有方形筆畫，字或應从女从正，隸作娗。（3）（4）辭兼為正反對貞和選貞的關係，一方面「其告」「弜告」正反相對，一方面卜問告祭用「舞」抑「辳」的祭儀。由用辭看當日是選取（3）辭內容。（3）辭的兆序（一）應在卜兆縱斜裂紋的上方，與（4）辭的兆序（一）位置對應，描本誤書於卜兆的下面，應更正。

294（H3：880）　　（1）　壬子卜：子其告狀，既鼄丁？子曾告曰：丁族𤔲訊宅，
　　　　　　　　　　　　　子其乍（作）丁宮于狀。一

　　　　　　　　　　（2）　壬子卜：子戠，弜告狀，既鼄于[丁]，若？一

　　　　　　　　　　（3）　壬子卜：子宎于狀，弜告于丁？一

　　　　　　　　　　（4）　壬子卜：子內，其乍（作）丁宮于狀？一

　　　　　　　　　　（5）　甲寅卜：子屰卜，母（毋）[正]于帚（婦）好，若？
　　　　　　　　　　　　　一二三

　　　　　　　　　　（6）　☒？一二三

　　　　　　　　　　（7）　乙卯卜：子內圭？不用。一二

　　　　　　　　　　（8）　乙卯卜：歲祖乙：牢，子其自弜圭？用。一二

　　　　　　　　　　（9）　庚申卜，貞：執？一

　　　　　　　　　　（10）死？二

按：

　　（1）辭「告」，告祭，或即《尚書》誥字的初文。殷人祭祀，是否已有告上戒下之習，仍待考。（2）辭命辭中的介詞「于」後一字字畫不清，但仍見一方狀筆畫，相對於（1）辭，應是「丁」字。（8）辭《校釋》1019頁：「自字後漏一弜字，據拓本補。」（9）辭前辭地支「午」應為「申」字，描本誤。原（9）辭應分作（9）（10）二辭。「執」和「死」二字之間有一明顯的間隙和落差。比較〈67〉版見同屬兆序

（二）位置高於兆序（一）的刻寫方式，復對比〈38〉（7）辭的「死？一二三四」例，可知本版（9）（10）辭宜分屬二辭，且又是同一成套兼選貞的關係。（9）辭「庚」字中具二橫筆，原描本漏一橫；「執」字在半枷鎖形中間殘，上僅見一直豎筆，不作屮形，描本稍誤；「死」字從歺部件朝外，寫法獨特。

　　本版主語位置，除出現「子」外，有疑似主語的「子馘」、「子宿」、「子丙」、「子辵」；實非。（2）辭的「馘」（戠），由「藏兵」意，理解為「暫停」的引申意，並非人名。命辭「子馘，弜告狀」應切割為二分句，相對於（1）辭的「子其告狀」句，此是指「花東子暫停行動，不告祭於狀地」的意思。（3）辭的「子宿」，可讀作「子寢」。字在花東僅一見。（4）（7）辭原釋文的「子丙」，應讀作「子內」，內讀為入、納字。（7）（8）辭正反對貞，（7）辭言「子進入」，卜問（與武丁）相聚否，（8）辭較完整的卜問「子歲祭祖乙以一頭圈養的牛後，子親自進入（或：子進入自某地），不會（與武丁）相聚嗎？」。（5）辭「辵卜」的「辵」，讀為逆，有迎意。如〈236〉版的「家弜辵丁」、〈320〉版的「何于丁辵」是。卜辭或有「迎卜」之禮。字在本辭上下文意看，「辵」亦或已有不順的意思；備參。

　　因此，本版由（1）至（4）辭王子日占卜的「子告狀」—「子宿（寢）」—「子內（入）」，可以理解為花東子的連串行動，再加上兩天後甲寅日子的「辵卜」，三天後乙卯日的「子入，速」，都屬於相關聯的行為。據本版問卜的前句，陳述花東子告祭於狀地，計畫興建宮殿、花東子寢息於狀、花東子進入狀地興建武丁的行宮、花東子不順從卜兆、不朝見婦好、花東子次日再進入狀地，卜問與武丁相聚吉否。至於（9）（10）一套選貞，卜問「執嗎？」抑「死嗎？」，省略的主語似仍是花東子。由王子日以來花東子的一連串行為，與庚申日卜問會遭繫上枷鎖抑或死亡的選向可能有相承的關係。此見花東子主動在狀地為武丁興建行宮，但卻不與武丁和婦好接觸，因而或有遭受到武丁嚴厲的處罰。這段記錄似乎隱藏著殷史中曾發生的一件宗族大事。特別是最後（10）辭的「死」字，書於整塊龜版的最上方，字形復故意放大書寫，刻手好像要散發出一種告戒的警訊。

　　（5）辭「辵」字從止朝子，僅一見，引申有朝向、進見的意思。

295（H3：882）　　（1）　戊午卜：子又乎（呼）逐鹿，不逤馬？用。一二三

　　　　　　　　　　（2）　庚申卜：于既乎（呼）☑？用。一二三四

　　　　　　　　　　（3）　辛酉卜：从曰昔斦，半（擒）？子占曰：其半（擒）。
　　　　　　　　　　　　　　用。三鹿。一二

　　　　　　　　　　（4）　壬戌奠卜：半（擒）？子占曰：其[半]（擒）一鹿。
　　　　　　　　　　　　　　用。二

按：

　　本版屬田狩卜辭。由「戊午」至「壬戌」前後五天，花東子都在外「逐鹿」。
而本版的占卜，應該是在田獵區域中進行。

　　（4）辭「壬戌奠卜」的「奠」應是貞人名，〈186〉版有卜問「奠不死？」句，
相對「侯奠」〈284〉、「亞奠」〈61〉的稱呼，「奠」是一居高位而與花東子親密的從
屬。（4）辭，《校釋》1019 頁：「在『子占曰：其』之後見半（擒）的殘字，『半』
字後仍隱約見『一鹿』二字。」

　　相對於〈35〉版的「从昔斦」例，是指根據舊有鑿骨問卜的內容，本版（3）
辭的「从曰昔斦」句，似可理解為「从昔斦曰」的移位，是指「根據原先卜問的結
果，說：」的意思。此或指（1）辭「戊午」日占卜的內容言。（3）（4）二辭連續
卜問擒鹿否。對比二辭內容，（3）辭順讀的「子占曰：其半。用。三鹿。」，一般
理解「三鹿」為驗辭，是「其半三鹿」之省，恐非。（3）辭的句意應是「子占曰：
其半三鹿。用。」，「三鹿」二字應上接占辭的內容，對比於同版（4）辭的「子占
曰：其半一鹿。」句可證。此辭釋讀又再一次說明，花東卜辭在理解上「句意重於
行款」的重要意義。由同版諸辭句末都以「用辭」作結，亦可參證（3）辭的真正
內容是不能單就行款順讀來理解。

　　（1）（2）辭的卜兆兆序，都是由下而上，由內而外的排列。然而，卜辭的刻
寫，全是由上而下。（1）辭是在諸兆上先橫而直，自上方兆序（二）（三）開始橫
寫，（2）辭是自上方兆序（三）（四）開始橫寫繞兆，再往下回寫。

296（H3：884）　　（1）　戊戌卜：見（獻）[駣]□于[馬]？一

　　　　　　　　　　（2）　庚子：歲妣庚：羝？一

　　　　　　　　　　（3）　癸卯卜：其入瑪，永？用。二

　　　　　　　　　　（4）　癸卯卜：子弜告帚（婦）好，若？用。一

　　　　　　　　　　（5）　癸卯卜：弜告帚（婦）好？用。一

　　　　　　　　　　（6）　甲辰：歲祖甲：羊一？二三

　　　　　　　　　　（7）　乙巳：歲祖乙：白豘又皀（簋）？一二

　　　　　　　　　　（8）　丁未：歲妣庚：羝一、皀（簋）？一二三

按：

　　（1）辭照本在「卜」的左上有一「見」字，字讀如獻。原描本和釋文漏。（1）辭句末的「馬」字見馬後腿束縛形，並非指一般的馬。

　　（3）（4）（5）辭同屬「癸卯」日占卜，因此，（3）辭卜問進貢順利否，省略的主語是「子」，受詞進貢的對象是「婦好」或「武丁」。（4）（5）辭屬一組反反對貞，（5）辭省主語「子」和詢問句「若」。二辭一再占卜「花東子不稟告於婦好」一事的順否，而答案都是「可从」的用辭。可想見當日花東子在心態上是希望要與婦好保持距離的。（4）辭的「帚」字寫法，與（5）辭相同，原描本稍誤增 H 形作過去所謂晚期字體；宜更正。

　　對比（6）（7）（8）三條獨立卜辭，花東數詞「一」的記錄和祭品間相接的連詞「又」，都是可書可不書的。而祭祀祖先，甲日祭祖甲，乙日祭祖乙，是針對男性祖先的對應習慣。丁日祭妣庚則見女性先祖不存在這種天干相對的規範要求。同時，用公牲祭男性，用母牲祭女性，可能亦是花東的通習。花東子祭拜祖甲（陽甲）用羊一頭，祭拜親祖父祖乙（小乙）用稀有的白色的豘和簋，祭祀小乙配偶妣庚亦用母豬和簋，可想見花東子的祭祀，已有因遠疏近親而分輕重的概念。

297（H3：886）　　　　己未卜：子其尋俎，叀往于日？用。往乡。一二三

按：

　　本版屬右背甲，字用朱砂塗填字溝，原因不詳。命辭中的「往」字，據照本、

拓本从止朝左邊龜甲的中線位置；描本誤書朝右，應更正。命辭的「往」字从止朝左，與驗辭的「往」字从止朝右甲外邊方向相反，屬同版異形。

「叀往于日」，《校釋》1019頁：「花東甲骨的往字用法有四：（1）往于田，（2）往于某地，（3）往先祖妣，（4）往于日。……如果是（3），日字指用為祭祖妣的干支日之省，如〈85〉版的『小甲日』是。如果是（4），或指祭日出日入，如〈426〉版的『于日出改』。目前評估，如果『往』字作為『禦往』的祭祀意義，（3）（4）的用法是適合的。可是，接著下面本辭句末的驗辭言『往某地』，為何卜問祭日而結果卻往某地，前後文無法自圓其說。『日』字在此恐怕只能泛指白天、當天的意思，即指占卜的『己未』日，『往』字仍作一般的『來往』意，即言花東子於當日（白天）往外否。」。「日」，亦可考慮理解為次日的「翊日」之省；備參。

298（H3：891）   （1）   己☐？用。三
               （2）   辛☐宮☐其☐己☐？一二
               （3）   ☐于☐其☐？一二三
               （4）   子卜：☐？
               （5）   ☐叀☐？
               （6）   戊午☐？
               （7）   ☐？一一
               （8）   癸酉其☐？
               （9）   ☐丁☐？
              （10）   ☐？

按：

本版卜辭率遭刮削。

299（H3：895）   （1）   丁卯卜：乙亥叀钔（禦）往？一
               （2）   又吉牛，叀之改？一
               （3）   叀一白牛？一

（4）　　二

（5）　　戊辰卜：大[又]（有）疾，亡征？一

（6）　　其征？一

按：

（2）辭句型是由「𢪏吉牛」→「叀吉牛𢪏」→「又（有）吉牛，叀之（此）𢪏」的演變。一般「牛」字前只見數詞或顏色詞，此言「吉牛」是特例；又見〈228〉版（13）的「吉牛于俎」。（2）辭後句的「叀之𢪏」，原是「𢪏牛」的移位句，賓語前置而以代詞呈現，故應理解為「叀牛𢪏」的意思。刻手又要強調此牛屬「吉」的牛，故復將「牛」字獨立抽離，置於句首，外加修飾語「吉」，前再增一詞頭「又（有）」字帶出祭牲。此可見花東語法的糾結繁雜和不穩定。

（3）辭如按文字順讀，作「叀白一牛」，但按語意組合，可先讀上面的「一」，再讀第二列並排的「白牛」，全句讀作「叀一白牛？」。

（5）（6）辭二辭在右左甲尾，屬反正對貞。《校釋》1020頁：「大，活人名。又，即有。此言大有病患，遂卜問他沒有出來的吉否。〈304〉版有『子疾首，亡征？』，句意相類。」本組對貞中否定句為完整句，肯定句為省略句。問卜者的主觀心態無疑是傾向肯定「否定句」的內容，大其人因有疾病，不應該讓他有外出的活動。

300（H3：897）　　（1）　丙寅卜，才（在）𦣞：甾友又（有）凡，隹（唯）其又（有）吉？一

　　　　　　　　　　（2）　隹（唯）𢡊（慮）？

按：

（1）辭的前辭「干支卜，在某地[貞]」的用法，明顯已見於武丁時期卜辭。（1）辭的「隹（唯）其又（有）吉」與（2）辭的「隹（唯）𢡊（慮）」，分別在後甲靠中間千里線，刻寫位置左右相對，「有吉」與「慮」字用意正負對比，語義上屬選貞，也可視同正反對貞。

301（H3：902） （1） ☑丁☑？

（2） 子（巳）其雨？

按：

　　本版文字遭刮削。「其」、「雨」二字草率，「雨」字組合鬆散可怪。「子（巳）其雨」一句的理解亦稀有，待商。

302（H3：903） 乙亥：歲祖乙：牢、☑，[隹]（唯）獸（狩）☑？一

按：

　　本版卜辭率遭刮削殆盡，只剩下右後甲下一辭。乙日歲祭祖乙，前辭省「卜」字。林宏明綴合〈302〉＋〈344〉二版。全辭當作「乙亥：歲祖乙：牢、礿邑一，隹（唯）獸（狩）卲（禦）往？（一）」。命辭後句詢問句移位，應是「禦往狩」的意思，祭祀卜辭是要卜問花東子狩獵行程的安否。

303（H3：905） 癸酉夕卜：乙、丁出？子占曰：丙其。一

按：

　　本版只見右甲尾一辭。命辭「乙」字之後補有一「丁」形字，理解有三種可能：（1）日字，（2）丁字，即武丁，（3）丁字，即丁日。如據（1），可讀為「乙日」，但字中間無常態的橫畫，不似是「日」字，且「乙日」亦非常態用法。如據（2），理解為武丁活人名，但字形縮小扁平在「乙」「出」二字之間的下方，不似用為常見大而方正形的人名。如據（3），作為天干日，與「乙」連用。考量占辭主線敘述亦在天干日，此說應最可靠。全辭言在「癸酉」日傍晚占卜，詢問花東子會在乙亥日或丁丑日離開。子親自據卜兆判斷，認為在丙子日離開最合適。占辭的陳述句「丙其。」，應是「丙其出」一完整句之省動詞例。

304（H3：906） （1） 甲卜：子疾首，亡征？一

（2） 子疾首，亡征？二

（3） 乙卜：彔又于庚？一

（4）　乙：歲于妣庚：[龠]？一

（5）　乙：歲于妣庚：龠？二

（6）　丙：俎羊？一

（7）　丙：弜俎？一

（8）　戊卜：將妣己示眔妣丁，若？一

按：

（1）（2）辭在甲右，下上為成套卜辭，（2）辭省前辭。（4）（5）辭在甲左，上下為成套卜辭，前辭省「卜」字。（6）（7）辭見於甲下，右左相對為正反對貞，前辭亦省「卜」，（7）辭否定句句末省「羊」。（3）辭單獨在左前甲上，其中的「弜又（侑）于庚？」，《校釋》1020頁：「庚，應即妣庚的漏刻或省略。」

（8）辭命辭是「將妣己示眔妣丁示」之省，見殷人已有抬祖先神位出巡祭祀的儀式。本版甲日花東子有首疾，取消出巡的活動。乙、丙日祭拜妣庚，無疑是要為子去疾的祭祀，似乎子的首患不見有起色，才會有戊日另祈求妣己和妣丁之祭，將二先妣的神主抬出巡遊，宜有辟邪去災異的迷信觀念。

305（H3：914）　　（1）　甲子卜：子其舞，永？不用。一二

　　　　　　　　　　（2）　甲子卜：子戠，弜舞？用。一二

按：

本版右甲首有刮削痕迹。

（1）（2）辭在右左後甲對應書寫，為正反對貞。「子其舞」的常態對貞用法，應是「子弜舞」。（1）辭命辭後增詢問句「永」否。（2）辭的「子戠（戴）」，強調花東子的行動暫時停頓的意思。本組對貞「用辭」的「用」字刻在（2）辭之後，見鬼神認同子不宜舉行舞祭。

本版後甲中見左右各四個卜兆，而兩邊的兆序只標示（一）（二），卜辭則循兆序上方由內往外橫書。（1）辭圍（一）（二）書寫，而（2）辭卻只單圍（一）的兆書寫。

306（H3：920）　　　　　　子貞。一

按：

　　全版只見右前甲上「子貞」二字。左甲尾沿邊處，似有刻字，描本漏。

307（H3：924）　　　（1）　貞：大？一
　　　　　　　　　　　　（2）　☑？一

308（H3：925）　　　（1）　一二
　　　　　　　　　　　　（2）　一二
　　　　　　　　　　　　（3）　一
　　　　　　　　　　　　（4）　二
　　　　　　　　　　　　（5）　三四

309（H3：939）　　　（1）　辛亥卜，才（在）□：亞于商？二
　　　　　　　　　　　　（2）　壬子：歲祖甲：☑[多]亞？一
　　　　　　　　　　　　（3）　二
　　　　　　　　　　　　（4）　☑祖甲：白犰一，祖乙：白犰一，妣庚：白犰一，□？
　　　　　　　　　　　　　　　二
　　　　　　　　　　　　（5）　己未：又☑犰一？一
　　　　　　　　　　　　（6）　乙卜：☑又司☑祖乙？
　　　　　　　　　　　　（7）　二三

按：

　　對比照本和拓本，甲右上靠邊的（7）辭，並不見原釋文所謂「玉」字的豎筆，此應是「三」字，用為兆序，與左邊的「二」字並列。

　　本版右甲在前甲上方唯一的卜辭（7）被刮削，而左甲文字卻完全保留，並無異動。

310（H3：940）　　　（1）　甲戌夕：歲牝一祖乙，召彡☒？一二三

　　　　　　　　　　　（2）　甲戌夕：酚伐一祖乙，卯☒？九十

按：

　　本版是牛胛骨的上方殘骨。（1）（2）辭同時占卜，並列刻寫。前辭都省「卜」。
歲祭和酚祭用為對等的祭名，命辭二前句為「歲祖乙：牝一」「酚祖乙：伐一」的
移位，祭牲前移；其後句的召彡（肜）和卯，屬於祭儀，有作為用牲的方法。（2）
辭占問的次數多達九次和十次，十分罕見。《校釋》1021頁：「甲夕卜祭小乙，此指
翌日要進行的祭祀。召、肜並祭連用，又見〈449〉、〈490〉版。〈427〉版（5）辭
復有倒作「彡召」例。」

311（H3：974）　　　　　庚午：歲妣庚：牢、牝，祖乙征，敀？才（在）[狀]。
　　　　　　　　　　　　　一二三

按：

　　本版是牛肩胛骨上方殘片。卜辭圍兆序（一）上先橫後直刻寫，卜辭上方另有
一橫刻畫，作為區隔其上卜兆的功能。

　　「庚午」日的「庚」與「妣庚」的「庚」，字上斜筆一組、兩組互見，一簡一
繁，字形不同，屬同版異形。

　　命辭中的「征」、「敀」分書，宜分讀為二分句。祖乙，即小乙，為妣庚配偶。
「祖乙征」，指隨著祭妣庚之後持續進行祭祀小乙。庚日祭某庚，本辭主祭的是妣
庚，而祖乙所謂的接著祭祀，是陪祭。前辭不見用「卜」，命辭交代歲祭神靈用牲
（牢、牝）的方式是用敀（敲擊）。問卜的地方是在狀。

312（H3：985）　　　（1）　戊午卜：我人罕（擒）？子占曰：其罕（擒）。用。才
　　　　　　　　　　　　　　（在）羍。一

　　　　　　　　　　　（2）　戊午卜：⿱草罕（擒）？一

　　　　　　　　　　　（3）　戊午卜，才（在）羍：子立（位）于彔（麓）中骨？
　　　　　　　　　　　　　　子占曰：企梠。一

按：

本版屬牛胛骨上方殘片。（1）（2）（3）辭之間有三分的橫直線刻畫。（1）（2）辭屬選貞。（1）辭「在斝」見於全辭的句末，（3）辭「在斝」卻見於前辭，花東文句的書寫，隨意如此。因此，花東「在某地」的書寫位置，並無斷代的差別。

「𢦏」（擒），用為田狩卜辭的動詞，「我人」屬花東子驅策的人力單位，因此對應的「𡥈」應是花東子的附庸名。（1）（2）辭卜問「我人」抑或「𡥈」會擒獲動物。由占辭附書於（1）辭後的判斷，花東子認為是「我人」有機會獲獸。而接著的「用辭」亦表示鬼神認同這一條的卜問。（3）辭的「中𢇥」，地名，是斝地中捕獸的山麓名，花東子在此舉行「立」的儀式。

313（H3：948）　　（1）　　戊戌卜：更羊歲妣己？用。一

　　　　　　　　　　（2）　　己亥卜：于妣庚[緊]，亡豕？用。一二

　　　　　　　　　　（3）　　己亥：歲妣己：[羊]？用。一

按：

本版（1）（2）辭在右甲橋內側，由下而上刻寫，（3）辭見於左甲橋下側。

（2）（3）辭為同日所卜。（3）辭歲祭的前辭省「卜」字。本版由卜辭的完整性或卜兆多寡來看，（2）辭先讀沒有問題。但如由祭祀對象的關連言，（3）辭己亥日祭妣己，與（1）辭戊戌日同樣是祭妣己；而（2）辭則是己亥日祭次日天干名的妣庚，按理（2）（3）辭應互調次序。

（2）辭位於右甲橋的中間，前辭的「卜」字拓本不清，但照本仍見字的左邊有一橫筆，因此，「卜」字作卜兆形應朝向甲中間的千里線方向；描本誤書。

本版屬祭祀卜辭。（1）辭強調用一般的羊歲祭妣己，故特別將祭牲前移於句首，作「更羊歲妣己」，相對於（3）辭的常態句「歲妣己：羊」，可以互較。二者詢問內容相同，都只卜問了一次就結束。但反觀（2）辭祭祀親祖母妣庚，是以稀有的𩰫祭來獻祭，而詢問句「亡豕」，是問鬼神沒有用豬可以接受嗎？花東卜辭以豬祭似是一種獨特的區域用牲。此處既不用花東常見的歲祭，而改用手持倒鳥呈於妣庚神主之前的王卜辭祭儀，並詢問沒有花東地區視為隆重祭牲的豬來祭拜宜否，且一問

就連續問了兩次，而結果鬼神居然也都認同了。這種特別的卜問方式，當日的花東子用意為何？的確是耐人尋味。

314（H3：957）　　（1）　甲戌卜：蓻（暮）彰，祖乙歲？用。一

　　　　　　　　　　（2）　乙亥卜：叀貯見（獻）罘匕？用。一

　　　　　　　　　　（3）　貯炅？一

　　　　　　　　　　（4）　丙子：歲妣庚：牡，告夢？一

　　　　　　　　　　（5）　丙子卜：子夢，禱告妣庚？用。一

　　　　　　　　　　（6）　子从彰牡又彊妣庚，夢？用。

　　　　　　　　　　（7）　己卯：歲妣己：牝一？一

　　　　　　　　　　（8）　己卯：歲妣己：牝一？一二三

按：

　　本版為祭祀卜辭。（4）（5）辭「夢」字从人張目，所从手形不同，一垂手，一增手指，屬同版異形。

　　（1）辭時間詞「暮」字从四木从日从隹，呈現日落飛鳥投林之意。字有省作从四中从日从隹，如〈286〉；亦有簡省作从林从日，如〈265〉。此見花東字形並不穩定。《校釋》1022頁：「對比〈451〉版的『己巳卜：暍庚歲妣庚：黑牛又羊，暮彰？用。』一完整句，見本辭的『暮彰』是指明天晚上進行彰祭的省『翌』例。由甲日占卜祭祀『祖乙』，亦可作佐證。」。（1）辭末句的「祖乙歲」，應是「歲祖乙」的移位句。

　　（2）辭的「叀貯見（獻）罘匕」，是花東子「見（獻）貯罘匕」的移位。（3）辭簡略在兆側留下「貯炅」二字，是「子炅見（獻）貯」一句的變異句型。炅，字从火燒烤倒皿，似是「鑄」字初文，用為花東子的私名。（2）（3）辭或為正正對貞的關係。

　　（4）（5）（6）辭為一組，都在後甲。（4）辭歲祭前辭不用「卜」，言歲祭妣庚以公羊，禱告妣庚「子夢」一事。（5）辭言子夢，用酒奠告於妣庚，詢問吉否。（6）辭言「子从彰牡又彊妣庚」，動詞「从」字象二人一下一上緊接跟隨，辭意是指花

東子緊接著用刏殺的公羊和香酒一杯先後的祭祀妣庚，詢問「子夢」的吉否。三辭句型不同，語意相類相接。（4）辭強調用公羊，（5）辭強調奠酒之祭，（6）辭強調公羊和香酒相繼合祭，以確保「子夢」的無恙。「刏牡」的「刏」，在此用作修飾語，強調是用刏殺的公羊。對比（5）（6）辭的語意，見「鬯」字香酒作為名詞祭品，與「禋」字奠酒作為動詞祭儀，二者有一定的關連意義。〈318〉版有「二鬯禋祖甲」例。

　　（7）（8）二辭屬正正對貞，文字分別在左右甲，但都由右而左橫書並排，屬特例。（8）辭處於上方，文字由右甲而左甲橫跨中間的千里線，兆序（一）在右甲上，（二）（三）在左甲上。（7）辭處於下方，兆序（一）在左後甲，似乎漏刻了相對的兆序（二）和（三），或只是針對（8）辭的兆序（一）對應貞問。

315（H3：958 反）　　　　　十。

按：

　　左甲橋中間單獨刻一「十」字，應是是次進貢龜甲的數量。本版為〈314〉的反面，左右甲各 35 組鑽鑿，整齊相對，應是花東鑽鑿的常態對應形式。

316（H3：963）　　（1）　戊申：歲祖戊：犬一？一二

　　　　　　　　　（2）　壬子卜：其刏，戈（災），友（有）若？用。一二

　　　　　　　　　（3）　癸丑卜：翊甲寅往田？子占曰：其往。用。从西。一二

　　　　　　　　　（4）　癸丑[卜]：☒？

　　　　　　　　　（5）　四

按：

　　（1）辭在龜後甲的中間右側向外橫書，字溝中發現紅色的朱砂，原因不詳。

　　（1）辭戊日祭祖戊，祭牲為犬，二者在花東卜辭中均屬特例。（2）（3）辭二「其」字，豎筆有穿有不穿二短橫，屬同版異形。本版中的戊、申、寅、刏、又（有）等字形，與一般王卜辭寫法並不相同。

（1）辭歲祭，慣常的在前辭中省「卜」。（2）辭詢問句「友若」，即「又（有）若」，「友」字為「又」的繁體，用為詞頭。「戋」，在句中亦可理解為詢問句，與句末的「有若」屬一辭二卜。句末「若」字和「用」字明顯有一定距離，「用」作為用辭。（3）辭句末「從西」，可理解為驗辭，亦可考慮與占辭連讀，本作「子占曰：其往從西。」的移位句。（3）（4）辭似作右下、左上的對貞句。

317（H3：969）　　　　　　子貞。一

318（H3：972）　　（1）　卯。

　　　　　　　　　　（2）　甲子卜：二鬯禦祖甲，[于]歲鬯三？一

　　　　　　　　　　（3）　甲子[卜]：二鬯禦祖甲？用。一

　　　　　　　　　　（4）　甲子卜：禦咸鬯祖甲？用。一

　　　　　　　　　　（5）　甲子卜：二鬯禦祖甲？用。二

　　　　　　　　　　（6）　戊辰卜：丁往田？用。一

　　　　　　　　　　（7）　一

按：

　　（2）辭「歲」前一殘字，據照本放大見為「于」字。《姚釋》已有說。（2）辭兆序只有靠近中間千里線的一個（一），由卜辭書寫圍兆的行款看，知右甲下邊的卜兆和兆序（一）是屬於他辭，與（2）辭無涉。原釋文誤置於此，今改增列（7）辭。（3）辭前辭「甲子」後殘字仍見朝中的短橫筆，應是「卜」字。（5）辭描本漏兆序（二），宜補正。

　　（2）辭命辭中的「禦」（福）、「歲」是二對等的祭名，此辭言用二鬯福祭祖甲，同時用三鬯歲祭祖甲。句中先舉行福祭，再進行歲祭。故「歲」字前用一表達較後時間的介詞「于」帶出。（2）辭前句用「二鬯」，後句用「鬯三」，可見數詞能靈活的應用在名詞的前或後。（4）辭位置似與（2）辭相對應。咸，《說文》：「皆也，悉也。」「福咸鬯」，意指獻酒祭時用所有的香酒。（3）（5）辭為成套卜辭，二句應排列在一起。（2）（3）（5）辭的「二鬯禦祖甲」是「禦祖甲：二鬯」的移位，（4）辭

的「禱咸邑祖甲」也可理解是「禱祖甲：咸邑」的移位。

本版文字區分為三類。（1）辭「卯。」單獨見於左甲橋上方，強調本版甲骨功能的記號，似與武丁出遊用龜有關。（2）至（5）辭，是祭祀花東子祖先祖甲（陽甲）的卜辭。（6）辭是卜問時王武丁田狩順否的卜辭。

319（H3：975）　　（1）　乙丑：歲祖乙：黑牡一，子祝，骨卸（禦）戠？才（在）
　　　　　　　　　　　　　剢。一

　　　　　　　　　（2）　乙丑：歲祖乙：黑牡一，子祝，骨卸（禦）戠？才（在）
　　　　　　　　　　　　　剢。一二

按：

　　（1）（2）辭在右左後甲對應圍兆，為正正對貞。前辭都省「卜」。觀察照本，兩辭周遭布滿許多卜兆，而（1）辭只刻了兆序（一），（2）辭只刻了兆序（一）（二），事實上，針對二辭的占卜很可能都不只一次和二次。花東的對貞，應是兩辭先獨立各自占卜，占卜次數應是自由而不固定的。占卜後史官會用特定的方式選取對貞中合意的卜兆，並各自按順序在該兆旁刻上兆數，然後再將卜辭圍刻在所選取的卜兆四周。如本版（1）辭單單的只寫在兆序（一）的卜兆外圍，逆兆向書寫，由橫而直，再繞返橫紋下方作三行直書；（2）辭卜辭在兆上逆兆向橫書，跨越兆序（一）（二）的兩個卜兆上，直至兆序（二）外圍再直書包回。這無疑是花東卜辭刻手當日的記錄實況。

　　本版是花東子在外地祭祀的記錄。《校釋》1023頁：「『骨卸戠』，即『卸戠骨』的倒文。此三字是「子祝」的禱告內容。戠，活人名。此言花東子歲祭禱告後，再進行禦祭，祈求去除戠的骨疾。」

320（H3：976）　　（1）　何于丁屰？一

　　　　　　　　　（2）　于母帚（婦）？一

　　　　　　　　　（3）　其莫（艱）？一

　　　　　　　　　（4）　其圉（執）何？

（5）　丁卜：弗其匕（執）何，其莫（艱）？一

（6）　庚卜，才（在）麗：歲妣庚：三牪又壴二，至卲（禦），酉百牛又五？

（7）　庚寅：子[入]四𠙹于丁？才（在）麗。

按：

（6）辭與〈27〉版和〈32〉版（1）辭同文。

（1）辭的「何」，人名。（2）辭的「母」，上增橫筆作簪形；「帚」，下從王形。《校釋》1023頁：「（1）辭為『何屰于丁？』的倒裝句。屰，通作逆，有迎意。〈236〉版有『己卜：家弜屰丁？』，例與本義同。因為（1）（2）二辭左右相對，似為選擇性對貞，第（2）辭乃『何于母帚屰？』之省。」

（3）（4）（5）辭一組，其中（4）（5）辭是正反對貞。（5）辭的「匕」字似是執字省，與（4）辭「執」字從執從口相對，是執字的異體。（3）辭「其艱」的「艱」字，用為動詞，與（4）辭「其執何」在甲中左右對應書寫，但句意似應合為一辭理解，讀作「其執何，其艱？」，與（5）辭「弗其執何，其艱？」對貞。「何」是花東子的部屬，在（1）（2）辭見代花東子迎接武丁和母婦，但（4）（5）辭卻又見遭受驅執。

互較（6）（7）辭，（6）辭前辭是「庚寅卜」之省，（7）辭前辭則省「卜」。「在麗」一詞，（6）辭在於前辭，（7）辭卻移在句末。因此，花東卜辭中「在某地」的刻寫位置自由靈活，並無斷代的差別。（6）辭的祭品「三牪又壴二」，復見花東甲文數詞的靈活語序，名詞為中心詞，數詞可用於名詞的前或後。殷人貢品的排列，習慣是祭牲在前，酒器在後。

321（H3：977）　（1）　甲辰：歲癸子：牡一？一

（2）　甲辰：歲癸子：牡一？二

（3）　丙辰卜：妙又（有）取，弗死？一

（4）　庚申：歲妣庚：小牢、犼壴一，祖乙征，子鄉（饗）？一

(5) 甲子卜，貞：妃中周妾不死？一二

(6) 甲子卜：妃其死？一二

按：

　　本版占卜，由「甲辰」日一直用到「甲子」日，時間長達二十天。（1）（2）辭「甲辰」日占卜，二辭在左甲橋側邊作下上對應。經過十二天後才又在甲中對應占問他辭。其中的（1）（2）辭為成套關係，（5）（6）辭為正反對貞。

　　（4）辭祭牲「牢」字，照本、拓本皆見從牛，不從羊，描本誤。「呂」字，平底有座，與花東一般字底從豎筆或十字形又不相同。

　　（1）（2）（4）辭歲祭子癸和妣庚，是陳述具體事項，前辭只記錄干支「甲辰」和「庚申」，並不帶「卜」或「貞」字。一般理解為花東卜辭歲祭常態的省略用法，但相對的，（3）（5）（6）辭詢問妙和妃二人會死亡否，前辭干支都帶「卜」或「卜貞」。這似乎意味著花東甲文的性質可能區分為兩類，一是針對具體已發生事情的取捨記錄，祈求順利，不一定需要進行「卜貞」問神；一是針對將然發生的未來事項，要進行「卜」的動作，詢問鬼神的反應。因此，由前辭應用的「干支」，或「干支卜（貞）」的差別，一定程度似也可作為判別命辭內容是屬於陳述抑詢問性質的差異。（5）辭命辭是問「妃不死？」，與（6）辭的「妃其死？」反正相對。其中的（5）辭語意完整，用字較繁多，應是這組對貞中的主句，（6）辭則是配句，占卜者心理比較傾向於完整句「妃不要死」的內容。中周，人名；妾，人牲。「中周妾」是修飾短語，修飾主語人名的「妃」。

　　對比（3）辭「妙又取，弗死」和（5）辭「妃中周妾不死」句型，「弗」字句常見用於命辭前後句中的後句，相當的句例如〈102〉的「中周有口，弗死？」、〈108〉的「其逐狐，弗其獲？」、〈38〉的「丁聞子呼見戎，弗作樓？」是；「不」字句一般在命辭多在單句中呈現，如〈103〉的「雨不征？」、〈28〉的「丁不涉？」是。「不」字句亦見於命辭繁句中的前句，如〈412〉的「不吉，唯其有艱？」、〈416〉的「子心不吉，永？」是。「不」字句偶亦見於命辭前後句中的後句，如〈241〉的「戉羌有疾，不死？」是。如此看來，否定詞「不」的語氣是較直接的和涵蓋命辭的所有內容的否定意義，「弗」字句是有因承、轉折的語氣，只具備命辭內容部分的否定功能，是由於某些現象和活動之後，才帶出接著一動作的否定意義。

322（H3：981）　　　　　　甲卜：弜妀于妣庚？一

按：

卜辭見左甲橋下的側邊。前辭「甲卜」二字，壓縮書寫成一獨立單位。「妣庚」橫書，合文。弜，人名；又或用為否定詞，句意為詢問花東子不妀祭妣庚否。目前評估，以前者為是。

323（H3：986）　　　　　　□子□：□妣庚：小宰，**益**（子）祝？才（在）狀。
　　　　　　　　　　　　　　　　　　　一

按：

整版甲骨只見一辭刻於右前甲上方，先橫後直圍兆書寫，可見占卜者對此事的謹慎。照本、拓本不見兆序，釋文的兆序（一），備參。「宰」字在照本、拓本均見從羊中間多一橫筆；描本漏。

324（H3：994）　　（1）　戊戌卜：其俎子鸞**丙**？用。一
　　　　　　　　　　（2）　己亥卜：弜巳（祀）[馳]眔爯黑？一
　　　　　　　　　　（3）　己亥卜：子叀今☑？用。隹（唯）豕亡。一
　　　　　　　　　　（4）　己巳：歲妣己：牝？一
　　　　　　　　　　（5）　弜食多[工]？用。一

按：

（1）辭，《校釋》1024頁：「俎的用法，有接祭牲，如：牝、鹿、豕等，有接祭祀對象，如：丁、祖乙、上甲，有接地名，如：在新。對比〈220〉版長族的鳥鼎作「長鸞」看，「子鸞」一詞不能理解為祖名或地名，目前評估，可能是指子的鳥形鼎。」

（2）辭前辭「己亥卜」三字壓縮成倒三角形的寫法。「爯黑」，或指爯地的黑馬。（3）辭命辭先橫書繞兆刻寫，「子」與「今」相接，「叀」字似乎是後來才添補在二字中間的上方處。句末的「隹豕亡」，應是「唯亡豕」的意思，屬驗辭。句首增語詞「隹」而不用「叀」。細審刻寫位置，「隹」字下邊已無空間書寫，刻手才被

迫將餘下的「亡豕」二字另外由左而右的書於原辭卜兆橫紋之下。如順著文字閱讀，遂成「隹豕亡」一奇怪讀法。（2）（3）辭為正反對貞，卜問當天不用馬牲而用豬牲的吉否。驗辭才會說結果是沒有用豬。〈313〉版（2）辭有同屬「己亥」日卜「亡豕」句，似與本辭相關，屬異版同時占卜例。（4）辭歲祭，前辭省「卜」字。

325（H3：1005）　　　　　用。一

326（H3：1008）　　（1）　子貞。一

　　　　　　　　　　（2）　子貞。二

327（H3：1009反）　　　周入四。

328（H3：1010）　　　　　一

329（H3：1021反）　　　疋。

按：

本版殘甲是在腹甲左甲尾的背面刻字，十分稀有。「疋」單獨用為人名。

330（H3：1023）　　　　　甲子：歲祖甲：𢓊，子祝？才（在）𠂤。一二

按：

本版卜辭單獨刻在左後甲，向外側圍二兆書寫。字用朱砂填充字溝，原因不詳。祭牲字從虧從士，示公虧，而從士部件書於虧左下方的背後，寫法特殊。本辭甲日歲祭祖甲（陽甲），用公牲，是花東祭祀的常態模式。前辭不見用「卜」。

331（H3：1028）　　（1）　辛卜：帚（婦）母曰：「子」、丁曰：「子」，其又（有）疾？允其又（有）。一二

　　　　　　　　　　（2）　其疾，若？一

按：

（1）辭「帚母」，或即「婦」字。〈320〉版有「母帚」並列例。「婦曰：子」、「丁曰：子」相對。婦與丁一致判斷花東有疾，可見命辭二分句文意是「婦曰：子其又（有）疾」、「丁曰：子其又（有）疾」。二句也可理解為占辭，均屬罕見辭例。「婦」與「丁」（武丁）並列，可能是「婦好」之省。驗辭「允其有」，是「允其有疾」之省。（2）辭動詞從宀從疾，應是「疾」字異體。（1）（2）辭二「疾」字屬同版異形。（1）辭「帚」字下從王形，是花東的獨特字例；二「曰」字，口上虛橫一在字中，一靠字旁，亦屬同版異形。

332（H3：1030）　　　　辛未卜：西鄉（向），[檄]（樓）？二

按：

本版為背甲卜辭；文字見於左背甲的左下方，附近見三個卜兆，只有中間一兆有兆序，文字圍兆書寫。「未」字，照本見字上從重枝葉貌，描本稍誤。鄉，或讀為饗，意即饗於西方；備參。卜辭最後一字是憂慮的「樓」字繁體。

333（H3：1032）　　　　乙丑卜：又吉兮，子具出，其[以]入，若，永，又（有）鬠值？用。五六七八

按：

本版僅一辭在右甲由上而下圍兆書寫，有朱砂填字溝。卜辭與〈6〉、〈342〉、〈481〉版同辭。此辭兆序由上而下作（五）（六）（七）（八），應與〈6〉版（2）辭的兆序（一）（二）（三）（四）相接，是針對同時同事所卜。具，字象雙手持鼎以獻形，引申有上貢意。出，似象橫置的斧戉形，是花東子納貢的兵器。〈493〉版有增手作「叞」。花東卜辭中見子進貢王室大量的貢物，有「入弓」〈384〉、「入函」〈106〉、「入𢦏」〈446〉、「入弓」〈320〉、「入璧」〈196〉、「入白屯」〈220〉、「入黃𢦏」〈223〉、「入瑪」〈296〉、「入人」〈252〉、「入雀」〈259〉、「入牡」〈286〉、「入肉」〈490〉。

334（H3：1034）　　　　二

335（H3：　　　　　　（1）　　丁酉卜：今夕[丁]往[刿]？一

1038+1457+1579）（2）　　[甲]辰：俎[丁]牝一，[丁]各，仄（昃）于我，羽（翌）

日于大甲？一二三

按：

（1）辭命辭問「今夕」事，可見前辭言「丁酉卜」是在白天進行的問卜活動。《校釋》1025 頁：「（2）辭例句又見〈34〉、〈169〉、〈420〉版中。」本版為「丁往」、「丁各」一出一入而問卜。

（2）辭前辭省「卜」，命辭中「[丁]各，仄（昃）于我」為獨立一事，加插於句中，應分開理解。「俎丁牝一」，指用俎祭儀式殺母牛一頭的牲肉進獻給時王武丁。俎祭的對象是子和丁共同的祖先「大甲」，武丁是次午後的來臨應與次日祭祀有關。

336（H3：1039）　　（1）　　甲寅卜：乙卯子其學商，丁永？子占曰：其又（有）

𢽗艱。用。子尻。一二三四五

（2）　　丙辰：歲妣己：牝一，告尻？一

（3）　　丙辰卜：于妣己钔（禦）子尻？用。一二

（4）　　丙辰：歲妣己：牝一，告子尻？二三四

按：

本版見朱砂填充字溝。

（1）辭「學」字從爻從宀，字源應與用蓍草卜卦於室內有關。相對於「教」字亦從爻，見「教」所強調的對象是學童，「教」的內容是爻詞。無疑「爻」已作為一種知識技能，是上古「學」與「教」的核心內容。（1）辭言花東子從事「學」一動作於商地，而卜問武丁會贊許（或喜悅）嗎。但花東子親自據卜兆判斷，預測此活動將會有負面的「𢽗」的困難。𢽗讀作壽，或為壽考、年壽用字。事後追記，花東子身體果有尻疾。由上下文見，花東子「學」於商地，是一正面得安好的動作，但事後花東子卻遭遇「壽艱」而身體蒙受疾患。因此，「學」字的理解似與占卜求佑有關。

（2）（3）（4）辭為一組。其中的（2）（4）二辭下上相承，為成套關係，應接著讀。由（2）（4）辭陳述歲祭，前辭省「卜」，稟告於妣己花東子有股腿之患，才會有（3）辭的占卜，祈求妣己賜福去除子的尻患。（3）辭介賓語前置，命辭應是「卲（禦）子尻于妣己？」的移位。文字如按行款順著唸，命辭祭祀對象讀作「己匕（妣）」；由文意正常理解，自然是讀為「妣己」。當日刻工在書寫時，是以一完整的詞的合體概念來書寫「妣己」，先刻「匕」，再刻「己」。可見閱讀甲骨刻辭，詞意的理解重於順讀的形式。同樣的，相對於（3）（4）辭，（2）辭的「告尻」當是「告子尻」之省。由不省句例的互較，來理解省略句，又是另一正確解讀甲骨文句的方法。

337（H3：1041）　（1）　乙：歲羊妣庚？一二

　　　　　　　　　　（2）　己卜：子尻？一

　　　　　　　　　　（3）　☐己？一一

　　　　　　　　　　（4）　庚卜：子尻？一一

　　　　　　　　　　（5）　十月丁出戰（狩）？一

按：

（1）辭前辭不用「卜」，命辭應是「歲妣庚：羊？」的移位句。

（2）（4）辭見「干卜：子尻？」例，相關的文例多見，如〈55〉、〈75〉、〈80〉、〈140〉、〈183〉、〈235〉、〈247〉、〈384〉、〈416〉、〈419〉、〈469〉、〈474〉、〈560〉等版是。對比於〈122〉（2）的「子尻貞：其有艱？」、〈379〉（2）的「丙辰卜，子尻：丁往于黍？」、〈480〉（3）的「癸酉，子尻在劇：」等句例，「子尻」亦可理解為前辭的貞人名，相關句例的標點可讀作「干支卜，子尻。」。「子尻」，根據目前的考訂，是花東子的私名，字讀為鑄。黃天樹讀此字為「金」，可商。本辭和花東卜辭大量只見「子鼎（貞）。」的獨立句例，似乎可以等量齊觀。

338（H3：1042）　（1）　甲辰：歲覓祖甲，又（有）友（祐）？用。一

　　　　　　　　　　（2）　甲辰：歲祖甲：覓一友（又）[龏]？一

（3）　　甲辰：歲祖甲：莧一友（又）龏？二三

（4）　　甲辰卜：子往俎，田扣，用鼎？

按：

　　本版「友」字，是「又」的繁體。（1）辭讀作「祐」，（2）辭讀為連詞的「又」。《校釋》1025 頁：「莧，人牲。句型與〈179〉版（2）辭相類，可能是同時所卜。」

　　　　〈338〉（2）甲辰：歲祖甲：莧一友（又）龏？一

　　　　〈179〉（2）甲辰卜：歲祖甲：莧友（又）龏？，叀子祝？一

互較二辭，〈338〉版的前辭不用「卜」，一是單純的省略，亦應理解同為「甲辰日占卜」的意思；一是代表兩種不同性質的用句，前者是陳述「歲祖甲」的具體活動，而後者才是有占卜問神的卜辭，詢問此事由「子祝」宜否。目前看，〈338〉版（2）辭似乎仍以省略的角度理解為佳。〈338〉版（1）（2）（3）辭為一組，（1）辭的「甲辰：歲莧祖甲，又（有）友（祐）？用。一」，前辭沒有用「卜」，但命辭無疑是在詢問歲祭祖甲這一活動可讓花東子得到祖先保祐嗎？因此，（1）辭語意自然有問「卜」於未來事誼的意思。而且句末有與占卜相對的「用辭」。（2）（3）辭為成套關係，連續的卜兆，目的也是在詢問鬼神對此歲祭活動的贊成否。

　　（4）辭「俎」字，象二肉置於几上形，用為殺牲法，示切肉以祭的祭儀。近人改隸作「宜」字；備參。「俎」字後一般接祭牲，罕接先祖姓名。原釋文釋作「上甲」的字，似應改讀為「田」，連下讀。〈23〉版（2）辭的「己巳卜：子燕（宴），田扣？用。」，可互參。

339（H3：1046）　　　　　　子貞。一

340（H3：1047）　　（1）　　癸巳：俎牝一？才（在）入。一二

　　　　　　　　　　　　（2）　　甲午：俎一牢、伐一人？才（在）[入]☒。一二三

　　　　　　　　　　　　（3）　　蓞（暮）酓，俎一牢、伐一人？用。一二

按：

　　本版的數詞「一」書於各詞的前和後，見花東詞序的靈活和不固定。「一牢」、

「一人」合書。俎，切肉。伐，用為動詞，砍首的殺牲法。（3）辭見在「酯」（酒祭）的專祭活動下具體細部的施行「俎」和「伐」二種殺牲方式。殷人的祭祀，早已有大祭和祭中殺牲法的區別。

（1）（2）辭連續兩天在外地俎牲以祭，前辭都不見用「卜」。

341（H3：1057 反）　　　　一[彳]。

342（H3：1070）　　　　乙丑[卜]：又（有）吉𠣾，子具☒？一

按：

本版與〈6〉、〈333〉、〈481〉諸版同文，版中見朱砂填充字溝。

𠣾，或為璧字，字以璧的聲符代用，作為花東子入貢的貢品。

343（H3：1066）　　（1）　甲戌卜：其夕[又]伐祖乙，卯[薦]？一
　　　　　　　　　　　（2）　甲戌卜：其又□伐祖乙？不用。一二

按：

（1）辭命辭「其夕又伐祖乙」句，語意可怪：（一）「夕」作為時間副詞，一般都只見於句首，或在干支之後，不會出現在虛字「其」之後。而且「夕」字形反書，寫法特別。（二）甲戌日占卜，不管是在白天或者是晚上，一般常態祭祀對象都是「某甲」，而不會是「祖乙」，本辭的甲日言祭祖乙，命辭應該隱藏或省略了一個「翌」（次日）的語意，而不會只用「夕」來表達。因此，本辭橫書「夕」、「又」的組合可能是「祭」字的譌變。「祭」字，王卜辭作左右式的併合，從又持肉，「肉」一般都朝向「又」的方向；花東甲骨有改作上下式的寫法，「肉」有改作「口」形，朝上方，如〈4〉、〈170〉；亦有改作「甘」形，如，〈505〉版。本版「祭」字組合從肉形朝外，與花東「死」字多從歺形朝外向相當，此應是「祭」字的異體。（1）辭應讀作：「甲戌卜：其祭伐祖乙，卯薦？一」。（2）辭命辭的「其又□」，亦應是「其[祭]」之殘。祭，作為獻肉的專用祭名，動詞。「祭伐」與「卯薦」前後並列。（1）（2）辭右左相對，似作為正正對貞。（2）辭的兆序（二），或與兆

序（一）相承，屬成套關係；或另屬他辭的兆序。

344（H3：1087）　　　　□囂一，□卯（禦）[往] □？

按：

　　本版為甲尾部分，可與〈302〉一版綴合。參〈302〉版。

345（H3：1069）　　（1）　又（有）羌？一

　　　　　　　　　　（2）　勿又（有）羌？一

　　　　　　　　　　（3）　叀一牛？一

　　　　　　　　　　（4）　弜□？

　　　　　　　　　　（5）　弗正？

　　　　　　　　　　（6）　叀牝？一

　　　　　　　　　　（7）　叀二牛？一

按：

　　（7）辭原釋的「叀一牛？」，應作「叀二牛？」，描本數詞「二」誤書作「一」，宜更正。（3）（7）二辭為選擇對貞，刻在右下甲的上下對應位置，宜連讀。本版「一牛」、「二牛」，都作合文直書。（1）（2）辭是正反對貞，（3）（7）辭是選貞，（6）（4）辭是正反對貞，（5）辭獨立，與殘缺的上甲處可能有對應的辭例。「正」，讀如禎，有吉祥意。

　　由此殘甲，見否定詞分用「勿」、「弜」、「弗」，數詞「一」可有可無，而句首語詞，有用或有不用「叀」字。此足見早期花東語法的不穩定。

346（H3：1078）　　（1）　子？

　　　　　　　　　　（2）　叙？二

　　　　　　　　　　（3）　三戌？一

　　　　　　　　　　（4）　四戌？[一]二

　　　　　　　　　　（5）　永？一

按：

　　敠，或「奴」字異體，字用為女奴，有作人牲。

347（H3：1085 正）　（1）　至□。

　　　　　　　　　　　（2）　其。

348（H3：1085 反）　　　三十。

349（H3：1106）　（1）　□□？

　　　　　　　　　（2）　☑夘[卯]于☑？一

　　　　　　　　　（3）　子亡□？

　　　　　　　　　（4）　□于□夘☑于□，乙钾（禦），其丁又（有）疾？

　　　　　　　　　（5）　☑丁☑？一

　　　　　　　　　（6）　☑亞？

　　　　　　　　　（7）　☑子☑？

　　　　　　　　　（8）　陞貞。一

　　　　　　　　　（9）　貞：凡爵？一

　　　　　　　　　（10）　子貞。二

　　　　　　　　　（11）　□？二

　　　　　　　　　（12）　勾（鰲）馬？

　　　　　　　　　（13）　勾（鰲）馬？二

　　　　　　　　　（14）　子亡囚（禍）？二

　　　　　　　　　（15）　☑？一二

　　　　　　　　　（16）　子貞。一

　　　　　　　　　（17）　母貞。一

　　　　　　　　　（18）　陞貞。二

　　　　　　　　　（19）　子夢丁，亡囚（禍）？一

（20） 子又（有）鬼夢，亡囚（禍）？一

按：

本版下甲文字有遭刮削。（12）（13）辭的「勹（鬃）馬」，或讀為一字：「鴌」。字上從力形器（或耒字），象翻土的耕具，如理解為一字，則作為聲符；如理解為一詞，則借為顏色詞的鬃字。（12）（13）辭在右左前甲相對，二「鴌」字一作上下式，一作左右式的結構，屬同版異形。（19）（20）辭「夢」字分見上甲左右，從豎眉處寫法卻同向，屬同版異形。本版「子」字雙手作凵形，很可怪異，（16）辭「子」字描本誤書。（4）辭「其丁」前漏一「卟」字，宜補。

本版花東子作為貞人，又作為求佑去禍的祈福對象。

（19）（20）辭同屬一組，在左右首甲兩端對應。（20）辭的「子又（有）鬼夢」，即「子夢鬼」的移位句，因強調惡夢的對象，故將受詞「鬼」移前，前復增列詞頭「又」。鬼字從女，花東子這次惡夢的對象是女鬼。由（19）（20）辭文意看，子無論是夢武丁（活人），抑或夢女鬼，「夢」此一動作都並非事前能預測的。因此，「子夢丁」、「子又夢鬼」，都確證是事情發生後的一個追述寫法，自可理解為陳述句，其後詢問此事「無禍」否的「亡囚」，屬於疑問句。

由（19）（20）辭刻寫的對稱位置和卜兆都只有（一）看，「夢丁」和「夢鬼」似是同時同一夢境的內容。武丁和女鬼居然會同時在花東子的夢中出現，的確並不尋常。一般常理言，子夢見女鬼，自然會占卜詢問無禍害否，但夢見一國之君，而且又是花東子本人的父親，亦同樣詢問無禍害否，可見武丁在花東子心目中敬畏恐懼，竟與女鬼無異。〈352〉版（6）辭「丙申夕卜：子又鬼夢，福告于妣庚？用。一」，與本版的「子又夢鬼」可能屬於同時占問的卜辭，其中的鬼字均同從女。花東子夢女鬼，即時求佑於祖母妣庚，足見花東子對於妣庚情感上的依賴。

（3）辭的「子亡□？」、（14）辭的「子亡囚？」二辭，似應排列在（19）（20）辭的後面。

350（H3：1109）　　　　甲辰夕：歲祖乙：黑牡一，子祝，昭召？一

按：

本版卜辭單獨見於右前甲上方。《校釋》1026 頁：「牝字為牡之誤，核對拓本和描本可證。本辭例又見於〈6〉版中。」本版歲祭，前辭不見用「卜」，句與（6）版（1）辭的「甲辰夕：歲祖乙：黑牡一，叀子祝，若，祖乙永？用。珡召。一」內容基本相同，似是同時同事異卜。二句句末的「珡召。」就順讀言，理應解為驗辭。但相對於〈457〉版的「己酉夕：翌日召歲妣庚：黑牡一？庚戌酯牝一。」例，「珡召」二字似又可理解為命辭句首的移後，意指次日乙巳進行召祭。目前看，恐以後者釋讀為是。

351（H3：1111） （1） 一二三

（2） 一二三

（3） 戊子卜，才（在）刈貞：不子冊又（有）疾，亡祉，不死？一二三

（4） 戊子卜，才（在）刈貞：其死？一二三

（5） 戊子卜，才（在）刈：言曰：羽（翌）日其[于]隻官（館）俎？允其用。一

按：

（3）（4）辭地名「刈」字在甲左右朝中線書寫，正反移位，屬同版異形。

（3）（4）辭屬正反對貞，其中的（3）辭為完整句，（4）辭省略，刻手的主觀心態是盼望禱告有疾的對象（可能是子）「不死」。

（5）辭前辭省「貞」，命辭「翌日」二字分書於兩行，明確點出此屬二字，應分讀。「其[于]隻官俎」，應是「其俎[于]隻官」的移位句。原描本的「又」字，應是「允」字之誤，《姚釋》已有說。「允其用。」一句為驗辭，〈59〉版（2）辭的「允其水。」、〈331〉版（1）辭的「允其又（有）。」可以互證。

352（H3：1113） （1） 己丑：歲妣庚：牡一，子往于溝，卲（禦）？一

（2） 壬辰：子夕乎（呼）多尹□阬南，豕弗菁？子占曰：

弗其菁。用。一

（3）　　于宁見（獻）？一

（4）　　于貯見（獻）？一

（5）　　于𦥑黑又□？一

（6）　　丙申夕卜：子又（有）鬼夢，禱告于妣庚？用。一

按：

（1）辭在甲右尾，先橫書圍兆而下，其中「牝一」合文直書。（3）（4）辭左右甲對貞，其中的地名「宁」字，在（4）辭見字缺「宁」下一豎筆而另又增從貝，屬同版異形。字當讀如「貯」無疑。學界從李學勤釋賈，備參。

（2）辭是花東子命令多尹官員在阤南狩獵的一條卜辭，其中的「豕弗菁（遘）」，應是「弗菁（遘）豕」的移位句，賓語前置句首。

（5）辭「𦥑黑」例，又見〈324〉版（2）辭。

（6）辭的「子又（有）鬼夢」，應是「子夢鬼」的賓語前置句中，前復增詞頭。「鬼」字下從女，屬女鬼，女首有增一橫筆，描本稍誤。此言花東子有夢鬼凶兆，故求佑於妣庚。

353（H3：1122）　　（1）　　己酉：歲妣己：牝一？一

　　　　　　　　　　（2）　　庚戌卜：小子召妣庚？一

按：

本版二辭和卜兆都只見於右甲。

花東卜辭祭祀的主語一般都省略，但由上下文觀察，大多是指花東甲骨的主人花東子。（2）辭卜問「小子」召祭妣庚宜否，「小子」一詞用為官名，抑或是花東子的親暱自稱，仍無確證。〈205〉版（3）辭原釋有「三小子貞」例，恐只能讀作「子貞」。對比（1）（2）辭，花東習言「歲」祭，而一般在前辭中都習慣不用「卜」，這現象和「歲」祭本身在花東甲骨中應用的獨特性質恐有一定的關係。

354（H3：　　　　　（1）　　乙亥：歲祖乙：小靯，子祝？才（在）麗。一

1125+1126+1317+1574）（2） 一

（3） 甲申：又（侑）𠬝？用。一

（4） 甲申：歲祖[甲]：小宰、𢓊𠬝一，子祝？才（在）麤。一

按：

（3）（4）辭二「𠬝」字下从十字形，一字中具四虛點，另一字省；屬同版異形。（1）辭地名麤字，為花東甲骨僅見的新出字，从三口从鹿首，應是花東另一地名〈7〉作全形字之省。字从鹿與从彔通，聲兼義，強調山麓地。（4）辭的「宰」字，从羊首中有一短橫，原描本漏。

（1）辭見乙日花東子在外地歲祭祖乙。祖乙即小乙，是花東子的親祖父，祭牲用特別且屬公的圈養羊。花東甲骨多強調用牲的特殊性，如大小、公母、顏色的選擇。宰分公母，花東甲骨僅一見，在過去所見的甲骨中亦沒有此例，應是殷商早期測試性的創新文字。甲文中的牛羊有分公母，但將公母合書的亦僅一見作〈合集 19987〉，屬非王卜辭，而此版用牲禦祭的對象又是「妣己」，似與花東常見的「妣己」為同一人。

（3）（4）辭在左上甲，為同一組卜辭。（4）辭為完整句，（3）辭省略，原則上應先讀（4）辭，再讀（3）辭。至於（3）辭中「又𠬝」的「又」，可對應理解為「𢓊」字省，抑單純作動詞侑祭、詞頭或連詞的用法，仍有討論的空間。

355（H3：1128） （1） 乙巳卜：子其□[多]尹卩酓（飲），若？用。一

（2） 乙巳卜：于□酓（飲），若？用。一二三四五

（3） 乙巳卜：于入酓（飲）？用。一二

（4） 丙午卜：其入自西祭，若，于妣己酉（飲）？用。一二

（5） 戊申：歲祖戊：犬一？一

按：

（1）辭「尹卩」左右並書，或為一字。《姚釋》認為「卩」字當是「令」字，

備參。（4）辭的「妣己」，成詞作一格位置書寫。「酉」，應是「畲」字省，或漏書倒口。（5）辭「戊」字戊口處增短豎筆、（4）辭「祭」字從肉作口形朝上，都是花東的特殊字形。本版共五條辭例，只有（5）辭「歲祖戊」的前辭不用「卜」；相對的版面，如〈61〉、〈88〉、〈115〉、〈123〉、〈157〉等是。這種歲字句省「卜」現象背後的意思，值得關注。

（4）辭詢問句的「若？」前移句中，是一特例句型。《校釋》1027頁：「句意的推理應該是『其入祭自西，飲于妣己，若？』」。對比（3）（4）辭，（3）辭「于入畲」的「入」是「入祭」意；「畲」或是「飲」，屬祭奠祖先的儀式。

（5）辭戊日祭祖戊，用罕見的「犬」為祭牲。「祖戊」並非殷王大宗世系的祖先。

花東子命令「多尹」之官進行飲祭，亦可概見其權勢的浩大。

356（H3：1131正） （1） 己卜：子其□□于之（此），若？一
　　　　　　　　　　 （2） ☑[匕]（妣）庚☑？
　　　　　　　　　　 （3） 甲卜：翌乙□□？
　　　　　　　　　　 （4） 甲□：翌乙弜□[丁]？
　　　　　　　　　　 （5） ☑[隹]（唯）☑？一
　　　　　　　　　　 （6） ☑？

按：

本版文字局部遭刮削。原釋文將（1）（2）辭混讀，今重新區隔，增（2）辭。（3）（4）辭原釋文的「弜日」，應是「翌」字之誤。

357（H3：1131反） 　　　　　 三十。

按：

本版屬〈356〉版甲骨反面鑽鑿處，由照本見鑽鑿間燒灸成兆的位置，都在斜出的橫裂紋中間，與王卜辭一般見於橫裂紋和豎裂紋交錯的點上稍不同。

358（H3：1138） ☐，又（有）刻？

按：

「又」，讀有。「刻」，從又持刀朝向豕背，有剖殺豬的意思，作為殺牲的廣義用法。〈60〉〈239〉版針對「馬」詢問「又刻」否、〈228〉版針對「吉牛」亦詢問「又刻」否，可知「刻」字剖殺的對象，在語意上已由原形本義的豕擴大用於一切祭牲。

359（H3：1148 正） 丙卜：叀小白🔲、刀☐？

按：

本版文字有遭刮削痕跡。原釋文描本有誤，刻字模糊，釋文亦僅供參考。

360（H3：1148 反） 三十。

361（H3：1149 正） （1） 丙卜：子既祝，又（有）若，弗又（佑）妣庚？一
　　　　　　　　　　（2） 丁。

按：

花東的🔲，象手形，一般都強調是指右手形，字讀如又、有、佑等用法。花東的🔲，亦象手形，在花東卜辭中有強調是指左手形，讀作左。左與右字相對，彼此左右手形有區別的作用。如：

　　　　〈50〉（1）丁亥卜：子立于右？

　　　　　　　（2）丁亥卜：子立于左？

　　　　〈60〉（5）唯左馬其又（有）刻？

　　　　　　　（6）右馬其又（有）刻？

　　　　〈198〉（8）于左、右用？

　　　　〈367〉（4）新馬子用右？

　　　　　　　（5）新馬子用左？

　　然而，左右手形寫法亦有混用的例子，如：

〈204〉（1）又歲牛于妣己？

（3）☑又歲牛于妣己？

二辭的「又」字在龜甲的左右方相互朝中央千里線的方向，都讀為「有」。於此可見，手形字朝左右向無別。相對的，〈361〉版（1）辭「又（有）若？弗又（佑）妣庚？」二手形字左右對向，都可隸作又，音讀轉為「有」為「佑」。在上下文意通順無訛。「弗佑妣庚」，意即弗受妣庚的降佑，句意有被動式的用法。原釋文和《姚釋》讀作「弗左妣庚」，《姚釋》337頁認為「左」讀「差」，相當於「不若」，並謂此辭「有若，弗左妣庚」，猶言「有若于妣庚，弗左于妣庚」。可是，如果「左」即「不若」，（1）辭同句中已言「有若」，如何需再轉折接言「弗（不若）妣庚」？在前後文意言是無任何意義的。

本版「祝」字從人跪坐，張口朝天禱告於示前，兩手張開向上，字形屬花東的獨特字例。

362（H3：1149反）　　　　庚入五。

按：

文字在左甲橋中間位置直書，記錄「庚」進貢五隻龜。《校釋》1027頁：「庚，人名或附庸族名。」

363（H3：1155）　　（1）　☐卜：才（在）𮥉京，𤔲（迄）𢽅，[大]戰（狩）☐[至]☐？

（2）　☑𢽅，[大]戰（狩）☐？

（3）　[辛][卜]：歲祖☐：羌，登自丁[黍]，才（在）𤔲；祖甲[祉]？一

（4）　丁卯卜：子合丁，[再]𥁕𡧛[一、緹九]？才（在）𨴌，戰（狩）[自]𤔲。一

（5）　丁卯卜：再于丁，𥁕，才（在）宮，迺再，若？用。才（在）𨴌。一一

按：

（1）（2）辭在右甲下對應成組。

相對於〈4〉版（3）（4）辭在「歲祖乙」後，並詢問「祖甲征？」的句意組合，本版（3）辭歲祭的「祖」字後一殘字疑也應是「乙」。「登自丁[黍]」，是「登[黍]自丁」句的移位。

（4）辭的「丁卯卜：子合丁，禹：觥合一、細九？在𠚣。狩自𥃳。一」，與〈480〉版（1）辭的「丙寅卜：丁卯子合丁，禹：觥合一、細九？在𠚣。來狩自𥃳。一二三四五」的內容相同，本辭應是接著〈480〉版而卜。〈480〉版的「子合丁」句中的「合」，中間不見三虛點，字不應是衣服形，下半亦不作衣襟寫法。李學勤理解此字為勞（《吉林師範大學學報》2004 年第 3 期），恐非是。字象盒形，器盍與器身相接，應讀作合。《爾雅·釋詁》：「合，對也。」《周禮·媒氏》注：「得耦為合」，《國語·楚語》「合其州鄉朋友婚姻。」注：「會也。」《詩·民勞》箋：「合，聚也。」合字引申有會聚意。「子合丁」，言花東子與武丁在𠚣地相聚。其後再舉進貢物品的對象是「丁」。

364（H3：1158）　　（1）　貞：子亡囚（禍）？一
　　　　　　　　　　　（2）　又（有）囚（禍）子？二
　　　　　　　　　　　（3）　用。

按：

《校釋》1028 頁：「囚，即禍字的初文。二辭兼成套與正反對貞，（2）辭應即『子又（有）囚？』的移位。」本版「子」字的寫法，雙手成凵形，屬花東甲骨的特殊字例。（1）（2）辭位於左右甲上方相對應的位置，由句意和卜兆相向位置言，都見屬於對貞關係；但兆序分別作（一）（二），又屬成套的關係。

365（H3：1159）　　（1）　▨[至]▨三▨？
　　　　　　　　　　　（2）　▨？
　　　　　　　　　　　（3）　▨？
　　　　　　　　　　　（4）　▨一又▨告▨？

（5）　☐？

（6）　☐乎（呼）☐？

（7）　☐？

（8）　☐？

（9）　☐？

（10）　耤，弢力，攺，若？

按：

　　本版大部分刻辭遭刮削，原因不詳。（10）辭在左上中甲處，文字朝中線橫寫。「攺」字右邊从它虫形旁的蛇頭不顯，只見數點蛇血。描本稍誤。

366（H3：1162）　（1）　乙丑卜：[皀]（簋）☐宗，丁采，乙亥不出戰（狩）？一二三

　　　　　　　　　（2）　乙丑卜：丁弗采，乙亥其出？子占曰：庚、辛出。一二三

按：

　　（1）（2）辭各自問卜三次，屬複合句的對貞關係，命辭句式作{⁻₂⁺}，主要判斷和詢問是後句內容。細審（1）辭命辭，是完整句，有三分句：一屬祭祀，二屬農耕，三屬田獵。第一分句辭殘，應是指祭獻於宗廟，第二分句的動詞从人手採禾穗，有收成意。采，《說文》：「禾成秀，人所收者也。」俗作穗。採割禾穗的主語是丁（武丁）。商王親自勞動主持農作收成。第三分句卜問十天後不外出田獵否，主語似應是花東甲骨的主人花東子。商王在國境內主持收割農作物，收成活動長達十天，武丁無疑是一勤奮親民的表率。（2）辭命辭省略三分句中的第一分句。（2）辭占辭則是針對命辭最後一分句作出判斷。（1）（2）辭一方面正反卜問「丁采」宜否，一方面又卜問作為兒子的花東子十天後是否適宜出外狩獵。顯然，花東子對於個人的娛樂活動，需要顧慮和配合武丁的一些公開行為。由（2）辭「子占」的判斷語，知是不適合安排在十天後的「乙亥」日外出，並認為應再往後推延五天的「庚辰」「辛巳」日是比較適當。當日的花東子明確的不想在武丁忙於國事之際外出，

故要延後出獵的時間。武丁與花東子二人既親密復緊張的心態，於此版甲骨內容亦見一般。

　　對比〈337〉版（5）有「十月丁出狩」例，本版「出狩」的主語是誰，和「丁」是時間詞抑人名，無疑影響了全句意義的解讀。以上申述，亦僅備一說。

367（H3：1180）　　（1）　朕。

　　　　　　　　　　（2）　癸亥卜：新馬于宁見（獻）？一二

　　　　　　　　　　（3）　于貯見（獻）？一二

　　　　　　　　　　（4）　新馬，子用右？一

　　　　　　　　　　（5）　新馬，子用左？一

　　　　　　　　　　（6）　貯見（獻），子用右？一

　　　　　　　　　　（7）　貯見（獻），子用右？一

按：

　　本版「馬」字，描本稍誤。拓本、照本見馬的側身，後腿處均有一屬指事的小弧符號，似乎強調不是泛指一般的馬，而是某類特殊的束後腿狀的新地之馬。《校釋》1028頁：「新，應是地名。〈163〉版見『其又貯馬于新？』可證。」

　　（1）辭「朕」刻在右甲橋下端，似為管理龜版者的署名。

　　（2）（3）辭在前甲右左對應橫書，屬正正對貞，其中的「宁」「貯」互見，屬同版異形。句意是「花東子見（獻）新馬于貯地」的移位和省略。

　　（4）（5）辭用為選貞或正正對貞，（6）（7）辭為另一組正正對貞，前句「貯見」是「于貯見」之省介詞。其中的（5）辭隸作「左」的字，站在對貞文字多見相向書寫的習慣，恐仍應讀作「右」。至於「用左」「用右」是否指貢物有分左中右的選擇，就無從推斷了。只是花東的「用」字，一般是針對卜兆的選用不選用言，並沒有「用馬」「用見（獻）」的文例，而且「新馬」既已是貢物，花東子本人自然談不上用以為祭牲，所以本版的「用」不應理解為用新馬。

368（H3：1163）　　　（1）　□？

　　　　　　　　　　　（2）　□？

　　　　　　　　　　　（3）　□妣庚□至于□？

　　　　　　　　　　　（4）　□至于□？

　　　　　　　　　　　（5）　□[𠂤]□于□？

　　　　　　　　　　　（6）　□？

　　　　　　　　　　　（7）　□卜：□其□羊□？一

　　　　　　　　　　　（8）　□？一

　　　　　　　　　　　（9）　二

按：

　　本版大量文字遭刮削。人名只見「妣庚」殘留。

369（H3：1164）　　　壬辰卜，貞：又馽[弗]安，又赼（迮），非歔？子占曰：

　　　　　　　　　　　三日不死，不其死。一

按：

　　本版只見右甲尾靠千里線一辭。四周卜兆有四個，刻有兆序的僅左下方一見。文字由內向外圍兆先橫後直書寫。

　　命辭二「又」字，一作詞頭，一讀為有。赼，原釋文作赻，誤。字從乍不從糸，《姚釋》已先發現。字從走乍聲，與文獻的迮字同，有怱忙、壓迫意。迮，《說文》：「迮迮，起也。」段玉裁注：「倉卒意。按《孟子》「乍見孺子將入於井」，乍者，倉卒意，即迮之叚借意。引申訓為迫迮，即今之窄字也。」迮與「弗安」意近。命辭言有公馬情緒不穩定，且有倉猝壓迫的暴走舉動，因此卜問此馬莫不是遭受到矢患（指外在的傷疾）嗎？花東子判斷，說：「該公馬三日內如不死去，將平安不會死亡。」

　　本辭命辭的否定詞「弗」、「非」和占辭的「不」並見。「弗」修飾情緒性、抽象的「安」字，但是事實的具體呈現。「非」修飾具體的用矢射獸的「歔」字，但用在詢問、懷疑的語氣。「不」修飾將然發生的「死」字，且有果斷、決然的意味。

三者用法稍異。

370（H3：1165）　　（1）　辛未卜：子往𢿜，子刔[乍]（作）子□叀覃？

　　　　　　　　　　　（2）　丁丑卜：其合彈眔𢿜？一

　　　　　　　　　　　（3）　丁丑卜：弜合[彈]眔[𢿜]？一

　　　　　　　　　　　（4）　丁丑卜：弜合☒？二

　　　　　　　　　　　（5）　丁亥卜：□出入䂰（薛）☒？用。一

按：

　　（2）（3）辭右左對應，屬正反對貞，其中的「𢿜」字左右甲正反書寫，屬同版異形。動詞「合」有聚會意，主語為「子」，聚合的對象是附庸彈和𢿜。（5）辭見「出入」成詞。

371（H3：1166）　　（1）　己亥卜：甲其𡆥（速），丁往？一

　　　　　　　　　　　（2）　己亥卜：丁不其𢓊（各）？一

　　　　　　　　　　　（3）　庚子卜：子告，其乘于帚（婦）？一

　　　　　　　　　　　（4）　子弜告，其乘？

按：

　　本版是甲尾殘片。（1）（2）辭在下，（3）（4）辭在上，兩兩對應。

　　（1）（2）辭語意相承，卜問「丁往」與「丁不其各（格）」，一指離開，一指返回。「往」與「各」用法相對。「甲其速」，言「甲日將有聚會」。

　　（3）（4）辭正反對貞，但（4）辭漏列對應的卜兆。二辭的命辭為複合句，前句見「動詞—弜‧動詞」正反對立。花東子稟告的對象可能是丁（武丁）。後句都作「其‧動詞」，「其」字強調將然的、未發生事件的語氣。乘，從禾框於口符中，示束捆連穗帶稈的禾類農作。字有收割意，名詞當動詞用，用以呈獻於上位者。這裡言獻穗的對象「婦」，應是「婦好」。花東子正反卜問獻穗於婦好一事是否應呈報武丁。

372（H3：1177）　　（1）　　乙酉卜：叀[長]鼑？用。一

　　　　　　　　　　（2）　　乙酉卜：叀子[鼑]？不用。

　　　　　　　　　　（3）　　乙酉卜：▢？一

　　　　　　　　　　（4）　　丙戌卜：子叀辛𡐦？用。子𥂞。二二

　　　　　　　　　　（5）　　丙戌卜：子▢𡐦？用。二三

　　　　　　　　　　（6）　　甲午卜：歲祖□叀祝？一

　　　　　　　　　　（7）　　甲午卜：叀子祝？曰：非□□疾死。

　　　　　　　　　　（8）　　甲午卜：子乍（作）戉，分卯于丁？用。

　　　　　　　　　　（9）　　己酉卜：子帚（寢）[燕]？

　　　　　　　　　　（10）　[叀][帚]（婦）好□□見（獻）？用。一

　　　　　　　　　　（11）　□申卜：叀子？一

按：

　　（4）辭兆序連作（二）（二），可怪。如描本無誤，第二個兆序（二）刻於卜兆橫紋的下方，亦不合乎常態的兆序的位置。照本於此不清，存疑待考。（5）辭兆序，原釋作（一）（二）（二），但據照本放大觀察，未見兆序（一），而靠甲橋的兆序（二），其下骨邊處仍清楚多見一橫筆，此兆序應為（三）。因此，（5）辭的兆序應是（二）（三），而對應的（4）辭兆序似也應該是（二）（三）。

　　（4）（5）辭中的命辭動詞𡐦字，見於丙戌日，時間在（1）～（3）辭乙酉日和（6）～（8）辭甲午日之間，而乙酉日和甲午日所卜內容都屬祭祀類。因此，由常理推測𡐦字亦當為祭祀類用詞。對比（1）（2）辭子用「鼑」祭獻佳鳥，𡐦也應是祭獻的物品。字象一宁架繫於正立人頸項之上，與「執」字用枷鎖繫手相當。字作為奴役意。〈合集 9089〉反有「𡒒」字，用為貢牲，與此字或同。（4）辭「叀辛」加插句中，指獻人牲的時間在「辛卯」。

　　（6）辭句末的「叀祝」，應是「叀子祝」之省。（6）（7）辭屬同一組卜辭。（7）辭末「疾死」二字合文，其中从人部件共用。本版的「叀」字有見於句首，強調主語；有見於句中，強調時間詞。

　　（8）辭「子作戉，分卯于丁」，是卜問花東子鑄造兵器，剖牲以獻武丁一事的

吉否。原釋文讀作「子乍用，于□用？不卯。」，隸定和順讀都有出入。

（9）辭命辭理解作「子于帚（寢）[燕]？」，屬「子燕于寢？」句的移位。帚，用為寢宮，名詞。卜問花東子在寢宮飲宴的順否。

373（H3：1182）　　（1）　癸卯卜，貞：[弘]吉，又（右）史死？一

　　　　　　　　　　（2）　不其吉，又（右）史其死？一

按：

（1）辭「死」字从歺朝向人，（2）辭「死」字从歺與人同向，二「死」字屬同版異形。（2）辭末句「其」字二豎筆不穿短橫，描本誤，同辭二「其」字形豎筆有穿有不穿，屬同版異形。

（1）（2）辭屬正反對貞，作{ A∶B A∶A }。（1）辭言占卜呈現「大吉」的兆象，右史仍會死亡嗎。（2）辭否定句二分句都夾用「其」字，言「占卜如不是吉兆，右史將會死亡嗎？」，「其」字具有懷疑、不確定的將然語氣。「又史」，「又」字亦可理解為「有」，用作詞頭，不一定要讀為「右」。本版直接詢問史的死亡否，知史官其人當有重疾或重禍，故先詢問占卜的吉凶對「史會死亡」一事的影響。

374（H3：1185）　　（1）　□入一□四□？用。

　　　　　　　　　　（2）　□覓□？

　　　　　　　　　　（3）　□二□子□于丁□？

　　　　　　　　　　（4）　□辛□？

　　　　　　　　　　（5）　壬卜：□于□三[史]庚告□？

　　　　　　　　　　（6）　壬卜：□三犯？

　　　　　　　　　　（7）　□癸□：曰□告□？

　　　　　　　　　　（8）　壬卜：叀三牛？

　　　　　　　　　　（9）　□子□往姎庚？

　　　　　　　　　　（10）　辛卜：劦钕姎庚？

　　　　　　　　　　（11）　用。一

（12）　辛卜：攷其姃庚，若？

（13）　壬卜：歲姃庚：☒？

（14）　壬卜：子□一牡☒三白豕□？

按：

　　本版文字遭刮削，只有（10）（12）辭祭姃庚的辭例完整保留。（5）辭「史」字不清，備參。（14）辭見「三白豕」一詞。

375（H3：1186）　（1）　戊卜，才（在）龘：柲馬又[呂]（以）？曰：□。一

　　　　　　　　　（2）　乙丑卜：甾[友]其征，又（有）[凡]，其[莫]（艱）？二

按：

　　（1）辭由中間向左方橫讀，「柲馬」或合讀為一字，從馬必聲，馬名。「又」字左邊一字從以從口，是「以」字的繁體；描本誤從午。「柲馬又[呂]（以）」句，是「以柲馬」的移位，意即進貢柲地的馬。「曰」前並無「子」字，原釋文恐誤。

　　（2）辭「甾友」成詞，人名。「友」字骨殘，只見一「又」字，由〈300〉、〈375〉版同文補。

376（H3：1187）　（1）　戊申卜：子[福]于姃丁？用。一

　　　　　　　　　（2）　子□？一

　　　　　　　　　（3）　己酉夕：伐羌一？才（在）入。

　　　　　　　　　（4）　庚戌：俎一牢？彈。一

按：

　　（1）辭字溝見填朱砂，原因不詳，或與祭祀求平安的意涵相關。（2）辭字不清，備參。（3）辭「羌」字，據照本放大字的左下方斜紋並不是筆畫，羌人身當朝向中間的千里線。（4）辭接於（3）辭之後，刻法特殊，「庚」字照本見中從二橫畫，描本稍誤。《校釋》1028頁：「（3）（4）句與〈178〉版同，為同時所卜。『庚戌：俎一牛？彈。』應是另一獨立的辭。」此言己酉日傍晚在入地問卜，詢問砍殺羌一人

的吉否，次日庚戌日接著問切肉一牢為祭品宜否。這都是由彈（人名）作記錄的。而這兩條卜辭並沒有交代祭祀的對象，可能同是指（1）辭戊申日福祭的妣丁。

（3）（4）辭連續書寫，與〈178〉版（8）（13）辭全同，二者在甲上位置左右相對，是異版同卜。（3）（4）二辭在同兆上緊接謄錄，顯然並不是偶然，應是卜辭特例一種。

377（H3：1189） （1） 乃𥝩？一

　　　　　　　　　（2） 乃？一

　　　　　　　　　（3） 潍新？一

　　　　　　　　　（4） 𠂤企？一

按：

《校釋》1029頁：「乃𥝩，在〈137〉、〈458〉、〈473〉諸版都作𥝩乃，用為附庸族名。𠂤，从人持倒首，隸作倠，或即覿（見）字異體。『新』和『企』用為地名。四辭左右甲交叉對貞。」（1）辭「𥝩」字从子，雙手混作一橫筆，寫法奇特。（2）辭是「乃𥝩？」之省。（3）辭「潍新」，或讀作「新潍」，指新地的貢品。

378（H3：1199） （1） 戊戌夕卜：翊[己]，子求豕，菁，罕（擒）？子占曰：

　　　　　　　　　　　 不三其一。用。一二三四

　　　　　　　　　（2） 弗其罕（擒）？一二三四

　　　　　　　　　（3） 罕（擒）豕？子占曰：其罕（擒）。用。一二

按：

（1）辭動詞由「求」而「菁」（遘）而問「罕（擒）否，語意相承。（1）（2）辭正反對貞，否定句見省略命辭中的前二分句。（1）辭占辭謂「不三其一」，是針對命辭中的三個行動流程言，其中有一個是不順利的。（1）（2）辭對應的卜問花東子擒獲否？正反各卜問四次。由用辭看是同意肯定句中有「擒」的詢問意，因此，才會有（3）辭進一步細問會有擒獲具體的動物「豕」嗎？花東占卜方式有分二階段，先是廣泛的正反占問，再針對性的作特定的追問；又有先作一單句詢問，再用

對貞作細部的了解。本版句例應屬前者。

379（H3：1203）　　　　（1）　丙辰卜：子其昫粿（黍）于帚（婦），叀配乎（呼）？
　　　　　　　　　　　　　　　　　　用。一

　　　　　　　　　　　　（2）　丙辰卜，子叀：丁往于黍？一

　　　　　　　　　　　　（3）　不其往？一

按：

　　（1）　辭天干「丙」字有朱砂書寫痕迹。

　　黍字，（1）辭增从米，（2）辭獨體；二字屬同版異形。本版的字形有與一般王
（武丁）卜辭明顯不同，如：

	花東卜辭	王卜辭
丙		
辰		
卜		
子		
其		
勺		
帚		
叀		
黍		
配		
乎		

花東的用詞與王卜辭亦有差異。如：

匄字句：

王　卜　辭	匄方、又匄、亡匄、于祖先／自然神匄、匄人、匄祐、匄射、匄某女牲、茲匄、匄祟
花東卜辭	呼匄、匄馬、匄妾、匄黍

配字句：

王　卜　辭	余配、我配、小配
花東卜辭	呼配、配貞

（2）（3）辭左右甲正反對貞，其中的（3）辭省主語和介賓語。

（2）辭前辭的「炅」字夾在「子」、「丁」之間靠「子」之下低格縮小書寫，可能是在整句書寫之後才補書上去的。這無疑是「子」相當於「子炅」的一個證明。「炅」理解為花東子的私名。再看（1）命辭的「子其呴糅于帚」句，《校釋》1029頁：「相對於〈218〉版的『丙辰卜：子炅更今日呴糅于帚，若？』一辭，『子』與『子炅』可能是同一人的異名。」

380（H3：1205）　　　　庚戌卜：子于辛亥秌（並）？子占曰：舢卜。子尻。用。一二三

按：

「用」字右上方描本漏一斜橫，宜補。《校釋》1029頁：「舢字从舟人，或即『前』字初文。『前卜』與『終卜』相對。〈490〉版有『乙酉卜：入肉？子曰：舢卜。』，〈61〉版有『癸卯卜，亞奠貞。子占曰：終卜。用。』，例可互參。」本辭靠左甲沿兆旁外由上而下直書，最後的「用」字似作另行獨立書寫。三個兆序（一）在上，（二）在下，（三）卻在龜甲中間，並不是順序刻寫。

按命辭句意，「子並」應連讀，「並」字用為動詞，「于辛亥」是時間詞後移，加插句中。「子占曰：舢卜」一句是占辭，言花東子在是次占卜的三兆中，認為第一卜是好的。「子尻」一詞似理解為驗辭，一般是指子的股臀部位，這裡或作為花東子身體無恙的簡省記錄。

381（H3：1209）　　（1）　戊戌夕卜：曉己，子其[罽]，從坒，[北]鄉（向），敮菁？

　　　　　　　　　　　　　　子占曰：不三其一，其二，其又（有）遴。一

　　　　　　　　　　（2）　于既乎（呼）？用。一二

按：

　　（1）辭「菁」字上下二形中有短橫，描本漏。（1）辭「子其」後的殘字，《校釋》補「田」，不確；《姚釋》作「逐」，亦不對。字當為𦥑字，隸作罽。照本殘字左旁仍見網形。字又見〈14〉版，同辭復見「往敮，菁豕」例。相對於〈295〉版（1）辭「戊午卜：子又（有）乎（呼）逐鹿，不遴馬？」一句，本版（1）辭末句應讀為「其又（有）遴馬。」遴，從辵從㐱，可理解為游、為遊字，有出游、嬉游意。「遴馬」，即指遊馬，四出奔馳的野馬。遴用為修飾語，修飾其後的名詞，句意似為「其又[菁]遴馬」的意思。

　　（1）辭命辭卜言「子罽」─「從坒地北向」─「菁敮」，占辭則言命辭內容的三事中，並非全是好的，前二事屬吉兆，唯最末一事有異，不遇擊虎而遇奔走的野馬。或將「敮」字理解為地名，連上讀，句意另作「子罽」─「從坒地北向敮地」─「菁」，最後一句是詢問會遇到豕嗎？占辭推測會遇到奔跑的馬。

　　（2）辭「于既呼？」句，應是「于既呼……，廼……？」句型的省略。本辭兆序（一）（二），《類纂》誤作（二）（三）。

382（H3：1215）　　　　　丙辰卜：徂奉商，若？用。一二三四

按：

　　《校釋》1030頁：「又見〈86〉版。此卜問往奉（被）祭於商地，順利嗎？」本辭兆序（一）至（四），而〈86〉版（1）辭同辭，兆序則見由（一）至（五）。二辭都刻寫在右甲圍兆由上而下，位置全同。商字中間從口（音圍）不從口，描本誤。

383（H3：1219）　　（1）　☐豕☐？

　　　　　　　　　　（2）　☐？二

　　　　　　　　　　（3）　☐？二

　　　　　　　　　　（4）　☐？

按：

本版文字幾遭刮削殆盡。原釋「𢀜」字的「匕」形朝「豕」，可怪。

384（H3：1218）　　（1）　王卜：子又（有）希（祟）？曰：往[乎]（呼）𢎑（簋）。
　　　　　　　　　　　　　　　一

　　　　　　　　　　（2）　王卜：子又（有）希（祟）？曰：見丁官（館）。一

　　　　　　　　　　（3）　王卜：子又（有）希（祟）？曰：乎（呼）入人。一

　　　　　　　　　　（4）　王卜：子冞？一

　　　　　　　　　　（5）　王卜：子冞？一

　　　　　　　　　　（6）　王卜：其改牛妣庚？一

　　　　　　　　　　（7）　王卜：叀宰改妣庚？一

按：

　　本版在左下甲靠中間千里路處，漏列一辭。該辭由內往左外橫書再直書，與原（1）（2）辭成組，應增列作（3）辭，加插於原（1）（2）辭之後，讀為：「王卜：子又（有）希（祟）？曰：乎（呼）入人。一」。「呼入人」例，參見〈252〉版（4）（6）辭。（1）（2）（3）辭並列於下甲的右左中位置，見在王日占卜，詢問花東子有災禍否，占辭的判斷語分別是在於子的三個行動：「往呼簋」、「呼入人」、「獻丁館」，指的是花東子向殷商王室進行獻簋、獻人和獻行館的三禮儀中可能有災害。三辭的命辭一致追問「子有祟」否，牽涉到花東子本人的吉凶，接著的占辭開首只有一個「曰」字，此與慣常的「子占曰」用法不同。本版的占辭似非由「子」來判斷，而是交由別的史官據卜兆代言，分別推測花東子的三個納貢動作可能有災異。這三條同時占卜的辭例，見花東子與丁（武丁）關係的親密，亦概見花東子對進貢一事的戒慎小心。由占辭判斷子的安危，亦可反證命辭的「𢀜」（希）字，近人從裘錫圭改釋為求，但在文意上是不能通讀成文的。因為如作：「子有求」否，與其後接言的子獻物在上下文看是完全不能相承接的；如字由「求」再轉讀為「咎」，又不如直接的按字形隸作「希」，讀作「祟」直接。因此，字仍宜維持傳統的釋希，讀作祟為是。

　　（6）（7）辭二「庚」字，中間一作單橫筆，一作雙橫筆，屬同版異形。二「攺」字從它從攴，二部件位置上下互易，亦屬同版異形。左甲下方（2）（5）二前辭「壬卜」的「卜」字，爆裂方向都應朝向中間的千里路，描本誤作朝外。

　　攺，從手持杖擊蛇形，近人有改釋作妀、蚊，隸定紛紜。其實字從也、虫、它都取象蛇形，並無不同。傳統據《說文》的「無咎乎」來理解攺字，也沒有問題。甲骨文中的攺字，語意用法已由專門的「擊蛇」一單純圖象拓大為泛指的「打擊」的動詞用法，敲殺的對象有牛、有宰，以至其他具體的動物。因此，「攺」字就形而言保留了原形，但就用而言，其中的主要部件「攴」的功能拓張，而次要部件「它」的作用卻減少以至消失。這是漢字演變初期的一種求生存自我轉化的機制。其他字例如「獲」字由手抓隹鳥之形拓大為獲得的泛指；「得」字由手持貝之形拓大為擁有的用法是。

　　本版單純屬王日同一天所卜事，（1）～（3）辭成組，（4）（5）辭成組，（6）（7）辭選貞。主語分別是「子」、「子炅」和省略，此亦為「子」、「子炅」屬同一人的佐證。

　　（6）（7）辭是選擇對貞，詢問是次以攺的方式用牲祭祀妣庚，攺打的牲口是用牛抑或是圈養的羊。其中的（6）辭是常態句，（7）辭是變異句。（6）（7）二辭的命辭都省略主語，（6）為常態的動賓結構，（7）則將賓語前置，句首增一「叀」字帶出移前的祭牲「宰」。問題是，單純的對貞句，為何一作常態，一作變異？第二句不用單純的「壬卜：其攺宰妣庚？」，而刻意的突出另一待選擇的祭牲，這是占卜者呈現內心相對傾向所屬的意願？抑只是避免重復的自由書寫？目前無法由單一版面的差別得出確證，只能存疑備參。但二辭中的「攺」、「庚」字形都屬同版異形的隨意書寫，似乎也給予我們一些啟示。

　　（2）辭的「見丁官」，《校釋》1030頁：「即獻於武丁的館舍。〈286〉版有『王卜：子又希？曰：見剢官。』，顯然為同時所卜，可互參。本版的花東子與子炅用為同時占問的對象，可能是同一人的異稱。例又見〈379〉版。」

385（H3：1232）　　（1）　　☑？一一

　　　　　　　　　　（2）　　☑？二

按：

本版屬背甲，二排文字皆遭刮削乾淨，只剩下兆序。

386（H3：1239） （1） 匄黑馬？二三

（2） ☑百？一

（3） ☑？

（4） 宰？

（5） 于小䭴？

按：

本版殘甲文字遭刮削。

（2）辭「百」字，描本誤增一短橫，宜據照本更正。（1）辭「匄黑馬？」，即祈求黑馬。《校釋》1030 頁：「〈179〉版有『弜匄黑馬？用。一』，與本辭可能兼具成套和正反對貞的關係。」（5）辭的「䭴」字，從馬束聲，馬名，字與〈296〉版（1）辭束後腿的獨特馬種同字，字形結構一屬形聲、一屬指事。

387（H3：1242） （1） 戊卜：其☑？

（2） ☑？

（3） ☑卜☑？

（4） ☑？

（5） ☑？

（6） ☑[告]奠[用]□[己]☑？

（7） ☑？一

（8） ☑，其又（有）疾？一

（9） ☑？

按：

本版文字都經刻意刮削，只完整保留右前甲的（8）辭「其有疾」一短句。

388（H3：1243 正） （1） ☑？

（2） ☑告☑？

（3） ☑？

（4） ☑？

按：

　　文字都遭刻意刮削殆盡。（2）殘辭「告」字中間有一橫畫，與過去所謂晚期卜辭字形同。

389（H3：1243 反） 三十。

按：

　　本版是〈388〉版的背面。「三十」見於甲橋下方，是這次貢龜的總數。

390（H3：1245） （1） ☑？一

（2） ☑？二

（3） ☑？一

按：

　　本版文字都被刮掉。

391（H3：1246） （1） 己巳卜：子匷燕？用。庚。一

（2） 弜巳（祀），匷燕？一

（3） 辛未卜：匷燕？不用。一

（4） 弜巳（祀），匷燕？用。一

（5） 丁丑卜：叀子舞？不用。二三

（6） 弜子舞？用。二三

（7） 庚辰卜：叀貯見（獻）罙匕（妣）？用。一

（8） 庚辰卜：叀乃馬？不用。

（9） 叀乃馬罙貯見（獻）？用。一

（10）甲午卜：子乍（作）戊，分卯，其告丁，若？一

（11）甲午卜：子乍（作）戊，分卯，子弜告丁，若？用。
一

按：

（1）辭「子匽燕」一句，與〈372〉版（9）辭的「子帚（寢）燕（宴）」相當。匽，從帚聲，字與寢字通用，或屬同字異形。句言花東子於寢宮設宴，卜問吉凶。驗辭見在次日庚午設宴。又，〈362〉版有「庚入五。」一辭，「庚」字可用為人名，未審與本辭用法有關否？備參。

（3）辭「未」字下從木，描本誤。（5）（6）辭「舞」字，字形獨特，在人手所執捆縛的牛尾處書寫各異，屬同版異形。（8）（9）辭的「馬」字後腿都呈束腿狀，似非一般的馬。〈386〉版（4）辭有「騋」字，從馬束聲，或與本版的「馬」字屬同字異形。《校釋》1030頁：「乃，應即『乃㹜』之省，為附庸族名。匕，或指馳，即母馬。」（7）辭命辭應即「見（獻）貯罕匕」的移位句，故（9）辭命辭亦應理解為「見（獻）乃馬罕貯」。二辭省略的主語都是花東子。

（1）（2）辭是正反對貞，（3）（4）辭也是正反對貞。其中的（1）（3）辭屬肯定句省略前句，不省的完整句應作：（1）「己巳卜：子巳（祀），匽燕？」，（3）「辛未卜：子巳（祀），匽燕？」。（5）（6）辭屬正反對貞。（7）（8）（9）辭為同一組，其中的（8）辭省動詞，（9）辭省前辭，三句都屬移位句。（10）（11）辭為正反對貞，其中的（10）辭命辭第二分句省主語「子」。本版的否定詞「弜」有置於句首，修飾整句句意，與肯定句的「叀」字相對；也有置於句中，修飾動詞，與肯定句的語詞「其」字相對。此見花東甲骨用字和語法的不穩定。

戊，象斧鉞形，原釋文釋玉、《姚釋》作瑝，皆可商榷。我在《校釋》1031頁：「或應釋作戊。」乍，本為造衣之形，即作字初文，引申為鑄造意。分，以刀分八，字有切割用法。卯，即卿，剖牲。（10）（11）辭的「子乍戊，分卯」，句例又見〈372〉版（8）辭，似是同日同事所卜，此言花東子製造斧戊工具，用以分割對剖祭牲之用。花東子強調此「分卯」的戊並非武器，但仍需考慮上告於武丁。由此可見，殷商時期兵器類的鑄製，無疑已是中央王室統一的管轄權力，一般的子族或諸侯以至民眾都不能私製。

392（H3：1251） （1） 辛未：歲祖乙：黑牡、杖豎一，子祝？二

（2） ☑三☑？二

按：

　　本版左側文字全遭刮削。（1）辭歲祭，前辭如常的省「卜」字。（1）辭的內容與〈161〉版（1）辭全同，兆序相承，刻寫位置亦一樣在右甲橋下側，可能是成套的關係。

393（H3：1253） （1） ☑黍☑？

（2） ☑？

按：

　　本版文字都遭刮削。

394（H3：1257） （1） ☑[妣庚]☑？

（2） 乙卯：歲祖乙：𤜶一？一

（3） 庚申：酌[畱]俎？用。一

按：

　　本版文字有刮削痕跡。（3）辭的「畱」字中豎貫穿口形部件；描本稍失。字或隸作叶，似有連詞的功能。（2）辭乙日歲祭小乙和（3）辭酌祭，在前辭都省「卜」字。

395（H3：1258） （1） 辛未卜：其征，緊魘？一

（2） 辛未卜：曘隻（獲）入？用。一

（3） 辛未卜：子其往于田，弜戠　？用。一二

（4） 辛未卜：弜入，魘其緊？用。一二

（5） 壬申卜：子其往于田，從昔斬？用。二

（6） 壬申卜：母戊移？一

（7） 壬申卜：福于母戊，告子齒[疾]？[用]。

（8）　癸酉卜：子其往于田，从剌，𢦏（擒）？用。一

（9）　癸酉卜：子其𢦏（擒）？子占曰：其𢦏（擒）。用。四
　　　　麑，六𪊽。

（10）　癸酉卜：既乎（呼），子其往于田，叀亡史（事）？
　　　　用。

按：

　　（1）（2）（4）辭前辭的「未」字，照本、拓本上都作重枝葉形，描本稍誤，
字與（3）辭字作單枝葉形，屬同版異形。（2）辭原釋文「隹」字應據描本作「隻」
（獲）。（5）辭从方稚松綴〈548〉版補「从昔斨」三字。（6）（8）辭句末分別補兆
序（一）。（7）辭「齒」字从牙齒虛筆作三小短豎，字形特殊。（9）辭「𪊽」字，
象獸側形，大首，前腿短，後腿特長，描本稍失；字恐非「𪊽」字。（10）辭命辭
末句句首語詞「叀」，字形與「由」混；原釋文作「西」，誤。

　　本版連續三天的貞卜。（1）至（4）辭為一組，對比（1）（4）辭，一問「其征，
禦麑？」，一問「弜入，麑其敉？」，二辭前句一出一入，卜問田狩的出發吉否和不
進來的吉否。占卜的地望應在田獵的途中。對比後句都用麑牲祭祀，（4）辭後句是
「敉麑」的移位。

　　（5）至（7）辭為一組，《校釋》1031頁：「（6）（7）為選擇性對貞，（6）辭應
即『移于母戊？』的倒裝句。移，象二肉置於示前，與福字象酒置於示前相類。移，
或即祭字異體，示用肉祭。」（6）（7）辭在同日分別卜問用肉、用酒祭獻母戊，稟
告花東子齒有疾患，冀求保佑。花東子田狩途中因有恙而問鬼神，再一次確證殷人
隨時隨地都能設案祭祀和選取攜帶的甲骨占卜。

　　（8）至（9）辭為一組。其中的（8）辭是上承（3）（5）辭，見花東子每天出
發田獵之前，都會慣常的先卜問「子其往于田」一事。（（3）辭理論上應讀為第（1）
辭）因此，三辭詢問的「佃」、「斨」、和「从剌擒」三個動作在語意上似有因承的
關係。（9）辭，《校釋》1031頁：「用辭後的『四麑、六𪊽』應是驗辭，記錄擒獲動
物的數量。句首省動詞「擒」，句型與〈295〉版（3）辭相同。」

　　（10）辭，《校釋》1031頁：「既呼，獨立成句，言子既已號令某人作某事之後。

〈381〉版有『于既呼？』例。」。相對於〈35〉版（2）辭的「既呼食，子其往田？」一句，可知本版的「既乎（呼）」，是「既呼食」之省。意即花東子在完成呼令獻食的祭儀後，乃準備出外田狩。

396（H3：1262）　　（1）　　☑？

　　　　　　　　　　　（2）　　☑？

　　　　　　　　　　　（3）　　☑？

　　　　　　　　　　　（4）　　☑？

　　　　　　　　　　　（5）　　☑？

　　　　　　　　　　　（6）　　卯。

按：

　　　本版文字幾全遭刮削殆盡。左甲橋上仍殘見一「卯」字。這種單獨刻一「卯」字在左甲橋之上方，似與殺牲問卜有關。相同的版面如〈23〉、〈60〉、〈146〉、〈378〉是。

397（H3：1263A、B）1263A　丙戌：歲☑？才（在）☑。

　　　　　　　　　　126BB　庚子：歲☑？

按：

　　　1263A 可與〈428〉版綴合；1263B 可與〈432〉版綴合。參見《姚釋》。

398（H3：1270正）　（1）　　☑？用。一

　　　　　　　　　　　（2）　　☑？

　　　　　　　　　　　（3）　　戊☑用☑于☑三☑？

　　　　　　　　　　　（4）　　甲戌☑？一

　　　　　　　　　　　（5）　　甲午既☑？

　　　　　　　　　　　（6）　　☑？用☑。

　　　　　　　　　　　（7）　　☐☐[亡]☑？

（8）　☐其于☐？一

（9）　☐？

（10）　☐？

按：

本版卜辭主要內容均被刮除。

399（H3：1270反）　　　🐟入十。

按：

本版為〈398〉背面。字刻於右甲橋靠上方，屬記事刻辭。🐟，人名或附庸族名，入貢龜甲十隻。字在〈252〉〈450〉〈451〉諸版作雙勾複筆寫法，用為地名。

400（H3：1271）　（1）　乙亥夕卜：丁不雨？一

　　　　　　　　　（2）　乙亥夕卜：其雨？子占曰、占曰：今夕雪，其于丙雨，其多日。用。一

　　　　　　　　　（3）　丁卜：雨不征于庚？二

　　　　　　　　　（4）　丁卜：[雨]其[征]于庚？子占曰：☐。用。二

按：

本版單純卜雨，卜兆和卜辭都在兩邊甲橋和甲尾處。甲上方和中央均不見任何兆和文字。整版結構布局特殊，正中位置刻意留白空置，原因不詳。

（1）（2）辭「雨」字所從小點位置各不同，屬同版異形。（4）辭「于」字作于，豎筆斜出，與（2）（3）辭字增弓形作𠂤不同，後者過去一直定位為晚期甲骨字形，目前看只能將字的上限上移至早期，花東字形明顯處於不穩定的測試階段。二「于」字形並出，也屬同版異形。相對的用法，又見〈411〉版。（1）（2）辭一反一正對貞，其中（2）辭的占辭出現兩組「占曰」，後一組屬多出的衍文。

（1）辭言乙日傍晚詢問次日「丁日」不雨否，相對的看（2）辭對貞句的「其雨」，自然是卜問丁日「其雨」否，前省時間詞。在某日夕卜，問的是該天以後不確定而預冀將要發生的事，因此，「其」字作為虛字的功能，足證有強調將然、不

確定的語氣。「子占曰」帶出陳述句判斷語「今夕雪」，語氣肯定的言今天傍晚下雪，而相對的言「其于丙雨，其多日」，是指次日將會下雨，而且會「其（雨）多日」。這裡的「于」字作為介詞，有「相對屬較遠時地」的用法，此見相對於當下的「今夕雪」，花東用「于丙雨」來帶出距今較遠的時間將要發生的事。而句首增用「其」字，是強調未來可能發生的語氣。「其多日」，亦表示這雨「將要」延續多天。

（3）（4）辭一反一正對貞。占辭見於（4）辭肯定句後，可見刻手心態上是傾向於希望要下雨。

（1）辭命辭「丁」字小寫，縮在橫書的「卜」「不」二字中間的上方，似是先漏而後補書的字。「丁」字形與（3）（4）辭天干的「丁」字同，《姚釋》隸作「日」，恐非是。

401（H3：1275）　　（1）　　乙卜：叀羊于母、妣丙？一

　　　　　　　　　　（2）　　乙卜：叀小宰于母、祖丙？三

　　　　　　　　　　（3）　　乙卜：昝龡母、二妣丙？一

　　　　　　　　　　（4）　　乙卜：其㝢五牛妣庚？一

　　　　　　　　　　（5）　　乙夕卜：歲七牛妣庚于呂？用。一

　　　　　　　　　　（6）　　乙卜：其㝢三牛妣庚？一

　　　　　　　　　　（7）　　乙卜：其㝢七牛妣庚？一

　　　　　　　　　　（8）　　乙卜：叀今㝢妣庚？二

　　　　　　　　　　（9）　　乙卜：于翊[㝢]妣庚？用。二

　　　　　　　　　　（10）　乙卜：叀今㝢妣庚？才（在）呂。二

　　　　　　　　　　（11）　乙卜：于翊㐬㝢妣庚？才（在）呂。一

　　　　　　　　　　（12）　丙卜：丁乎（呼）多臣复（復），叀非心于不若？隹（唯）吉，乎（呼）行。一

　　　　　　　　　　（13）　丙卜：子其往罞？[曰]：又（有）[祟]（祟），非樓（慮）。

　　　　　　　　　　（14）　戊卜：其俎牛？二

　　　　　　　　　　（15）　戊卜：其先㝢，歲妣庚？一

（16） 戊卜：其俎牛？一

（17） 戊卜：其攺豕，肉入于丁？一

按：

本版「攺」字二部件上下互易，屬同版異形。「庚」字有从一橫書，有从二橫畫，亦屬同版異形。

本版連續三天占卜。（1）至（11）辭為同屬乙日所卜，主要舉行「歲」祭，殺牲的方式是用「攺」。（5）辭歲祭妣庚，但前辭仍用「卜」字。

（1）（2）（3）辭為一組。（1）辭的「母、妣丙」是「母丙、妣丙」的合文，（2）辭的「小宰」合文直書，「母、祖丙」是「母丙、祖丙」的合文。（3）辭的「母、二妣丙」似是「母丙、二妣丙」合文。（3）辭「習𣪕母、二妣丙」句，應是「叀習𣪕于母、二妣丙」之省。這裡祭祀的「祖丙」、「母丙」、「妣丙」、「二妣丙」，都是花東非王一系的先祖名。值得注意的是，右後甲（2）辭句首靠內側處，有用朱書單獨寫一「子」字，原因不詳。

（4）（6）（7）三辭兆序相同，攺牛數目分別是「三」、「五」、「七」，似屬選貞的關係，應連續。

（8）（9）辭為選貞，卜問在今日抑明日攺牲於妣庚，結果是選用（9）辭。（10）（11）辭亦應為選貞關係，卜問攺牲的時間是今天抑明天。「叀」和「于」對立應用，帶出「近」和「遠」距離的等差用法。

（12）（13）二辭為丙日所卜。（12）辭「叀非心」的「叀」字寫作「囟」，與〈409〉版的「子令，叀（囟）心？」一句可互參。（12）辭敘述武丁呼令多臣官員往返，似卜問武丁的內心是否不安和不順，結果是吉卜，武丁號令官員起行。（13）辭是卜問花東子田狩，史官判斷會有禍害。其中的「希」（祟）和「𢘻」（慮）屬於兩個負面用詞，彼此有程度上的差別。祟是針對外在行為言，慮是強調心理狀況。

（14）至（17）辭同為戊日所卜，其中的（16）（14）二辭為成套關係，似應連讀。

（17）辭「其攺豕，肉入于丁？」，姚萱釋「豕」為「豠」，可商；此字豕腹中只是裂紋，並非筆畫，若屬公的生殖器則不應刻在豕腹中的位置。對比（15）（17）

辭內容，殷人先用㱿的方式殺牲，才正式進行歲祭妣庚，接著是切肉納貢於武丁。
這種先「殺牲」，再「祭祖」，再「納貢」祭牲於上位者的步驟，似是當時的一種風
俗習慣。

402（H3：1278）　　（1）　☑？用。

　　　　　　　　　　（2）　□[榱]（慮）□余于☑妣庚☑？

　　　　　　　　　　（3）　☑妣庚☑[于]☑？

按：

　　本版文字都遭刮削。（2）（3）辭在前甲上左右相對，由內而外相向橫書，似是
對貞，「妣庚」一詞仍清楚可見。

403（H3：1279）　　（1）　己卜：子又（有）夢，叔𣇃，亡至莫（艱）？一

　　　　　　　　　　（2）　己卜：又（有）至莫（艱）？一

　　　　　　　　　　（3）　庚咸卯？

按：

　　（1）（2）辭是正反對貞。花東子有惡夢而卜問無至艱否，其中的「叔𣇃」一
詞不識，但字一從手持庚形器，一從口朝某南形器示意，似為同時以手擊敲和以口
吹奏的樂器形，俾使花東子可辟邪去災的一動作。前一字或為「鏜」的初文。《說
文》：「鐘鼓之聲也。從金堂聲。詩曰：擊鼓其鏜。」，後一字或為「壎」的初文。《說
文》：「樂器也，以土作，六空。」，學界有釋後一字為祼，亦僅供參考。

　　（3）辭「庚咸卯」三字單獨刻在右甲橋下端橫書，語意不詳，也可能是一種
記事刻辭。「庚」和「卯」都有用為人名，「咸」，有皆意，引申聯同，或用為連詞。
二人在此連用，可能作為甲骨共同整理和簽署的人名。

404（H3：1282）　　（1）　☑？一

　　　　　　　　　　（2）　☑？二

　　　　　　　　　　（3）　☑？三

$\qquad$（4）　☑?四

$\qquad$（5）　☑?一

$\qquad$（6）　☑?

$\qquad$（7）　☑?

按：

本版卜辭全遭刮削，只剩下若干兆序。

405（H3：1284）　（1）　☑午歲☑?一

$\qquad$（2）　☑?

$\qquad$（3）　☑?一

$\qquad$（4）　☑?

$\qquad$（5）　☑?

$\qquad$（6）　☑?

$\qquad$（7）　☑?

按：

本版文字絕多被刮除。

406（H3：1285正）　（1）　☑?

$\qquad$（2）　☑?一

$\qquad$（3）　☑?

$\qquad$（4）　☑羊☑?

$\qquad$（5）　☑?

$\qquad$（6）　☑丁☑?

$\qquad$（7）　☑?

$\qquad$（8）　☑?

$\qquad$（9）　☑?二

$\qquad$（10）　丙☑?

按：

本版文字都經人為刮削。

407（H3：1285 反）　　　□四。

408（H3：1286）　（1）　◨癸◨？一

（2）　己◨？二

（3）　癸◨？

（4）　◨告◨？一

（5）　◨又◨？

（6）　◨二母◨？一

（7）　◨？一

按：

本版卜辭大多被削掉。

409（H3：1287）　（1）　丙卜：其䢼（禦）子而□妣庚？一

（2）　丙卜：其䢼（禦）子而于子癸？一

（3）　丙卜：叀羊又彭䢼（禦）子而于子癸？一

（4）　丙卜：叀牛又彭䢼（禦）子而于子癸？一

（5）　丙卜：其䢼（禦）子而妣丁牛？一二

（6）　丙卜：其䢼（禦）子而妣丁牛？三

（7）　丙卜：弜䢼（禦）子而？一

（8）　丙卜：叀小宰又奴、妾䢼（禦）子而妣丁？一

（9）　丙□：子其祆（祐）妣庚，[亡]酉？一

（10）　丙卜：吉，飮于妣丁？一

（11）　丙卜：叀子興往于妣丁？二

（12）　丙卜：叀羊于妣丁？一

（13） 丙卜：叀子興往于妣丁？一

（14） 歲妣丁：豕？一

（15） 丙卜：叀五羊又彔卲（禦）子而于子癸？二四

（16） 丁卜：子令？一

（17） 丁卜：子令？一

（18） 丁卜：子令，叀心？一

（19） 丁卜：子令？一二

（20） 己卜：叀[丁]乍（作），子興尋丁？一

（21） 己：又三彔？一

（22） 己卜：至卲（禦）子而兆妣庚？一

（23） 己卜：叀三牛卲（禦）子而妣庚？一

（24） 己卜：叀子興往妣庚？二

（25） 己卜：又彔又五帝，卲（禦）子而妣庚？一

（26） 己卜：吉，又（侑）妣庚？二

（27） 己卜：叀奴、臣又妾卲（禦）子而妣庚？一

（28） 壬卜：子其屰畐丁？一

（29） 壬卜：于乙征休丁？一

（30） [甲]卜：子其征休翌乙，若？二

（31） 甲卜：子其征休？五

（32） 乙卜：其屰呂擒于帚（婦）好？一

按：

　　本版中的羊、卲（禦）、彔字，都有不同的寫法，屬同版異形。（8）辭的「卲」字，從午部件拓本見從二短橫；描本稍失。字與同版「卲」字從二圈形不同，亦屬同版異形。

　　（28）至（32）辭一段似應移至全部釋文的最前面讀，後才接（1）辭。〈53〉版（8）辭的「戊卜：于翌己征休于丁？一」，應插入於本版的（19）和（20）辭之間來讀。由此可見，殷人占卜甲骨，是可以同時應用不同的甲骨版面依序占卜的。

同樣的，本版（29）辭的「壬卜：于乙延休丁？一」、（30）辭的「甲卜：子其延休翊乙，若？二」，可以對比〈3〉版（12）辭的「壬卜：于乙延休丁？一」、（13）辭的「壬卜：子其延休？二」，〈181〉版（1）辭的「甲卜：子其延休翊乙，若？一」、（2）辭的「甲卜：子其延休翊乙，若？二」。以上諸版似都是根據同一事例同時占卜的龜版，可以互相系聯。

本版總計 32 辭，記錄殷人用祭的流程。首先是「延休」。由（29）辭的子「延休」於「丁」始，然後見大量禦祭求賜佑子而、子興的卜辭，接著是（20）辭的「丁乍」、「尋丁」，以至（24）（27）等辭的「往」祭某祖、「侑」祭某祖、「禦」祭某祖作結。「延休」一詞，有歌頌意，歌頌的對象是武丁，又或與祭祀有關，延，即延，有持續的意思；休，美好。（20）辭首句強調「丁乍」，即「丁作」，「作」字有禱祝意，此動作和後句「子興尋丁」有相對應的語意關係，或言子興呈獻於武丁。〈297〉版的「己未卜：子其尋祖，叀往于日？用。往𠂤。」，見「尋」字是針對祭儀的用牲法，「往」字是詢問往祭於哪一日。因此，在詢問「往某祭日」時，是仍未確定祭祀是定在哪一天和祭哪一祖先的。而「往」某祖，即「往𠂤某祖」之省，此時是已經鎖定禦祭的對象，本版言「往于妣丁」、「往妣庚」是。

（1）至（15）辭為同日所卜的祭祀卜辭，其中的（1）辭祭妣庚，（2）至（4）辭祭子癸，（5）至（15）辭中有多達九辭是祭妣丁。（16）至（19）辭也是同日所卜，屬「子令」卜辭。（18）辭的「叀心」，可參考〈181〉版（19）辭的「子心疾」一詞。（20）至（27）辭為同日所卜，屬祭祀卜辭。祭祀對象都是妣庚。其中的「至𠂤」、「𠂤」、「往（即往𠂤）」，用法相類相承。

本版見祭祀的祭品，一般都移至句首，前面固定增一「叀」字。例外的如（25）辭「己卜：又罟又五帛，𠂤子而妣庚？」。常態祭品置於句末，本版亦見一例：（14）辭的「歲妣丁：豕？」。本版的貢品則置於動詞之後，進貢對象之前。如：（28）辭的「子其屰臣丁」、（32）辭的「其屰呂狔于婦好」。這裡見花東子分日進貢於武丁和婦好。《校釋》1033 頁：「臣，用為貢品，僅一見。從二臣，可理解為眾臣意。臣亦用為奴役祭牲，如本版（27）辭的『奴、臣又妾』並出，〈410〉版的『執臣』倒是。屰，即逆，有迎入意。呂，地名。狔，祭品，從子從肉，或指嫩肉，字僅一見。花

東有「入肉」例，如〈410〉版的『入肉』、〈237〉版的『肉弜入于丁』、〈113〉版的『丙入肉』。殷人似有貢獻牲肉之習。」

本版連詞「又」字一般用於兩祭品之間，如（3）辭的「羊又卤」、（4）辭的「牛又卤」、（15）辭的「五羊又卤」。固定是祭牲在前，貢品在後。如用於三祭品時，連詞「又」有置於前二祭品中，如（8）辭的「小宰又奴、妾」；也有置於後二祭品中，如（27）辭的「奴、臣又妾」。明顯見連詞的用法不算穩定。

410（H3：1290）　　（1）　　壬卜，才（在）麓：丁畀子圉臣？一

　　　　　　　　　　（2）　　壬卜，才（在）麓：丁曰：余其攺子臣？允。一二

按：

　　（2）辭漏兆序（一），宜補。（1）（2）辭的「臣」字筆序各不相同。（2）辭的「余」字中豎筆由上而下貫穿，描本稍失。臣，作為可供授受的僕役單位。《校釋》1033頁：「畀與攺在用意上相當，都有贈予意。圉，從執在口中，示囚禁犯人或監獄。〈118〉版言『在圉』，用為名詞。此言『圉臣』，或即獄中受囚的臣，屬奴隸一類，丁有俾予、送給花東子囚犯的權力，見丁和子是君上和臣下的關係。」（2）辭的「丁曰」，指武丁公布誥命。此辭問卜鬼神帝王誥命內容的吉否。余，用為第一人稱代詞的泛稱。對比〈257〉版（20）辭「辛卜：丁曰：其攺子臣？」句，「余」字可省可不省。再互較（1）（2）辭的用辭，一般言「畀子」，正式文告用「攺子」，二動詞似有文、白的差別。（2）辭末的驗辭，單獨用一「允」字。言事情果然如同卜問內容一般。

本版二辭分見前甲上千里路的左右，但刻辭都一致由左而右橫書，各自獨立成辭。

411（H3：1291）　　（1）　　☐卜：告子☐曰☐酉☐已歲[于]☐于二祖？

　　　　　　　　　　（2）　　☐[箏]☐？

　　　　　　　　　　（3）　　☐于乙☐？

　　　　　　　　　　（4）　　☐芮☐？

（5）　夕。

（6）　☑祖乙☑鼎尋☑祖□告☑？

按：

　　本版文字有遭刮削。（1）辭「于」字形二見，前一豎筆斜出，後一有增從弓形，繁省互見，同辭並出，屬同版異形。「告」字上僅從屮形，貼著其下口形書寫，不附短橫，描本誤增。

412（H3：1295）　（1）　乙卜：弜歸馬？一

　　　　　　　　　（2）　歸？一

　　　　　　　　　（3）　己卜：不吉，隹（唯）其又（有）艱？一

按：

　　《校釋》1034頁：「花東甲骨的帚或從帚偏旁多作𠬝，是花東的特殊字例。」。因此，「婦好」的「婦」作𠬝，但並非只屬於「婦好」的專門寫法。另一考慮，「歸」字從𠬝僅此一版，這裡或可理解作「歸婦（好）」的合文。（1）（2）辭反正對貞，否定句為完整句，否定詞用「弜」，置於句首，修飾全句。（2）辭肯定句是省略句。（3）辭單獨成句，否定詞「不」只修飾「吉」字。「不吉」，言沒有好的占卜。本辭「吉」與「有艱」前後對言。「艱」字增從壴，一般指從外來的困頓。

　　（1）辭見於三卜兆之間，文字只繞兆序（一）的一個居中卜兆。（3）辭直行刻於左甲尾，末句「唯其」、「有艱」分別成二排橫書，並不完全繞兆。

413（H3：1298）　（1）　[甲]寅卜：丙[又]（侑）祖甲？用。一

　　　　　　　　　（2）　乙□□□兆祖乙告☑祖甲？

　　　　　　　　　（3）　[丁]㞢（慮）于子？

　　　　　　　　　（4）　□其夕𢼸牝于妣庚？不用。一

　　　　　　　　　（5）　☑𢼸牝于[妣]庚？用。

按：

　　（4）（5）辭在右左首甲對貞。本版連續祭祀祖甲（陽甲）、祖乙（小乙）和妣庚（小乙配偶），其中以母牛祭妣庚，尤為盛大。花東子有再三討好祖母妣庚的嫌

疑。特別的是（3）辭卜問武丁憂慮於花東子否，無疑的是花東子十分關切或好奇
武丁對於自己行為的心理狀態。二人的關係，起碼花東子對於武丁，應該是緊張或
不安的。

414（H3：1304）　　　　　子貞。一

按：

　　前辭「子貞」二字跨越中甲中間的千里路，「子」字在左甲，「貞」字在右甲，
書寫形式特別。

415（H3：1330）　　（1）　[又]。一□□四

　　　　　　　　　　（2）　[屮]。一□□四

416（H3：1307）　　（1）　己丑卜：齒、妻友刋□□妻[舞]，子弜示，若？一

　　　　　　　　　　（2）　己丑卜：子妻示？一

　　　　　　　　　　（3）　庚寅卜：子往于舞，永若？用。一二

　　　　　　　　　　（4）　庚寅：歲妣庚：小宰，登自丁粶（黍）？一

　　　　　　　　　　（5）　庚寅：歲妣庚：小宰，登自丁粶（黍）？二

　　　　　　　　　　（6）　庚寅卜：子弜[往]禱，叀子妻？用。

　　　　　　　　　　（7）　壬辰卜：子心不吉，永？一

　　　　　　　　　　（8）　壬辰卜：子乎（呼）從射彈旋，若？一

　　　　　　　　　　（9）　弜從旋？不用。一

　　　　　　　　　　（10）　壬辰卜：子乎（呼）射彈复（復）取又車，若？一

　　　　　　　　　　（11）　癸巳卜：子叀大令，乎（呼）從彈取又車，若？

　　　　　　　　　　（12）　甲午：徃橋钛官（館）？用。一二

　　　　　　　　　　（13）　庚子卜：子戻？一

　　　　　　　　　　（14）　庚子卜：子利其[又]（有）至戁（艱）？一

按：

（5）辭天干的「庚」字作𤰞，「妣庚」的「庚」字作𤰞，（6）辭天干的「庚」字作𤰞，皆屬同版異形。（13）（14）辭地支的「子」字筆序不同，（13）辭字形下且缺一橫畫，屬同版異形。（7）辭的「心」字正書，與〈409〉版的倒書寫法不同。（14）辭的「艱」字作𦰩，與〈412〉版的增从豆寫法不同。

《校釋》1034 頁：「（1）辭命辭中間的𡥽字後的殘字，右邊清楚見从人持毛狀物，應是『舞』字。同版（3）辭亦見『子往于舞』一舞字。『舞』字在此用為祭儀。命辭前的䵼、𡥽，均用為人名。〈294〉版有『子曾』、〈493〉版有『子𡥽』。友，動詞，有相好意。加，人名或外族名。〈449〉版有『辛未卜：伯或再冊，唯丁自征卲？』，同版亦見『子𡥽』祭祀祖乙的活動。本版（1）辭言子䵼、子𡥽與卲其人或族結盟相好，子𡥽即進行舞祭，花東子不於此祭祀先祖，順利嗎。同時的（2）辭問由子𡥽主持祭祀先祖，順利嗎。（4）辭的『秾』字與花東習見的『𥞃』字同，即黍字的異體。（7）辭的『子心不吉』，文意不可解。對比〈446〉版的『子又心㱃妣庚』一句，可理解為『子又（有）心疾，㱃妣庚？』，本辭應分讀作「子心（疾），不吉」。殷人已具備判斷心臟部位病患的醫學知識。」

（4）（5）辭屬成套關係。（5）辭兆序是（二），原釋作（一），可商。

（6）辭的「庚寅卜：子弜往禫，叀子𡥽？」，是承接前一天己丑日（1）（2）辭的「子弜示」、「子𡥽示」的意思。因此，（1）（2）辭動詞的「示」字，有和「往禫」相關的用意。對比（6）辭的前後句，知後句是「叀子𡥽往禫」之省的意思。

（8）（9）辭是正反對貞，（9）辭的「弜从旋？」應是「弜从旋，若？」的省詢問句例。對比（10）（11）辭，「射彈」的射是官名，彈是人名。官名可省略。（11）辭命辭前句「子叀大令」，即「子令大」的移位句。

觀察（7）至（10）辭，壬辰日共占問三宗事件，其一是花東子有心病，卜問長順否；其二是花東子呼令擬聯合射彈從事「旋」的活動，卜問順利否；其三是花東子呼令射彈往返取車一事，卜問順利否。到了第二天癸巳日，花東子再命令「大」其人聯合射彈取車，卜問順利否。由此可見，前一天的壬辰日子令射彈取車一事是不順的，所以才會有第二天的再卜。

（8）（9）辭有「从旋」例，與〈28〉版（5）辭的「从中」用法可相對應，「旋」字从放旗形，似為「中」字的繁體，增从手。甲文有「立中」一詞，或為殷人測風的禮儀，未審與此辭意有關否。

417（H3：1308反）　　　　舍十。

418（H3：1311）　　　　子貞。一

419（H3：1312）　　（1）　戊卜：子炅？
　　　　　　　　　　（2）　用。一
　　　　　　　　　　（3）　其乍（作）宮東？
　　　　　　　　　　（4）　用。一
　　　　　　　　　　（5）　一牛？

按：

　　（3）辭「其」字上从二短橫，但二豎筆不穿頭；描本稍失。「乍」字下擺部分與「衣」字下半形同，本義當為「造衣之形」應確證無誤。

　　（3）辭「其乍宮東？」句，對應〈113〉版（28）辭的「其乍宮鰻東」（意即準備興建行「館」於鰻地以東）、〈294〉版（4）辭的「子丙其乍丁宮于狀？」（意即子丙或子進入準備興建武丁宮殿於狀地），本辭言準備興建「宮」於東邊的意思，「宮東」是「宮于東」之省，並非「東宮」的移位。花東「乍」（作）字用法，與祭祖用牲有一定關係，有祝禱意，《詩·蕩》：「唯作為祝。」。花東有「乍賓」、「乍祝」的運用：〈236〉版（8）：「丁卜：飲二卜，钔伐，乍賓妣庚？」，〈286〉版（21）：「己卜：其酌三牛，乍祝，叀之用妣庚？用。」由此推見，本版的（1）（3）（5）三辭應是一條辭意的分書。三辭分別處於甲版的右後甲、右首甲、左甲橋三方的靠邊位置。全條卜辭應合讀作：「戊卜：子炅其乍宮東：一牛？」。花東的占卜，似有同一條卜辭分別或分段書寫內容的句例。

420（H3：1314）　　（1）　甲辰卜：丁各，仄（戾）于我？用。一

　　　　　　　　　　　（2）　甲辰：俎丁牝一，丁各，仄（戾）于我，卲于大甲？
　　　　　　　　　　　　　　　一二

　　　　　　　　　　　（3）　甲辰卜：于祖乙歲：牢又一牛，叀□？一

　　　　　　　　　　　（4）　庚戌卜：佳（唯）王令余乎（呼）燕（宴），若？一

　　　　　　　　　　　（5）　王子卜：子丙叀[丁]？用。[丁]各，乎（呼）[酓]（飲）。
　　　　　　　　　　　　　　一二

按：

　　（1）（2）辭命辭句意相同，二辭在右甲下方橫書，下上並排。（1）辭在下，圍兆序（一）書寫；（2）辭在上，圍兆序（一）（二）書寫。（1）辭言武丁降臨花東子的屬地，卜問下午日昃時段來至我地宜否。（2）辭命辭同出「丁各，仄（戾）于我」二分句，復在前後增置「俎丁牝一」「卲（翌）于大甲」二祭祀分句。《校釋》1035頁：「俎丁，或即丁俎的倒句。〈480〉版見『丁俎』例。」「丁各」的「丁」，無疑是活人。同辭的「俎丁」的丁自亦應由活人的角度解釋。一考量此辭是「丁俎」的倒置，言武丁親自進行俎祭；一考量是用俎（切肉的殺牲法）宰殺母牛一頭，祭祀求保佑或獻俎肉於時人是「丁」（武丁），在次日祭拜的祖先是大甲。因為龜甲是花東子所有，問卜的主語本應是「子」，所以後一考量的意思似比較適當。子為武丁求佑或將祭祖先之貢品轉呈武丁，二人的關係緊密，自是不言而喻。（1）（2）（3）辭為同日所卜，（2）辭前辭不用「卜」字，與增添祭祀內容無關，但可能與強調陳述「丁各」時的前後流程記錄有關。（3）辭歲祭，在前辭卻保留「卜」字，與一般歲字句省「卜」的常例不同。「于祖乙歲」，是「歲于祖乙」的移位句。

　　（5）辭「子丙叀」句後有刮削了一格，由照本、拓本放大觀察，隱約見一「丁」字的浮現，應補正。「叀丁」在花東為習見用例，如〈90〉、〈113〉、〈180〉等版是，叀從束，象一上中下三處綑綁的囊袋形，字有聚合意，意即與武丁相聚。同時，「各」字之前殘缺一格空間，亦應補一「丁」字，同版亦見「丁各」例。「子丙」，原釋文作為人名，陳劍、姚萱等認為丙是天干日，都有可商。這裡的「丙」字應讀作「內」，意即進入。「子內叀丁」，即花東子入聚武丁的意思。

（4）辭單獨刻於左前甲下方，圍兆序（一）書寫。王字作王，已從三橫筆，原認為是晚期字形，目前只能解釋為殷早期花東甲骨使用的創新字形。「王令余」的「王」，是對「丁」（武丁）的尊稱；「余」，應是花東子的自稱。（4）辭是花東子以第一人稱口吻問卜；如此看來，一般的花東卜辭卻是站在卜人客觀的身分來占卜花東子的諸事吉凶。

（1）辭「仄」字作大字形斜寫，而筆順由照本放大見卻從二入形書寫，十分奇特，字與（2）辭「仄」字從大全形寫法不同，屬同版異形。。

421（H3：1325）　　（1）　壬辰夕卜：其俎牝一于狀，若？用。一

　　　　　　　　　　（2）　壬辰夕卜：其俎牝一于狀，若？用。二三

按：

（1）（2）辭為成套關係，在左甲下方由上而下分二辭由內而外同向橫書。觀察龜甲左下方相關卜兆共五個，刻有兆序數目的只有三個，上一下二。是知占卜者對是次用切牲肉於某地祭的順否一事，共占卜了五次，而選取了其中的三次，作為鬼神認可的指定卜兆。刻文就是分別圍繞著這三個卜兆書寫。

本版右甲橋中間處有一穿洞，無疑是提供方便系統的串聯相關甲骨之用。殷人當有專門的人負責整理和保管收藏甲骨。然而，在右甲中間靠千里路旁復另有一穿孔，功能不詳。

422（H3：1337）　　　　　　　于。

423（H3：1342）　　（1）　一

　　　　　　　　　　（2）　己[未]。二

　　　　　　　　　　（3）　一

　　　　　　　　　　（4）　二

424（H3：1343正）　（1）　一

　　　　　　　　　　　（2）　二

　　　　　　　　　　　（3）　一

　　　　　　　　　　　（4）　己□。

按：

　　本版兆序刻寫，都在卜兆以外；而不在慣常的卜兆橫直裂紋之內，屬於特例。

425（H3：1343反）　　　　　𠂤入五。

426（H3：1347）　（1）　癸巳卜：翌甲歲祖甲：牡一、权鬯一，于日出？用。
　　　　　　　　　　　　　一

　　　　　　　　　　　（2）　甲午：歲祖甲：牡一、权鬯一？一

　　　　　　　　　　　（3）　甲午卜：歲祖乙：牝一，于日出酘？用。一二

　　　　　　　　　　　（4）　甲午卜：歲祖乙：牝一，于日出酘？用。三

　　　　　　　　　　　（5）　乙未：歲祖乙：牝一、权鬯一？一二

按：

　　（1）辭「歲」字從戈部件下短畫作斜筆，與（2）辭「歲」字的短畫作橫筆不同，屬同版異形。（1）辭「鬯」字中間不從四點，描本誤，此與（2）辭「鬯」字中附四點的寫法不同，屬同版異形。

　　（1）辭，《校釋》1035頁：「對比同版的（3）（4）辭『于日出酘』例，（1）辭末的『于日出』後應省一用牲法動詞「酘」字。」（1）辭言癸日卜問次日祭祖甲，（2）辭是甲日卜問當天祭祖甲。（3）（4）辭在右甲下上成套，言甲日卜問次日的祭祖乙，因此，（3）（4）辭命辭應省句首時間詞「翌乙」。（5）辭又是乙未日當天祭祖乙。花東卜辭有連續兩天，占卜在第二天歲祭同一個祖先的習慣。本版復強調殷人用牲祭祀，是在「于日出」的一段時間。

　　本版全屬歲祭卜辭，祭品先動物而後香酒。（1）辭和（3）（4）辭都是卜求明天「于日出酘」一事的適合否，前辭都用作「干支卜」，但反觀（2）辭是「甲午」

歲祭「祖甲」，（5）辭是「乙未」歲祭「祖乙」，都是在敘說當天發生的事。可怪的是（2）和（5）辭前辭都同省「卜」，這是單純的省略句，抑刻意強調當日的祭祀只是記錄而非貞問？似有討論的空間。但由（2）（5）辭都常態的刻在卜兆之上，仍應該以卜辭相類性質看待為是。

　　（1）辭在左前甲上側，文字向外先橫後直圍兆書寫，但在「祖甲牡一」後不再圍兆，而另起一行並列直排沿甲邊書寫，中間復增一直界畫加以區隔，以避免二行文字混讀。此見刻手的貼心細微。

427（H3：1348）　　（1）　丁丑卜：才（在）丝（茲）往垔钋（禦）癸子，弜于狱？用。一

　　　　　　　　　　（2）　戊寅卜：昢己子其見（獻）戉于丁，永？用。一

　　　　　　　　　　（3）　己卯卜：庚辰召彡妣庚，[先]叙牢，㞢（後）叙牡一？用。一二三

　　　　　　　　　　（4）　己卯卜：庚辰召彡妣庚，[先][叙]牢，㞢（後）叙牡？用。四

　　　　　　　　　　（5）　庚辰：歲妣庚：[牢]、牡，彡召？一

　　　　　　　　　　（6）　丁亥：歲妣丁：牝一？一

　　　　　　　　　　（7）　己丑：歲妣己：牝一？

按：

　　本版「用」字上面橫筆位置各不相同，屬同版異形。《校釋》1036頁：「（2）辭原釋文的皿，應是丁字。對比〈26〉版的『子見丁』、〈202〉版的『子見其丁』、〈490〉版的『子見卣以璧、戉于丁』等，可證本辭言子所獻戉的對象為丁無疑。」，又：「（3）（4）辭『召』字之後一字，是『彡』（肜）字而並非『三』字。細審此詞在（4）辭的書寫方式，見『召彡』為一組在上，『妣庚』為一組在下。『彡』字三畫由右上而斜向左下方，明顯與『三』字作平行的三橫筆不同。此其一。同版有『歲妣庚』例，見『妣庚』為獨立應用的詞。此其二。由同版（5）辭有『彡召』合用，而花東的〈310〉、〈428〉、〈449〉、〈490〉諸版都見『召彡』連用。其中的〈490〉版作

『庚辰：歲妣庚牢，召歺牝，後改？』，文例更與本辭全同。此其三。」

（3）（4）辭為成套卜辭，其中的「改牝一」和「改牝」對用，可見數詞「一」的書寫是可省可不省。由花東卜辭的「既……，廼……」、「先……，後……」句型，可見殷人已有先後的敘述次第觀念，本版復見先後宰殺二牲祭祖的實例。

對比（2）辭「戊寅卜」詢問「翌己」日花東子獻丁一事，（3）辭「己卯卜」的命辭「庚辰」之前，應省略「翌」字。特別的是，（5）辭「庚辰：歲妣庚」、（6）辭「丁亥：歲妣丁」、（7）辭「己丑：歲妣己」，都是當日歲祭同天干日的先妣，也一致在前辭處不用「卜」字。這現象和〈426〉版性質相同，都是針對當天歲祭的記錄卻省略「卜」的辭例，顯然並非偶然。這些同屬求神的辭例自然也需要透過用卜兆認可的流程，但似乎只是單純交代事情，並沒有進一步詢問安否妥否的企圖或祈求，所以在干支之後不強調用「卜」。這種記錄的現象是否屬實，宜全面清查。

428（H3：
1349+1350+1368）

（1）　庚辰卜：于[既][乎]（呼）[又]（侑）宰，改牝一、邑妣庚？用。歺召。一

（2）　丙戌：歲祖甲：[牡]一，歲祖乙：牡一，才（在）甘，子祝？

（3）　☐馬？用。

（4）　丙戌：歲祖甲：牡一，歲祖乙：[牡]一，才（在）甘，子祝？二

（5）　庚戌：歲妣庚：牡一，入自蠹？一

（6）　庚申卜：弜☐[鹿]☐？用。一

按：

本版與〈397〉可綴合，從蔣玉斌說。（〈397〉版與〈561〉版重號）。（2）（4）辭屬成套關係，應連讀。（2）辭後應有兆序（一）。二辭中原釋文有釋作「羊」，但字形左旁仍有殘筆短畫，應是「牡」字。（4）辭二祭牲都是「牡一」。（5）辭的蠹字，上只從一口符，與花東字一般從三口的寫法不同。

（2）（4）辭丙日歲祭祖甲和祖乙，干支日與祭祖名不相合，此應屬特例。「在

甘」一句組，是句末補語移於命辭句中，屬移位的變異句型。（2）（4）（5）三辭干支後亦省略用「卜」，可能是與在當日向祖先交代祭獻事誼的記錄有關，與一般問卜辭例不同。

429（H3：1351）　　　　　丙戌卜：徲☒涉卬，耣（執）？一

按：

　　本辭在左前殘甲的邊上。據照本，「徲（遲）」字在左骨旁確有殘字，配合花東卜辭圍兆書寫的習慣，更應有直書一行。《姚釋》認為「徲」與「涉」之間無缺文，恐不確。耣，《校釋》1036頁：「似為執字的異體，字由驅執虎族的專字，過渡到泛指驅執人的用法，動詞。」

430（H3：1358+1557）（1）　　旬貞亡多子囚（禍）？一
　　　　　　　　　　　（2）　　旬[貞]亡☒？二
　　　　　　　　　　　（3）　　三

按：

　　字刻於右背甲。兆序在右甲邊由下而上作（一）、（三）、（二），並不順序排列。（1）（2）辭「亡」字和（1）辭「囚」（禍）字逆書。（1）辭「子」字雙手一上一下，寫法與花東一般兩手朝上不同。（1）（2）辭為成套的關係。《校釋》1036頁：「（1）辭『亡多子囚』中的『多子』二字合文，全辭應讀作：『貞：旬多子亡囚？』。」

431（H3：1359）　　　（1）　　子貞。一
　　　　　　　　　　　（2）　　貞：又馬不死？一
　　　　　　　　　　　（3）　　其死？一

按：

　　（2）（3）辭在右左後甲上方相對，屬反正對貞，其中的（2）辭否定句為完整句，（3）辭肯定句則為省略句。本版二「貞」字字形一窄長、一方正，是否出自二人之手筆，仍待確認。（2）辭「又馬不死」中的「又」字，橫書置於馬腹，寫法奇

特，釋作「又」僅供參考。句與〈126〉版的「貞：又（有）馬其死？一」相同，應為同時所卜。

432（H3：1362A）　　　　　☑于妣庚：牝一？一

按：

據《姚釋》說，本版與〈553〉（亦即〈397〉重號）綴合，釋作「庚子：歲于匕（妣）庚：牝一？一」。

433（H3：1362B）　　　　　☑[翊]歲妣庚？

按：

據方稚松說，本版與〈434〉、〈529〉綴合，釋作「辛酉仄（昃）：歲匕（妣）庚☑？一」。

434（H3：1362C）　　　　　辛。

按：

據方稚松說，本版與〈433〉、〈529〉版綴合。

435（H3：1360正）　　　　　不用。二

按：

本版兆序（二），不刻寫在常態的卜兆之內位置。數字似是在用辭「不用」之後才刻上，與常態的先出現卜兆，再書寫兆序，最後才刻卜辭的流程不同。

436（H3：1360反）　　　　　🌿入十。

按：

同文例又見〈91〉、〈399〉版。

437（H3：1364 正） （1） 庚申卜：弜取才（在）狀紒，延成？一二三

（2） 庚申卜：取才（在）狀紒，弜延？一二三

（3） 庚申夕卜：子其乎（呼）剾斱于＄，若？用。一二

（4） 辛酉昃：歲妣庚：黑牝一，子祝？[一]二

按：

　　本版分兩天占卜。（1）（2）辭正反對貞，分別各貞問三次。命辭複句中的前後句都正反相對，作｛ ｝，在語意上看似是矛盾的。但殷人占卜，往往強調形式上兩兩成組的取捨，多於實質意義的通順否。這類特殊的句子在卜辭中並非孤證。「取某地的紒」，紒，從斤斷絲，花東一般用為花東子獻給婦好的貢品，或指紡織用的絲屬。「延成」一詞，未能完全確解。「延」即延，有持續、接著的意思，字有接與心理有關用字，如「樓」（慮）〈3〉、「休」〈3〉，有接疾病，如「病」〈117〉，有接氣象，如「雨」〈103〉，有與祖妣有關的「某祖先延」，如「祖甲延」〈4〉，有接獻祭的行動，如「奉」〈150〉、「馭」〈395〉。「成」從丁，或與從口的「咸」字用法相同，有全、畢意。此處或言卜問選取在狀地出產的斷絲原料，可以持續完成（製成品）否。（1）（2）辭占卜，仍強調後句詢問的「延成」與「弜延成」。

　　（3）辭同一天傍晚占卜，「剾」字或有切除意，斱，用為族名、地名，或與刻字同。此言子呼令在＄地區域中切割斱地為獨立用地。《校釋》1037頁：「原釋文句末漏（一）（二）兆序，宜補。」

　　本版特別的，是（4）辭辛酉日昃時歲祭妣庚的前辭獨缺「卜」字。（4）辭位於首甲上左側，有兆序（二），相對甲上右側的位置見有卜兆，明顯是當日此處漏刻了（4）辭對應的兆序（一）。辛酉日午後太陽下山前一時段進行歲祭，殷人如常的用成套的方式針對此事炙龜告神，相對於同版（3）辭的「庚申夕卜」，明確的問花東子呼令分割斱地一事的「若」否，本辭顯然只是敘述事例，沒有強調問神「若」否的問題。因此，花東甲骨刻手往往對這類只是向鬼神交代、稟告事件而不冀求鬼神有回應結果的例行工作，在前辭多不書寫一「卜」字，從而與明確問神的一類卜辭相區隔。如此看來，花東甲骨中的甲骨文記錄可分兩堆，一堆是占卜有問題詢問鬼神的卜辭，一堆是向鬼神報告記錄的刻辭。花東甲骨大量舉行歲祭祭祖妣的句

例，前辭都不書「卜」，這似乎已經不只是一般的省略現象。歲字句多用單一辭例呈現，也有用成套連續的記錄方式。嚴格而言，是可理解為陳述句。當然，如此亦可反證，前辭具有「卜」字的句例，都屬有詢問性質的意涵，命辭句末應置一問號無疑。

438（H3：1364 反）　　　三十。

按：

　　本版是〈437〉版的反面鑽鑿處。右側甲橋下見「三十」合文。此應是外邦或外地某次進納龜甲數。外邦進貢甲骨給殷王，並不稀奇，但外邦進貢甲骨給花東子，或花東子集團能取用殷王室的貢龜來與鬼神溝通，這無疑傳遞出許多花東子在殷王朝中權力舉足輕重的訊息。

439（H3：1365 正）　（1）　[癸]子且ヒ丫丁。二

　　　　　　　　　　　（2）　己亥牛于。一

　　　　　　　　　　　（3）　于。一二

　　　　　　　　　　　（4）　大、庚、牙于夕，[其]。二三

按：

　　本版應是習刻。（2）辭原釋文作「八十」似是「牛」字誤，但上下文句意又不合；備參。

440（H3：1365 反）　　　[莽]三。

按：

　　同文例見〈444〉版。

441（H3：1366）　　　（1）　阤貞。一

　　　　　　　　　　　（2）　配貞。一

　　　　　　　　　　　（3）　貞：卩（肉）？

（4）　貞：陟？二

（5）　貞：通？一

（6）　貞：內？一

（7）　貞：又（侑）奴司庚？二

（8）　貞：爵凡？一一

按：

《校釋》1037頁：「（1）辭『陟』，字形強調人提足上山之形，可隸作陟；貞人名。（7）辭『奴』字，我隸作奴，从人从女可通，字用為奴牲。又，即有，用為詞頭；或用為侑祭。就辭例看，以後一說為優。『司庚』的司，或即姒字異體。卜問侑祭用奴牲祭祀姒庚吉否。」

442（H3：1373）　（1）　用。一

　　　　　　　　　　（2）　用。二

按：

（1）的用辭在右前甲上，周邊見三卜兆，其中只有一個有兆序記錄。（2）的用辭在左後甲下，周邊亦只見三卜兆，而其中也只有一個有兆序記錄。（1）（2）二卜兆或為成套關係。

443（H3：1376正）　（1）　☒歲☒牛☒？四

　　　　　　　　　　　（2）　☒余☒示☒王☒？

　　　　　　　　　　　（3）　☒貞：☒兇☒☒？

　　　　　　　　　　　（4）　丁☒？二

　　　　　　　　　　　（5）　☒？

　　　　　　　　　　　（6）　☒？

　　　　　　　　　　　（7）　☒甲于[子]☒☒？

　　　　　　　　　　　（8）　☒入人☒于☒牛，歲又☒？一一

　　　　　　　　　　　（9）　☒[馬]☒？

（10）　其宁馬？

（11）　貞：𣁳𠂤[亞]𠂤？一

文字有遭刮削。（11）辭宜為習刻。

444（H3：1376反）　　　　　[蔣]三。

445（H3：1377）　（1）　☐𡰥☐？

（2）　☐？一

（3）　☐于☐丁☐？。

（4）　☐？

（5）　☐[庚]☐[牛]☐[子]吕☐？

（6）　☐？

本版文字多遭刮削。

446（H3：1379）　（1）　甲卜：乙歲牡妣庚？一

（2）　甲卜：乙歲牡妣庚？二

（3）　甲卜：子又（有）心，㠱妣庚？

（4）　甲卜：子疾？一

（5）　甲卜：子首疾，亡𤶸？一二

（6）　甲卜：子其往队，子首亡𤶸？一

（7）　乙卜：弜巳（祀），畫丁？二

（8）　乙卜：入肉[至]丁，貞又肉？一

（9）　乙卜：其歲牡母、祖丙？一

（10）　丙[卜]：卯牛于昭日？[用]。

（11）　丙卜：夕又（有）伐妣庚？

（12） 丙卜：五日子目既疾？一

（13） 丙卜：三日子目□［疾］？一

（14） 子弗艱，目疾？一

（15） 己卜：叀牝妣庚？二

（16） 狃一？用。三

（17） 歲妣庚：狃？一

（18） 己卜：☒牝？一

（19） 歲妣庚：狃一？二

（20） 己卜，貞：歲卜亡吉，亡田（禍）？一

（21） 歲妣庚：一狃？三

（22） 庚卜：丁各，永？一

（23） 壬卜：弜巳（祀），叀丁？一

（24） 壬卜：☒叀丁？一

（25） 子令？

（26） 子令？一

（27） 子令？

（28） 弜牛改，叀□？

按：

本版用於九日之間的占卜。（1）至（6）辭為一組，其中的（1）（2）辭為成套卜辭。（7）至（9）辭為一組。（10）至（14）辭為一組，其中的（12）（13）辭為選貞。（15）至（21）辭為一組。（23）（24）辭為一組，屬正正對貞。（25）至（27）辭為一組。

本版有移位句型，如（1）（2）辭為「乙歲妣庚：牝？」的移位，祭牲前置。（10）辭為「于翌日卯牛？」的移位，介詞和時間詞後置於句末。（15）辭為「妣庚：牝？」的移位，祭牲前置。（28）辭前句為「弜改牛」的移位，祭牲前置。本版有省略句型，如（3）辭「子又（有）心」，對照（5）辭的「子首疾」句，應是「子又心疾」的省名詞「疾」字。（6）辭的「子首亡祉」，對照（5）辭的「子首疾，亡祉？」句，

也應是「子首疾，亡征？」的省略。（24）辭的「內速丁」句，對比（23）和（7）
辭，應是「弜祀，內速丁？」的省前句例。本版有合書的用例，如（9）辭的「母、
祖丙」，應是「母丙、祖丙」二祭祀對象的合書。本版有相反詞連用例，如（20）
辭的「歲卜亡吉，亡禍？」句的「吉」與「禍」前後相對。言歲祭問卜的卜兆都不
是好的，詢問無禍嗎。相對於〈181〉版（35）辭的「卜：不吉貞，亡禍？」一句，
知「吉」是針對貞問而言

　　（8）辭「丁貞」的「貞」字从卜从鼎，是花東的新創字形。《校釋》1037頁：
「鼎字字形過去都理解為殷甲骨第五期帝乙、帝辛卜辭和周原甲骨（早周）的字，
目前卻早見於花東甲骨中。字形斷代的標準，恐應再作評估。」（8）辭「入」字後
似「肉至」二字直書，應讀作：「乙卜：入肉[至]丁，貞又（有）肉？一」。

447（H3：1383反）　　　　　舎十。

448（H3：1385）　　　（1）　☒戌☒？一
　　　　　　　　　　　　（2）　☒一☒？
　　　　　　　　　　　　（3）　☒丁☒？
　　　　　　　　　　　　（4）　☒？
　　　　　　　　　　　　（5）　☒？
　　　　　　　　　　　　（6）　☒？
　　　　　　　　　　　　（7）　☒？

按：

　　本版文字大多遭刮削。

449（H3：1387）　　　（1）　辛未卜：白（伯）或再冊，隹（唯）丁自正（征）卲？
　　　　　　　　　　　　　　　一
　　　　　　　　　　　　（2）　辛未卜：丁弗其从白（伯）或伐卲？一
　　　　　　　　　　　　（3）　貞：子妻爵祖乙、庚，亡莫（艱）？一

（4）　癸酉卜，貞：子刊爵祖乙、辛，亡𡆥（艱）？一

（5）　癸酉卜：祖甲永子？一

（6）　甲戌：歲祖甲：祀、权邑？二

（7）　乙亥：弜巳（祀），叔ᵁ龜于室？用。一

（8）　乙亥：歲祖乙，[兩]卯（禦），召彡牢、牝一？一

按：

（1）辭「禹」字从爪持倒邑形，照本和拓本見邑器中只書二橫筆，描本誤作斜筆交錯。

（1）（2）辭正反對貞，相對刻在左右甲橋下內側，而（1）辭的「自征」與（2）辭的「从伯或伐」或兼有選貞的功能。「自」有獨自、親自意，「从」則有聯同、經由意。二辭又見「征」、「伐」二字用法相同，前者从止，強調主語發動征伐的人，後者从戈，強調討伐的對象。這裡見殷人先行「禹冊」祭祖的儀式，然後才具體進行用兵的流程。

（3）（4）（5）辭為同日所卜，其中的（3）（4）辭在後甲靠中線對應。（4）辭的「貞」字為事後追刻上去的，唐突的增添在「癸酉卜」橫書的上面，似乎原來應作「癸酉貞」，因誤書成「癸酉卜」，遂在「卜」的上方補刻一「貞」字，以與（3）辭相對。

本版辭例，前辭有「干支卜」、「干支貞」、「干支」三類。（6）至（7）辭只是記錄日常的歲祭祖先，用牲若干，是當日的例行公事，並沒有要詢問吉凶或要求神保佑允諾，因此前面不需要用「卜」或「貞」而省。（3）（4）辭單純祭祖，分別由二子某持爵奠祭不同的祖輩，詢問這個祭祀流程沒有問題嗎。因為是就具體事情直接問神，故前辭用「貞」。（1）（2）辭是武丁攻打邵族，卜問是自己獨自帶領軍隊抑或是聯同伯或一起去。卜辭內容有等待鬼神的選擇或同意與否，故前辭強調用「卜」。由此，可見以上三種前辭體例的區別。

花東甲骨用「亡𡆥」、「亡艱」、「亡至艱」，都是獨立成詞。（3）（4）辭的「亡𡆥」應分讀，用為詢問句。（3）辭的「祖乙、庚」，應是「祖乙、祖庚」的合讀，（4）辭的「祖乙、辛」，應是「祖乙、祖辛」的合讀。花東卜辭的「祖乙」，即花東子的

嫡系祖父，即武丁之父「小乙」；而「祖庚」即般庚，「祖辛」即小辛。〈56〉版亦見「祖庚」、「祖辛」同辭禦祭。同樣的，本版（5）辭的「祖甲」，即陽甲。因此，本版（3）（4）（5）三辭同日一併祭祀的，是陽甲、般庚、小辛、小乙四兄弟，而花東子對四祖的祭拜，明顯的是以小乙為重，陽甲為次。

（8）辭的「雨卲」，即「禦雨」的移位，禦祭以求降雨的意思。「召彡」，即召祭（大合祭）時進行肜（擊鼓）的祭儀。一般見「召彡」連用，或「召某祖妣彡」、「召彡某祖妣」。

450（H3：1388）　　（1）　王戌卜，才（在）□刊：子耳鳴，佳（唯）又（有）

絧，亡至艱？一二

（2）　王戌卜：子弜卬？用。一

（3）　癸亥：子往于🐟，攺子丹🐢龜二？一

（4）　丁卯卜：子其入學，若永？用。一二三

（5）　丁卯卜：子其入學，若永？用。四五六

按：

（1）辭「才（在）□刊」一句，中間可能沒有缺字；備參。刊，用為地名。「唯有絧」，用法與〈286〉版（11）辭的「唯有辭」同，「絧」、「辭」應是同字異形，從司從辛通。《說文・辛部》：「辭，訟也。」，段注本《說文》改為「辭，說也。」朱駿聲《說文通訓定聲》豐部第一：「訟，爭也。以手曰爭，以言曰訟。」，字有分意、亂意，引申語言喧嘩混雜的用法。字用為負面意義。（1）辭卜問花東子患「耳鳴」之疾，聽覺接收聲音混雜，但仍未至艱困嚴重的地步。（1）（2）辭同日占卜，二辭上下刻寫，卜問內容或相類相承。（2）辭「卬」字，從人置於匸室中，或具拘禁、壓抑意。

（3）辭「子往于」後一字，用為地名、族名。字另見〈436〉版「吳入十。」的吳字，屬同一字；字形是雙勾或單筆之別，可通用。（3）辭「攺子丹」的「子丹」，是花東子出巡在外贈龜的子族對象。「🐢龜」是龜的一種，與〈449〉版字屬異文，又與《合集》8996版從弋從皿的龜種相類。

（4）（5）辭分別在右前甲下和右側，為成套關係，連續卜問了六次，第（一）至（三）次卜兆是由內而外再下，（三）字因要避開龜甲橫紋而改書於卜兆下面，第（四）至（六）次卜兆則是由下而直上。

（4）（5）辭詢問句「若永」成詞，卜問子將「入學」一行動順利且持續嗎？〈416〉版（3）辭有卜問「永若」例。花東的「入」字，有作進入、地名，亦有用為入貢；花東的「學」字，一般用為動詞，如〈336〉版作「子其學商」例，字或與爻意有關。這裡的「入學」，或有進貢著草爻辭之意，用為名詞。

本版（1）（2）（4）（5）辭刻辭都是自中間千里路方向始，向外先橫後直圍兆書寫，唯獨（3）辭在左甲尾向中間單獨直書，分四短行書寫，形式十分獨特，似乎強調記錄而不是卜辭。

451（H3：1390） （1） 己巳卜：䎃庚歲妣庚：黑牛又羊，蘲（暮）攺？用。
一二三四五

（2） 庚午：歲妣庚：黑牡又羊，子祝？一二三四五六

（3） 戊寅卜：自𧱓，䉈其見（獻）于帚（婦）好？用。二

（4） 庚辰：歲妣庚：死一？一二

（5） 一二三

（6） 壬午夕：歲犬一妣庚？一二三

（7） 壬午夕：歲犬一妣庚？四

（8） 丙戌卜：子其往于𠚑，若？用。子不宿，雨。一

按：

本版前後在 18 日占卜。（1）辭屬成套卜辭，獨立刻寫一句，問卜了五次。（2）辭亦獨自成套，連續卜問了六次，（6）（7）二辭則合為一成套，共卜問了四次。

本版（2）（4）（6）（7）辭都是記錄當日歲祭妣庚，前辭均沒有書「卜」字。（2）（4）辭歲祭後先接祭祀對象，再接祭牲，是常態句型，相對的（6）（7）辭「歲犬一妣庚」，則見祭牲連數詞移前。同版常態和變異句型互見。

（1）辭「己巳卜：翌庚歲妣庚：黑牛又羊，暮攺？用。」，命辭是詢問次日庚

午歲祭妣庚時，是在暮的時段用「㪤」此一種殺牲法嗎？因為辭意是要問神來決定，所以在前辭用一「卜」字。因此，前辭用不用「卜」，應與是否進行「歲」祭無必然關係，而主要是在於命辭內容是否需要具體詢問神靈。但由（1）辭連問了五次，屬成套的關係，這明顯是存在著一問神祈福的過程。花東歲祭有用卜有省卜，目前仍無法充分證明其差別意義。

（1）辭在左甲尾先橫而直下，書於兆的外圍，其中的兆序（一）（二）（三）在下面是一堆，（四）（五）在上面又是一堆，明顯分開。（6）（7）辭在左前甲下上成套，其中（6）辭的兆序是（一）（二）（三）（其中的（一）（二）由上而下，（三）又分開，書於（一）（二）之上），（7）辭的兆序是獨立的（四）。因此，花東卜辭使用的兆數，似乎是以三為固定的基數或一完整卜問數目單位。

（2）辭在左後甲下方，兆序有六，其中的（一）（二）（三）為一排居下，（四）（五）（六）為另一排居上。刻辭在兆序上繞兆書寫。這種形式也可證明花東卜兆數習慣是以三為單位。《校釋》1038頁：「（2）辭由中間千里路向左橫書，句子在刻寫時因避開兆序（五）（六）的數字而中斷。這說明甲骨的書寫習慣是先刻兆數，再刻卜辭，而且已有嚴格避兆的認識。」

（3）辭在左前甲上，由內向外圍兆序（二）書寫，而卜兆卻在文字的上和下。這種單圍兆序數字而不圍兆的刻寫方式，在花東卜辭中也是特例。

（6）（7）辭的「犬一」直書，合文；「妣庚」橫寫，亦作合文。

（8）辭「雨」字寫法草率，雨點四點作不規則書寫。「子不宿，雨。」一句是驗辭，也可能是事後追記的記事刻辭。

452（H3：1396）　　　　　　[庚]戌：歲妣庚：羘一，子祝？才（在）䨄。一

按：

本版卜辭單獨見於右甲尾。「羘」字從匕反書朝羊，羊中間又增一橫畫，字形特別。庚日歲祭妣庚，用母牲。前辭省「卜」。占卜的「在某地」移於句末，是花東子在外地進行貞卜的句例。

453（H3：1397）　　（1）　☒甲☒羊一☒羊二☒一余☒？

　　　　　　　　　　（2）　☒？

　　　　　　　　　　（3）　甲卜：乎（呼）多臣見（獻）翊于丁？用。二

　　　　　　　　　　（4）　☒羊☒？

　　　　　　　　　　（5）　戊卜：☒其☒一□犹☒？

　　　　　　　　　　（6）　王☒？用。一

　　　　　　　　　　（7）　☒甲☒丁☒于☒？

　　　　　　　　　　（8）　□子☒？

　　　　　　　　　　（9）　己☒其☒余☒羊☒？

　　　　　　　　　　（10）　乙卜：子冥？一

按：

　　本版卜辭大量遭刮削，完整的只保留（3）和（10）辭。（3）辭「用」字左半有二橫筆，描本誤。（3）辭有兆序（一），原釋文漏。〈92〉版（2）辭「甲卜：乎（呼）多臣見翊丁？用。一」，與本辭應為成套關係，後者命辭省介詞「于」。語意是「翊（翌）〔子〕呼多臣見（獻）于武丁」。

454（H3：1404）　　（1）　庚戌卜：子乎（呼）多臣燕（宴），見（獻）〔丁〕？用。
　　　　　　　　　　　　　不率。一

　　　　　　　　　　（2）　庚戌卜：弜乎（呼）多臣燕（宴）？一

　　　　　　　　　　（3）　乙卯卜：子其自酓（飲），弜重？用。一二

　　　　　　　　　　（4）　乙卯卜：子其酓（飲），弜重？用。三

按：

　　（1）辭「見」（獻）字後原描本漏「丁」。（1）（2）辭屬正反對貞，句型作：$\begin{Bmatrix} A，B \\ -A \end{Bmatrix}$，（2）辭省後句。（3）（4）辭是成套卜辭，（4）辭省副詞「自」。對貞卜辭刻於龜前甲上方的左右兩邊，由內往外對稱相向書寫。成套卜辭的二辭則同刻於龜甲的右邊，（3）辭圍兆序（一）（二）在上，（4）辭單圍兆序（三）在下，並排先橫後直書寫。這現象是花東卜辭刻寫對貞與成套的大致差別。

　　對比〈34〉版（14）辭在左甲上單一占卜的「己酉卜：䎃庚，子乎（呼）多臣燕（宴），見（獻）丁？用。不率。一」，本版（1）（2）辭無疑是接著上一天「己酉」日的占卜內容，在次日「庚戌」以正反對貞的形式再詢問同一事件。因此，本版的占卜自是在〈34〉版之後一天為同一事件問神使用的。花東卜辭中接連兩天為同一事件占卜的句例，並不是孤證。

　　對比（1）（2）辭子呼令多臣從事「燕」（宴）的活動，然後貢獻於「丁」（武丁），（3）（4）辭言子單獨飲宴，詢問「弜速」（不聚會）的省略對象亦應是「丁」。《校釋》1039頁：「子呼令多臣獻於丁，見：丁—子—多臣之間存在上下位階的實質關係。」

455（H3：1405）　　　（1）　甲子卜：歲妣甲：牝一，曁三小宰又鬯一？才（在）蠶。
　　　　　　　　　　　　　　一
　　　　　　　　　　（2）　延又凡，畓友其艱？一
　　　　　　　　　　（3）　乙丑卜：我人畓友？一
　　　　　　　　　　（4）　子㞢？
　　　　　　　　　　（5）　子㞢？一
　　　　　　　　　　（6）　南。

按：

　　（1）辭甲子卜，歲祭妣甲，接著進行冊獻的儀式。相對的觀察〈88〉版（10）辭：「甲子：歲妣甲：牝一，曁三小宰又鬯一？一」，應為相關的卜辭，值得注意的是後者在前辭中省「卜」字。本版（1）辭與〈88〉版（10）辭屬同文的正正關係，應為同時所刻，二辭同據卜兆（一）上方橫書，再圍兆向外直行書寫，且都在右甲位置，但個別字形有出入，如歲字从戈一作橫筆一作斜筆，牝字二部件左右相反，鬯字下有點無點之別。二辭是屬於同組對貞、異版同文的關係，抑強調一屬問卜，一屬記錄的不同性質，宜進一步觀察。如是前者，「卜」字的有無只是普通的省略現象；如是後者，則是代表句例性質差異的關鍵用字。目前看，似以前者近是。

　　（1）辭冊獻的內容「三小宰又鬯一」，見數詞可用在名詞之前或後，詞位並不

穩定。學界一般釋「冊」從于省吾說為砍殺意，但由本辭獻品的「牜」，和〈29〉版的「叀一伐、一牛、一❏冊」、〈95〉版的「冊十宰又十❏」的用「❏」，都可證並不然。又，花東冊獻的儀式，有「冊百牛又五」〈27〉、「冊四十牛」〈113〉，「三十豕冊」〈488〉，很難想像花東子的經濟實力能一次祭祀先人可耗用如此龐大的動物量。目前推想，冊只是登錄於竹簡的獻神清單，並不屬於實質祭祀的用品範圍。冊字在花東卜辭中習見於泛祭的「禦」祭之後出現，並具體排於祭儀「歲」之後，和與用牲法「攺」、「卯」相連。當日的「冊」，也稱作「稱冊」〈449〉，是記錄獻神的一種儀式，這與祭儀和殺牲法並不相同。由〈32〉、〈56〉、〈320〉諸版見「至禦，冊百牛又五」、「至牪一祖宰禦丁，冊羌一人、二牢」、「至禦，冊百牛又五」諸例，可見「冊」的活動是在禦祭完成後才開始。甲文又另見「祝」、「冊」並排出現，如〈合集32285〉、〈合集32327〉，可見「冊」是祭畢之後在禱告時的一種文誥式的獻儀記錄。

（2）（3）辭似為對貞。（2）辭「征又（有）凡（盤）」的主語，可能是後句的「甾友」。《校釋》1039頁：「『甾友』自成一詞，作為人名。〈300〉版見『甾友又凡』。……（3）辭的『乙丑卜：我人甾友？一』與『子宎』疑分讀為二句。（4）辭的『子宎南』成句亦無意，應分讀為二。『南』，人名。在此應獨立成詞，見於左甲橋下側，為整理或納貢此甲的人。相同文例如〈47〉版的『南。』是。」

對比〈375〉版（2）辭「乙丑卜：甾[友]其征，又（有）[凡]，其[莫]（艱）？二」，與本版（2）辭應為同時所卜。

456（H3：1420）　　（1）　[甲]卜：☐？一

　　　　　　　　　（2）　☐辛☐？

按：

本殘甲文字多遭刮削。

457（H3：1406）　　　　己酉夕：昭召歲妣庚：黑牡一？庚戌酚牝一。一二三

按：

　　本版「妣庚」的「庚」，中从二橫筆，「庚戌」的「庚」，中僅一單橫，二字屬同版異形。本版「己酉」的「酉」，二豎筆穿過器身，「酯」字从酉，二豎筆及器身即止，二酉字亦屬同版異形。本版「牡」字从牛，作直角形，「牝」字从牛，則作向外分角貌，二牛字寫法不同。「牝」字从匕朝牛，也是一特殊字例。

　　原釋在兆序在下多「四」字，恐非。由刻辭沿卜兆（一）至（三）下即圍兆書寫，知不可能有卜兆（四）。

　　本版兆序由上而下，對比〈150〉版（2）辭「己酉夕：昭召妣庚：黑牡一？一二三四五」一同文例，兆序卻是由下而上，與本版相反。由此可見，花東用兆方式的不固定。

　　本版前辭「己酉夕」後省「卜」。命辭是問次日庚戌歲祭時用召的方式祭拜妣庚，用黑色公牛一頭宜否。句末驗辭的記錄是庚戌日用酯祭，祭牲卻是母牛一頭。因此，命辭內容與事後結果並不相當，前者不會是直接的記錄，而應該是問卜的內容。由此看，這裡的歲祭卜辭前辭只是單純省「卜」的句型。

　　花東卜辭中「钔」（禦）是泛祭的動詞，「歲」、「酯」是專祭的祭名，「召」「饮」等是祭儀或用牲法。這三階段的祭祀等級，後一類可以書寫在前一類用字之前，如〈53〉版（17）辭「其酯钔妣庚」、〈236〉版（8）辭「饮二牛钔伐乍賓妣庚」和本版的「召歲妣庚黑牡一」是。

458（H3：1409）　　　　　　茯[乃]先㲋（禦）虡，迺入炊？用。一

按：

　　本版只見右甲尾一辭。

　　「茯」字从子，雙手謾作一橫畫直書，中豎筆作折筆書寫。「先」，原釋文誤作「伐」。「㲋」，象雙手奉璧琮形，有迎神意。或為钔字異體。《校釋》1039頁：「茯乃，人名或族名。先，花東卜辭多『先……迺……』的選擇先後的對貞，如〈154〉版的『丁先狩，迺又伐？』、〈265〉版的『歲妣庚先暮牛饮，迺饮小宰？』例是。對比〈137〉版中的『羌入』和『茯乃叀入炊』的前後句意，此處的『虡』字或與祭牲

有關，字從虎首從女，可能指孜乃所奉獻的虎族女牲之意。」

本辭見殷人有先祭而後貢之習。

459（H3：1417）　　（1）　癸丑卜：叀二牢于祖甲？不用。一

　　　　　　　　　　　（2）　癸丑卜：叀一牢又牝于祖甲？不用。一

　　　　　　　　　　　（3）　癸丑卜：子禱新鬯于祖甲？用。三

　　　　　　　　　　　（4）　甲寅：叀牝一祖乙？不用。一

　　　　　　　　　　　（5）　乙卯：歲祖乙：狂一、叙鬯一？一

　　　　　　　　　　　（6）　甲子：歲祖甲：白狂一、叙鬯一？一二三四五

　　　　　　　　　　　（7）　叀黑豕祖甲？不用。

　　　　　　　　　　　（8）　癸酉卜：歲子癸：豕？用。一

　　　　　　　　　　　（9）　戊寅卜：子禱叙，酉狂，钔（禦）往上甲？一

　　　　　　　　　　　（10）　己卯，歲妣己：豥一？一

　　　　　　　　　　　（11）　己卯，歲妣己：豥一？二

按：

本版見成套卜辭兼選貞的用例。（1）至（3）辭為同日所卜，其中的（1）與（2）辭為選貞，卜問祭祖甲的用牲是「二牢」抑「一牢又牝」。二句都將祭牲置前。但由用辭看鬼神都不接受此二辭。由於（1）（2）辭的「不用」，因此才會有再卜（3）辭的必要。（1）（2）與（3）辭則是成套的關係，由此看來，（1）（2）辭是同時對貞，首先占卜，兆序分別刻（一）（一）；（3）辭兆序言（三）是承接（1）（2）辭而來。三辭中鬼神是同意（3）辭所卜的內容，是次宜用「新鬯」來祭獻祖甲。

（4）（5）各自獨立卜問。（4）辭是甲寅日問卜次日歲祭祖乙，命辭前省時間詞「翌」。（4）辭卜問對象與（5）辭相同。（5）辭是乙卯日問卜當日歲祭祖乙。用辭見不同意用母牛祭祀，反而認可用公豬和香酒。

（6）（7）二辭成組，屬選貞。而（6）辭又獨立單辭成套，連續卜問五次。結果是鬼神「不用」（7）辭所卜。

（10）（11）辭為成套卜辭，分二辭連續二次問歲祭妣己用豥一的宜否。

本版歲祭祖乙、祖甲和妣己，前辭都沒有用「卜」，但（8）辭「歲子癸」，前辭卻見用「卜」。這裡的用「卜」不用「卜」，似乎無別。

對比（3）辭的「子禱新鬯」，（9）辭的「子禱祉」的「祉」，無疑與香酒有關，我理解這是用手灑酒於示前的一新創字。《校釋》1040頁：「〈248〉版（2）辭有『癸丑卜：子禱新鬯于祖甲？用。』，內容與此全同，但無卜序，應是同時所卜。」

本版全屬祭祀卜辭，（9）辭言「禦往上甲」，姚萱釋「上甲」為「田」，恐非是。〈487〉版見同時祭祀上甲、祖甲和祖乙例，與本版相同，可作參證。

460（H3：1425） （1） ☑用。二

（2） ☑丁☑？

（3） ☑？

（4） ☑？

（5） ☑？

按：

本版文字幾遭刮削殆盡。

461（H3：1430） （1） ☑？四

（2） ☑？

（3） ☑匸三☑二示☑？

（4） ☑？

（5） ☑？

按：

本版文字幾全被刮削。

462（H3：1433反） 三十。

按：

本版屬腹甲的後面，「三十」合文刻於左甲尾靠千里路旁。

463（H3：1434）　（1）　癸卯：歲祖乙：牝一、攼豈一？才（在）麗，子祝。
　　　　　　　　　　　　　　一二三

　　　　　　　　　（2）　甲辰：歲妣庚：牝一、攼豈一？才（在）麗。一

　　　　　　　　　（3）　甲辰：歲祖甲：牡一、牝一？才（在）麗。一二

　　　　　　　　　（4）　子令？一

　　　　　　　　　（5）　甲辰：歲祖甲：牡一、牝一？才（在）麗。一

　　　　　　　　　（6）　乙巳：歲祖乙：三牝？才（在）麗。二

按：

　　本版連續三日歲祭諸辭，前辭都不用「卜」。

　　（1）辭單句成套，連續卜問三次。（3）辭單句成套，連續卜問兩次，又與（5）辭用作正正對貞。《校釋》1040頁：「（1）辭『在麗』應為卜問的地點，是『癸卯：歲祖乙牝一、攼豈一，子祝？在麗。』的移位句，詢問句『子祝』移於句末，屬變異句型。」

　　本版的祭品和數詞多見直書合文的形式，壓縮成詞書寫。祭牲和數詞一般作「名─數」的用法，但同版（6）辭的「三牝」亦見「數─名」例，明顯知花東卜辭的名詞和數詞的組合順序仍不固定。

464（H3：1455）　（1）　兂貞。一
　　　　　　　　　（2）　兂貞。一

按：

　　（1）（2）辭在左右後甲相對，但作同向書寫。二辭貞人名「兂」，所從人首糾髮鞭形分別作三圈、兩圈，一繁一簡，屬同版異形。二辭均省略命辭貞問內容。

465（H3：1436正）　（1）　甲卜：乙☐告子☐于妣庚☐？
　　　　　　　　　（2）　☐豕，告子☐？
　　　　　　　　　（3）　☐弜☐？

（4）　□？

（5）　乙□𣪊□？

（6）　戊卜：于□？

（7）　□？

（8）　□？

按：

本版卜辭均遭刮削，人名只見保留「子」和「妣庚」。

466（H3：1436 反）　　　　𢀖入。

467（H3：1441）　（1）　子骨未其🜲？一

　　　　　　　　　（2）　戊戌卜，才（在）淠：子射，若？不用。一

　　　　　　　　　（3）　戊戌卜，才（在）淠：子弜射于之（此），若？一

　　　　　　　　　（4）　己亥卜，才（在）呂：子其射，若？不用。一

　　　　　　　　　（5）　弜射于之（此），若？一

　　　　　　　　　（6）　庚子卜，才（在）□：祖□眔𣪊鹰□其□？一

　　　　　　　　　（7）　子叙（獲）𣪊鹰？不用。一

　　　　　　　　　（8）　戊申卜：叀兓乎（呼）句[馬]？用。才（在）麗。一
　　　　　　　　　　　　 二三

　　　　　　　　　（9）　叀辜乎（呼）句？不用。一

　　　　　　　　　（10）　叀辜乎（呼）句？不用。二

　　　　　　　　　（11）　戊卜：叀卲乎（呼）句？不用。二

按：

　　本版「辜」（敦）字從羊，中間並沒有短橫，原（10）辭描本稍誤。本版（6）「庚子」的「庚」和（8）辭的「兓」從庚，字形中一從一橫、一從二橫；上一從單組斜筆、一從兩組斜筆；繁簡互見，屬同版異形。

　　（2）（3）辭屬正反對貞，命辭作$\{^{A\ :\ B}_{-A\ :\ B}\}$句，其中的（3）辭否定句的命辭書寫

用字較完整，而由用辭看亦是鬼神的屬意的內容。

（4）（5）辭是正反對貞，亦作{ A ; B / A ; B}句，而其中（5）辭的命辭亦見書寫相對完整，同樣作為鬼神「用辭」同意的內涵。（4）辭兆序為（一），原釋文誤作（二），應更正。

（6）辭稍殘，內容似與（7）辭為選貞。

原（8）（9）（10）（11）四辭為一組成套，其中應以原（9）辭為主句，改為（8）辭先讀；原（8）辭置於最末為（11）。調整作：

（8）戊申卜：叀虣乎（呼）匃[馬]？用。在龏。一二三

（9）叀臺（敦）乎（呼）匃？不用。一

（10）叀臺（敦）乎（呼）匃？不用。二

（11）戊卜：叀卲乎（呼）匃？不用。二

以上的（9）（10）為成套卜辭；（8）、（9）（10）、（11）三者又為選貞關係。選貞的結果是取用（8）辭的內容。「叀虣乎（呼）匃[馬]」，即花東子選擇呼令虣其人進行匃[馬]此一動作。

468（H3：1450）　　（1）　　☑西菁☑？

　　　　　　　　　　（2）　　歲夗妣丁？用。一

　　　　　　　　　　（3）　　戊卜：其☑卲（禦）☑？一

　　　　　　　　　　（4）　　一

按：

（2）辭命辭是常態句「歲妣丁：夗？」的移位。

469（H3：1452+1461）（1）　　☑？

　　　　　　　　　　（2）　　☑[祝]☑？

　　　　　　　　　　（3）　　☑甲☑？

　　　　　　　　　　（4）　　☑？三

　　　　　　　　　　（5）　　☑？四

　　　　　　　　　　（6）　　☑甲二☑？二

（7）　☐？

（8）　☐？

（9）　甲卜：子炅？一

（10）　庚卜：子炅？一

按：

　　本版（1）至（8）辭遭刮削，只有在右甲上方（9）（10）二辭完整保存。「子炅」為花東子私名，句中或用為貞人名。二辭句讀可作「甲卜，子炅。一」、「庚卜，子炅。一」。甲背左甲橋有「我五」一詞，即「我入五」之省。言我族貢龜五隻。

470（H3：1453 反）　　　　我五。

471（H3：1454）　　　（1）　☐乙☐子☐牛☐又☐？

　　　　　　　　　　　（2）　☐？一二

　　　　　　　　　　　（3）　☐？

　　　　　　　　　　　（4）　☐？

　　　　　　　　　　　（5）　☐？

　　　　　　　　　　　（6）　☐？

按：

　　本版卜辭率遭刮削。

472（H3：1455）　　　（1）　一二三

　　　　　　　　　　　（2）　乙又（侑）羊？一

　　　　　　　　　　　（3）　弜又（侑）羊？一

　　　　　　　　　　　（4）　于庚夕酚？一

　　　　　　　　　　　（5）　于辛亥酚？一

　　　　　　　　　　　（6）　三羊？一

　　　　　　　　　　　（7）　一羊？一

（8）　弜又（侑）羊？

（9）　[戠]（戡），弜又（侑）？

（10）　叀豕☑？一

（11）　叀一豕？一

按：

本版卜辭兩兩成組，由下而上，由外而內讀。

（2）（3）辭為正反對貞，（2）辭的「乙」應是「乙巳」日省。（4）（5）辭為選貞，卜問在「庚戌」日傍晚進行酒祭，抑或是在次日「辛亥日」。（5）辭句末只有一個兆序（一），原釋文多一兆序，屬衍文。（6）（7）辭在（4）（5）辭之上，相對成組，屬於選貞，進一步詢問是次（酓）祭用三頭羊抑或一頭羊。（8）（9）辭又屬一組，或是反反對貞，（9）辭的末句省祭牲「羊」。

（8）和（10）辭有刮削痕迹，原因不詳。

473（H3：1458）　（1）　甲申：子其學（爻）羌，若永？用。一

　　　　　　　　　（2）　茯乃弜往，又砒，若？用。二

按：

本版（1）「若永」與（2）「若」同用為詢問句，「若」與「永」屬同意詞，均有順意。學，讀如爻，示用著草占問。殷人除占卜甲骨問神外，應已另有用著草驗算吉凶的禱告方式。花東子提著草問神，並以羌人作為祭牲。

《校釋》1041頁：「原考釋認為砒字為祖先名，可商。砒，或即蹠字。對比〈401〉版的『子其往罷？曰：又（有）希（祟），非樓（慮）。』有砒，疑有困頓、阻礙的負面用意。」

474（H3：1463）　（1）　甲子卜：子冥？一

　　　　　　　　　（2）　甲子卜：夕歲祖乙，禱告妣庚？用。二

　　　　　　　　　（3）　乙丑卜：子學（爻）？一

　　　　　　　　　（4）　己巳卜：子禱告，其秉（折）革于妣庚？一二

 （5） 率酚革？不用。一

 （6） 子叀狀田，言姒庚眔一宰，酚于狀？用。一

 （7） 庚午卜：子其禱于癸子？一二

 （8） 辛未：歲祖乙：奱，子舞权？一

 （9） 辛巳卜：于癸改旬牛？不用。于甲改。一

按：

 （2）辭言「干支卜：夕歲某祖」，對比於〈234〉版（1）辭的「丙寅夕卜：子又言在宗」句，可見一般的「干支卜」是指在某日白天的貞卜。（2）辭命辭順讀「夕歲祖乙」，宜是指翌乙丑日傍晚歲祭祖乙的意思。這符合甲日問明天乙日祭某乙的花東卜辭習慣。當然，本辭也可理解為前辭「甲子夕卜」的移位。

 （3）辭的「學」，即爻。對比〈473〉版字形，這裡增从宀。

 （4）辭「禱告」的「告」字，明顯是事後追補的漏刻字。本版（2）（4）辭言「禱告」，（7）辭省作「禱」，可見「禱」這種獻酒的祭儀是有接連禱告鬼神的一連貫的動作。（6）辭的「言姒庚」，意與「禱告姒庚」相類。（9）辭「改旬牛」，《校釋》1041頁：「旬牛，或指一整隻牛。殷人以十日為一旬，旬示一完整的時間單位，〈183〉版有『旬日雨』，強調一整日都下雨。」

 （4）（5）辭屬選貞，「禱告」即「酚」祭。「其東革」應與「率革」對應而言。東，取象斷木形，𠃉示折木的指事符號，字為折字初文；率，皆也，悉也。「折革」，指半革；「率革」，指全革。這裡言花東子進行酚祭，獻酒禱告於姒庚，卜問用的祭品是半個動物的皮革抑整個皮革。（5）辭省前辭和命辭的前句。

 （6）辭言花東子田狩於狀地，並在此進行酚祭；（8）辭見花東子在权地進行歲祭和跳舞的祭儀。狀、权二地似是花東子的屬土。（7）辭的「癸子」，為「子癸」的倒文。

 （9）辭「于甲改。」為驗辭，置「用辭」之後。（9）辭命辭卜問于癸未日舉行「改旬牛」的祭儀，由「用辭」看鬼神並不同意此次卜問，驗辭內容無疑是承接「用辭」的意思，改在次日的「甲申」日才進行改祭。

475（H3：1467）　　　（1）　癸卯卜：昭䨪于昃？用。一

　　　　　　　　　　　　（2）　乙巳卜：叀璧？用。一

　　　　　　　　　　　　（3）　乙巳卜：叀良？一

　　　　　　　　　　　　（4）　乙巳卜：又🔲，叀之昇丁緝五？用。二

　　　　　　　　　　　　（5）　庚戌卜：子叀彈乎（呼）見（獻）丁眔大，亦燕（宴）？
　　　　　　　　　　　　　　　　用。昃。一

　　　　　　　　　　　　（6）　庚戌卜：丁各？用。夕。一

　　　　　　　　　　　　（7）　庚戌卜：丁各？用。夕。二三

　　　　　　　　　　　　（8）　辛亥卜：丁曰：「余不其往」，母（毋）𡥘？一

　　　　　　　　　　　　（9）　辛亥卜：子曰：「余[丙]𡥘」；丁令子曰：「往眔帚（婦）
　　　　　　　　　　　　　　　　好于受麥」，子𡥘？一

　　　　　　　　　　　（10）　壬子卜：子弜𡥘，乎（呼）畬（飲）？用。一

⬚按：

　　本版「子」字和「巳」字有作一般小兒從兩手分書，有兩手作凵形，屬同版異形。「庚」字繁簡互見，亦屬同版異形。（1）辭祭祀動詞「䨪」，其左側有側口形，原描本漏。姚萱釋文引方稚松說釋作祼；備參〈493〉版簡作䨪。《校釋》1041頁：「象雙手持鐘形樂器以祭，可隸作䯧。（1）辭『昃』字，從大正立，從一小方形，與一般王卜辭的從人斜影形從日稍異。」

　　（2）（3）辭屬選貞，結果是選用（2）辭的獻璧；（4）辭承著（2）（3）辭而卜，見兆序（二），是成套的關係。《校釋》1041頁：「（4）辭的命辭是『叀🔲、緝（珥）五昇丁？用。』的移位句。」，常態句意即「〔子〕昇丁：🔲、緝五？用。」，鬼神亦同意是次的貢獻。

　　（5）至（10）辭為三天內連續的卜問。其中的（5）（6）（7）辭為一組，（5）辭先卜，詢問花東子呼令彈進獻給武丁和大，並同時設宴於昃時宜否。結果「用辭」是鬼神同意是項活動。其中的「彈」用為人名，是花東子驅策的臣屬，「大」與武丁並列，為花東子進貢的另一對象，其身份自然在花東子之上。考慮〈76〉版（2）辭花東子有為「大」求佑，〈299〉版（5）辭有為「大」的病患求平安，但在〈416〉

版（11）辭花東子卻「令大」「取有車」，可見「大」此人在血親、宗族關係是「子」的長輩，但在行政權責上「大」仍是「子」的下屬。

（5）辭命辭，據刻寫行款順讀，「昃」字在「用」字之後。就順讀意言，可視「昃」字為驗辭。但在理解上應讀為「亦燕（宴）昃？用。一」，全句主要是卜花東子令彈獻丁和設飲一事的宜否，而昃字只是指子設宴款待丁的時間，並不能回應前面命辭詢問的主要內容，況且驗辭單見一時間詞亦屬罕見，故此辭只能由移位的角度來看。「句意重於行款」，於此亦見一例。（6）（7）二辭在右甲下上對應，屬成套卜辭，命辭順讀的「丁各，用夕？」，亦應理解為「丁各夕？用。」，「夕」的時段在「昃」之後，此組詢問武丁會各（降臨）於夕時否。對應（5）辭，見子設宴於昃時，但武丁仍未至，故進一步卜問武丁會在夕時來臨嗎？

（6）（7）辭用辭後見「丁各」的時間詞「夕」字移於句末。相對的辭例：〈290〉（8）的「乙未卜：呼多宁：奴，西向？用。仄（昃）。」一句句末的「昃」字，似也應是作為命辭「西向」的時間詞移後來理解。

（8）（9）辭為一組。（6）（7）辭詢問的「丁各夕」，儘管鬼神都同意，咸認為是吉兆，但武丁顯然並沒有出現，因此，才會有次日（8）辭的「丁曰：余不其往」一句。「丁曰」，指丁的客觀陳述，即武丁派人來告。辛亥日武丁派人來告將不會前往，自然是庚戌日沒有來。（8）辭詢問「（子）毋速」，是指花東子沒有機會和武丁相聚嗎？（9）辭的「丙」字應讀為內，有入意，「子曰：余內速」，是花東子派人向武丁稟告，希望進入宮庭與武丁相聚。「丁令子曰：往眔婦好于麥」，是武丁命令花東子，頒佈說：子和婦好並往於麥地從事種麥或收割麥的活動。顯然此刻武丁並沒有意願和花東子聚面。花東卜辭「麥」字一般借作「來」，這裡仍保留本義用法。

（9）辭詢問的「子速」，即「子速丁」，是問子有機會與武丁一聚嗎？答案無疑仍是否定的，（10）辭命辭的前句（陳述句）言「子弜速」，是指子無法與武丁相聚面，才進一步卜問進行「呼令設飲」的活動。

（8）（9）辭同日連接的記錄「丁曰」、「子曰」、「丁令子曰」，是卜辭轉述當事人公告或文書的語言。此見武丁與花東子分別派員接觸的頻密。二人之間的距離並不遙遠，但子要與武丁一聚顯然並不是一件容易的事。

476（H3：1468） （1） ☑用。☑一

　　　　　　　　 （2） ☑用。☑一

按：

　　本版下邊左右後甲對稱的卜辭全遭刮削。只剩下二「用」字。

477A（H3：1469 正）（1）　[庚]☑妣庚☑？。

　　　　　　　　　　（2）　☑？

　　　　　　　　　　（3）　☑丁☑二口冊☑？一一

　　　　　　　　　　（4）　☑丁☑？

　　　　　　　　　　（5）　☑？

　　　　　　　　　　（6）　☑？

按：

　　本版文字遭人為削掉，只殘見人名「妣庚」。

477B（H3：1469 反）　　　　三十。

478（H3：1470）　　　　　　乙卯卜：其卲（禦）大于癸子，酉犾一又邕？用。又
　　　　　　　　　　　　　　（有）疾子炅。一二三

按：

　　本版「癸」字二斜筆在下方並無突出，「炅」字從火上見二小點火花狀，下復
有一弧筆；描本稍失。

　　本版與〈76〉版（2）辭的「乙卯卜：其卲（禦）大于癸子，酉犾一又邕？用。
又疾。一二三」相同，刻寫位置都在右甲中下橫書，文字橫跨三兆，應為同時所卜。
《校釋》1042 頁：「大，活人名。癸子，即『子癸』的倒文。『又疾子炅』，即『子炅
又（有）疾』的倒文。花東甲骨多見字、詞的顛倒用例，此其一證。」此言求降佑
於長輩「大」其人，而事後另記錄的「子炅（即花東子的私名）有疾」，用例似與
《尚書・金縢》的周公旦為其兄周武王姬發問疾代罪於天一事相類。

479（H3：1471）　（1）⍁？一二

（2）⍁？

（3）⍁？

（4）⍁？

按：

本版文字全遭刮削。

480（H3：1472）　（1）丙寅卜：丁卯子合丁，爯黹□一、絹九？才（在）□。來獸（狩）自斝。一二三四五

（2）癸酉卜，才（在）□：丁弗宼（賓）祖乙彡（肜）？子占曰：弗其宼（賓）。用。一二

（3）癸酉，子炅才（在）□：子乎（呼）大，子钔（禦），丁俎？丁丑王入。用。來獸自斝。一

（4）甲戌卜，才（在）□：子又令[緊]，子又丁告于□？用。一二

（5）甲戌卜：子乎（呼）䵼妿（嘉）帚（婦）好？用。才（在）□。一

（6）丙子：歲祖甲：一牢，歲祖乙：一牢，歲妣庚：一牢？才（在）剢，來自斝。一

按：

（1）辭「合」字，照本、拓本字中間均無虛點，學界从李學勤〈從兩條花東卜辭看殷禮〉（《吉林師範大學學報》2004年第三期）說釋勞。然字一不从點，二不从衣，釋「勞」字恐有可商。字从皿具蓋，應屬合、盍類字，花東用為會合、面對意。本辭與〈363〉版（4）辭「丁卯卜：子合丁，爯黹□一、緝（珥）九？在□，獸（狩）自斝。一」相承，見前後兩日為同一事連續發問。玉戈和珥是呈獻武丁的貢品。

（2）辭花東子代武丁卜問武丁不賓迎祖先祖乙並進行肜祭宜否。由此辭足見

當日花東子之權重和深得武丁的信賴。

（3）辭是在（2）辭占卜同日（癸酉）的一條記錄。句的前辭「癸酉，子戔在〔字〕」和事後追記的驗辭「丁丑王入。來狩自斝。」是屬於客觀的陳述句，句中以第三人身份旁觀敘述，稱花東子為「子戔」，稱武丁為「王」。而記錄命辭內容則是「子呼大，子禦，丁俎」三分句，稱花東子為「子」，稱武丁為「丁」。《校釋》1042頁：「原釋文作『大子』連讀，認為『此大子可能是 H3 辭主人『子』的長子，也可能是指殷王的太子』，可商。殷卜辭從無『大子』例，只有『小子』一官名。花東甲骨習見此一活人名『大』，如〈478〉版的『其衒大于子癸』、〈416〉版的『子叀大令』是。本辭宜分讀作『子乎大，子衒，丁俎』三句，指『子呼令大』，『子進行禦祭去災』，『丁舉行俎祭』三事。花東甲骨並無『大子』的用法，更不應解讀作『太子』或『殷王的太子』等晚出的觀念。」

（4）辭「子又（有）丁告于〔字〕」，《校釋》1042頁：「卜辭多見『子告丁』例，如〈391〉版的『子弜告丁，用，若？』、〈80〉版的『子告官于丁』是。本辭的『子〔字〕丁告于〔字〕』，即『子又丁告于〔字〕』，乃『子告丁于〔字〕』的倒文。相對的〈352〉版的『子又鬼夢』，乃『子夢鬼』的賓語前置，可參。本句『子』後一字左邊的勾畫不成部件，字仍應隸作又。」

（5）辭的「妼」讀嘉，美也，有讚揚意。本辭見花東子呼令剢歌頌婦好，明顯有討好婦好的嫌疑。

（6）辭連續歲祭祖甲、祖乙和妣庚，前辭在干支後如常的沒有「卜」。花東子族舉行經常的歲祭，多沒有或不需要卜問的習慣。末句地名的「剢」字，疑似〔字〕的誤書，因受到（5）辭「剢」字的影響而譌。「來自斝」亦應是「來戰（狩）自斝」的省略。

481（H3：1476）　　　（1）　乙丑卜：又吉兮，子具屮，其以入，若，永，又（有）
　　　　　　　　　　　　　　　鼚值？用。一

　　　　　　　　　　　　（2）　乙亥：歲祖乙：黑牡一又羝一，叀子祝？用。又皀
　　　　　　　　　　　　　　　（簋）。一二

按：

本版（1）辭與〈6〉、〈333〉、〈342〉諸版同辭。「又長值」一句中的「長」字，照本見字左有增一「帚」旁，象長手持帚形；描本漏。《姚釋》已改為「鬃」字。

（2）辭句末的「又皂」，宜是命辭的補書或移位，屬歲祭祖乙的貢品，完整句應是「乙亥：歲祖乙：黑牡一又牝一又皂（簋），更子祝？用。一二」，其中的連詞「又」連用。本辭歲祭，前辭「乙亥」日後亦不書「卜」。

482（H3：1477 正）　（1）　☑乎（呼）☑？

　　　　　　　　　　（2）　☑癸，丁☑？一二三四

　　　　　　　　　　（3）　☑？一二

　　　　　　　　　　（4）　☑？一

按：

本版卜辭幾全遭刮削，原因不詳。甲背左甲橋的「羌三」是「羌入三」之省。

483（H3：1477 反）　　　　羌三。

484（H3：1479）　　　（1）　酚？一

　　　　　　　　　　（2）　弜酚，母（毋）正（禎）祖乙？一

　　　　　　　　　　（3）　[酚]？一

　　　　　　　　　　（4）　酚？二

　　　　　　　　　　（5）　母（毋）正（禎）？二

　　　　　　　　　　（6）　良泉？

　　　　　　　　　　（7）　☑？二

　　　　　　　　　　（8）　壬卜：其菁雨？一

按：

（2）辭兆序據照本觀察應為（一），原釋文作（二），似誤。（2）辭順讀作「弜酚，母正祖乙？一」，其中的「祖乙」合書寫在「弜酚」一詞的左旁，句意似應理

解為「弜酻祖乙，毋正？一」。正，讀如禎，祥也。這裡卜問不用酻祭祭祀祖乙，（花東子）不能得到平安嗎？（1）（2）辭對應，屬正反對貞，而（4）（5）一組，似乎也是正反對貞的關係。同時，（1）（4）和（2）（5）又分別是成套關係。

（2）辭「毋禎祖乙」，意指不獲禎祥於祖乙，似屬被動句式。

485（H3：1481） （1） 子。一

　　　　　　　　 （2） 二

486（H3：1485） （1） 其至[令]？二

　　　　　　　　 （2） ☐？一

　　　　　　　　 （3） ☐卜：☐？一

　　　　　　　　 （4） ☐？二

　　　　　　　　 （5） ☐？

　　　　　　　　 （6） ☐？

　　　　　　　　 （7） ☐？

按：

本版卜辭幾全遭刮削。只剩（1）辭。（1）辭「其至今」一句，語意不詳，似屬習刻。其中「其」字中作二短橫，寫法奇特，「令」字上從倒口筆畫散漫，下從人跪朝左向，描本稍失。

487（H3：1488） （1） 甲寅卜：乙卯子其學（爻）商，丁永？用。一

　　　　　　　　 （2） 甲寅卜：乙卯子其學（爻）商，丁永？子占曰：又（有）希（祟）。用。子屍。二三

　　　　　　　　 （3） ☐？

　　　　　　　　 （4） 甲戌：酻上甲，旬歲祖甲：羝一，歲祖乙：羝一，歲妣庚：豕一？一二三四五六

按：

本版右上甲一辭全遭刮削。

（1）（2）辭屬成套的關係，在右後甲中間分二辭圍兆書寫。二辭字溝見填朱砂，或與卜辭花東子用蓍草問卜和詢問武丁「永」否的內容有關。

（4）辭一辭在左前甲上，連續卜問六次。兆序順序由中間的千里線朝左甲橋方向由上而下分兩排橫列。卜辭見用酒祭殷的始祖上甲，另用歲祭祖甲、祖乙和妣庚。前辭不書「卜」字，明顯是針對歲祭內容而言。全辭祭祀分兩堆，首先是甲戌日當日酚祭始祖，作為該旬祭祀的始祭；接著稱「旬歲」祖甲、祖乙、妣庚，「旬歲」是指占卜日「甲戌」這一旬十天內，分別擇日舉行歲祭三祖妣。其中的先祖用母羊一頭，先妣用野豕一頭，用牲似乎有輕重等差之別。

488（H3：1489）　（1）　☑甲☑一宰☑？一

　　　　　　　　　（2）　己[卜]：口以[生]☑？

　　　　　　　　　（3）　☑☑多臣卲（禦）于妣庚☑？二

　　　　　　　　　（4）　歲三☑[來]？一

　　　　　　　　　（5）　☑用？二

　　　　　　　　　（6）　☑甲午妣庚告☑？

　　　　　　　　　（7）　☑三十豕酉妣丁☑？二

　　　　　　　　　（8）　☑？一

　　　　　　　　　（9）　☑叀狂妣庚？

　　　　　　　　　（10）　☑[卲]（禦）妣庚？一

　　　　　　　　　（11）　☑生□[妣庚]☑？

　　　　　　　　　（12）　☑癸叀☑子[卲]（禦）☑？一二

　　　　　　　　　（13）　☑其☑？一二

　　　　　　　　　（14）　甲午：叀☑？一

按：

本版字形有刻意的集體刮削，但若干用字仍能辨識。刮削的內容與祭祀妣庚有關。

489（H3：1490） （1） ☐？

（2） ☐[乇]一☐？一二

（3） ☐一☐？三

（4） ☐？

按：

本版卜辭全遭刮削。

490（H3：1492） （1） 己卯：子見（獻）暗以璧、戌于丁？用。一

（2） 己卯：子見（獻）暗以🔼眾昌、璧丁？用。一二三

（3） 己卯：子見（獻）暗以🔼于丁？用。一

（4） 己卯：子見（獻）暗以戌，丁永？用。一

（5） 己卯卜：丁永子？门。一

（6） 庚辰：子禱妣庚，又言妣庚，若？一

（7） 庚辰：歲妣庚：牢，召乡牝，圣𩰯？一二三

（8） 乙酉卜：入卫（肉）？子曰：肌（前）卜。一

（9） 乙酉卜：入卫（肉）？二

（10） 庚戌：歲妣庚：羝一，入自麤？一

（11） 辛亥老卜：家其匇：又妾又界一？一

（12） 壬子卜：其將妣庚示，宮于東官（館）？用。一

按：

（7）辭「妣庚」的「庚」字，上增从一短橫，與其他「庚」字寫法相異，屬同版異形。（2）辭的「璧」字，从圓璧具四小弧筆牙形外出，描本漏。相對〈180〉版「璧」字只从一小圓或小方形，寫法與本版有別。（1）辭的「戌」字直書，與〈180〉版「戌」作橫寫亦有別，但應屬同字異形。

（1）至（5）辭為同日所卜。其中的（1）辭與（3）辭為一組，或屬選貞，或各自獨立貞問，卜問己卯日花東子獻武丁的貢品是水器卣連帶璧和兵器的戌，抑或是卣連帶兵器的戌頭。（2）辭單獨成套，卜問三次，問子獻武丁的貢品是卣連帶戌

頭和⧠、璧。原釋文讀法順序宜調整。《校釋》1043 頁：「以，有聯同意。「璧」與
「戉」分讀為二詞，作「璧、戉」。〈180〉版的「子改丁璧眔玉」，可證。（2）辭的
命辭主要句型是「子見丁」，啚、⧠、⧠、璧，分彝器、兵器和玉器三類，均是獻
品。〈178〉版有「叀⧠眔良改」句，見「⧠」和「璧」應分讀。對比（1）（2）辭，
「丁」前應省介詞「于」。」

（4）（5）辭在龜版前甲上方左右相對，應是正正對貞。（4）辭前辭省「卜」。
（4）辭的釋讀，原釋文和《姚釋》都可商榷，一般是受到（1）至（3）辭讀法的
影響，將「丁」字連上讀，作為子進貢的對象，而前省介詞。但由整塊龜版版面位
置看，（4）辭是與（5）辭獨立相對的貞卜，因此，由（5）辭「丁永」一詞連讀考
量，（4）辭的「丁」亦應連下讀，與「永」字相接，作為（4）辭的後句詢問句。（5）
辭省前句，卜問「丁永子」，「永」字由長意引申有賜下、贊揚意，此辭詢問武丁因
子的進貢而嘉許子嗎。⧠，讀如肯首的肯。言此辭內容是肯定的。

（6）辭，《校釋》1043 頁：「花東卜辭言字與音字混，用為祭祀類動詞。如〈234〉
版的「子又言在宗，隹永？」一句，可參。」（7）辭，《校釋》：「夋，即後字初文。
卜辭已有用作先後意。花東卜辭的「後改」例，僅二見，另見〈427〉版（3）辭的
「己卯卜：庚辰召彡妣庚，[先]改牢，夋（後）改牝一？」，例與本辭相接。」

原（8）（9）辭位置應互調。（9）辭兆序應是（一），原描本和釋文誤作（二）。
（8）（9）辭為成套卜辭，卜問進貢肉（對象或是武丁）宜否，分見二辭。占辭「子
曰：前卜。」，應是判斷以（8）辭的占卜為適合。《校釋》：「〈380〉版有「子占曰：
舺卜。」，例與此同。「子曰」，即「子占曰」之省。此言子由卜兆判斷取前一卜所
求之事。」

（11）辭「辛亥老卜」的「老」字，屬追刻增補的字，字刻在「卜」字上方，
一般都理解為卜人，但「老」字花東僅見此例，而據照本，此條橫書的卜辭上貼近
甲紋，命辭「家」字上如要補字，並沒有空間，因此，這裡句意可能是「老家其匄」
的連讀，「老」字屬於命辭。（11）辭句末祈求的內容「咢一」的「一」字，照本與
拓本均模糊不見，備參。

本版（1）至（4）辭，敘述子進貢丁一事，前辭都不用「卜」，或強調此事與

問神無關,是花東子既定的行動。(6)(7)和(10)辭禱祭和歲祭妣庚,(6)辭言子祭順利,(7)辭交代歲祭用牲儀式的先後,(10)辭陳述子由嘉地返後歲祭妣庚一事。這些句例的後面都沒有「用辭」。由此看來,花東「卜」這一動作是卜龜呈兆,卜後需要在眾卜兆中問神,並有進一步交代該兆內容鬼神用(接受)否。

(12)辭例,又見〈81〉版的(1)辭:「壬子□:其將□□示,宮于東官?用。」,二辭都處於龜版左方上下對應位置,似是同時所卜。

491(H3:1493)　　　　　庚午:酚革妣庚:二小宰,权罟一?才(在)狀來自戰(狩)。一二

按:

本版「妣庚」的「庚」字,照本和拓本均見字上左右各二斜筆向中線聚合,描本漏。字與「庚午」的「庚」字上方只有一組斜筆不同,屬同版異形。「宰」字從羊,中豎並沒有短橫,描本誤。「狀」字前照本見有一「才」(在)字,描本漏。

「酚革妣庚:二小宰」,是指酒祭時用二小宰的皮革獻祭妣庚。

492(H3:1495)　　　　　壬寅卜:子戾,子其夗✲于帚(婦),若?用。一

按:

本版花東子私名「子戾」與「子」見於同辭。《姚釋》將「子戾」移於前辭,備參。花東的前辭辭例習見「干支某人卜」或「某人貞」,罕用「干支卜,某人」的句例。「子戾」和「子」同名連用,或有強調語氣的功能,或屬衍文。後者互參〈103〉版(4)的「子子占曰」、〈400〉版(2)的「子占曰占曰」等衍文句例。《校釋》1044頁:「夗,迎也。✲,附盾板的干形貢品,應即戰字的初文。〈29〉版有『戉、✲』武器並列連用。帚,或即『婦好』之省。〈409〉版有『乙卜:其夗呂狪于帚好?』,句例與本辭相同。」

493(H3:1496)　　　　　(1)　戊子卜:叀子耒乎(呼)勾馬?用。一二

　　　　　　　　　　　　(2)　戊子:叀㞢一妣庚?才(在)入。一

（3）　　庚寅：歲妣庚：牡一？一

（4）　　庚寅：歲妣庚：牝一？才（在）𪊽。一

（5）　　庚寅：歲妣庚：牡一？三

（6）　　壬辰卜：�癸巳夢，丁𪒳，子用𠮷，亡至艱？一

（7）　　甲午：歲祖甲：牡一，隹（唯）𧈢？一

（8）　　甲午：歲祖甲：牡一，隹（唯）𧈢？二三四

按：

　　（3）辭「庚寅」的「庚」字作𪊽，「妣庚」的「庚」字作𤰞，（5）辭「庚寅」的「庚」字作𪊽，均屬同版異形。

　　（3）（4）辭屬選貞，（3）（4）與（5）辭似為成套關係。此見花東成套與對貞卜辭的混用。（7）（8）辭又屬另一成套關係。

　　（2）辭俎祭妣庚，（3）至（5）辭歲祭妣庚，（7）（8）辭歲祭祖甲，諸辭前辭都不用「卜」。

　　（6）辭卜問次日「夢」的狀況「艱」否，語意可怪。夢否為一不可預知的行為，壬辰日的貞卜，如何預知由壬辰晚過渡至次日癸巳日花東子會有夢？上下文意無法理解，待商。

494（H3：1497）　（1）　戊卜，才（在）麓：其告人，亡㞢（以）于丁，若？
一二

　　　　　　　　　（2）　戊卜，才（在）麓：于商告人，亡㞢（以）于丁，若？
一二

　　　　　　　　　（3）　己卜，才（在）麓：其告人，亡㞢（以）于丁，若？
三四

　　　　　　　　　（4）　己卜，才（在）麓：于商告人，亡㞢（以）于丁，若？
三四

按：

　　本版（1）（2）辭在尾甲右左相對，（3）（4）辭在後甲右左相對，似都屬正正對貞的關係。（1）（3）為異日的成套卜辭，（2）（4）也為異日的成套卜辭。此屬成

套甲骨用法的特例。原釋文讀法順序可改為（1）（3）（2）（4）。

「告人」，原釋文作「告妣」，恐非。花東「告」字後有接祭品，如「告白屯」〈220〉、「告㲋一牛」〈236〉、「告鹵」〈255〉、「告其乘」〈371〉。〈286〉版（31）辭：「癸卜：子其告人，亡㞢（以）于丁，亡以？一」，句例與本版同。

495（H3：1499）　　　　丁未卜：俎牝祖乙，丁酓（飲）？用。一

按：

本版言花東子族切割母羊肉獻祭祖乙（小乙），而詢問由殷王武丁進行飲的祭儀可否。後句的「飲」字上從倒口，中從五形具中豎筆，下從酉，此該是字從倒口，從酉（例見〈7〉、〈355〉）的增繁異形。《校釋》1044頁：「『丁飲』例，可參〈420〉、〈501〉版。」

496（H3：1501正）　（1）　丙卜：其將妣庚示，歲脤？一
　　　　　　　　　　（2）　丙卜：其將妣庚示？二
　　　　　　　　　　（3）　丙卜：其將妣庚示？三

按：

（1）（2）（3）辭在右甲由上而下刻寫，是成套卜辭。「其將妣庚示」，是祭祀時扶持妣庚的神位進行巡遊。（2）（3）辭省命辭後句。

（1）辭「歲脤」，即「歲脤」，《說文》：「脤，社肉。」，是指祭祀社稷宗廟的牲肉。此卜問歲祭用社肉安否。

497（H3：1501反）　　　　三十。

按：

右甲橋下「三十」合文，是「某入三十」的貢龜記錄。

498（H3：1502）　　　　癸卯卜，才（在）其：彈以馬？子占曰：其以。用。
　　　　　　　　　　　　二

按：

本辭卜問彈（人名）進貢馬匹嗎？進貢的對象或即武丁。

499（H3：1505） （1） 子貞。一

（2） ☑？

按：

本版（2）辭全遭刮削。背後左甲橋中記錄入龜的人名「亞」。

500（H3 亞。

：1506 反）

501（H3：1509） （1） 丁卜：子耳鳴，亡老？一

（2） 丁卜：今庚其乍（作）豐，奎丁酓（飲），若？一二

（3） 丁卜：今庚其乍（作）豐，奎丁酓（飲），若？三

（4） ☑？

（5） ☑？

（6） ☑？

（7） ☑？

（8） ☑？

按：

本版大部分卜辭都遭刮削。

（2）（3）辭並排在左後甲，屬成套卜辭，由上而下書寫。「其作豐」的「豐」字，上從二玉形，應與「豊」（禮）字同，用為盛玉禮器。王卜辭晚期亦見「乍豐」，如〈合集 31180〉：「其乍豐，又（有）正（禎），受又（佑）？」、〈屯 348〉：「其乍豐，叀祖丁彡日，王受☑？」。「速丁飲」，即與武丁相聚設宴飲之意。丁日見花東子已有「耳鳴」之疾患，仍一再卜問三天後與武丁會面的事誼，顯見花東子對於是次宴會的重視。

502（H3：1510）　　（1）　亯？一

　　　　　　　　　　　（2）　屮？一

　　　　　　　　　　　（3）　屮于南？

　　　　　　　　　　　（4）　于北？

　　　　　　　　　　　（5）　戊：歲妣庚：牡一？才（在）[罕]。一

　　　　　　　　　　　（6）　□見一。

按：

　　（5）辭「在罕」合文，「才」（在）字取代「罕」字左上柱形，合二字成文。〈312〉版有「在罕」例。

　　（1）（2）辭為選貞。「屮」字象人腳踏屋頂平臺形，或讀為臺字。「亯」字象具基址的屋形建築。（1）（2）辭卜問是次興建的是亯抑或是臺。

　　（3）（4）辭亦為選貞，卜問建築的臺在南方抑北方。（3）辭「臺」字用為動詞，（4）辭理解為「屮于北？」之省動詞例。

503（H3：1514）　　　　　　癸卜。

504（H3：1516）　　　　　　用。

505（H3：　　　　（1）　子貞：☒豐，亡至囧（禍）？

1520+1524+1525+15　（2）　貞：妻亡其艱？一

27+1553+1572）　　（3）　□貞：目𦥑又口，亡其祭？

按：

　　《校釋》1044頁：「妻，即子妻。例參〈416〉版。句末原釋文的『又甘』應是『祭』字。花東文字『祭』字從肉旁常見朝上書寫。『亡其祭』，與〈267〉版的『又（有）祭』用法相對。」原釋文和《姚釋》均將「祭」字誤作「又甘」，不可解。

506（H3：1526+1528）　　　庚午卜，才（在）𝄰：子☒？三

507（H3：　　　　　　（1）　乙亥卜：帚（婦）永？

1530+1535+1538+15　（2）　乙亥卜：叀☑？一二

92）

508（H3：1532）　　　（1）　丙子卜：☑？一

　　　　　　　　　　　（2）　☑？不用。

509（H3：1533+1585）　　　帚（婦）。一二

510（H3：1534）　　　　　不秦☑？

按：

　　《校釋》1045頁：「原釋文秦字从雙手持農作以祭，字仍宜隸作秦，即祓字。」

511（H3：1541）　　　　　貞、卜。

512（H3：1544）　　　　　興。二

513（H3：1545）　　　　　[子]。

514（H3：1550）　　　　　子貞。一

515（H3：1551）　　　　　☑？才（在）麗。二

516（H3：1552+1556）　　　丁卯卜：自貯☑？一

　　　　　　　　　　　　　三。

按：

　　殘辭橫書。「丁卯卜」的「卜」字改刻於「丁」字上方，很可怪異。

517（H3：1554+1555）（1）　　乙亥☒？

　　　　　　　　　　　　（2）　　☒丰臣令☒？

按：

　　本版經蔣玉斌綴合，補於〈275〉版左下甲殘缺的地方。（1）辭與〈275〉版（6）辭相接，（2）辭與〈275〉版（4）辭相接。《校釋》1045 頁：「花東習見『多臣』例，亦有一見『小臣』。這裡的『多丰臣』，亦應是官名，是殷王朝屬官。」

518（H3：1558+1561）　　　　☒于子亡囚（禍）？一二

519（H3：1562）　　　　　　貞、囚（禍）、商。

按：

　　「商」字呈倒書，文意不通。

520（H3：1563）　　　　　　貞。

521（H3：1564）　　　　　　辛酉☒？一

522（H3：1566）　　　　　　貯馬其柬（折）？二

按：

　　「其」字字小，似是後來補書的字。

523（H3：1567）　　　　　　妣庚：一龕？

按：

　　「妣庚」的「庚」字，中豎突出，寫法特別。

524（H3：1568）　　　（1）　☒[𥃩]☒？

　　　　　　　　　　　（2）　丁卯[自]☒？

525（H3：1569） ☑柬（折）☑，自貯馬？

526（H3：1570） 庚寅：歲☑？二。

527（H3：1571） 子。

528（H3：1573） ☑[羘]一，子☑？

按：

《校釋》1045 頁：「句首殘字左邊部件明顯从匕，右邊部件上左靠『匕』旁的地方隱約見羊角下彎處，故此字應是『羘』字之殘。」

529（H3：1576） 酉□。一

530（H3：1577） ☑召祖☑？

531（H3：1578） 歲。

532（H3：1580） 用。

533（H3：1581） 戊卜：☑？

534（H3：1582） ☑，用。

535（H3：1583） 子。

536（H3：1584） [午巾]（禦）。

537（H3：1586）　　　　　一

538（H3：1587）　　　　　一

539（H3：1588）　　　　　三旬？

540（H3：1589）　　　　　□。一

541（H3：1595）　　　　　丁巳☒？

按：

　　原釋文只釋一「子」字。然此字見子的手部位置一高一低狀，應為「巳」字。描本誤。「巳」的上方照本仍見一小方形，應是「丁」字。此殘片應讀作「丁巳」。

542（H3：1598）　　　　　☒

543（H3：1600）　　　　　☒

544（H3：1603）　　　　　☒

545（H3：1604）　　　　　屮。

546（H3：1606）　　　　　☒[囚]（禍）？

547（H3：1609）　　　　　[帚]（婦）□？

548（H3：1611）　　　　　☒昔骰☒？

549（H3：1616）　　　　　戊：子于己[酓]☐？

按：

「己」字右旁殘字从酉，或為「酓」字的殘筆。

550（H3：1619）　　　（1）　☐麥（來）自皮鼎酓☐？

　　　　　　　　　　　　（2）　☐曹☐？

按：

（1）辭與〈149〉版（4）辭的「曹二牢，麥（來）自皮鼎酓興」一段相類。

551（H3：1620）　　　　　☐[黑]牝☐？

552（H3：1623）　　　　　丁卜：戠☐？

553（H3：1625）　　　　　庚子：歲☐？

554（H3：1627）　　　　　戊卜：☐？

555（H3：1628）　　　　　🐜

556（H3：1630）　　　　　丙卜：☐？一

557（H3：1631）　　　　　用。一

558（H3：1635）　　　　　☐卜：于☐？

559（H3：1637）　　　（1）　癸：亡囚（禍）子？

　　　　　　　　　　　　（2）　☐艱（艱）☐？二

按：

（1）辭前辭省「卜」。命辭的「亡田子」，應讀為「子亡田（禍）」的移位句。

560（H3：1639）　　　　庚卜：子戾？

561（H3：1640）　　　　丙戌：☑歲☑？才（在）□。

附一
殷墟花園莊東地甲骨文字、詞選釋

一・說內、速

〈294〉（7）乙卯卜：子內盦？不用。一二

〈420〉（5）壬子卜：子內盦[丁]？用。[丁]各，乎（呼）[禽]（飲）。一二

〈475〉（8）辛亥卜：丁曰：余其不往，母（毋）盦？一

（9）辛亥卜：子曰：余[內]盦；丁令子曰：往眾帚（婦）好于受麥，子盦？

內，字作內。《殷墟花園莊東地甲骨》（簡稱《花東》）原釋文都隸作丙，「子丙」連讀，作為活人名。陳劍先生〈說花園莊東地甲骨卜辭的「丁」—附：釋「速」〉和姚萱女士《殷墟花園莊東地甲骨卜辭的初步研究》（簡稱《初步研究》）釋文則認為這裡的「丙」字是天干日的丙日，陳文對照「〈446〉片卜「丙速丁」、〈371〉片卜「甲其速丁」，「丙」和「甲」顯然只能解釋為「丙日」和「甲日」為證，推論〈420〉（5）的「子丙盦丁」和〈475〉（9）的「余丙盦」的「丙」字都應該解讀為「丙日」。然而，〈446〉版（24）辭的「丙速丁」的「丙」字寫法特別作內，上有橫畫，與同版（10）至（13）諸辭中天干的「丙」字作內明顯不同；同樣的〈37〉版（16）（17）辭的「重內弓用射？」、「重內弓用？」的內字亦不會理解為丙日一般。（〈37〉版復見「疾弓」、「遲彝弓」等相對用例，「弓」前一詞都屬弓的修飾語。）再參看〈合集24345〉的「貞：亡尤？在□內卜。」一辭的用法，足見內字當用為地名，與「丙日」用例無涉。而陳文所舉〈371〉版的「甲其速丁」的「甲」，固然可釋作「甲日」，但這裡的「甲」字置於命辭句首，與待考的所謂「子丙速」句的「丙」字位於句中並不對等，應分別來理解。細審花東卜辭「丙」字作為天干日名時，只見用於句首。如：

〈113〉（21）丙入肉？一

〈139〉（2）乙夕卜：丙不雨？

〈413〉（1）甲寅卜：丙又（祐）祖甲？

如偶用於句中，亦都有以介詞帶出。如：

〈400〉（2）乙亥夕卜：其雨？子占曰：今夕雪，其于丙雨，其多日。用。
 一

而花東甲骨的其他干支日亦同樣並不見單獨用於句中。因此，〈294〉、〈420〉的「子丙」，固然不宜釋作人名，但理解為「丙日」似亦有可商處。陳、姚諸先生在此否定了以天干為名屬生日說的可能推測，但仍陷入了另一個語法上屬於孤證的困境。

我們認為，丙字在上文的句例中可以考慮理解為動詞，釋為內字。甲文中的內、丙二字形體相同。王卜辭中內字一般都用為族名、人名，亦似有動詞的句例，如：

〈合集 2873〉貞：內钘？

內，《說文・入部》：「內，入也。从冂入。自外而入也。」段玉裁注：「多假納為之。」內字由「入」、「自外而入」，遂有「進入」、「在其中」的停留、入住意，亦有「迎入」、「使之入」的納進、迎接等意思。花東甲骨另有「入」字，但一般只用作地名和「入貢」意，偶也有「進入」的用法。然而，「入」「內」二字細部的用法仍應有所區別。

花東甲骨多見「內速」二字並列，語意自相承接。「速」，字作䢔、䢔，从東从止，上有增从中或从木形。陳劍先生釋此字作速，認為有「邀請」一類的意思。對照〈371〉版的「己亥卜：甲其速丁，往？ 己亥卜：丁不其各？」一組卜辭文意，「速丁」而問丁有來至否，陳說似乎有一定的道理。字从東从束，和从止从辵，自可通用。此處將字說是速字沒有問題；只是此字上都「以中或木為意符」，沒有例外，這應當如何解釋，陳文中並沒有進一步說明。陳文引用鄭玄注：「速，召也」，並舉〈伯公父簋〉的「用召卿事辟王」等為據，認為此速字應訓為召意。但一般言「召」是上位者針對下位召見的用法，此字如訓釋為「召」，花東子區區一貴族身分如何能多次「召」見殷王武丁？在語境上恐仍有可商榷的地方。有關「速」字的字形，字从東或从束，都取象囊橐之形，兩端打結束縛。這部分沒有問題。關鍵的

是，上端所謂从屮狀的意符是代表什麼？我的觀察，字上中處的屮形與兩邊的打結狀是同一樣東西，表達的是在囊橐中間位置用藤繩作束縛的樣子。字上方由本屬束縛的繩結之狀，因筆畫形體近於屮形，但屮字於此不曾獨立成字，遂進一步譌變為形意相近的木字，再獨立書寫，而成為另一「从木从東从止」的結構。這種字形流變，可參考「折」字字形本由从斤伐木的斷木形而改從二屮再譌書作从手旁，部件的變化可等量齊觀。因此，𡘊字本从一上中下三處分別皆綑綁的獨體束囊袋形，這依然可隸定作束，也兼為聲符。整個字的組合可理解為「从止从束，束亦聲」的「速」字初文。至於「速」字的用意，對比《說文・束部》：「束，縛也。从囗木。」朱駿聲《說文通訓定聲》束字：「《釋名・釋言語》：「束，促也，相促近也。」《漢書・食貨志》注：「束，聚也。」束字由綑縛使相靠近而引申有聚合意。透過以上的討論，知𡘊字是速字，可有聚結、會合的用法。「內速」，即進入相互聚會的意思。以下，我們借釋讀〈294〉一版花東子的幾天活動流程，從而了解「內」「速」二字在全版句例中的意思：

〈294〉（1）壬子卜：子其告䟽，既畬丁？子曾告曰：丁族𥁕𠭯宅，子其乍丁宮于䟽。一

（2）壬子卜：子戠，弜告䟽，既畬于[丁]，若？一

（3）壬子卜：子宥于䟽，弜告于丁？一

（4）壬子卜：子內，其乍丁宮于䟽？一

（7）乙卯卜：子內速？不用。一二

（8）乙卯卜：歲祖乙：牢，子其自弜速？用。一二

本版第（1）（2）辭屬正反對貞。（1）至（4）辭屬同一天的占卜，（7）、（8）辭屬另一組正反對貞。諸辭的釋讀如下：

（1）辭在壬子日卜問：花東子將告祭於䟽地，完成祭拜武丁的所有宗祠，（順利嗎）？子曾誥命說：丁族移居於𠭯宅，花東子將要在䟽地興建武丁的行宮。

（2）辭在壬子日卜問：花東子暫停行動，不去告祭於䟽地，完成祭拜武丁的所有宗祠，如此能順利嗎？

（3）辭在壬子日卜問：花東子要寢息於狱地，不稟告於武丁，可以嗎？

（4）辭在壬子日卜問：花東子進入（狱地），將在狱地興建武丁的行宮，可以嗎？

（7）辭在乙卯日卜問：花東子進入狱地之中與武丁聚面嗎？不用。

（8）辭在乙卯日卜問：（花東子）歲祭祖乙以一牢，花東子將獨自（在狱地）而不與武丁聚面嗎？用。

〈294〉版占卜諸辭的內容，呈現花東子的一連串相關行動：（1）（2）由壬子日的「子其告狱」／「子弜告狱」→（3）「子寢于狱」→（4）「子內」→（7）（8）「子內速〔丁〕」／「子弜速〔丁〕」。句意大概是：因為武丁宗族的遷移，壬子日花東子計畫在狱地進行告祭，並在此處興建武丁的行宮。接著是花東子要在狱地休息。再來是花東子進入狱地，準備規劃興建丁宮。最後是三天後花東子擬在狱地內與武丁聚面，問卜宜否。其中的（4）辭的「子內」，即「子入」，是卜問花東子進入狱地的宜否。（7）辭的「子內速〔丁〕」，即「子入聚〔丁〕」，是指問花東子進入狱地之中與武丁相聚宜否，句與（8）辭的「子其自弜速」對貞，後句謂花東子獨自而暫不與武丁相聚。「其自」與「速」句意前後相對，正好互證「速」字有二人相聚的意思。相近的句例，如〈454〉版（3）辭的「乙卯卜：子其自飲，弜速？用。」是。

　　綜合以上句例的分析，〈294〉、〈420〉、〈475〉諸版的「內速」例，作為複合動詞，都可理解作「進入某地相聚會」的意思。如何看來，上文陳劍先生謂「速」有邀請的用法，則又如何處理呢？細審下一版文意，似乎能幫助我們進一步了解「速」字的用法。

　　　　〈446〉（22）庚卜：丁各，永？一

　　　　　　　（23）壬卜：弜巳（祀），盡丁？一

　　　　　　　（24）丙盡丁？一

本版的（22）辭明顯記錄「丁各」而問卜「永」否。如此，武丁在庚日已到來一事是很清楚的。因此，（23）（24）二辭緊接著要問兩天後的「盡丁」否，如將「盡」（速）字理解為邀請意，就前後文看恐怕是語意不妥的。因為人既然已經到達，就談不上邀不邀請了。如果將「速」字改釋讀為「聚會」意，指壬日卜問花東子不進

行祭祀，而要與武丁相聚會一事宜否；如此在上下文意言則是文從字順的。（相對的，如這句子要理解為花東子不進行祭祀，而去邀請武丁，在語意上無疑是奇怪的。因為「邀請」是對未來一種未知狀態的要求；並不是當下發生或面對的具體事誼。）又（24）辭的 ，如讀為內，作「進入」、「在其中」解，意即花東子與武丁在內會面；如讀為地名，則理解為在 地面見武丁；二者文意都通。但如讀為「丙日」，或理解為「丙日邀請武丁」，在整版卜辭的前後文意卻是不容易解釋的。由此看來，花東甲骨「速」字從束，用為相聚的意思，由上下文意觀察，似乎是目前較適合的解讀。

附：

　　甲骨文常見借用為肯定句句首語詞的「重」字，一般作 、作 ，花東甲骨作 ，傳統學界都據《說文‧寸部》「專」字「一曰專，紡專」的理解來解釋此字的初文，象紡錘之形。然而，對比東、束字取象兩端束結的囊形，重字的本來面目，恐怕亦與單端束結的囊形有關。字或即袋字初文。重字在甲文用法與唯字相同；唯字古音屬定母，與袋字聲母相同，元音相當，在語音上似有一定的關聯。

二‧說戻（鑄）

　　〈314〉（2）乙亥卜：重貯見罘匕？用。一

　　　　　（3）貯戻？一

　　戻，字作 ，從火。花東甲骨一般都用作「子戻」，字借為人名。我早在《殷墟花園莊東地甲骨校釋》〈正補〉〈247〉版按語中已認為這可能是花東子的名字，並引「子戻」和「子」具備相同的文例，大量見用於同版和共同接觸的人和事為證[1]。唯獨〈314〉一版用例奇特，不得其解。及黃天樹先生〈花園莊東地甲骨中所見的若干新資料〉一文，有一小段話談到〈314〉版（3）辭，黃先生釋讀作「賈金」，並簡單引用唐蘭先生懷疑「金」「從火從今」的想法，套入此一戻字，又說：「賈，動詞，

---

[1]　參拙作：《殷墟花園莊東地甲骨校釋》（臺中：東海大學中文系語言文字研究室，2006 年 7 月），頁 1003。

義為交換。金很可能指青銅，『賈金』指交換青銅原料。」²但至於是要用什麼來交換，可惜黃文並沒有進一步說明。從此，一般學界對此字的釋讀都定為金字，似乎花東甲骨有金字已不是一個問題。然而，觀察〈314〉一版共八條卜辭，除了（2）（3）辭外，其他六辭都屬於祭祀卜辭。（2）（3）二辭獨立成一類，應成組理解。下面先分析（3）辭的「貯」字的用法。

貯，從宁從貝，早期學界隸作貯。字與宁屬同字，二字見於花東的同版對貞可證，如：

〈007〉（6）丁未卜：新馬其于貯見又？用。一

　　　　（7）丁未卜：新馬于宁見又？不用。一

〈367〉（2）癸亥卜：新馬于宁見？

　　　　（3）于貯見？

〈352〉（3）于宁見？

　　　　（4）于貯見？

由「于某地」、「自某地」的用例，花東甲骨的貯字大都只見用作名詞，地名。貯地盛產馬匹，用為貢牲。該區在當日無疑是屬於花東子的勢力範圍：

〈60〉（3）乙丑：自貯馬又剢？

　　　（4）亡其剢貯馬？

　　　（7）自貯馬其又死？子曰：其又死。

〈63〉自宁三。

「自貯馬」，即來自貯地的馬；「自宁三」，是指自宁地進貢的龜版三塊。字也用為族稱：「多宁」，是一聯邦性的多支族眾組合。如：

〈255〉（6）乙亥卜：弜呼多宁見？用。

「呼多宁見」，是花東子呼令多宁族進行貢獻。

² 文見《陝西師範大學學報》第 34 卷第 2 期（2005 年 3 月），頁 59。

　　由以上句例，足證甲骨文的貯、宁字用為地名、族稱，且都一律作為名詞，並沒有動詞的用法，字即使從李學勤先生等改隸定為「賈」字[3]，自然也沒有所謂買賣、交換這種後來晚出的動作意思。

　　要了解〈314〉（3）辭「貯𡿺」的意思，首先應由對應的（2）辭入手。（2）辭卜問「叀貯見眔匕？」一句，似應是省略、移位兼具的變異句型，也不好了解。但相同文例的另一〈391〉版，給予我們一個解決釋讀問題的切入口。

　　〈391〉版共 11 辭，主要是屬於祭祀卜辭，唯獨（7）（8）（9）三辭自成一組，是有關花東子貢獻物品與上位者的卜辭：

　　　　〈391〉（7）庚辰卜：叀貯見眔匕？用。一

　　　　　　（8）庚辰卜：叀乃馬？不用。

　　　　　　（9）叀乃馬眔貯見？用。一

〈391〉的（7）辭與〈314〉的（2）辭命辭恰巧的相同，成為我們可以了解〈314〉版內容的重要橋梁。花東甲骨常見「貯見」成詞，其中「于貯見」、「自貯見」的句例，自然可以明確理解為「獻於貯地」、「獻自貯地」的介賓前置句型。〈391〉版（7）辭的「叀貯見」用法不同，句子由語詞「叀」字帶出，其功能與介詞「于」「自」並不一樣，無法明確判斷句中的「貯」字的性質是主語抑賓語前置。然而，同版的（9）辭一完整句子提供我們再一個解決研究的契機。（9）辭的「叀乃馬眔貯見？」一句，「見」字用為動詞，讀為獻[4]。眔，即逮，及也，用為連詞，連接前後兩個名詞「乃馬」和「貯」。「叀」，在此理應作為強調賓語前置的句首語詞。這一句型無疑是甲骨文中常見的一個移位句，由常態語序的對比，清楚明白「貯」字在這一甲骨版中的功能，是作為名詞，屬於貢品一種，與「乃馬」一詞相對等。整句的意思是「見（獻）乃馬眔貯」。將（9）辭掌握的句意投射回同版的（7）辭中，就能客觀的知道（7）辭的命辭「叀貯見眔匕？」一句，應是「叀貯眔匕見？」的意思，亦即

3　參李學勤：〈魯方彝與西周商賈〉，文見《史學月刊》1985 年第 1 期，又見《李學勤集》（哈爾濱：黑龍江教育出版社，1989 年 5 月），頁 193。

4　見字作 𠂇，一般學界從裘錫圭先生說字從人立作視。但視字的用法，在此實無法通讀上下文，恐有可商榷的地方。

「見（獻）貯罘匕？」一常態句的變異句型。句中的「貯」，和「匕」是對立的詞，一并用作貢品。由字形看，貯象貝在宁中，貝又有書於宁外，字是指一架子（宁）貯存的貝，匕則可能是匙字，或為人字。〈391〉版（7）至（9）辭卜問的內容是，花東子的獻物是用貯和匕，或單獨用乃馬，又抑或是用乃馬和貯。由〈391〉版諸辭的互較，我們可以充份明白〈314〉版（2）辭的內容和「貯」字作為貢品的獨特用法，但進一步置諸〈314〉版（3）辭簡省的「貯匕？」一句，在解釋上仍存在困難。就常態思路看，〈314〉版（2）（3）辭是同時卜問，卜序相同，二辭刻寫位置對應，應屬同版對貞的關係。（2）辭命辭內容是「（子）見貯罘匕」的意思，其中的子與子匕屬同人異名，而匕只用為花東子的私名。因此，相對的（3）辭中「貯」字應理解為貢品、「匕」字作為主語人名的用法，二字在語意上是清楚的。如此，（3）辭的「貯匕？」一句，自可解讀為「叀貯子匕見？」和常態的「子匕見貯？」的移位兼省略句，意即卜問花東子獻貯一事的安否。

　　透過以上句例的交錯對比，最終能通讀〈314〉版的（2）（3）辭。貯字在花東甲骨中除了常態地名、族名的功能外，仍有用為貢物的可能。至於這借為私名的匕字，其本義又會是什麼？目前學界據黃天樹先生說，認為此字是金字初文，字從火從今聲。然而，對比觀察兩周金文的金字，容庚《金文編》卷十四金字共收錄多達 81 個字例，字的主要結構都是從全從二虛筆，前者為獨體，然分開書寫從Ａ的僅只有二三例，如：⧈〈過伯簋〉和⧈〈孚尊〉[5]。而金部中如鑄字從金的 18 例、釪字從金的 3 例、鑑字從金的 2 例、鐈字從金的 7 例、鐘字從金的 53 例等，所從的金旁都嚴格作獨體形，並不分書。因此，金字的部件分析，常態應作「從全從二」，字不應據罕見的特例理解為「從Ａ」。何況，今字的常態古文字形都作「Ａ」，與金字上半部件實不相同。《說文・金部》：「金，五色金也。……西方之行。生於土，從土；ナ又注，象金在土中形；今聲。」段注：「象形而不諧聲。」可見漢魏以後學界是依據金字篆體的拆解才有附會為同音的「今聲」，但《說文》所收重文的古文，金字仍是獨體，而及至清代的段玉裁亦認為字的結構應屬象形而並非形聲。周法高《金文

5　參容庚：《金文編》（北京：中華書局，1985 年 7 月），卷 14，頁 905-922。

詁林》十四卷金字下引勞榦先生言，謂字象坩鍋傾出鎔銅液於范內之狀[6]，似可供參考。因此，古文字金字的意義來源，實指銅而並不是金，字的音讀自不可能從今聲。由字形的理解，字本從🔯從二。二或示銅塊、銅液形。無論如何，二部件均不表任何聲符。殷墟花東甲骨的灾字，自然與兩周以降的金字字形牽連不上任何關係。

　　灾字從火，上半所從常態的圓弧狀倒口形與今字字形無涉。然則，灾字可能的本義又為何？古文字相同或相近似的部件，要表達的實意不見得都相當，需要分別由形體的常態組合和用例來考量。對比花東甲骨的各字有作🔯（參〈60〉、〈276〉、〈371〉諸版），是一般作🔯字形的異體，象倒止（示人）返回坎穴之形。如此，倒口形有象住所。灾字作🔯從火，自可理解為「象火燒坎穴住所之形」，字隸作灾，可視作災禍的災字初文。同樣的，甲文的倒口形亦有象容器的倒置，如合字作🔯〈370〉，象二盛器交合之形是。灾字亦可理解為「火燒倒置的盤皿類容器之形」，對比甲金文的鑄字之形：〈英2567〉一版甲骨的🔯和周金文〈芮公壺〉的🔯，正象雙手持倒皿在火上燒烤鑄造的樣子，此又可視同單純簡化的鑄字初文。目前觀察，灾字較有條件擬測為災字或鑄字的本形。然而，因為此字在花東甲骨中只單獨借為花東子的私名，而私名的產生理論上是以選取正面意義的用字為常，災字卻屬負面的禍害用意，鑄字則有冶煉使精致完成的正面意思。況且，甲文中已另有常見的災字作🔯、🔯、🔯諸形。因此，兩兩相對考量，花東甲骨用為人名的「灾」，字的本義似以理解作用火冶煉鑄造青銅的「鑄」字較為恰當。而花東甲骨的擁有者「子灾」，應讀為「子鑄」。

三・說戠（戟）

　　〈265〉（1）戊辰卜：子其以磬、妾于婦好，若？一二三四五

　　　　　（2）戠？用。一二三四五

　　　　　（3）庚午卜：子其以磬、妾于婦好，若？一二三

　　　　　（4）戠？用。一二三

　　戠，字作🔯，從戈。〈265〉版（1）辭在戊辰日占卜，花東子將攜帶磬和妾牲

6　參周法高：《金文詁林》（香港：中文大學出版社，1981年10月），卷14，頁1978-1982。

（或指磬地的妾）呈獻給婦好，詢問子此行順利與否。（1）（2）辭連續正反問卜了十次，可見花東子對處理此事的謹慎。過了三天的庚午日，花東子再就此事宜否重複正反又卜問了六次。為何一宗單純的進貢活動，花東子要不斷的占卜吉凶？當日花東子內心對此一行為的顧慮不安，是不言而喻的。在（1）（3）二辭的對貞（2）（4）辭都簡單交代一「𢦑」字。二辭的「𢦑」和「用」二字之間都有明顯少許間隔落差，應分開理解。「用」是用辭，指這組占問的結果是鬼神接受了這一條卜辭的內容。因此，本版八組連續詢問花東子貢獻婦好一事（前五後三），鬼神的答案是採取、認同「𢦑」的。

至於，「𢦑」的意思又是什麼呢？字從戈從▽，早自羅振玉已隸定此字為𢦑，從戈從言或從音省。覆核姚孝遂、肖丁編的《殷墟甲骨刻辭類纂》中冊 899 頁𢦑字條，𢦑字普遍用於第一至五期，共收錄 300 條詞例，其中絕大部份都寫作𢦑，僅於第四期 7 條詞例有一增口符作𢦑形。因此，就字形的原形考量，無論是由出現時間或量的觀察，都應先據𢦑字的形體進行分析。今看字從戈，無疑；從▽的部件，似指戈頭的倒懸。甲文中的戈字一般作𢦑，亦作𢦑〈屯 2194〉、作𢦑〈懷 1461〉。象兵器的長戈形，戈頭固定於秘上，以示作戰。相對觀察吉字作𢦑〈53〉、𢦑〈181〉，戈頭豎立於箕盧中，以示解甲不動兵，停止干戈的意思。本字的△形正象戈頭鋒刃部份的援，在此處勾畫成援形倒置，與木竹所造的長棒（秘）斷然分開，也是表示解下武裝，暫不用兵的意思。字似為𢦑字的初文，《說文・戈部》：「𢦑，藏兵也。」字由藏因而引申有暫停、不行動的用意。〈265〉版（1）（2）、（3）（4）為兩組正反對貞，（1）（3）辭正面卜問花東子獻磬和妾給婦好一事安順否，（2）（4）辭的命辭單言「𢦑？」，是反面的卜問暫不作這一行動安順否。晚期卜辭字才增添一口符，或作為文飾，或強調解除兵戈置於皿中，以示不用武的動作。

細審字的原形，𢦑字可拆解為從戈從吉。目前學界則隸作𢦑，勉強可通，只是如由字形流變考慮，實亦有可商處。復旦大學裘錫圭先生是由字的從音從戈來結合作𢦑字，並利用「直」聲的語音假借為橋，認為是「待」字的初文[7]。然而，舌、言、

---

[7] 參裘文：〈說甲骨卜辭中「𢦑」字的一種用法〉，《裘錫圭學術文集》（上海：復旦大學出版社，2012年 6 月），第一冊，頁 16。

音一類字的重點是在口形，也都是由口字的形意所分裂出來的从口字群。因此，此字的口符在整體字形組合看理論上應該是首先出現才對，可惜事實狀況卻是恰好相反，此字的字形流變是先有◻而後才出現◻的。而▽形又从不單獨等同作言、音的功能。因此，我們只能承認，此字由晚期甲骨的◻形看，是可隸作戠，但是由早出甲文的一般用法言，字形的分析只能是站在从▽从戈，此形實與从言从音的結構就形意或音讀考量都無涉。但無論如何，裘錫圭先生由音讀判定有「待」意來看此字，已足見其思路的敏銳，由上下文意看大致亦能言之成理。

四・說見（獻）

〈289〉（5）丙寅卜：宁馬[異]（禩），弗馬？一

　　　　（6）丙寅：其卻（禦），[隹]（唯）宁見馬于癸子，叀一伐、一牛、一邕冎（冊），夢？用。一二三

　　　見，字作◻，从人側立，強調橫目的注視形。《說文・見部》：「見，視也。」甲金文字从人从卩一般混用不分，見字作◻、◻基本上是屬於同字異形。但自裘錫圭先生〈甲骨文中的見與視〉一文[8]將人立的見字釋作視，與跪坐的見字加以區分後，學界皆從裘說。因此，甲文人立的◻字在絕大部分論文的引用都直接釋讀作視字。我曾撰寫〈甲骨文一字異形研究〉[9]、〈也論甲骨的見字〉[10]，列舉大量甲骨文詞例，如：「呼見」、「往見」、「令見」、「見侯」、「見方」、「見人」、「見以」、「見祭牲」、「見鬼神」、「圍見」等，無論理解為監視、朝見、審查、獻進等不同用法，字都有作◻、作◻。因此，足證甲文的見字从人、從卩無別，二字形至少在殷商時期並沒有區別的必要。細審在花東甲骨的詞例，如：

1 見—兵器

　　◻戎〈38〉－子◻卣以戈丁〈37〉

---

[8] 文參見《甲骨文發現一百周年學術研討會論文集》（臺北：文史哲出版社，1998 年 5 月），頁 1。

[9] 文見《甲骨學論叢》（臺北：臺灣學生書局，1993 年 2 月），頁 53。

[10] 文見《朱歧祥學術文存》（臺北：藝文印書館，2012 年 12 月），頁 25。

2 呼見

呼𝕏戎〈38〉－呼多臣𝕏〈92〉

－呼𝕏丁〈372〉

3 宁見

唯宁𝕏馬于子癸〈289〉－子呼多宁𝕏于婦好〈21〉

4 見丁

𝕏丁館〈384〉－子其𝕏丁〈202〉

5 有祟—見

子有祟，曰𝕏剢館〈286〉－二卜有祟，唯𝕏〈102〉

以上諸用例，「見」字基本上都可借讀為獻，亦能證明花東甲骨的「見」字從人從卩的用法也有相對應通用的關係。〈289〉版記錄花東子以宁地的產馬作為祭牲，其中的（6）辭言花東子舉行辟除災害的禦祭，祭祀的祭牲是用宁族進獻的馬，獻祭的對象是死人「子癸」，欲以詢問花東子做夢的安否。人立的𝕏字在這裡隸作見，理解為獻，是最自然不過的讀法。但如將字改讀為視，「宁視馬于子癸」一句，無論理解為「觀察」、「監視」意，都是牽強而無法通讀上下文的文意。由此看來，甲骨文中的見字是否需要轉讀為視，恐怕是有再思考的必要。

五·說犾凷

〈26〉（7）丙：歲妣庚：壯、犾凷，告夢？一

〈276〉（4）乙夕卜：歲十牛妣庚，犾凷五？用。在呂。一

〈34〉（3）甲辰：歲祖甲：牢、犾一凷？一二

〈157〉（4）甲戌卜：犾凷祖甲二？用。

殷墟花園莊東地甲骨習見一犾字，作𝕏、𝕏，從又示，隸作犾，象手朝神主之形，示上固定有三兩小點。字為花東甲骨的一個特殊用字，共出現於 20 版甲骨中。

這 20 版甲骨的用例，扠字絕多固定的與鬯字相接，作為修飾用語，修飾緊接於其後的祭品：香酒「鬯」。「扠鬯」一詞的用法靈活，有作「扠鬯」、「扠鬯若干」、「扠若干鬯」、「扠鬯先祖若干」等變化。字有異體改从爪，作𥝢，手爪形則固定置於示的上方，在花東甲骨中僅見 6 版，文例亦作「扠鬯」、「扠鬯若干」、「扠若干鬯」等相同的用法。如：

〈161〉（1）辛未：歲祖乙：黑牡一、扠鬯一，子祝？

〈243〉乙亥夕：酚伐一，囗祖乙，卯牝五、犹五，扠一鬯，子骨钔，往？

「扠鬯」用為祭品，固定排列在祭牲之後，並沒有例外。觀察句例，是知花東甲骨在陳述舉行歲祭等祭祀時，祭獻物的順序是以祭牲（如牝、犹、狃、牡、牝、牛、牢、麀等）為主，「扠鬯」為輔的一種慣常流程。〈花 4〉又見「祭牲—鬯—簋」的排列：

〈4〉（1）甲寅：歲祖甲：白狃一，扠鬯一，皀（簋）自西祭？

相對於「鬯」盛酒水，「簋」用以盛黍米糧食，於此亦見殷人祭祀時應用物品中的慣性先後輕重關係。而「扠」字在卜辭句中的用法，不可能理解為「又」而作連詞的繁體，由〈花 37〉一版中有「叀牝又鬯」與「扠鬯」同時並見可證。字又不可能單純的視同「又」而用為保祐意，因為殷卜辭中的保祐意用字都只見一律固定的寫作「又」，絕不从示旁，如「又又」讀為「有祐」是。關於花東甲骨「扠」字原來的意思，目前的擬測，這個常作左右位置經營的字例是以手形為主，示形為輔，是象以手指灑酒水於神主之前的一個祭奠動作。固定的小點並不是單純的文飾虛點，而是具有實意功能的符號，特指鬯器中的酒水。「扠鬯」一詞是灑鬯酒祭奠的意思，關鍵的論證橋樑在〈花 459〉一版：

〈459〉（3）癸丑卜：子禱新鬯于祖甲？用。

（5）乙卯：歲祖乙：狃一、扠鬯一？

（6）甲子：歲祖甲：白狃一、扠鬯一？

（9）戊寅卜：子禱扠，冊狃，钔往上甲？

其中的（3）辭「禧新鬯」一例，禧為福字的繁體，用作祭祀動詞。字形的結構，是雙手持整瓶酒尊奉獻於神主之前。从示之上也固定列具諸水點形，應是指酉中的酒水無疑。甲文中的小點有表示實意，花東的祋字明顯並非特例，另外如盥字作 🔣〈花115〉，作為血點形；祭字作 🔣〈花4〉，作為肉汁形是。因此，福字應是用為獻酒於神主前祭祀的一種奠酒儀式，〈花459〉（3）辭所奠拜的祭品是「新鬯」（新地的香酒）。同版的（9）辭則見「福祋」並列，亦指奠酒，復強調是用手灑酒水之方式來奠酒的動作，也可理解為「福祋鬯」之省。（5）、（6）二辭則屬於記錄特定的歲祭，歲祭的內容帶出祭品「鬯」，其中的「祋鬯」是特指用作灑奠一杯香酒於地，在此不需標示動詞，當然，也可能視作「福祋鬯」之省。由本版諸辭用詞和上下文意的對比互較，足見祋字屬形容詞，有灑酒的用法。

「祋鬯」作為非王卜辭中花東一類的一個特殊字詞，反觀王卜辭中卻不見此例。王卜辭另見一祋字，但示旁上不固定从三小點，有用作「🔣雨」〈合集25030〉、「歲🔣」〈合集27387〉、「賓🔣」〈合集30533〉例，相對於另一从雙手的「🔣雨」〈合集12869〉、「賓🔣」〈合集30538〉、「歲🔣」〈合集27400〉等用例，字的結構和用法與花東甲骨的祋字不盡相同，彼此不見得就是同字。《殷墟甲骨刻辭類纂》352頁改隸作祭字，可以參考。第四期卜辭復有「🔣福歲」一例，如〈合集34608〉、〈合集34617〉，用例與花東有吻合處，但可惜都是殘辭，彼此有否語言的因承關係，仍無法確證。而在非王卜辭中則有「酉……祋」一句，見〈合集22278〉：「于妣己酉……祋……？」，其中的祋字作 🔣，有見三小點在手邊，句例亦似與花東卜辭常見的灑酒水祭祖之習相當，似可作為與花東祋字屬同字的佐證。

鬯，一般王卜辭字形作 🔣、🔣。花東甲骨的鬯字則有作尖底的 🔣〈花124〉、🔣〈花195〉；平底的 🔣〈花176〉；帶十字形的 🔣〈花181〉。由「祋鬯」、「福祋」等字詞用法，見花東甲骨多用「酉」、用「鬯」盛酒水祭奠。此外，復有用「爵」來祭祖，如：

〈449〉（3）貞：子妻爵祖乙、庚，亡蔑？一

（4）癸酉卜，貞：子利爵祖乙、辛，亡蔑？一

「爵」在句中屬名詞當動詞用，意即以爵中酒水祭祀祖乙等。古書中記錄「殷人尚

酒」，由花東甲骨多見以酉、卣、爵等不同酒器祭祀，亦可見一般。

花東甲骨復見一🧍字，從人正立，兩手下各有對稱的小點下垂，一般不識此字。〈228〉見「吉牛🧍示」與「吉牛于示」二辭呈成組相對應的用例：

　　　　〈228〉（17）戊子卜：吉牛于示？一

　　　　　　　（18）吉牛🧍示？一

而此二句組可對比同版同日相關的不省文例：（19）辭「戊子卜：又吉牛，弜陋于祖？一」，其中的陋字，從阜酉，字意與福字相當。殷金文已習見「障彝」的用法。因此，（17）辭中的命辭應是「又吉牛，陋于示」二分句之省接；相對的（18）辭自可理解為「又吉牛，🧍于示」的意思。而「🧍示」一詞恰好與從又示的祝字用意相當；從人從手，局部與全形自可通用。因此，🧍字似可解釋為象人正立奠灑酒水之狀，諸小點也是酒水之形，字與祝字同。

以上，是針對花東甲骨中灑酒奠祭的相關字詞的討論。

下面，復對「祝卣」一詞的用法，衍生一些對字形的想法。由花東的「祝卣」、「福祝」作為以卣、酉等酒器奠祭的思路看，花東甲骨中另有一「禹」字，字作🖐〈花34〉、🖐〈花34〉。〈原釋文〉1570頁：「禹，象以手提物之狀，本義為舉起。」但細審所謂「舉」的動作，手理論上宜書寫在物之下，然禹字的手形卻固定在物之上，以手提物應是本義，字由提而舉，舉起反而是引申意。過去學界對「禹」字爪下所提之物為何，說法也是紛紜不確定。目前由字形部件和用意考量，字可能理解為：從爪持提覆卣之形，卣的底座因遭手所握持，故不顯於外，字呈現傾灑卣器中的酒水之狀，表示進行祭獻的一種獻儀。字因此引申有獻意。花東卜辭見「禹玉」〈花180〉、「禹戈」〈花193〉、「禹冊」〈花449〉、「禹于丁」〈花363〉、「大禹」〈花34〉等用法。王卜辭亦見相關的「禹玉」〈合集32420〉、「禹眾」〈合集32030〉、「禹冊」〈合集7408〉、「禹示」〈合32849〉、「禹丁」〈合集38232〉、「大禹」〈合集18793〉等文例。以上兩類用例，「禹」字均可理解為貢獻、祭獻的用法，此於上下文意皆能通讀無訛。

「祝卣」一詞既見於花東甲骨而罕用於王卜辭，然則，王卜辭中反映殷人常態

的奠酒禮儀又是如何表達？目前推測，應該仍是利用習見的另一「酌」字。一般理解「酌」是一種酒祭的祭儀，從酉從彡。「酉」自可理解為酒器，但對於「彡」旁卻一直都沒有合理的解釋。「酌」字少見於非王一類，字從彡，此與「彭」字相同從「彡」，但與「彭」從彡指作鼓聲的抽象涵意並不相當，目前看似乎可以理解為水形。酌字從彡，強調灑酒水斜出的動作，字可理解為王卜辭中記錄奠酒動作的一個常態動詞，其後才固定用為酒祭的祭儀。此字似可與花東卜辭的「衩卣」一詞的用意等量來看。

總括上文，由花東甲骨中的「衩卣」一詞用法破題，推論「衩」、「𣥐」、「爯」諸字都與「灑酒奠祭」有相關的意思。「衩」象手灑酒於示前，「𣥐」象人正立灑酒水形，「爯」象手覆卣倒酒以祭獻形。相對的，王卜辭中多用「酌」字來表達奠酒的用法。

六・說戉、戔

〈29〉（4）己亥卜：于寏爯戉、𠙵？用。二

〈149〉（2）己亥卜：叀今夕爯戉、𠙵，若，永？用。一

（11）癸亥卜：子氰，用𠔻吉弓射，若？一

〈180〉（1）甲子：丁〔各〕，子爯☒？一

（2）甲子卜：乙，子啓丁璧𭒑戉？一

叀黃璧𭒑璧？一

〈490〉（1）己卯：子見畁以璧、戉于丁？用。一

（3）己卯：子見畁以𠔻于丁？用。一

（4）己卯：子見畁以戉于丁，永？用。一

戉字在花東卜辭一般作𢦏，中間只有一橫畫，〈180〉有橫書作𢦏形，左邊一刀弧形向外。原釋文作玉，我曾懷疑字象玉琮形，是琮字初文。細審字的兩豎筆微斜向外張，下橫筆有作弧形突出，又似非習見琮形畢直的外觀。目前看，字象斧鉞之形，應是戉字初文，今作鉞。〈29〉、〈149〉見「爯戉、𠙵」的儀式。爯，有提舉、

握持意。《說文・𦥑部》：「𢍅，并舉也。」段玉裁注：「凡手舉當作𢍅。」𐤷，象干盾混合形，似是戰字。《說文・戈部》：「戰，盾也。」段玉裁注：「孔安國《論語注》云：干盾也。戰本讀如干，淺人以其聲，乃讀與敦同，而不知旱、敦、戰等字古音皆讀同干也。」戈和敦都是武器，一主攻擊，一屬防禦，花東子於宜地「𢍅戈、戰」，是一種手舉起武器（斧頭和盾牌）誓師以示威武的儀式。《尚書・牧誓》記錄周武王甲子朝於牧野誓師伐紂之辭，言：「王左杖黃鉞，右秉白旄以麾。曰：『……稱爾戈、比爾干、立爾矛，予其誓。』」，其中「杖鉞」、「稱戈」的用法，正好與花東〈29〉（4）、〈149〉（2）二辭相互參證。〈149〉（11）辭的「用某地吉弓射」，在語意上亦可對比來看。至於〈490〉（3）（4）辭卜問花東子進獻武丁的貢品，除了卣外，𐤷和戈何者適合，是選擇性的對貞。此例正好證明二者同屬武器：𐤷是戈首形[11]，屬尖頭句兵，以刺句為主，〈193〉：「乙亥：子重白𐤷𢍅，用，隹（唯）子見（獻）？」一辭，亦見花東子獻祭時進行「𢍅白𐤷」的儀式；戈是橫置的斧頭，以砍伐為用。二者都是攻擊性兵器，性質相當但擊殺技巧不同，故花東子求神問卜挑選其中之一作為取悅父王之貢物。〈180〉中的戈與璧並列，作為花東子呈送武丁之貢品。由殷墟考古遺址觀察，玉璧與玉戈經常出現於同一坑穴。而玉戈與青銅戈都作𐎀、𐎁形[12]，橫線中分器柄和器身兩部分，此與花東的𐤷字中間的短橫似有關連。〈490〉（1）辭見花東子同時進貢：卣、璧、戈與武丁，其中的卣是酒水器，作為一般生活藝術用品；璧為象徵祭祀時鬼神的進出口，屬祭器，用於宗廟祭祀的重物；戈是兵器，則是戰爭操生殺大權的工具。花東子能同時進貢這些不同功能而又具特殊意義的物品於武丁，其思慮周延和心機之重自是非比尋常。

　　〈241〉（11）辛亥卜，貞：戉羌又（有）疾，不死？

　　〈391〉（10）甲午卜：子乍戈，分卯，其告丁，若？一

　　　　　（11）甲午卜：子乍戈，分卯，子弜告丁，若？用。一

---

11 字有釋為圭。但此與古禮上位者頒玉以命諸侯的「秉圭」「執圭」的瑞玉不同。圭為禮器，而吉字作𐎂、又由盛載戈頭形訛書作𐎃，上另從橫置的斧戈形；同樣置放兵器而引申吉祥意。因此，𐤷字的形意當與圭有別。

12 參《殷墟婦好墓》（北京：文物出版社，1980 年 12 月），彩版 13、圖版 69、圖版 117。近有以為此字取象於戚，但戚形兩旁都固定雕作扉棱的若干齒形：𐎄，如上引書圖版 115；恐非。

二版戉字橫書。〈241〉卜問準備受戉刑的羌有疾，會否不死。〈391〉言花東子製造戉器工具，用以分割對剖祭牲。由於花東子作為殷王臣屬，現今要鑄造戉器，占卜時強調只是提供「分卯」的用途，並非專屬武器，但仍當稟告中央，因此，對貞卜問此事「告丁」與「弜告丁」的結果順利否。用辭呈現是選擇否定句的「子弜告丁」一辭為宜。

花東甲骨中的戉字作𢆉、𢆉、中，沒有例外；唯獨〈花 288〉出現一中字，上海復旦大學出土文獻中心的陳劍先生〈說殷墟甲骨文中的「玉戚」〉一文據此字形釋作戚[13]，可從；但陳文將其他所有「戉」字都混同於此，則恐有未安處。〈花 288〉（8）：「甲午卜：丁其各，子重㣇戚𢍓丁？不用。」，由字的形體看，兩側明顯都有脊齒，如釋作戚，似沒有問題；在字用上亦能通讀，此言花東子以㣇地的戚進貢給武丁。但整體而言，此字應與中間固定只呈單橫的𢆉、𢆉、中類戉字形加以區隔，宜分別觀之。

七・說以、𠂤

〈37〉（3）己卯卜：子見𪐴以戉丁？用。一

　　　　（4）以一呂見丁？用。一

〈490〉（1）己卯：子見𪐴以璧、戉于丁？用。一

　　　　（2）己卯：子見𪐴以合眔𢆶、璧丁？用。一二三

　　　　（3）己卯：子見𪐴以合于丁？用。一

　　　　（4）己卯：子見𪐴以戉丁，永？用。一

以，字作𠂤。甲骨文氏（𠂤）、以（𠂤）同字，前者象人手持物形，後者省人。字其後的演變是由𠂤而𠂤而復增人作𠂤而㠯而以。我在《殷墟甲骨文字通釋稿》中曾歸納：「以字有致送、納貢、攜帶、聯合之意。」一般卜辭用例都集中在前三者的用法，有關「聯合」的意思相對並不多見。而「聯合」「聯同」一類用意是由人持物「攜

---

[13] 陳文見《中央研究院‧歷史語言研究所集刊》78 本，2007 年 6 月。

帶」意推廣而來的，其中亦具有主從的區隔：「A 以 B」，即以 A 為主，B 為輔，指由 A 帶領著 B 處理某事。如：

〈合集 5378〉乙酉卜，爭貞：今夕令◇氏多射先陟☒？

〈合集 5785〉貞：呼令子畫氏◇新射？

〈合集 33074〉己丑卜，貞：喜以沚或伐猶，受祐？

〈英 2413〉辛巳貞：㠱以畫于蜀，乃奠？

王卜辭中的祭祀類卜辭，亦有「A 以 B」的句例：

〈合集 14851〉庚子卜，爭貞：其祀于河氏大示至于多毓？

〈合集 672〉酚河：卅牛氏我女？

〈合集 22048〉壬寅卜：余◇省于父辛祊：奴以戈？

〈合集 22939〉☒旅☒：囗丑其召于祖乙，其氏毓祖乙？

上引諸例的「河氏大示于多后」、「卅牛氏我女」、「奴以戈」、「祖乙氏后祖乙」等，都是以「A 以 B」的形式呈現，指的是祭祀神祇與祭祀祖先、祭牲與人牲、人牲與兵器，可見「以」字作為「聯同」的用法，已有靜態的並排式「和」的意味。當然，A、B 之間是否仍存在著 A 比 B 重要的順序、主輔的差別，仍可以商量。

相對的，花東〈37〉版（3）辭言乙卯日占卜，花東子進獻武丁：卤（水器）和戈（武器），（4）辭則似屬選貞，即「卤以一鬯見丁」之省，指卜問進獻的抑或是：卤和一鬯嗎？其中的「卣以戈」、「（卤）以一鬯」的句型，與王卜辭的「A 以 B」句全同。花東〈490〉一版的「卤以璧、戈」、「卤以◇眔◇、璧」、「卤以◇」、「卤以戈」，指的都是貢品，進貢的是以水器的卤為主，分別帶出不同酒器（鬯）、禮器（璧、◇）和兵器（戈、◇）。而句型也是根據「A 以 B」一常態基本句式鋪排出來的。B 可作為單字，可以用兩種不同物品：B1、B2，也可以是三種物品，中間加插連詞「眔」，作：B1 眔 B2、B3。

此外，花東甲骨的卤字，用作卤字的繁體，作為貢品。姚萱女士《初步研究》

釋晭「為人名」，恐非。晭字作 ⟨37⟩、⟨490⟩，與一般王卜辭作 形稍異。對比下列花東諸異體字形的差異，亦可互見繁簡字形之間的活潑對應關係：

翌字作 、作 、作 ；增从 ⊡、⊟。

餗字作 、作 ；增从 ⊡。

商字作 、作 ；增从 ⊡。

宁字作 ▉、作 ▉；增从貝。

召字作 、作 ；增从卩。

黍字作 、作 ；增从米。

由此可見，卣字可增从 ⊡、⊟部件的字例，對處於不穩定狀況的花東甲骨字形中並不算是特例。更何況，遍觀花東甲骨的內容，花東子進獻的上位者，無疑的只有亦只能有「丁」（武丁）（如〈26〉〈34〉〈249〉）和婦好（如〈26〉〈451〉）二人。以當日花東子在殷部族中的位高權重，實無法理解他會多次進獻不同的酒水器、禮器、兵器給一個默默無聞而冷僻用法稱作「晭」的人。如果將〈37〉和〈490〉版的「晭以戉」「晭以璧、戉」等句視為補語，勉強理解句意：花東子進獻的內容是「由晭帶來的物品」；可是，常態卜辭問卜的內容都是簡樸而直接的，花東甲骨見字句、以字句也都沒有出現過這種增補語的句型，而且「見」（獻）字後緊接的只有二種內容：（1）進獻的對象：武丁或婦好；（2）進獻的貢品。因此，無論在語法或歷史背景看，字只能理解為貢物：水器「卣」的繁體。

八·說湏（沬）

〈53〉（2）戊卜：曹妣庚，湏于权？一

（3）戊卜：曹妣庚，湏于权？二

湏，字作 ，从水从頁。字首見於花東卜辭，亦僅見於此版二例。《殷墟花園莊東地甲骨》原釋文認為是「先公名，被祭祀之對象」，不確。姚萱女士《殷墟花園莊東地甲骨卜辭的初步研究》認為「第2與4、第3與5兩組卜辭分別處於對貞位置」，

理解亦錯誤。本版（2）（3）辭是中研院史語所張秉權先生所謂的「成套卜辭」，是就命辭內容連續兩次卜問的卜辭，兩辭內容全同，兆序相承，仍應連著讀。命辭前句為陳述句，花東子再冊祭獻祖母妣庚，後句的湏字用為動詞，卜問子在杕地進行「湏」的動作宜否。湏字從人跪坐而誇張其首，水附於臉前，示洗臉之形，應是沫字的初文。甲文用為祭祀過程中的一種清潔儀式。《說文·水部》：「沬，洒面也。從水未聲。」段玉裁注：「師古曰：沬，洗面也。」《說文》沬字重文古文作頮，段注：「各本篆作湏，解作從頁，今正。…《文選》：『頮血，飲泣』，李注曰：『頮，古沬字。』…《說文》作頮，從兩手匊手而洒其面，會意也。〈內則〉作靧，從面貴聲。蓋漢人多用作靧字。沬、頮本皆古文，小篆用沬而頮專為古文，或奪其卄，因作湏矣。」段玉裁清楚的說明頮、湏、沬三字同源的關係。兩周金文字改作釁、釁，從雙手持倒皿，水灑於面，仍象洗臉形，讀作眉、作彌，字形參容庚《金文編》卷四眉字條。〈53〉版（2）（3）辭祭祀妣庚，花東子在杕地進行洗面的一種淨身儀式，以示對神靈的尊重。接著的是一連串的奠酒水、跳舞、殺牲的祭儀流程，足見子對於祭拜妣庚的戒慎和重視：

　　〈53〉（7）戊卜：子其湏，昱舞，酙二牛妣庚？

　　　　（12）己卜：叀豕于妣庚？一

　　　　（13）己卜：叀戠妣庚？一

　　　　（14）己卜：叀牝于妣庚？一

　　　　（16）己卜：叀宰于妣庚？

而祭祀前需要洗臉淨身這一傳統風俗習慣，早在殷商時期應已經發生。

九·說心、慮

　〈69〉（6）己卜：丁心樓于子疾？一

　　　（7）己卜：丁心不樓于子疾？一

　　心，字作◐〈102〉、◐〈409〉，象心形的倒寫。花東甲骨的心字大都上下顛倒，

此與王卜辭率作正書的 ♡、♡ 形不同[14]。對比花東甲骨中有不少倒寫的字例，如：各字作 ⛿〈60〉、至字作 ⛿〈144〉、祖字作 ⛿〈35〉、子字作 ⛿〈145〉等，這種倒寫似乎是花東甲骨刻工的一種習慣書寫，原因不詳。〈69〉版（6）（7）二辭的心字，原釋文作終，但由照相本放大觀察，字作 ⛿，確為倒心之形，應是心字。字與冬、終字作 ⛿ 的寫法和結構都不相同。花東甲骨的心字用法，有用本意，如〈181〉（19）的「子心疾」，具體的卜問花東子的「心」有疾患否；有抽象化強調心神不寧的意思，如〈416〉（7）的「子心不吉」、〈88〉（14）的「子有鬼心」、〈102〉（3）的「今有心魃」等。可見花東甲骨對「心」字的用法已十分成熟和清楚有條理。然而，相對的在王卜辭中的心字句多為殘辭，語意並不清晰，心字有用為名詞：「王心」〈合集6〉、「王有心」〈合集 6928〉連用，勉強可理解是用作本意，但辭例殘缺，上下文意仍有可商。字有用為動詞，如〈合集 22003〉的「弗心？」，可惜語意不詳。字比較確定的，是用為地名。如：

　　　〈合集905〉癸亥卜，㱿貞：于心上甲：二牛，屮帝伐十☒十羖？囗月。

　　　〈合集14022〉貞：涉心☒狩？

字似可確知用為祭祀和田獵地名。但整體而言，花東甲骨寫手駕馭「心」字的用法，明顯是比王卜辭進步而具系統的。

　　〈69〉版（6）（7）二辭是卜問「丁心樓于子疫」否的對貞句。「丁心」自然不是指武丁的心臟，而是強調武丁的思緒，「心」字已進一步有抽象化的用法。全句是卜問武丁內心有憂慮花東子的疾病嗎？動詞「樓」字應是一描述心理狀態的字。〈38〉有「乍（作）樓」例，可見樓是一種逐漸形成的情緒狀態；〈28〉有「丁樓于子」，見「樓」是有對象、有針對性的目標；〈181〉有「有祟，非樓」，見祟字和樓字有程度上或區域性的差別，祟可能指的是外來的禍患，樓指的是內在心理的問題；〈300〉有「唯其有吉」「唯樓」對貞，知「吉」與「樓」二字意屬於相反詞；〈255〉有「丁弗樓，永」相承接，也見「樓」與「永」的用法相反。因此，樓字是一個負面意義

---

[14]花東甲骨从心的字例，如：㤀作 ⛿〈181〉、㤺作 ⛿〈14〉、憊作 ⛿〈85〉等，都習見倒心形的寫法。

的語詞，原釋文〈3〉版 1557 頁考釋：「樓，有凶禍、艱咎之意。」姚萱女士《初步研究》釋字作虞，從虍聲，有憂意。原則上都是可從的。王引之《經義述聞》卷 19《春秋左傳》下「四方之虞」條引家大人曰：「虞，憂也。」可作參證。然而，由讀音來看，樓字如理解從虍發聲，虍與虞字同韵屬魚部字，但聲母卻一屬曉母、一屬疑母，前者全清擦音，後者次濁，二者的聲母一發 x-，一發 ng-，有一定的距離，二者的介音亦有別[15]；因此，將樓字轉讀作虞恐非一常態的通假關係。我認為，花東甲骨的樓字從二木從虎首，中間固定從女跪坐，字應可從女聲，讀作慮字。女，古音泥母魚部（nia）、慮，古音來母魚部（lia）。女、慮二字韵母同部，聲母泥、來同屬次濁的舌頭音，l-邊音鼻化，容易和 n-相混。由語音觀察，字讀為「慮」比讀為「虞」來的恰當。由字意來看，慮有恐懼、焦急的用法[16]。《說文·思部》：「慮，謀思也。從思虍聲。」將「慮」意投射回花東甲骨，亦能文從字順的通讀相關的「樓」字句。因此，由形、音、義三方面考量，樓字可讀為慮，作恐憂意。〈69〉版（6）（7）二辭正反對貞，卜問殷王武丁的內心會否憂慮花東子的疾病。但這種占卜卻是出自花東卜辭而不是王卜辭，當日花東占卜者對於殷王武丁內心的關注，顯然遠多於「子疾」。花東子對於殷王武丁存在的戒心，應該是很明顯的。

十·說學、永、祟

〈150〉（3）甲寅卜：乙卯子其學商，丁永？用。子尻。一

　　　　（4）甲寅卜：丁永，于子學商？用。一

〈336〉（1）甲寅卜：乙卯子其學商，丁永？子占曰，其又罞艱。用。子尻。一二三四五

　　　　（2）丙辰：歲妣己：犯一，告尻？

　　　　（3）丙辰：歲妣己：犯一，告子尻？二三四

---

[15] 據郭錫良：《漢字古音手冊》的擬音：虍字曉母魚部作 xa，虞字疑母魚部作 ŋiaw。郭錫良：《漢字古音手冊》（北京：北京大學出版社，1986 年 11 月），頁 93、111。

[16] 參阮元：《經籍纂詁》卷 65 去聲「慮」字條：慮，猶恐也，《漢書·溝洫志》注。慮，亂也，《呂覽·長利》注。

（4）丙辰卜：于妣己　子尻？用。一二

〈487〉（1）甲寅卜：乙卯子其學商，丁永？用。一

　　　（2）甲寅卜：乙卯子其學商，丁永？子占曰：又（有）希（祟）。用。子
　　　　　尻。二三

〈450〉（4）丁卯卜：子其入學，若，永？一二三

　　　（5）丁卯卜：子其入學，若，永？四五六

　　學，字作 [字形]、[字形]、[字形]，从双从爻从宀。王卜辭中見「學戊」〈合集 10408〉，
又作「爻戊」〈合集 7862〉；可證學或為爻字的繁體。唯字源應與用蓍草卜卦於室內
有關；相對於教字也从爻作 [字形]，見教強調的對象為童子，而教的內容是爻。無疑的，
「爻」作為一種知識技能的傳遞，是上古學與教的基本內容。〈150〉、〈336〉、〈487〉
三版記錄「子其學商」內容相同，應是同一天同時所卜。對比〈450〉版在十三天後
的「子其入學」，所謂「子其學商」，應該理解為花東子將從事「學」的占卜活動於
商地的意思。而三版的「甲寅卜」一致詢問的是「丁永」否。「永」字作 [字形]，从彳
从人，有於人身上增諸水點或引水形。早自羅王時期字已隸作永，字由水長而引申
降下、賜福佑的意思[17]，于省吾謂字可通作咏，有歌頌、贊揚的意思[18]。「丁永」，指
武丁對花東子贊同稱許的意思。在文意上釋作「永」都能通讀無誤。近人依裘錫圭
先生說改釋為侃，根據《玉篇》用為「喜樂」意[19]。細審花東甲骨中「永」字的用
例，有「丁永子」、「某祖永子」例：

　　〈490〉（5）己卯卜：丁永子？邟。一

　　〈149〉（12）甲戌：歲祖甲：牢、幽鷹，祖甲永子？用。一二

　　〈449〉（5）癸酉卜：祖甲永子？一

以上諸例的「永」字用意，理解為賜下福佑、贊揚意自然都沒有問題，但如改隸作
「侃」釋為喜樂，詢問時王對子的喜樂否，勉強亦能通讀，然如是卜問祖先對子的

---

[17] 參于省吾主編：《甲骨文字詁林》第三冊頁 2269「永」字條、李孝定先生：《甲骨文字集釋》頁 3411。
[18] 參于省吾主編：《甲骨文字釋林》〈釋杏〉。
[19] 詳見裘著：〈釋「衍」「侃」〉，文見《裘錫圭學術文集》第一冊，頁 378。

喜樂否，在語意上則有些勉強了。古人祭祖，一般都是直接要求降福去凶保平安，很難想像是在祈求某祖對自己是否在情緒上有喜樂之心。特別是花東甲骨在陳述一些中性的事情後，會卜問「永」否，常理上是指盼望得到祖先的賜福垂佑，但如果理解為詢問祖先開不開心，就顯得語意十分突牾了。如：

〈173〉（6）丙申卜：子其往于 ，永？

〈234〉（1）丙寅夕卜：子有言在宗，唯永？一

〈416〉（7）壬辰卜：子心不吉，永？

上述句意是花東子將要往于某地、花東子要在宗廟進行祭誥，與祖先的喜樂否根本就談不上任何關係。特別是〈416〉已先言「子心不吉」，祖先還會有什麼「喜樂」可言？如將字理解為詢問祖先會降福否，這些句例在上下文意看就顯得通順了。因此，上引〈150〉、〈336〉、〈487〉、〈450〉諸版詢問的 字，似仍宜以隸作傳統的「永」字為是。

　　至於上引〈487〉（2）辭，言甲寅日卜問次日花東子將在商地進行占卜的活動，武丁會贊許花東子嗎。占辭是花東子據卜兆判斷說：「又（有）希（祟）。」，即言將會有禍害。驗辭追刻的結果是花東子的尻部有疾。這裡占辭的 字，自孫詒讓、郭沫若以來都隸作希，本象豪豬形，讀為祟，有災禍的意思[20]。對比〈336〉（1）相同的命辭，占辭作「其又（有）叟艱。」，祟與艱困的艱字，用意正好相當。因此，〈487〉（2）辭占辭讀為祟字的用法，無疑是完全沒有問題的。唯近人有改從裘錫圭先生釋此字為「求」[21]，字一般用為「求索」、「尋求」意；對於一些負面語境的句例，則又由「求」字假借為「咎」，借此得以通讀相關災害意的用法。我們認為，同一個字能正負通吃的處理字用問題，恐怕是很例外的反訓特例。況且，「求」字本應為毛裘的「裘」字本字，形意與 有一定的差別。因此，這個字是原本應隸作希，讀為祟，與求字只偶因形近而相混用；抑或是字本即作為求字，有部分音同而借用為咎？目前看似乎仍有討論的空間。不管如何，〈487〉一版（2）辭的占辭，字讀為祟，似應

---

[20] 參《甲骨文詁林》第二冊頁 1482「希」字條。
[21] 參裘文〈釋「求」〉，文見《裘錫圭學術文集》第一冊，頁 274。

比讀為求，或讀為求復轉讀為咎來得合理和直接。

十一・說配史

〈5〉（2）乙亥卜：叀子配史于婦好？一二

（4）叀配史，曰：婦☑？

（7）乙亥卜：婦永？

（10）乙亥卜：婦好又史，子隹妹，于丁曰：婦好？一二

（11）☑今日曰：婦好？二

（13）叀子曰：婦？一

史，字作 ，從手持中。在花東甲骨的用義，有：

1 職官名

〈133〉史入。

〈373〉癸卯卜，貞：弘吉，右史死？

2 事

〈288〉己亥卜：毋往于田，其又（有）史（事）？子占曰：其又（有）史
（事）。又俎。

〈395〉癸酉卜：既乎，子其往于田，凶亡史（事）？用。

〈114〉丙卜：子其魃于歲，钔史（事）？

3 使

〈290〉乙未卜：子其史（使）聑往西罘，子媚（見），若？一

上引〈5〉版諸辭中的「配史」、「又（有）史」、「曰」為同一天貞卜中的三個連續動
作，語意相承。配，從人跪于酉前，而人手下垂。相對於禦字作钔，象人垂手跪於
璧琮前以迎神、獻神[22]，配字似亦應有：人置酒跪以用祭之意，引申迎接、獻予的

---

[22] 參拙文：〈「植璧秉珪」抑或是「秉璧植珪」──評估清華簡用字兼釋禦字本形〉，《釋古疑今──甲
骨文、金文、陶文、簡文存疑論叢》（臺北：里仁書局，2015 年 5 月），頁 207。

用法。這與古文獻的「配，匹也」的用意並不相同。曰，甲文一般用於占辭，是「子
占曰」的省略。但〈5〉的（10）（11）二辭分別作為問卜「於丁日曰」抑或是「今
日曰」的選擇用法，句子仍應屬於命辭的範圍。曰，本示嘴巴出氣，引申有宣告意，
相當於《尚書》中習見的誥命，是上位者的文誥宣示，上以稟告於神祇，下以告誡
於民眾。〈5〉一版由「子配史」而「婦好有史」而「子曰」的語境流程，可能與子
舉奏，將某職權或官員授與婦好有關。此事的程序由花東子主持。「配史」，即「獻
進授與史官」。上古巫史不分，史的職責不單記言事，亦具備占卜通鬼神的功能，一
般百姓並不能擁有史的身份或使用史官。「有史」，即「擁有記事的史官」。「曰」，即
「子代上位者宣示文誥」的意思。婦好是殷王武丁的妃嬪，當屬花東子的長輩。〈5〉
同版卜問「婦永」，正是子歌頌婦好或婦好稱許子的正面語意證明。而本版見花東子
公開的代王授與婦好「配史」的一動作，讓婦好可以掌握「有史」，得以接近神權，
復由子擇日正式宣示「婦好」的名稱於神人之前。花東子當時的位高權重，自不言
而喻。

　　此外，〈231〉一版是龜腹甲的朝上具鑽鑿一面，在右甲橋中間處有「史入。」
二字，見花東子本身亦已擁有史官一官職或機構的配置和任用。同時，觀察〈231〉
版左右對稱的鑽鑿組合，原甲橋處應有一行五套的鑽鑿（見左甲橋第一行），但在右
甲橋只見上下共四套鑽鑿，中間本應作為一套鑽鑿的位置卻刻寫了「史入」二字。
由此可知，甲橋上記錄「某入」（意即某人或某族的入貢）的記事刻辭，是早在卜人
處理龜版鑽鑿之前就已經刻上。本版無疑提供一記事刻辭的書寫，是先於鑽鑿以至
用龜占卜的最佳證據。

十二・說卯

　　〈23〉（1）卯。

　　　　（2）己巳卜：子燕（宴），田扣？用。

　　卯，花東字作↑，與一般王卜辭作↑形稍異。字借用為地支，原與對剖意的卿字
有關，有用為殺牲動詞。〈23〉版的卯字單獨刻在龜版左甲橋的上邊，用法特殊，與

一般王卜辭常態簽署人名寫在龜版甲橋下方位置並不相同。〈23〉版只見一條田狩卜
辭，其中命辭首句花東子設宴款待的對象可能為上位者的丁。相對的，〈60〉版亦見
一「卯」字同樣刻在左甲橋邊的上方位置，同版除了一辭詢問「丁各，宿」外，其
餘的 5 辭都是卜問殺馬牲的內容。〈318〉版亦見一「卯」字位於左甲橋上方相同位
置，而同版的「戊辰卜：丁往田？用。」，辭例與本版相類，干支亦與本版相接。因
此，可推知這類「卯」字例用法的共性有二：一有丁（武丁）的出現，一為田狩在
外。「卯」的刻寫似和參與殷王田狩而剖殺祭牲問卜一事有關。〈23〉、〈60〉、〈318〉
諸版的單獨刻一「卯」字，可理解為殷王武丁出遊，花東子為此而宰殺牲口，並問
卜帝王行程安否的專門用龜的龜版記號。〈372〉版（8）辭：「甲子卜：子乍戉，分
卯于丁？」，言花東子製造斧鉞「分卯」於丁，「卯」而言「分」，亦證「卯」字有剖
殺牲口之意。

十三・說冊

〈29〉（1）丙寅卜：其刟（禦），隹（唯）宁見馬于子癸，叀一伐、一牛、一鬯酓，
　　　　　夢？用。一二

　　　（4）己亥卜：于宮再戉、𐎀？用。二

〈32〉（1）庚卜，在龘：歲妣耕：三犅又鬯二，至刟（禦），酓百牛又五？一

　　冊，字作𣲣，繁體增从口。《說文》：「冊，符命也。諸侯進受於王者也。」于省
吾讀酓為砍，恐非。由〈29〉見「冊」的內容為殺頭的人牲、牛和香酒，其中香酒
自然無法用砍殺意來理解。〈32〉一次要「冊」的內容是百牛又五，如此龐大的數量，
如將「冊」字理解為砍殺，恐怕亦無法想像遠在殷商時期的花東子有能力一次祭祖
殺牲會如此之多。牛在進入農耕社會後已具備勞動力的功能，殷人在情理上亦不可
能單純為一次祭祀耗費百餘牛隻。因此，冊字的用法，應與砍殺無涉。〈29〉版（1）
辭的命辭分三部分：（1）禦祭由宁族進獻的馬給死去的子癸，（2）酓祭一伐、一牛
和一鬯，（3）卜問花東子的夢安否。原釋文「酓夢」連讀，恐非。禦是殷商習見的

去災求吉的祭祀泛稱，祭祀的用牲是要具體屠殺獻與神祇的；而冊是竹木簡形，作為動詞，又用作「稱冊」，表示呈獻於上的一種記錄儀式。〈29〉版的「酉」和「冉」並見同版，酉是殷人登記於竹簡準備獻神的清單記錄，並不屬於實質祭祀的範圍。殷人於祭祀完畢後，會將竹木簡（獻神清單）一併焚燒以獻神，但竹木簡上所書的內容並不會真的如實焚燒或砍殺毀滅，〈29〉所酉的伐、牛和邕仍會保留作為他用或存置於宗廟。這種獻神清單記錄有些類似近代人印製數以億萬元的紙錢和紙紮用品焚燒祭祖一般，只具象徵意義。殷人有「稱冊」的儀式，冊是書寫於竹木簡擬呈獻的物品記錄；稱是提舉實物以獻的動作，〈29〉（4）辭的「冉戉、𢆷」，是舉斧戉和戟矛等兵器呈獻於神祇前的一個威武儀式。殷商時期的祭祀、稱和冊是屬於三種不同的祭獻儀式，其後稱和冊則混合為一，作為呈獻貢品的動作和記錄。

十四‧說剢

〈60〉（2）甲子：丁𠯟（各），宿？

（3）乙丑：自貯馬又（有）剢？

（4）亡其剢貯馬？

（7）自貯馬其又（有）死？子曰：其又（有）死。一

〈228〉（16）戊子卜：吉牛其于示，亡其剢于俎，若？一

剢，字作 𢆷、𢆷，從手持刀殺豕，作為名詞，字有省手。由〈60〉上下文見持刀宰殺的動物是來自貯地進貢的馬，而不是豕。另〈228〉版見「又剢」的對象是牛。由此可見，此字的字義用法在甲文中已經擴大。〈60〉版的馬因剢的屠宰方式而死，知剢字已作為用刀殺牲的泛指。相對的，（7）辭中的「死」字，本指人的朽骨，強調人的死亡，但在此所指的對象卻是馬死，足見漢字發生初期是由專指的造字方法過渡至泛稱的用字功能。字之體和字之用不是完全相同。

〈60〉版（2）辭卜問丁（武丁）來臨且留宿的吉否，與次日花東子一再占問宰殺馬牲，二者在語意上似有相承接的關連。宰殺來自貯地的馬匹，提供歡迎殷商

帝王來訪的儀式，亦概見貯地馬匹的珍貴和花東子面對父王武丁是次來臨的慎重。

十五‧說「又口，弗死」

〈102〉（1）乙卜，貞：宁豈又（有）口，弗死？一

　　　　（2）乙卜，貞：中周又（有）口，弗死？一

　　　　（3）乙卜，貞：二卜又（有）祟，隹（唯）見，今又（有）心愍，亡囚（禍）？
　　　　　　　一

（1）（2）二辭見宁豈和中周二人「有口」，因而詢問「弗死」否。就上下文意來看，「有口」，當即「有口疾」之省。對應〈149〉版（8）辭有「子告又（有）口疾妣庚」、〈220〉版（2）辭有「子禦又（有）口疾于妣庚」，見不省句例。而花東甲骨亦有因「疾」而卜問死亡否的，如〈241〉版（11）辭的「戉羌又（有）疾，不死？」、〈351〉版（3）辭的「又（有）疾，亡征，不死？」等句例是。因此，可證（1）（2）辭的前句是陳述二人患有口疾，後句詢問句都用否定語氣帶出，卜問二人「不會死亡嗎」，反映占卜者的心理狀態，是主觀的祈禱「不希望他倆會因此而死亡」，才以反面的方式卜問鬼神。由此可證，早期卜辭採用的或正或反的句式問神，應可介入問卜者的主觀情緒來理解。

（3）辭言「二卜有祟」，指的是（1）（2）辭宁豈和中周二人分別有口疾而占卜求佑的「二卜」。細審本版三辭並排於左後甲外側，三辭的卜兆形式，基本都相同，因此，二卜的有禍祟如只根據龜版呈現的卜兆形狀是無法看出來的，當日對占卜事例的吉凶應是由龜版以外其他配合的方式來判斷。「二卜有祟，唯見」，言二人有口疾而分別進行的二次占卜，已發現有禍害之象。「今又（有）心愍」，心字作倒心形，是花東的獨特寫法。愍，象手持杖擊鬼之形，有驅趕的意思。此句義指當下有驅除心中惡疾的儀式，幫助二人治療口患。古人迷信，認為二人的「口疾」是由於內心中有不潔物使然。末句「亡囚（禍）」，是詢問這個儀式沒有禍害嗎？

十六・說炬

〈113〉（10）乙卜：丁又（有）鬼夢，亡囚？

　　　　（11）丁又（有）鬼夢，炬才（在）田？

　　炬，字作𤏳，花東甲骨獨創的新字，僅一見於本版。字从手持長棒，棒上端系縛著山形支架，支架上从火，象火炬形，手高舉以照明。字宜為炬字的初文。《說文・艸部》：「苣，束葦燒也。从艸巨聲。」段玉裁注：「俗作炬。」花東甲骨原釋文未識此字，今由字形意看，應隸作炬。字象手持點燃的火炬形，一以照亮，復以驅鬼除災。《說文・火部》：「爝，苣火祓也」，字仍存古義。其中的火杖山形支架，或當即「史」字从手持中的中形器本形本義，存以備參。

　　〈113〉版（10）辭言乙日占卜，卜問「丁有鬼夢」一事無禍否。其中的「丁」並非指丁日，因不可能在乙日預測第二天丁日卻已發生的夢鬼一事。「丁」，指殷王武丁，花東子之親父。「丁又鬼夢」，即「丁夢鬼」的移位句。古人夢鬼並非吉兆，因此才會有（10）辭卜問「無禍」否。鬼字从女，亦一罕見字例，強調武丁夢見的是女鬼。（11）辭進一步針對「夢鬼」進行驅鬼讓武丁安心的活動，卜問「炬在田」宜否。「炬在田」即在花東子的農田四周豎立火炬以照明。炬字名詞當動詞用，意即燃燒火杖以驅逐黑暗、剔趕鬼怪。無疑在花東時期已有「光明」與「黑暗」二對立的概念，亦已產生「黑暗」與「鬼怪」相連相生的迷信想法。卜辭言「炬在田」而不是「炬田」，因此當日是否有「燒田」的盛大活動，實不可知。但殷人有點燃火把以去鬼的一動作，應該是沒有問題的。至於「在田」一詞，姚萱女士《初步研究》釋文理解「田」字為「上甲」，恐非。甲骨文介詞的「在」字，常態只會帶出地名，從不作帶出祖先名的用法。

十七・說「叀入人」

〈195〉（1）辛亥卜：子以帚（婦）好入于狀？用。一

　　　　（2）辛亥卜：叀入人？用。一

(3) 辛亥卜：乎（呼）𢀛、湇見（獻）于帚（婦）好？才（在）𡚭。用。一

(4) 辛亥卜：子攺帚（婦）好𠬝，往𦥑？才（在）𡚭。一二

(1)(2) 二辭在右左前甲相對，辭例相關。(1) 言花東子聯同著婦好入貢或進入于𡚭地，卜問此行的吉否。(1) 辭的「入」如理解為單純的「進入」意，則 (1)(2) 二辭的「入」字用法並不相同。(2) 辭「入」字似理解為兼語句式中的動詞，讀如納。(2) 辭以叀字帶出命辭，有強調後一字的語氣功能。「入人」一詞，可視為動詞前置的移位句，本作「人入」，強調某些特定的人進入；或可直接解讀為「入人」，意即引進某些人。「人」可理解為奴性或勞役的單位，如「羌一人」〈56〉，「伐一人」〈226〉的用法。細審花東甲骨的用例，只有「入人」作為固定用詞，如〈252〉、〈443〉版是，亦有「以人」〈14〉、「呼人」〈249〉的相類用法，但卻絕不一見「人入」例[23]。因此，(2) 辭應以常態句型的「入人」來理解，即言進貢人牲。對比 (1)(2) 二辭，(1) 辭則應是「子以婦好入人于𡚭」一句之省「人」，(2) 辭則是省略主語「子以婦好」和句末介賓語的「于𡚭」。

(1)(2) 辭卜問花東子聯合婦好入貢人牲於𡚭地宜否，入貢的對象自然是時王武丁，而占卜時似仍未進入𡚭地。(3)(4) 辭則言在𡚭地占卜。因此，(3)(4) 辭是在 (1)(2) 辭同一天的稍晚才發生的卜辭。(3) 辭是花東子呼令𢀛、湇二人進獻於婦好、(4) 辭則是花東子親自貢獻於婦好，整個動作應該是先 (3) 辭而後 (4) 辭。

十八・說䚁

〈203〉(11) 丙卜：叀子䚁用眔紃，爯丁？用。一

䚁，字作，从人具目站立，手提頭顱，本象獻首之形，用為動詞。我在《殷墟花園莊東地甲骨校釋》的〈正補〉按語已有申述：「為『見首』二字的組合，象人

---

[23] 花東甲骨原釋文頁 1636 考釋謂：「『叀入人』，指『入人』。卜問人是否入于𡚭。」姚萱：《初步研究》釋文頁 283：「『入人』指入地之人或入族之人。」似乎都不能通盤解讀 (1)(2) 辭的內容。

持首以獻形，似為見字的繁體，讀為獻。花東卜辭多見「子見（獻）丁」例，可參。」此字在甲文中僅一見（〈377〉版另有一字，象人持倒首形；亦不識），屬武丁時期花東卜辭中一測試性的新字，字形強調人提首以獻。字由獻首的特定所指擴張為泛指獻意的用法，其後字形遭淘汰不用，獻意則為「見」字假借保存下去。甲文的見字一般讀作獻，多從人具目跪坐作形，似與用為看見的見字作站姿的不同。但〈203〉版用為見（獻）字繁體的覲，其中所從部件「見」仍作人站立側形，顯然在文字發生初期時仍沒有刻意由從人從卩的差異，挑負區隔功能的觀念。

相對的，晚期卜辭另有一字，從見鹿，動詞，有用為看見的見字繁體，如：

〈合集 37439〉戊戌卜，貞：在告：鹿，王其比射，往來亡災？☐。

〈合集 37467〉☐告兕☐埅，叀☐？

〈合集 37468〉丁丑卜，貞：牢逐辟祝侯燮，豕，翌日戊寅王其闗☐召，
王弗悔，半（擒）？

排比文例，由「觀鹿」，而「觀兕」、「觀豕」，動詞的觀字也是由狹義的專門單指「見鹿」，拓大為「見」不同動物的泛指用法。後來看見的字用功能只保存在一「見」字，「觀」字則消失不再為殷人所使用。

由此可知，這種測試性的文字功能早在殷商時期已不斷演進的。由早期一直至晚期的甲骨，都有因不同需求而不斷產生新增的用字，復亦有因測試的失敗或功能性的消失而遭淘汰死亡。

十九・說嗳

〈215〉（1）壬申卜：子其以羌嗳，曹于帚，若永？一二

　　　　（2）甲戌卜，貞：羌弗死，子臣？一二三

嗳，字作。考慮字形的思路有二：（一）、所從為繩索。象兩手持絲繩於口形器上，上下相鉤引拉扯之狀。或即爰字初文。《說文》：「爰，引也。」甲文一般簡化作，文例見「呼爰」、「呼爰某方」，如〈合集 10075〉：「貞：呼爰龍？」。由〈215〉

（1）辭上下文看，字是一種用羌作祭牲的方式，動詞。同辭的羌字作𦒃，正象羌人頸係繩索之形，而（2）辭又進一步直言「羌弗死」。因此，「嗳」此一動作無疑是導致羌人面臨死亡的一個行為，可理解為殺牲的動詞，示雙手拉扯套項的繩索，以勒斃祭牲的意思。（二）、所從𠁥理解為午。據钾（禦）字從午的部件理解，是二璧一琮的組合，原視為鬼神降臨人間的出入口，是殷人祭拜祖靈的一種固定禮器。嗳字由此思路，示兩手上下相承，奉璧琮置放於口形器皿中，應與钾祭有相類的用意，或即屬钾字異體，作為獻牲的祭祀動詞，泛指祭獻。字從兩手與從冂在語意上亦可通。〈221〉版有殘辭見一「㕥」字，或即嗳字之省。〈458〉有祭祀動詞作𢪷，雙手捧午，或亦與钾祭意相當。細審〈215〉版（1）（2）辭，由「壬申」日用羌進行「嗳」的動作後，至第三天「甲戌」日卜貞仍言「羌弗死」看，嗳字字意應與第一思路雙手拉繩勒斃的推想無涉。字似以第二思路的理解較為恰當。花東卜辭的𢾅、𢾤類字形，應與钾（𢾤）字的性質相當，作為去凶就吉的祭祀泛稱。復由〈29〉、〈32〉、〈38〉、〈56〉、〈76〉、〈95〉、〈176〉等版大量「钾」、「曹」二祭祀動詞先後見於同辭的關係，與〈215〉版的用法基本不差，亦可以參證。

花東子用羌人祭祀，以冀求安好。（2）辭命辭接著卜問的「羌弗死，子臣？」一句，應如何理解？臣，動詞，字意應與「羌牲弗死」的結果有關聯。花東甲骨中「臣」字的用法，有用為官名，如「小臣」〈28〉、「多臣」〈34〉；有用為祭品人牲，如「奴、臣、妾」〈409〉；有用為動詞，如「子臣中」〈75〉、「敘弔，子弗臣」〈247〉。本版的用例與〈247〉版同。由「羌弗死」則「子臣」，「弔敘（人名）」則「子弗臣」，對照〈410〉的「𢼊子臣」、「畀子𨵵臣」，〈409〉的「奴、臣、妾」連用，「臣」是勞動階層僕役一類身份的人，可視同贈品和祭品的使用。〈75〉的「子臣中」，臣字名詞當動詞用，理解為「子以中（人名）為臣僕」；〈247〉的「敘弔，子弗臣」，意指「敘叔（人名），子不以之為奴役」。因此，〈215〉的「羌弗死，子臣」一句，自可理解為「羌牲不死，子改以之為奴役」的意思。

二十・說觶

〈223〉（5）戊卜：子其入黃 ⚡ 于丁，永？一

⚡，名詞。字从 ⚡，象角形，或指牛角。字从 ⚡ 聲，⚡ 即以，與 ⚡（氏）字同。因此，字可視作觗，飲器，用為花東子入貢於武丁的物品。《說文・角部》的「觶」字：「觶受四升」，其下重文引作「觗，《禮經》觶。」段玉裁注：「古文禮作觗。」〈223〉一版卜問花東子將進貢金黃色的觶於武丁一事，詢問鬼神贊許否。

二十一・說言

〈234〉（1）丙寅夕卜：子又言在宗，隹（唯）永？一

　　（2）丙寅夕卜：非永？一

言，字作 ⚡，从舌从一；一，強調具區別的功能。《說文・言部》：「直言曰言，論難曰語。」段玉裁注：「鄭注大司樂曰：發端曰言。」花東甲骨言字用法有二類：（一）「言曰」成詞，帶出言的內容。「言」字無疑已與說話有關，但又與一般說話和帶出占辭的「曰」字不同。如：

〈59〉言曰：其水？允其水。

〈351〉⚡ 言曰：翌日其于萑官俎？允其用。

（二）「言」用在舞、福等祭儀後，下有接祖妣名。如：

〈181〉（26）壬卜：子舞⚡，亡言，丁永？

〈255〉（2）甲寅卜：弜言來自西祖乙，祭伐？

〈474〉（6）「言妣庚眔一宰」

〈490〉（6）庚辰：子福妣庚，又言妣庚，若？

因此，言字是一嚴肅用字，其功能宜屬卜辭中祭誥的語言，作為下告上，禱告者與鬼神交談的專用語，有冀求時人安好的作用。〈234〉版（1）辭的「又（有）言在宗」

一陳述句，語意上看亦應是與第（二）類祭祀相關的用語。花東一般在占卜日的傍晚詢問次日的事情，因此，「有言在宗」應屬次日丁卯日白天進行的事。（1）（2）辭正反對貞，卜問子「有言在宗」的「永」抑「非永」，此事無疑是單一的事例。對花東子而言，「有言在宗」是一件偶發、受指派、或許是光榮的任務，所以才會謹慎的貞問此事的「永」否。「宗」指宗廟，屬與鬼神接觸，求吉去凶的場所。在宗廟中的「有言」，常理推斷自然與從口發聲類（語言）的行為有關，宜具備禱告與祖先交談的意思。花東子能夠擁有在自己的宗廟，抑甚至在殷王室宗廟內主持禱告祭神的能力，當日其權勢的龐大，自是非比一般。

二十二・說昍

〈274〉乙巳：歲妣庚：牝，召祖乙昍？一二三

昍，字作 🗲、又作 🗲，從日羽，即翌字。《說文》作昱，段玉裁注：「自今日言下一日謂之明日，亦謂之昱日。」花東甲骨一般讀為一字，而並非分作「翌日」二字來理解。〈108〉見「昍」、「羽」用為翌字的同版異文，可證。字一般置於句首，作為「次日」的時間詞用法，往往帶出具體的次日干支。〈274〉版的「昍」則置於句末，姚萱女士《初步研究》認為昍屬於祭名：「當為『為祖乙之昍祭舉行舌祭』之意」，恐有可商。命辭句中言歲祭妣庚、召祭祖乙（即小乙，花東子的直系親祖父），句意完整，因此，昍字不可能理解為祭名用法。然則，「昍」在句中的語義功能為何？檢驗花東甲骨「昍」字共 27 見，扣除殘片一例，其中 21 見均置於命辭句首，絕大部分都明顯用作「次日」的第二天，只有一例是用作隔兩天的時間記錄。而置於句中的有 4 例：〈39〉夕：歲小宰昍妣庚？

〈92〉甲卜：呼多臣見昍丁？

〈290〉甲午卜：其钔俎仄，乙未仄昍彤大乙？用。一

〈453〉甲卜：呼多臣見昍于丁？

上述的〈39〉版前辭只有一夕字，應為「己夕卜」的省略，命辭卜問次日歲祭妣庚

用小宰一活動宜否。〈92〉和〈453〉二版亦可理解「翊」為次日意的移位句，卜問次日的乙日號令多臣獻貢於武丁一事。至於〈290〉版的解釋，在甲午日占卜，命辭第一句「其钔狙仄」，仄，即昃，時間詞，示日光靠西斜照人影，時段在「中日」和「郭兮」之間，約是午後兩三點左右。此句句型可理解為「仄其钔狙」的移位，指在昃時進行禦祭，用切肉的儀式來處理祭牲。命辭第二句接言在第二天乙未日昃時用酒祭大乙，其中的時間詞「翊」置於「仄」後，就文意言整句就不好順解。花東卜辭的「翊」一般都用作時間詞，沒有作為祭名或其他用法的實例，但此段調在「乙未」日昃時再接言「次日」卻是不好說的。我們讀契的經驗，有所謂「句意重於行款」，文字是表達語言的記錄，先掌握整句的語意，再據之以調整文字，從而通讀上下文，恐怕是一比較務實的方法。因此，就語意重組語序，本句似應讀作「翊乙未仄，酳大乙」一常態句子的移位，指明天乙未日昃時用酒祭大乙。由此看來，「翊」在〈290〉句中例亦可理解為「次日」的用法。

「翊」字書於句末位置的特殊句型只見於〈274〉一版。〈274〉言「乙巳日」卜問「召祖乙翊」一句，對照花東甲骨常用的某天干日祭祀同天干名祖先的句子，在用例上明顯不同。這牽涉到花東甲骨對於祭祖的習慣。花東一般言祭祖名與前辭占卜的干名是相同的。如乙日祭祀某乙、庚日祭祀某庚：

〈67〉乙亥夕：歲祖乙：黑牝一，子祝？一二

〈178〉庚戌：歲妣庚：牝一？一

但也有祭祖名是占卜干名的後一天：

〈6〉甲辰夕：歲祖乙：黑牡一，叀子祝，若？祖乙永，翊日召？用。一

本版在甲辰傍晚，卜問歲祭祖乙。同時又問次日乙巳日召祭祖乙。

〈276〉（8）戊卜：其改牛妣己？一二
　　　　（9）戊卜：于翊改牛妣己？一二

本版在戊日對貞，卜問是在今天抑或明天改牛以祭祀妣己。

復有占卜干日與祭祖名相同而用「翊」的。如：

〈335〉（2）甲辰：祖丁牝一，丁各，仌于我，翊于大甲？一二三

本版在甲辰日卜問，句中言傍晚武丁來至我地，所以才會詢問延至次日乙巳日才祭大甲。

由此可相互參證，〈274〉版在乙巳日卜問直至次日才召祭祖乙，在理解上是沒有問題的。因此，花東甲骨的「翊」字，無論是見於句首、句中抑或是句末，都可用作「次日」的意思。

二十三・說子

〈280〉（1）丁亥：子其學（爻），嬯秄（並）？用。一

　　　（2）癸巳：歲妣庚：一牢，🜨（子）祝？一二三

🜨，我在《校釋》第二部〈正補〉按語：「祝前一字為子的異體。〈67〉版的「乙亥夕：歲祖乙：黑牝一，子祝？」、〈123〉版和〈175〉版的「辛酉昃：歲妣庚：黑牝一，子祝？」，用例相同。」本版二「子」字亦屬同版異形，不但由文例「子祝」的用法可證，復由字的書寫，見下從倒「其」形，核對〈2〉版干支「戊子」的「子」字作🜨（照本見上從四豎筆）、〈282〉版干支「庚子」的「子」字作🜨，上從三四豎筆，下均從倒「其」形的寫法，與〈280〉版的「子」字異體正同。此亦可為二「子」形屬同字的參證。只是，地支「子」字所從的三四豎筆，取象小孩的頭毛無疑，而〈280〉版（2）辭子字上半的圓圈，宜本屬小孩的首部，下部倒「其」形應為地支子字作🜨形的凶部訛變的結果。因此，花東甲骨作為花東子本人的專用字，並企圖與一般「子」字相區隔，遂刻意的將🜨、🜨二原有的子形混合而成，此無疑是花東甲骨中一測試性的創新文字。近代人戲語所謂「一個頭兩個大」，未想居然在花東甲骨的「子」字異體中已經呈現。

〈291〉版亦見「🜨」、「🜨」同用「子祝」例：

〈291〉（1）庚辰：歲妣庚：小宰，子祝？在麗。一

　　　（2）甲申：歲祖甲：小宰、叔匄一，子祝？在麗。一二

（3）乙酉：歲祖乙：小宰、犾、钗鬯一？一二

（4）乙酉：歲祖乙：小宰、犾、钗鬯一，🔲祝？在麗？三四五

本版庚日歲祭妣庚、甲日歲祭祖甲，乙日歲祭祖乙，明顯見某天干日祭祀相同天干名的祖妣，是花東子問卜的習慣。互較三者祭品，妣庚只有小宰，祖甲除小宰外，還有钗鬯一杯，而祖乙則不但有小宰、钗鬯，更有稀有而特別要求性別的公豕。可見花東子對祭祀祖乙最為看重。我們知道，花東甲骨的妣庚，是小乙的配偶，花東子的直系血親祖母；祖乙則是小乙，乃武丁之父，花東子的直系祖父；而祖甲似應是小乙的兄弟陽甲。由同版三天歲祭祭品的多寡，得知花東子重視直系男性祖先的祭祀，其次是旁系的男性祖先，再其次才是女性的親祖母。殷人明顯已有重男輕女之習，互較三天相關連的占卜過程亦可概見：庚日祭祀妣庚只問卜了一次，甲日祭祖甲則見兩個兆序，而乙日祭小乙則連續卜問多達五次，可見花東子對於卜問祭祀小乙儀式妥否的慎重。由字形看，本版歲祭妣庚、祖甲的「子祝」一詞的「子」，都寫作一般的🔲，唯獨祭拜小乙時接言相同辭例「子祝」的「子」，卻刻意改寫作較繁雜的🔲。後一字形書寫，在當日無疑有更莊嚴正規的專門用字意味。

二十四・說齒

〈284〉戊卜：侯奠其乍子齒？一二

　　　　侯奠不乍子齒？一二

齒作🔲，字從口形，中間短豎上一下二，交錯呈現似齒形，但並非常態的牙齒形狀，字不一定與齒有關。細審花東甲骨隸作齒字的用法可區隔二類：（一）為「钔子齒」、「钔齒」、「告子齒疾」例。如：

〈132〉（1）辛亥：歲妣庚：鹿、牝一，齒钔，歸？一

　　　　（2）辛亥：歲妣庚：鹿、牝一，齒钔，歸？二

本版齒字作🔲、🔲。

〈163〉（1）庚午卜，在🔲：钔子齒于妣庚，曹牢、勹牝、白豕？用。

本版齒字作🜚，同版（2）辭齒字作🜚。

〈395〉（7）壬申卜：福于母戊，告子齒[疾]？

本版齒字不清，勉強从摹本作🜚。

（二）為「乍子齒」、「隹亲齒」例。如：

〈28〉（1）丙卜：隹（唯）亞奠乍子齒？一

（2）丙卜：隹（唯）小臣乍子齒？一

（3）丙卜：隹（唯）婦好乍子齒？一

（4）丙卜：丁樓于子，隹（唯）亲齒？一

（5）丙卜：丁樓于子，㠯（以）从中？一

本版齒字作🜚、🜚。

第一類用齒字的本義理解上下文，並沒有問題，卜辭求辟除花東子的齒患。齒字字形有書寫複筆雙句，呈現一顆顆門齒形，或作虛筆短豎。至於第二類如以齒的本義言，實無法釋讀上下文；如按于省吾說字有差錯、災害意，似亦無法通讀。我在《校釋》〈正補〉按語中謂：「齒有齒長、增壽的意思，『乍子齒』即言祈求子的長命。」，恐亦非事實。目前看，第二類用例的字形與齒字相似，但恐非齒字齒義。〈28〉、〈284〉版獨特的「乍子🜚」例，字形以口的結體為主，中間這些不固定筆畫的虛豎，可能只作為與口字加以區隔的區別功能，在此表示象口形而又與口不一樣的字。口形字在甲骨中除用為人體的嘴巴外，亦可作為具體實物的盛物器或坎穴形。〈28〉分別卜問「亞奠」、「小臣」、「婦好」會否「乍子🜚」。乍字即作，常態有完成、興建、鑄造的用法，字修飾的對象應是具體的實物。對比甲文的出、各字分別作🜚、🜚形，去字作🜚形，諸字下的口形部件實指古代居住的坎穴出口。因此，「乍子🜚」可指「修建花東子的住所」的意思。〈28〉版（1）至（3）辭選貞是卜問眾人中誰負責為子修建住所。〈284〉版是卜問侯奠在呂地為子興建住所宜否。至於〈28〉版（4）辭的「唯亲🜚」，似應是「丁唯亲乍子🜚」之省略句，意即武丁親自規畫興建子的住所（或新的住所）。這在通讀上都能文从字順。另一個可能，把🜚字理解為盤

鑑類的盛器來看，置諸「乍子🐦」、「唯亲🐦」（丁唯親乍子🐦）的句中，指分別卜問亞奠、小臣、婦好和丁諸人為花東子作的器皿，在文意上亦能平實理解。

　　總括來看，花東甲骨中的齒字有用本義，亦有因形混而需另作他解，後者恐不宜墨守齒字，或只據齒字的引申或假借來勉強釋讀。

二十五・說玄

　　〈286〉（18）丙卜：叀🔥吉↑再丁？一

　　　　（19）丙卜：叀玄↑再丁，亡絀（珥）？一

　　玄，字作δ，黑色，屬顏色詞，修飾其後用為戈頭的援（學界有釋作圭，恐非）。本版（18）（19）二辭在左右後甲相對，屬正正對貞。「再丁」，即提物舉獻於時王武丁，主語應是花東子。由（19）辭見「再」的提物內容是黑色的↑。玄字，原釋文錯把字左旁的骨紋誤以為从刀，遂將此字釋為「紉」，非是。而相對的（18）辭，原釋文描本在「吉」字下漏一「↑」字，今補。吉，字作ᵇ，原應是刻工本在「叀」字下寫↑字時的形近誤書，誤書後，刻工只好在「吉」字下邊再增補寫一↑字。因此，（18）辭命辭本應是卜問「叀🔥↑再丁」，句與（19）辭的「叀玄↑再丁」是屬於同文的正正對貞。🔥，是玄字的原來繁體寫法，字象兩手糾結髮絲或辮形，應是糾字的初文，《說文・丩部》：「糾，繩三合也。从糸丩，丩亦聲。」段注：「凡交合之謂之糾，引伸為糾合。」字由髮辮的顏色復借為泛指玄黑色的用意，从司聲。司、絲，上古音均屬心母之部字，與糾屬幽部字旁轉。字由繁雜以手糾絲的初形簡省成δ，後者才隸定作玄，借為顏色詞，二字在〈286〉版中的關係本是單純的同版異形。姚萱女士《初步研究》的釋文把🔥字理解為搓，借為瑳，指是鮮白色的玉，又認為吉字有堅實意，於是將「🔥吉↑」三字連讀，解釋為白色光澤而質地堅實的圭，似乎是想太多了。

二十六・說敲

〈286〉（9）王卜：其燎妣庚于茲，束告又（有）彔（麓），亡征敲？一二

（10）王卜：束亡征敲？一

（11）王卜：束彔（麓）弜若巳（祀），隹（唯）又（有）辭？一

〈461〉（12）甲午：征敲犾官（館）？用。一二

　　　敲，〈286〉版字作 <!--字-->、<!--字-->，象兩手持杖棒敲擊建築物揚土之形。所從的 亼，相對於京、高等字，可理解為建築物或屋頂。字為花東甲骨的新創字，形或與王卜辭的 <!--字-->〈合集 6819〉字相近，隸作敲，有敲打、平治之意。《說文・攴部》：「敲，平治高土可以遠望也。從攴尚聲。」篆文仍保留字意。〈286〉版（9）辭的束字用為名詞，一般作地名。（9）辭燎祭妣庚「于茲」，即指束地。殷人有在外祭祖求吉之習。「束告有麓」，即「告束有麓」的移位句，言來告束地有狩獵的山地，末句詢問「亡征敲」，即卜問不往平治這片高地嗎？（11）辭言束地山麓沒有得到順祀（問卜得吉），則應停止開墾治理嗎？至於〈416〉版的敲字作 <!--字-->，從又持斧形器，從 宀；象拆屋形。由文例看，應是敲字的異體，卜問繼續去拆除犾地的館舍宜否。

二十七・說「不三其一」

〈289〉（7）丁卯卜：子其往田，從阬西涉，冓獸（狩）？子占曰：不三[其]一。卩。
　　　　　一二三

〈378〉（1）戊戌夕卜：昭己，子求豕，冓，毕（擒）？子占曰：不三其一。用。
　　　　　一二三四

（2）弗其毕（擒）？一二三四

（3）毕（擒）豕？子占曰：其毕（擒）。用。一二

〈381〉（1）戊戌夕卜：昭己，子其眔，從坒[北]鄉（向），敲冓？子占曰：不三其一、其二；其又逑馬。一

　　花東甲骨在占辭言「不三其一」，僅見上引三例，且不見於王卜辭，是花東的一個特殊句例。過去，我在《校釋》〈補正〉中，認為是占卜常見「三卜取其一」的判斷語，但由〈378〉（1）連續卜問四次，而〈381〉（1）卻僅見占卜一次互參，可見此種占辭內容與卜次並無關聯。細審花東三例，其相同處見在命辭內容中可就句義斷為三個分句，此或即「不三其一」的所指。完整的一條卜辭可區分前辭、命辭、占辭、驗辭四部分。占辭是根據命辭的內容，就卜兆形態作出的判斷語。因此，「不三其一」如不是針對卜兆而言，就必是針對命辭的內容來看。如就後者來分析上引三例，是判斷：

　　　　〈289〉命辭是「子將往田—向西涉—遭遇狩獵的動物」的吉否。

　　　　〈378〉命辭是「次日子求豕—遭遇豕—擒獲豕」的吉否。

　　　　〈381〉命辭是「子將網豕—北向—遭戲」的吉否。

「不三其一」的「三」是指命辭中陳述的三事（三個動作階段），「不三」，即指要卜問的三個行動流程並非全都順利。「其一」，即言判斷其中的一個行為與祈求有出入。

〈381〉的占辭言「子占曰：不三其一，其二，其又逸馬」，似乎能給予我們一個好的啟示。對應命辭的內容，所謂「其一」、「其二」，是專針對命辭中的「子其罘」、「從坒北向」二分句句義言，應是吉兆可以接受，而第三句的「戲菁」是卜問會遇到擊虎的捕獸行動嗎？（或戲字用為地名，連上句讀，句意作：「子罘」—「從坒地北向戲地」—「菁」。命辭末句詢問句可理解為：會遇到豕嗎？），占辭對應卻認為是「其又（有）逸馬」。「逸馬」一詞新見，可能與馬的遊走有關。這很顯然是占辭不認同命辭末句的「菁戲」，而判斷將有「逸馬」這一動作的發生，此即是「不三其一、其二」以外的「其三」所示。因此，〈381〉的占詞是言連續的三個動作不會都順利通過，只是其一是吉兆、其二是吉兆，但第三個流程則會是「其又逸馬」（將會遇見奔跑的野馬）。

　　　　〈378〉（1）辭是連續「求豕」、「遭豕」、「擒豕」三個流程的卜問，（2）辭是正反對貞作「弗其擒」，明顯是只對應（1）辭的第三分句（末句）言的詢問句。占詞的「不三其一」這一判斷語，是針對言此次「求豕」、「遭豕」的動作順利，但對最

後能否擒獲豕這一動作卻是不確定的。所以，本版才會在一組正反對貞後，再出現第（3）辭的「毕（擒）豕？子占曰：其毕（擒）。用。一二」，花東子再一次具體的詢問鬼神「擒豕」這一行動順利與否。透過卜兆的回應，子判斷這一次打獵行動，將會捕獲豕。（3）辭用辭的「用」是指鬼神同意是次詢問的內容。

由此看來，占辭的「不三其一」，應可針對命辭的內容來理解，謂：「不是三個流程都順利，其中的一個階段動作可能會出現問題。」的意思。

對比〈14〉版句例，命辭中亦見區分為三個分句：

〈14〉（5）乙酉卜：既乎（呼）皀（簋），往戲，菁豕？一二

（6）弜戲？一二

（5）（6）辭為正反對貞，對應卜問的卻只是針對（5）辭第二個動作的順利否。此例足見命辭中如屬三個動作的銜接，可選擇其中的任一個動作進行貞問。這印證占辭的「不三其一」中的「其一」，與命辭中局部句義的取捨是有一定的關係。

二十八・說將

〈304〉（1）甲卜：子疾首，亡延？一

（2）子疾首，亡延？二

（3）乙卜：弜又于庚？一（庚為妣庚的漏刻）

（4）乙歲于妣庚：[龇]？一

（5）乙歲于妣庚：龇？二

（6）丙俎羊？一

（7）丙弜俎？一

（8）戊卜：將妣己示累妣丁，若？一

〈490〉（12）壬子卜：其將妣庚示，宮于東官（館）？用。一

將，字作「𦥑」，從雙手從爿，又可隸作牂。《說文・爿部》：「牂，扶也。」。將的對象是「示」（神主）。《甲骨文字詁林》第二冊979頁將字按語，謂字有「奉享之意」。

然字形常態雙手都在牀上（同版疾字亦見从牀形），並不在牀的下方，似無「奉」意。細審甲文从爿的字，與疾病、死亡、殉葬有關，如𤶴、𤸅、𰀡是。上古埋葬最初仍沒具備棺木，古人似將死者連牀板埋于坑穴之中。將字雙手抬牀，即如後人抬棺或扛死人的葬儀之形。字因此引申有拉抬、提升、扶持的意思，《說文》的「扶也」仍保持此字的用義。而將字在甲文的用法，有（1）「將死人」、（2）「將神主」、（3）「將奴牲」、（4）「將某物」。如：

（1）將死人

〈合集 32765〉辛酉卜：將兄丁于父宗？

〈屯 505〉丁巳貞：于來丁丑將兄丁？

〈合集 27592〉□未卜：其將母戊？

〈合集 2799〉乙酉卜，賓貞：翌丁亥將婦妊？

（2）將神主

〈合集 13527〉貞：于南方將河宗？十月。

〈合集 34130〉辛巳貞：將示于南？

〈懷 1566〉庚戌卜：將母辛宗？

（3）將奴牲

〈合集 809〉貞：將卯？

〈合集 8401〉貞：將弋人？

（4）將某物

〈屯 441〉己卯卜：其將王壴于囗？

〈合集 30763〉其將祀壴，其囗又？

〈合集 13521〉丁酉卜，亘貞：將[image]于豸？

以上諸類句例，將字都可理解為祭祀類動詞，有抬祭的意思。卜辭習見的「將某祖妣示」、「將某祖妣宗」，是指祭祀時抬出某特定祖先神位，進行巡遊的儀式。〈304〉版（8）辭是「將妣己示眔妣丁示」之省。本版甲日見花東子有頭疾，無法外出，乙日即用龥拜祭妣庚，丙日持續的用羊祭妣庚，至戊日更抬出妣己

和妣丁的神位，明顯是花東子的疾首多日未愈，故祈求親疏諸先妣一齊降福佑
於孫子，以去除其頭痛的病患。這種扛抬神靈出巡以辟邪去禍的儀式，一直都
存在傳統民間習俗之中

二十九 · 說秉（稇）

〈371〉（3）庚子卜：子告，其秉于帚？一

　　　（4）子弜告，其秉？

秉，字作𣎴，花東甲骨僅見〈371〉一版，用為動詞。字从禾框於口符之中，示
捆束禾黍類收成的農作。裘錫圭先生〈甲骨文中所見的商代農業〉一文，認為秉字
「指處理禾稈的一種行為」，「似應是梨的初文」[24]，可備一說。裘文謂「殷人收穫
穀物有時只摘取其穗，留在地裏的禾稈需要另作處理。用作動詞的「秉」應指處理
禾稈的一種行為。」「『其秉』的『秉』是動詞，在這裡應該當弄倒禾稈講。」可是，
將裘說移至本版〈371〉版（3）（4）二辭的對貞來看，卻有解讀上的困難。對貞卜
問「花東子稟告（於上位者），將「秉」呈獻給婦（可能指婦好）[25]」，「花東子不稟
告（於上位者），將「秉」呈獻（給婦）」正反句的吉凶，其中的「秉」字明顯是有
待貢獻的農作物，名詞當動詞用，與所謂「弄倒禾稈」，或「處理留在地裏的禾稈」
意無涉。況且，棄置的禾稈理論上只有燃燒和施肥的用途，以無大用的廢棄植物「禾
稈」獻呈於婦好，實亦於理不通。

細審字形，口符有約束物品豎立的功能，如「中」字是。此字从禾在口中，疑
為稇字初文。《說文·禾部》：「稇，絭束也。从禾困聲。」段玉裁注：「《方言》：「稇，
就也。」注：稇稇成就貌。《廣韻》作「成熟」。蓋禾熟而刈之，而絭束之，其義相
因也。」此指禾熟收割，連穗帶稈稇綁成束的禾。〈371〉版見花東子將以收割成束

---

[24] 文參《裘錫圭學術文集》第一冊，頁233。

[25] 花東一坑甲骨單獨稱「帚」（婦）皆用作「婦好」。〈5〉版見（12）辭「叀子曰：婦好？」，（13）（14）
　　辭省作「叀子曰：婦？」例，可證。〈211〉版的「帚（婦）」與「丁」對稱，亦見「婦」用為「婦
　　好」之省。

的禾呈獻給上位者。「其乗」用為詢問句，其中的「其」字強調將然、尚未發生事情的疑問語氣。

核對《甲骨文合集》，見有「觀乗」、「乗……遘大雨」、「乗，乃霽，亡大雨」、「乗于喪田」、「叀新乗屯用」等例[26]，此足見「乗」字表示在農地收割時的「束禾」一具體動作。乗以屯為單位，「乗」此一活動是在某地田進行，而活動復與雨舞、冀求和慶賀豐收有關。這些「乗」字句組的理解，更能印證「乗」字解釋為「禾的成熟收割」一有價動作的可靠。

三十・說遊

〈381〉（1）戊戌夕卜：翊己，子其[翼]，从屰，[北]鄉（向）歇，冓？子占曰：不三其一，其二，其又遊（遊）馬。一

遊，字作𢓊，从辵从㫃。《說文・㫃部》：「㫃，旌旗之游㫃蹇之貌。从中曲而垂下㫃相出入也。讀若偃。古人名㫃，字子游。」段玉裁注：「當作从中曲而下垂者，象游游相出入。」《說文・水部》：「游，旌旗之流也。从㫃汓聲。」段玉裁注：「引伸為出游、嬉游，俗作遊。」因此，遊可理解為游、為遊。「遊馬」，即指遊馬，今言四出奔馳的野馬。對比觀察〈295〉版（1）辭的「戊午卜：子又（有）乎（呼）逐鹿，不遊馬？」一句，「不遊馬」，應為「不逐遊馬」之省；本版（1）辭占辭的「其又（有）遊馬」，則應理解為「其又（有）[冓]（遘）遊馬」的意思。全辭是言戊戌日傍晚占卜，詢問明天己亥日花東子將要網獵野豬，由屰地向北至歇地，會否遇到獵物。花東子據卜兆判斷的占辭說：問卜的三個動作流程不會都順利通過，其一、其二都是吉兆，但最後問「遘豕」否卻不順，只會遇到奔跑的野馬（即不會看到野豬）。

---

[26] 參姚孝遂、肖丁：《殷墟甲骨刻辭類纂》頁 528 文例。

三十一・說往

〈459〉（9）戊寅卜：子禱犬，酓狂，钔（禦）坒（往）上甲？一

「往」後一字作田形，原釋文釋作「上甲」、我在《校釋》也理解為「上甲」。姚萱女士《初步研究》改釋為「田」，齊航福先生的《類纂》從姚說亦作「田」。此字如何理解，目前仍缺乏定論。花東甲骨的「田」與「上甲」字形相同，只能據文例加以區別。

往，字作㞷，從止在土上，亦有認為是從王聲。《說文・彳部》：「往，之也。」花東甲骨一般都簡單用作「往于某地」，亦有「往田」、「往于田」的句例，足見「往」字早已固定用作「去」的意思。但花東復見一「往某祖妣」的特殊句例。如：

〈181〉（31）壬卜：叀子興往于子癸？

〈374〉（9）□子☑往妣庚？

〈409〉（13）叀子興往于妣丁？

（24）己卜：叀子興往妣庚？

以上諸例，句意無疑是與祭祖有關。相對的，花東甲骨又多見「钔往」、「往钔」連用，其後也接祭祀的對象。如：

〈53〉（28）己卜：叀多臣钔往妣庚？

〈162〉（1）戊卜：叀奠钔往妣己？

〈181〉（8）己卜：叀多臣钔往于妣庚？

〈427〉（1）丁丑卜：在茲往钔子癸，弜于狄？

因此，上文「往某祖妣」的句例，無疑是應該理解為「钔往某祖妣」的省略。钔，即禦，是祭神靈的泛稱，作為一泛祭的動詞。往，去也、至也，用為一針對性有所指的動作，它本身不具備與祭祀相關的任何意思，只負責帶出前一動作「钔」字的特定指向功能，點出禦祭的具體祭祀對象。花東甲骨復有「往酓（福）」、「往俎」例，如：

〈226〉（6）戊：往酋，酚伐祖乙，卯牡一、奴卪一，祭伐？

〈338〉（4）甲辰卜：子往俎上甲，又蒿？用。

以上祭祀卜辭的「往 V」句例，都是強調朝向、進行的意思，帶出祭祀的祖妣名。

對比諸版用例，〈459〉一版 11 條辭例全屬祭祀類卜辭，（3）辭命辭「子禱新卪于祖甲」，句例與（9）辭命辭前句「子禱奴[卪]」相同，可推知（9）辭「奴往田」的「田」字，無疑是花東子「奴往」的祭拜對象，字應釋為殷先祖「上甲」，似乎比單純作為田狩或田耕的「田」字來得合理。〈487〉版有「酚上甲」例，「上甲」字形與田字全同，亦可作為花東甲骨有權祭祀殷商重要先公先王例的佐證：

〈487〉（4）甲戌：酚上甲，旬歲祖甲：牝一，歲祖乙：牝一，歲妣庚：羖一？
一二三四五六

三十二 · 說革

〈474〉（4）己巳卜：子禱，告其⚘革于妣庚？一二

（5）率酚革？不用。一

〈491〉庚午：酚革妣庚：二小宰，奴卪一？才（在）狀，來自獸（狩）。一二

革，字作⚘，象動物去四肢，存首尾，張開獸皮之形，《說文·革部》：「革，獸皮治去其毛曰革。革，更也。象古文革之形。」花東卜辭見「酚革」成詞，指酒祭時以獸皮為祭品。〈474〉、〈491〉二版句例應是針對同一事前後二日的占卜。〈491〉版是以二頭小宰的皮革祭獻妣庚。〈474〉版二辭屬選擇對貞。「⚘革」的⚘字，我曾釋為折字初文，從木，木中間二虛畫表示切斷樹幹狀，指事。花東甲骨中，此字的功能與刉（剖殺的祭儀）、障（獻酒的祭儀）、酚（灑酒的祭儀）相對[27]。。〈473〉版（4）辭的「⚘革」，指橫折獸皮以祭。對比的觀察（5）辭「率酚革」一辭，率，悉也、均也，可能指酚祭妣庚以動物全革的意思。句末用辭言結果是「不用」此選

---

[27] 文參拙作：〈說新、折〉，《朱歧祥學術文存》（臺北：藝文印書館，2012 年 12 月），頁 1。

辭卜問的內容。

又，〈491〉版句末的介詞「在」字，原釋文漏描漏書。此言花東子自狩獵返回，在狀地進行占卜的意思。

三十三‧說合

〈480〉（1）丙寅卜：丁卯子合丁，再襢🜖一、絽（珥）九？在𣦩。來戰（狩）自𡊄。一二三四五

〈363〉（4）丁卯卜：子合丁，再襢🜖一、絽（珥）九？在𣦩。戰（狩）自𡊄。一

合，字作🜖，動詞。原釋文描本作🜖，稍誤。據照相本放大觀察，〈480〉版合字的中間並無豎點筆畫。〈363〉版合字的中間只見兩處骨紋，亦非字畫。姚萱《初步研究》釋文從李學勤先生說作勞。然字一不從點，二不作衣形。字釋為勞字恐有可商。字上從蓋下似從皿，象蓋覆皿之形，應屬合、盍類字。《說文‧亼部》：「合，亼口也。」段玉裁注：「引伸為凡會合之偁。」花東甲骨字用為會見、面對的意思。〈480〉（1）與〈363〉（4）二辭為同一事的連續二日卜問：花東子會見武丁，並呈獻🜖、絽的吉否。

花東甲骨另有一見作合字的🜖，字象二大小相當的器皿上下相接合貌。例見：

〈370〉（2）丁丑卜：其合彈罘剢？一

（3）丁丑卜：弜合彈罘剢？一

字用為動詞，有聯合、結合的用法。〈370〉版正反對貞，卜問聯同（或結盟）彈和剢二族一事宜否。

以上二字形同隸作合，但字源不同，一作蓋皿相合，一作二皿相接；字用間亦略有出入，一作會面意，一作聯合解。二字形近隸定相同，但理應為分別獨立的二字。

三十四・說妨（嘉）

〈480〉（5）甲戌卜：子乎（呼）叙妨帚（婦）好？用。在。

妨，字作，从女从力。字早自郭沫若以降即讀為嘉。《說文・喜部》：「嘉，美也。从壴加聲。」段玉裁注：「又曰：嘉，善也。……有借賀為嘉者。」。甲文多見「冥，妨」連用，訓讀為「娩，嘉」，〈合集 14002〉驗辭謂「三旬又一日甲寅娩，不妨，隹（惟）女。」，見殷商已有「生子曰嘉，生女曰不嘉」的觀念。由以下諸例，亦見「妨」字釋讀為「嘉」，理解為「生子」意無疑：

〈合集 21071〉口亥卜，　貞：王曰：有孕，嘉？扶曰：嘉。

〈合集 38243〉辛酉王卜貞：☐毓（育），嘉？王占曰：大吉。

甲文習見卜問「婦某妨」、「子某妨」，甚至「某職官妨」，都可理解為孕而生子的意思。如：

〈合集 14064〉貞：婦妹妨？

〈合集 14035〉☐子媚冥，不其妨？

〈合集 585〉戊午卜：小臣妨？十月。

相對於花東卜辭，「妨」字五見，除了一版單獨卜問「妨」〈100〉，無法判斷外；一見「子某妨」〈87〉，亦可理解為「生子」意；餘三見均作「妨婦好」，就語序言明顯與習見的「婦某妨」並不相同：

〈288〉（2）乙酉卜：妨婦好：六厚，若永？用。一

（3）乙酉卜：☐妨婦好☐？

〈480〉（5）甲戌卜：子呼叙妨婦好？用。在。

這些句例的「妨」字都不能作「生子」講。字讀作嘉，動詞，宜另作贊美、恭賀的用法。這無疑是「妨」字在花東甲骨中使用的獨特詞位和特別用意。〈288〉版是指嘉美婦好，獻以「六厚」，並卜問順利與否。〈480〉版卜問花東子呼令叙嘉賀婦好一事宜否。在文意上都能解讀清楚。

三十五・說臺

〈502〉(1) 亯?

(2) 𡷈?

(3) 𡷈于南?

(4) 于北?

𡷈,字作,从止从一从宀。象人腳踏於屋頂平臺形,止亦聲。姚萱女士《初步研究》隸作𡷈,釋文作臺。由字形結構看,字釋為臺,可从。但字確从止,从止部件兼具義符和聲符的功能,故仍宜隸作𡷈為是。《說文・至部》:「臺,觀四方而高者也。从至从高省,與室屋同意,㞢聲。」,《說文》所謂「从高省」,應是𡷈字从宀的變形;从「㞢聲」,應是「止」字的訛變。臺,古音定母之部;止,古音端母之部;之,古音章母之部。前兩者明顯聲韻較接近。因此,分別由本形、本音的組合看,字隸作𡷈是比較合理的。字在花東甲骨中僅見一版。〈502〉版的(1)(2)辭對貞,(1)辭的「亯」字作,象下具基址的屋形建築物的側形[28],字與京字作用木柱樽高的建築物稍有不同。(2)辭的「𡷈」字,下象房屋形,屋頂上有平頂;从止(趾),強調上有平臺人可站立遠觀。對比〈85〉版另有「呼作 」例,字亦用為建築物,用意與臺字相近。[29]〈502〉版(1)(2)辭卜問是次興建「亯」抑或是「𡷈」式的建築,(3)(4)辭則卜問興建「𡷈」於南方抑或是在北方。兩組卜辭的「𡷈」字分別用作名詞和動詞。

---

[28] 亯,一般用為祭祀場所。如:
〈合集 32262〉癸卯貞:酌大俎于砓亯:伐?
〈合集 32289〉辛未卜:烄天于凡亯壬申?
甲文中另有从二亯的臺字,亦用為祭祀地名。如:
〈合集 15690〉貞:于臺酌匚?
〈合集 340〉丙午卜,貞:吳奠,歲羌十、卯十宰于臺,用?八月。

[29] 字从𡷈,从倒心於乚。對比花東甲骨的阢字作〈289〉,又从倒心橫阜作 〈14〉;乚象山崖形,字與山阜意相類。因此,从部件與阢字應可相通。此或指「阢地的臺」,字為「阢𡷈」的合文。

附二
釋文筆畫檢索

凡例

一　筆畫檢索依序標示每字在釋文中出現的花東甲骨版號。
二　筆畫檢索一般不包括前辭、兆序和兆語，只針對命辭、占辭、驗辭的文字羅列。
三　無法隸定或筆畫不清者，列入其他。
四　同版重出文字，檢索中只列一號。
五　同字而部件增省、形體不同或筆畫有出入者，盡量分出，以資識別。

一畫	
乙	3、4、6、13、17、21、25、29、34、37、39、49、63、65、67、76、115、124、142、149、150、161、169、171、180、181、195、196、198、214、220、221、226、228、237、241、243、247、252、255、264、267、268、274、275、290、294、296、298、302、303、304、309、310、311、314、319、321、336、343、349、350、354、356、366、392、394、409、411、413、420、426、428、446、449、459、463、465、471、472、474、480、481、484、487、495
一	4、6、7、9、13、17、26、29、30、31、34、37、47、48、49、55、56、61、63、66、67、72、75、76、81、88、97、105、123、124、132、136、142、149、150、157、161、163、167、170、171、173、175、176、178、180、181、183、196、198、209、215、217、220、226、228、236、237、240、241、243、247、251、252、253、255、258、259、260、261、264、265、267、269、270、275、277、278、280、288、289、291、296、299、308、309、310、316、318、319、321、328、335、336、338、340、341、344、345、350、351、352、353、354、355、363、365、374、376、378、381、392、394、419、420、421、423、424、426、427、428、432、437、448、449、451、452、453、455、457、459、463、468、472、474、478、480、481、487、488、489、490、491、493、502、523、528、537、538

二畫	
又	1、3、5、6、7、14、16、21、25、27、29、32、34、37、39、44、45、53、60、75、76、81、88、90、95、98、102、106、109、113、122、124、125、126、128、144、148、149、154、155、159、162、163、165、168、176、179、181、191、196、197、198、204、206、220、226、228、234、236、238、239、241、247、249、252、257、261、264、265、267、269、276、278、279、281、286、288、289、290、295、296、299、300、304、309、314、320、321、331、333、336、338、342、343、345、349、351、352、358、361、364、365、

	369、369、373、375、381、384、387、401、403、408、409、412、413、415、416、420、428、431、441、443、446、450、451、455、459、471、472、473、475、478、480、481、487、490、505
丁	1、3、5、13、15、25、26、28、34、37、38、39、48、53、56、60、69、72、75、77、80、88、89、90、92、99、106、113、120、122、124、134、135、136、140、142、146、150、154、155、157、159、166、167、169、171、180、181、183、189、196、197、198、202、203、207、211、217、221、223、226、229、236、237、238、245、248、249、255、256、257、258、262、269、273、275、279、286、288、294、301、303、304、318、320、331、335、336、337、349、356、363、363、366、371、372、374、376、379、384、391、400、401、406、409、410、413、416、420、427、439、443、445、446、448、449、453、454、460、468、475、477A、480、482、487、488、490、493、494、495、501、524
入	6、7、15、20、36、37、38、40、63、83、84、88、90、91、97、99、106、113、114、120、124、133、134、135、137、139、142、148、170、176、178、195、196、197、220、223、229、231、237、240、252、257、259、265、269、286、288、296、320、327、333、340、355、362、370、374、376、384、395、399、401、425、428、436、443、446、450、458、466、480、481、490、493
二	7、26、27、32、49、53、56、63、69、84、85、102、120、124、128、139、142、149、157、162、190、198、203、236、237、254、258、275、277、278、279、290、299、308、309、318、320、334、345、351、368、374、381、401、408、411、423、424、450、451、453、459、461、469、472、477A、485、491
乃	11、16、124、137、204、377、391、458、473
人	14、37、56、113、125、183、195、226、238、243、249、252、257、286、288、312、340、384、443、455、494
七	32、286、401
十	37、38、45、63、91、94、95、99、113、120、138、158、172、203、225、242、250、272、276、282、284、286、287、315、337、348、357、360、389、399、417、436、438、447、462、477B、488、497
卜	61、82、102、183、187、191、211、249、267、286、292、294、380、387、411、446、486、490、558
力	196、288、365
匕	314、320、356、391
卩	355
刀	359
九	363、480
工	415

匸	461
三畫	

才	2、5、7、9、10、13、15、27、28、30、32、36、37、47、53、81、88、92、95、97、103、113、114、118、139、142、163、170、171、173、176、178、195、196、197、206、217、234、240、247、248、249、252、257、259、262、264、265、267、269、276、282、283、284、286、291、300、309、311、312、319、320、323、330、340、351、354、363、375、376、397、401、410、427、428、437、450、452、455、463、467、480、491、493、494、498、502、506、515、561
子	2、3、5、6、7、8、9、10、12、13、14、15、16、17、21、23、25、26、28、29、33、34、35、37、38、39、41、42、43、44、48、50、53、55、59、60、61、63、64、67、69、70、74、75、76、77、80、85、87、88、89、90、103、106、108、109、111、113、114、120、122、123、124、125、129、130、131、135、140、142、143、145、148、149、150、152、157、159、160、161、163、164、165、170、171、173、175、176、178、179、180、181、183、187、193、195、196、197、198、202、203、205、206、209、211、214、215、216、218、220、223、224、226、227、228、229、232、234、235、236、237、239、240、241、243、244、247、248、249、252、253、255、257、259、262、264、265、267、268、269、271、273、275、276、279、280、284、285、286、288、289、290、291、293、294、295、296、297、301、303、304、305、312、314、316、317、319、320、321、324、326、330、331、333、336、337、338、339、342、346、349、350、351、352、352、353、354、355、356、361、363、364、366、367、369、370、371、372、374、376、378、379、380、384、391、392、395、400、401、403、409、410、411、413、414、416、418、419、420、427、428、430、431、437、443、445、446、449、450、451、452、453、454、455、459、463、465、467、469、471、473、474、475、478、480、481、485、487、490、492、493、498、499、501、505、506、513、514、518、527、528、535、549、559、560
于	2、3、5、7、9、13、14、16、21、26、28、29、34、35、36、37、38、39、41、49、50、53、56、63、69、76、80、81、82、85、90、95、99、103、106、108、109、113、114、115、122、124、125、135、142、149、150、153、155、159、163、168、169、173、176、181、183、185、195、196、197、198、204、206、211、215、218、220、223、228、229、230、236、240、241、244、247、248、249、252、256、257、258、259、264、265、267、268、269、270、276、284、286、289、290、294、295、296、297、298、302、304、309、312、313、318、320、322、335、336、349、351、352、355、356、363、

	367、368、371、372、374、376、379、380、381、386、395、398、400、401、402、409、411、413、416、420、421、422、426、427、428、432、437、439、443、445、446、449、450、451、453、459、465、467、472、474、475、478、480、488、490、492、494、502、518、549、558
女	3、42、125、144、205、208、252
亡	3、39、53、60、66、102、103、113、118、124、139、149、155、159、160、165、173、176、181、208、228、240、241、247、257、264、267、275、279、286、290、299、304、313、324、349、351、364、395、398、403、409、430、446、449、450、493、494、501、505、518、559
夕	6、7、9、10、39、67、97、103、113、139、149、150、161、178、227、234、243、278、335、343、352、400、411、413、439、446、472、474、475
卬	10、87、108、173、244、252、259、289、490
巳	13、34、286、324、446、449、493
小	14、21、25、28、34、39、45、70、85、88、89、90、115、124、155、157、181、183、189、214、228、238、256、265、271、278、291、292、321、323、353、354、359、386、401、409、416、455、491
己	25、30、39、53、67、69、77、103、135、162、181、185、202、204、207、221、223、236、252、273、276、298、304、313、314、324、336、353、355、378、381、387、391、408、411、424、427、453、459、549
三	27、32、37、38、63、70、79、88、94、99、113、122、144、158、166、171、181、198、203、225、234、250、256、258、266、278、286、287、288、289、290、295、308、309、318、320、346、348、351、357、360、365、369、374、378、381、389、392、398、401、409、430、438、440、444、451、455、461、462、463、472、477B、483、488、497、516、539
大	34、76、134、139、149、165、169、184、188、192、228、247、290、292、299、307、335、363、416、420、439、475、478、480
弓	37、124、149、288
口	102、137、149、198、220、247、505
土	105
上	121、459、487
彳	142
屯	161
凡	205、300、349、441、455
万	206、226
彡	226、237、275、288、310、427、428、449、480、490

工	324
四畫	
之	2、5、7、13、14、26、37、196、206、241、264、286、299、356、467、475
友	2、21、39、152、179、267、300、316、338、416、455
不	3、7、9、10、19、26、28、29、34、36、37、44、50、59、63、69、78、82、87、103、108、113、123、125、127、130、139、146、157、161、181、183、186、191、195、198、206、228、237、240、241、271、275、283、284、285、286、288、289、293、294、295、305、321、343、351、366、369、371、372、373、378、379、381、391、400、401、412、413、416、431、435、451、454、459、467、474、475、508、510
五	3、27、32、54、70、89、112、113、144、183、184、188、208、223、243、254、256、266、276、277、278、286、320、362、401、409、425、446、470、475
日	3、5、37、85、87、88、103、106、139、144、159、180、183、191、196、198、208、218、227、249、256、263、271、273、286、290、297、335、350、351、369、400、426、446、457
曰	5、10、14、16、50、53、59、60、61、103、108、113、125、157、159、161、173、181、220、226、227、234、241、247、249、252、267、271、286、288、289、294、295、295、303、312、316、331、336、351、352、366、369、372、374、375、380、381、384、395、400、401、410、411、475、480、487、490、498
今	5、87、102、103、108、146、149、159、218、241、249、262、276、290、324、335、400、401、501
屮	6、333、481
从	9、28、35、50、237、275、289、290、295、314、316、381、395、416、449
止	11、191
六	20、28、83、159、208、288、395
牛	27、29、32、38、39、53、66、69、88、113、120、128、139、142、176、181、203、204、223、228、229、236、249、256、265、269、276、278、286、289、299、320、345、374、384、401、409、419、420、439、443、445、446、451、471、474
中	28、75、102、108、198、286、312、321
仄	34、169、264、290、335、420
勻	37、142、163、278、349
及	43
丑	49、122、480
夫	57

	176、179、180、183、196、214、220、228、237、248、261、267、286、288、291、296、309、316、318、330、335、338、354、363、371、413、420、426、428、443、449、453、455、459、463、469、474、480、487、488、493
白	4、21、29、37、53、63、115、142、149、163、170、181、193、220、237、238、267、269、275、278、296、299、309、359、374、449、459
史	5、106、114、118、133、231、257、288、290、373、374、395
永	5、6、9、29、34、84、87、122、124、127、130、132、149、150、173、181、183、187、196、215、218、223、226、229、234、236、238、247、249、255、275、288、296、305、333、336、346、416、427、446、449、450、473、481、487、490、507
用	6、7、9、10、11、13、15、19、21、23、24、26、28、29、32、34、35、37、45、46、50、54、58、59、61、63、66、68、76、80、81、84、86、87、88、92、93、95、103、104、105、106、109、113、123、124、128、130、132、135、137、140、141、142、147、149、150、157、160、163、170、173、176、178、179、181、183、185、189、191、193、194、195、196、197、198、200、202、203、206、207、214、218、220、222、223、226、227、228、234、237、238、239、240、241、248、252、255、257、258、259、265、267、268、269、271、276、280、283、288、289、290、293、295、296、297、298、305、312、313、314、316、318、324、325、333、336、338、343、351、352、354、355、363、364、367、370、372、374、376、378、379、380、381、382、387、391、394、395、398、401、402、413、416、419、420、421、426、427、428、435、437、446、449、450、451、453、454、458、459、460、467、468、473、474、475、476、478、480、481、487、488、490、492、493、495、498、504、508、532、534、557
召	6、135、150、171、180、183、226、237、241、274、275、288、310、350、353、427、428、449、457、490、530
以	6、14、37、53、63、90、108、113、120、124、195、202、211、215、259、265、286、289、333、481、488、490、498
宁	7、26、29、37、63、81、102、146、168、179、246、249、255、259、264、275、289、290、352、367、443
冬	10、61、85、103
占	10、14、50、59、61、103、159、173、220、226、227、234、241、252、259、288、289、295、303、312、316、336、352、366、369、378、380、381、395、400、442、480、487、498
丘	14
乍	16、28、38、39、53、75、85、113、134、213、236、256、276、284、286、292、294、370、372、391、409、419、501

冊	449、477A
六畫	
弜	2、3、7、11、13、14、26、28、34、37、39、88、90、107、113、114、116、124、130、137、146、157、179、180、181、187、191、196、206、211、214、220、223、228、236、237、239、240、247、248、249、255、256、257、260、262、264、268、278、283、286、289、293、294、296、304、305、322、324、345、349、356、365、370、371、374、391、391、395、412、416、427、428、437、446、449、450、454、465、467、472、473、475、484
好	3、5、26、28、37、63、195、220、237、265、286、288、294、296、372、409、451、475、480
牝	3、7、9、29、34、37、47、49、53、55、63、67、69、106、115、123、132、149、161、163、171、175、178、180、181、198、209、220、223、226、236、237、240、247、249、255、275、286、310、311、335、340、345、413、420、427、428、437、446、449、457、459、490、493、551
而	3、181、273、409
卲	3、21、27、29、32、38、53、55、56、63、75、76、90、95、106、114、132、149、156、162、163、176、181、197、207、209、214、220、223、226、236、240、243、247、255、257、273、289、290、299、319、320、336、344、349、352、409、427、449、459、468、478、480、488、536
死	3、21、38、60、78、102、110、118、126、157、186、215、241、275、288、294、321、351、369、372、373、431
休	3、53、75、149、181、409
宅	3、294
自	4、7、10、26、42、48、53、60、63、113、149、162、170、196、214、226、255、257、290、294、355、363、416、428、449、451、454、480、490、491、516、524、525、550
西	4、18、125、144、170、208、214、255、289、290、316、332、355、468
至	5、27、32、36、56、103、144、149、155、159、163、179、198、208、220、229、256、290、320、347、363、365、368、403、409、416、446、450、486、493、505
旬	5、112、183、266、277、290、430、474、487、539
彔	5
吉	6、53、149、181、187、228、286、299、333、342、373、401、409、412、416、446、481
丟	6、197、333、342、481
羊	7、45、81、85、88、113、124、173、228、256、265、273、278、282、286、296、304、313、337、368、401、406、409、451、453、

	472
吕	7、16、37、53、257、276、284、401、409、445、467
東	9、249、286
苪	20、83、236、294、320、409、492
利	22、240、275、285、370、416、450
扣	23、338
百	27、32、320、386
臣	28、34、53、75、92、181、183、215、226、247、257、275、290、401、409、410、453、454、488、517
伐	29、75、106、144、149、154、178、223、226、236、237、243、247、255、275、276、289、310、340、343、376、446、449
各	34、142、169、180、181、275、288、335、420、446、475
多	34、37、53、63、92、113、124、181、183、196、206、226、255、275、290、309、324、352、355、400、401、430、453、454、488
畢	35、234、241、295、312、378、395
戉	38
吳	39
耳	39、53、275、450、501
权	53、181、293、474
亦	59、82、122、173、198、241、475
行	73、211、401
旨	88
戌	88、249、262、448、457
羽	108、203、335、350、351、457
先	109、154、252、278、293、401、427、458
肉	113、237、401、446
収	115、493
亥	132、149、268、299、366、380、472
矢	181
舟	183、255
共	187
宁	236
自	236
并	249
丝	286、427
牧	286
企	312、377
戈	316
妃	321
成	346、437

合	363、370、480
安	369
夋	427、490

七畫

姕	1、3、13、19、25、26、27、28、30、31、32、37、38、39、41、49、53、55、61、66、67、69、75、81、88、90、92、95、106、113、115、120、123、124、128、132、135、136、139、142、148、149、150、157、162、163、167、173、175、176、178、180、181、183、187、190、195、196、197、204、209、212、215、217、220、223、226、236、238、240、241、247、248、249、251、255、256、257、258、261、265、267、268、269、273、274、275、276、278、280、281、282、284、286、291、296、304、309、311、313、314、320、321、322、323、324、336、337、352、353、355、361、368、374、376、384、394、401、402、　409、416、427、428、432、433、437、446、451、452、455、457、459、463、465、468、474、477A、480、487、488、490、491、493、496、502、523
戻	2、6、15、55、75、80、90、122、140、152、183、218、235、247、268、276、314、337、379、384、416、419、453、455、469、474、478、480、492、560
告	3、5、24、26、28、41、42、80、85、124、135、149、157、211、220、236、237、238、247、249、255、257、260、264、265、286、293、294、296、314、336、352、365、371、374、387、388、391、395、408、411、413、465、474、480、488、494
征	3、4、44、57、75、86、103、117、149、150、181、183、227、237、264、285、286、299、304、311、321、351、363、375、382、395、400、409、416、437、446、455
牡	3、6、37、39、124、139、150、161、169、180、181、183、198、223、226、236、252、286、319、321、350、392、426、446、451、457、481、502
豕	3、14、21、26、34、37、39、50、53、63、113、115、139、140、142、148、163、181、183、237、238、258、278、282、284、313、324、352、374、378、401、409、459、465、472、488
㠯	3、4、14、16、21、25、29、48、149、170、171、233、252、261、265、296、366、384、481
权	4、26、34、37、63、142、149、157、161、170、195、198、226、237、240、243、276、291、321、354、392、409、426、449、459、463、491
我	7、34、130、157、169、183、264、312、335、420、455、470
見	7、25、26、29、34、37、38、42、63、81、92、102、149、168、183、193、195、202、226、237、249、255、259、275、286、289、290、296、314、352、367、372、384、391、427、451、453、454、475、

	86、87、88、90、92、95、98、103、108、110、113、114、117、118、122、123、124、125、126、135、139、142、146、149、150、153、154、157、159、168、173、178、179、181、183、185、191、195、196、197、202、206、210、211、214、215、217、218、220、221、223、227、228、229、234、235、236、238、241、244、247、248、249、252、256、257、262、264、265、266、268、269、271、273、275、276、277、280、283、284、286、288、289、290、292、293、294、295、296、297、298、299、301、303、305、312、316、320、321、324、331、331、333、336、343、347、349、351、352、355、356、366、368、369、370、371、373、374、375、378、379、381、384、387、391、395、395、398、400、401、409、410、412、413、416、419、421、427、431、437、439、443、449、450、451、453、454、455、467、468、473、474、475、478、480、481、484、486、487、488、490、492、494、496、498、501、505、522
庚	1、3、19、26、27、28、29、31、32、34、37、38、39、42、45、49、53、55、56、61、66、69、75、81、85、87、88、90、92、95、103、104、106、113、115、120、123、124、125、128、132、135、139、142、148、149、150、151、162、163、173、175、178、180、181、183、187、190、195、196、197、202、209、210、212、213、215、220、221、226、230、236、238、240、241、245、247、248、249、255、256、257、258、261、265、267、268、269、273、274、275、276、278、280、281、282、284、286、291、296、304、309、311、313、314、320、321、322、323、337、352、353、356、361、362、366、368、374、384、391、394、400、401、402、　403、409、413、416、427、428、432、433、437、439、441、445、446、449、451、452、457、457、463、465、472、474、477A、480、487、488、490、491、493、496、501、502、523
峆	3、9、28、286、375、494
帚	3、5、26、28、37、63、122、195、211、215、218、220、265、286、288、290、294、296、320、331、371、372、379、409、451、475、480、492、507、509、547
叓	3、5、6、7、11、13、26、29、32、34、37、39、50、53、63、75、76、82、84、87、88、92、98、108、113、115、124、137、139、140、142、148、149、162、166、169、173、178、179、180、181、183、193、195、198、203、206、218、220、223、228、237、238、239、249、252、259、260、267、276、278、286、288、289、292、293、297、298、299、313、314、324、345、359、370、372、374、379、384、391、395、401、409、416、420、446、459、467、472、474、475、481、488、493、507
往	3、7、9、11、14、16、21、35、37、50、53、55、59、63、123、137、146、162、173、181、195、209、214、226、236、239、243、244、

昃	123、175、226、437、475
炑	137、458
酓	138、242、272、417、447
季	139、249
豕	142、149
彔	161、286、312
猒	161
臽	165、181
受	191、262、268
京	206、363
長	208、267、289、290、372
呴	218、379
宗	234、292、366
戔	247、288、416、449、493、505
姜	249、265、321、409、490
甾	257、300、375、394
陕	257
昌	273
祅	280、380
条	286
罘	290
秉	371
舣	380、490
革	474、491
九畫	
若	2、3、5、6、7、26、37、50、59、84、86、87、90、103、113、114、124、130、136、139、149、157、178、181、183、206、215、218、220、228、235、236、241、244、247、249、252、264、265、285、286、288、289、290、294、296、304、316、331、333、355、356、361、363、365、382、401、416、420、421、437、450、451、467、473、481、490、492、494、501
貞	2、3、6、12、21、22、33、53、57、61、70、74、78、102、110、111、113、122、125、126、129、131、143、145、147、152、157、164、165、170、174、181、186、191、205、208、215、216、224、232、241、247、264、268、275、290、294、306、307、317、321、326、339、349、351、364、369、373、414、418、430、431、441、443、446、464、499、505、511、514、519、520
既	3、14、35、157、241、244、286、294、295、361、381、395、398、428、446
室	3、236、449

韋	195
酉	226
彪	286
侜	288
酏	289
咸	318、403
柲	375
龟	395
狪	409
剐	437
虔	458
砒	473
泉	484
言	502

<table>
<tr><td colspan="2" align="center">十畫</td></tr>
<tr><td>射</td><td>2、7、37、149、264、416、467</td></tr>
<tr><td>疾</td><td>3、37、38、40、69、76、113、117、124、149、181、199、220、240、241、247、264、299、304、331、349、351、372、387、395、446、478</td></tr>
<tr><td>迺</td><td>3、113、149、154、241、252、286、288、290、363、458</td></tr>
<tr><td>祖</td><td>4、6、7、13、17、21、25、29、34、37、49、56、63、67、76、115、142、149、157、161、162、169、170、171、179、180、195、196、198、214、220、226、228、237、241、243、247、248、252、255、257、264、267、268、274、275、288、291、294、296、302、309、310、311、314、316、318、319、321、330、338、343、354、355、363、372、392、394、401、411、413、413、420、426、428、446、449、459、463、467、474、480、481、484、487、495、530</td></tr>
<tr><td>狴</td><td>4、13、25、30、37、38、39、49、63、76、124、142、149、170、195、197、220、226、237、240、247、291、446、453、459、478、488、493</td></tr>
<tr><td>罟</td><td>4、7、26、27、29、32、34、37、39、45、63、66、69、76、95、124、142、149、157、161、170、176、181、195、196、198、220、226、228、236、237、240、243、248、249、265、268、276、278、289、291、314、491、318、320、321、344、354、392、409、426、428、449、459、463、478</td></tr>
<tr><td>配</td><td>5、41、220、379、441</td></tr>
<tr><td>祝</td><td>6、7、8、13、17、29、67、76、123、142、149、161、171、175、179、214、215、220、252、264、265、267、280、286、291、319、323、330、350、354、361、372、392、428、437、451、452、463、469、481</td></tr>
<tr><td>翢</td><td>6、14、34、39、53、92、103、108、124、149、150、169、173、181、</td></tr>
</table>

瑦	296
緊	313、395、480
𩱧	330
酓	495
十六畫	
鳶	3
獸	11、28、36、85、113、154、289、302、337、363、366、480、491
燕	23、34、255、262、290、372、391、420、454、475
興	28、39、53、113、124、149、181、183、236、255、409、512
澫	55、247、255、352
壺	90、113、124、180、248、288、294、371、420、446、454、475、501
學	150、181、280、336、450、473、474、487
虩	179、467
虝	198
覞	203
磬	265
進	377
虢	429
龜	449、450
十七畫	
艱	3、5、39、43、75、122、124、149、155、165、208、286、336、412、446、450、455、493、505
爵	93、205、349、441、449
璽	147、289
䮓	179、386
新	181
襄	195
禫	248、262、314、318、352、416、459、474、490
檄	332
十八畫	
鬗	6、333、481
璧	37、180、196、198、475、490
彝	37
歸	132、249、412
龜	157
豐	501、505
十九畫	
麗	27、32、95、320、375、410、452、494
轉	37、178
麑	50、234、395

字	頁碼
𠕁	123
𠙻	124、490
来	130、372
𡗗	137
回	137
𠬝	146
𠂤	157
𦀚	161
金	165
𣲘	173
𠬞	177
音	178
余	193、203、286、359、363、480、490
𢆶	199
�	206
𢆶	206
頁	213
今	223、229
𦥑	228
冊	228
𠭥	228
𠂹	235
𣞤	252、450、451
𣏟	257
𠁁	285
𣳤	286
𠔏	286
𠇑	288
𠱥	290
𣥂	294、450
𣥂	312
𣍳	312
𠙹	320
𠂤	341
冊	351
𣪊	351、506
老	351
𣅀	363
𠬝	363
至	368
𠛭	377
東	399、436
𠱥	403
𥫗	411

文獻研究叢書・出土文獻譯注研析叢刊 0902020

殷墟花園莊東地甲骨讀本

作　　者　朱歧祥
責任編輯　林以邠

發 行 人　林慶彰
總 經 理　梁錦興
總 編 輯　張晏瑞
編 輯 所　萬卷樓圖書股份有限公司
　　　　　臺北市羅斯福路二段 41 號 6 樓之 3
　　　　　電話 (02)23216565
　　　　　傳真 (02)23218698

發　　行　萬卷樓圖書股份有限公司
　　　　　臺北市羅斯福路二段 41 號 6 樓之 3
　　　　　電話 (02)23216565
　　　　　傳真 (02)23218698
　　　　　電郵 SERVICE@WANJUAN.COM.TW
香港經銷　香港聯合書刊物流有限公司
　　　　　電話 (852)21502100
　　　　　傳真 (852)23560735

ISBN 978-986-478-362-5
2020 年 9 月初版三刷
2020 年 7 月初版二刷
2020 年 5 月初版一刷
定價：新臺幣 760 元

如何購買本書：

1. 劃撥購書，請透過以下郵政劃撥帳號：
　帳號：15624015
　戶名：萬卷樓圖書股份有限公司
2. 轉帳購書，請透過以下帳戶
　合作金庫銀行　古亭分行
　戶名：萬卷樓圖書股份有限公司
　帳號：0877717092596
3. 網路購書，請透過萬卷樓網站
　網址 WWW.WANJUAN.COM.TW
大量購書，請直接聯繫我們，將有專人為您
服務。客服：(02)23216565 分機 610

如有缺頁、破損或裝訂錯誤，請寄回更換
版權所有・翻印必究
Copyright©2023 by WanJuanLou Books CO., Ltd.
All Right Reserved　　　　Printed in Taiwan

國家圖書館出版品預行編目資料

殷墟花園莊東地甲骨讀本 / 朱歧祥著. --
初版. -- 臺北市 : 萬卷樓, 2020.05
　　面 ；　公分. -- (文獻研究叢書. 出土文
獻譯注研析叢刊 ；902020)

ISBN 978-986-478-362-5(平裝)

1.甲骨文　2.研究考訂

792.2　　　　　　　　　　　　109005247